NCERT
प्रश्न-उत्तर
विज्ञान

NCERT Exemplar के प्रश्नों के साथ

कक्षा
9

प्रीति अग्रवाल

arihant
अरिहन्त प्रकाशन (स्कूल डिवीज़न सीरीज़)

arihant

अरिहन्त प्रकाशन (स्कूल डिवीज़न सीरीज़)

卐 **रजि. कार्यालय**

'रामछाया' 4577/15, अग्रवाल रोड, दरिया गंज, नई दिल्ली- 110002
फोन: 011-47630600, 43518550

卐 **मुख्य कार्यालय**

कालिन्दी, टी०पी० नगर, मेरठ (यूपी)– 250002
फोन: 0121-7156203, 7156204

卐 **शाखा कार्यालय**

आगरा, अहमदाबाद, बरेली, बंगलुरु, चेन्नई, दिल्ली, गुवाहाटी, हैदराबाद, जयपुर, झाँसी, कोलकाता, लखनऊ, नागपुर तथा पुणे

卐 **ISBN** 978-93-27197-20-4

卐 **मूल्य** ₹ 250.00

PO No : TXT-XX-XXXXXXX-X-XX

PUBLISHED BY ARIHANT PUBLICATIONS (INDIA) LTD.

'अरिहन्त' की पुस्तकों के बारे में अधिक जानकारी के लिए हमारी वेबसाइट **www.arihantbooks.com** पर लॉग इन करें या **info@arihantbooks.com** पर सम्पर्क करें।

Follow us on...

आमुख

NCERT पुस्तकों की महत्ता एवं स्कूली विद्यार्थियों के लिए उनकी उपयोगिता को ध्यान में रखकर, मैं पुस्तक '**NCERT** विज्ञान कक्षा-9 प्रश्न-उत्तर' प्रस्तुत कर रही हूँ। विद्यार्थियों के संपूर्ण उद्देश्य को ध्यान में रखते हुए, इस पुस्तक को इस प्रकार तैयार किया है कि इसमें केवल प्रश्नों के उत्तर ही नहीं बल्कि संपूर्ण व्याख्या भी दी गई है। प्रश्नों की इन व्याख्याओं की सहायता से विद्यार्थी, विषय की विभिन्न संकल्पनाओं को ध्यानपूर्वक समझ पाएँगे एवं अपने ज्ञान में वृद्धि करने में समर्थ होंगे।

इस पुस्तक में, प्रत्येक अध्याय के सभी प्रश्नों के व्याख्यात्मक उत्तर के साथ-साथ उस अध्याय की पाठ्य-सामग्री को सरल व आसानी से समझे जाने वाले प्रारूप में दिया गया है। प्रत्येक प्रश्न का उत्तर देते समय उन सभी बातों का ध्यान रखा गया है, जो विद्यार्थियों को संशय में डाल सकती हैं। इस पुस्तक में **NCERT Exemplar** पुस्तक के चुने गए प्रश्नों को भी सम्मलित किया गया है।

इस पुस्तक के प्रकाशन में बहुत से व्यक्तियों का सहयोग रहा है, लेकिन मैं विशेष रूप से आकांक्षा तोमर का आभार व्यक्त करना चाहूँगी, जिनके सहयोग के बिना इस पुस्तक को इस रूप में प्रस्तुत करना कठिन हो जाता। इस आशा के साथ कि यह पुस्तक विद्यार्थियों के लिए अति उपयोगी सिद्ध होगी, मैं सभी विद्यार्थियों को अपनी ओर से सफलता के लिए शुभकामनाएँ देना चाहूँगी।

प्रीति अग्रवाल

विषय-सूची

1

हमारे आस-पास के पदार्थ

जो स्थान घेरता है तथा जिसमें द्रव्यमान होता है, वह पदार्थ कहलाता है। भारत के प्राचीन दार्शनिकों ने पदार्थ को पाँच मूल तत्वों (वायु, पृथ्वी, अग्नि, जल और आकाश) में वर्गीकृत किया, जिसे 'पंचतत्व' कहा गया है।

आधुनिक वैज्ञानिकों ने पदार्थ को भौतिक गुणधर्म एवं रासायनिक प्रकृति के आधार पर दो प्रकार से वर्गीकृत किया है।

पदार्थ का भौतिक स्वरूप (Physical State of Matter)

1. पदार्थ कणों से मिलकर बना होता है।
2. पदार्थ के कण बहुत छोटे होते हैं, इन्हें हम सूक्ष्मदर्शी की सहायता से देख सकते हैं।

पदार्थ के कणों के अभिलाक्षणिक गुण
(Characteristic Properties of Particles of Matter)

1. पदार्थ के कणों के बीच रिक्त स्थान होता है।
2. पदार्थ के कण निरंतर गतिशील होते हैं, अर्थात् उनमें गतिज ऊर्जा होती है। तापमान बढ़ने से कणों की गति तेज हो जाती है, अत: कणों की गतिज ऊर्जा भी बढ़ जाती है।
3. पदार्थ के कण एक-दूसरे को आकर्षित करते हैं। इस आकर्षण बल का सामर्थ्य प्रत्येक पदार्थ में अलग-अलग होता है।

पदार्थ की अवस्थाएँ (States of Matter)

पदार्थ अपने तीन अवस्था में होते हैं; ***जैसे***—ठोस, द्रव एवं गैस।

ठोस अवस्था में कणों के बीच आकर्षण बल अत्यधिक होता है, गैस अवस्था में कणों के बीच आकर्षण बल सबसे कम होता है।

गैस अवस्था में कणों के बीच रिक्त स्थान सबसे अधिक होता है, ठोस अवस्था में कणों के बीच रिक्त स्थान सबसे कम होता है।

दो विभिन्न पदार्थों के कणों का स्वत: अन्तमिश्रण विसरण कहलाता है। ठोस एवं द्रवों के कणों की तुलना में गैसों के कणों की गति तेज होती है और अत्यधिक रिक्त स्थानों के कारण गैसों का अन्य गैसों में विसरण बहुत तीव्रता से होता है।

1. पदार्थ की अवस्था पर तापमान परिवर्तन का प्रभाव (Effect of Change of Temperature on matter)

ताप व दाब में परिवर्तन करने पर पदार्थ की अवस्था बदल जाती है। जैसे गर्म होने पर ये ठोस से द्रव और द्रव से गैस बन जाते हैं। लेकिन कुछ ऐसे पदार्थ हैं, जो द्रव अवस्था में परिवर्तित हुए बिना, ठोस अवस्था से सीधे गैस में और वापस ठोस में बदल जाते हैं।

गलनांक जिस तापमान पर ठोस पिघलकर द्रव बन जाता है, वह इसका गलनांक कहलाता है।

क्वथनांक वायुमंडलीय दाब पर वह तापमान जिस पर द्रव उबलने लगता है, उसे इसका क्वथनांक कहते हैं।

उर्ध्वपातन द्रव अवस्था में परिवर्तित हुए बिना ठोस अवस्था से सीधे गैस और वापस ठोस में बदलने की प्रक्रिया को ऊर्ध्वपातन कहते हैं।

वाष्पीकरण की प्रसुप्त ऊष्मा वायुमंडलीय दाब पर 1kg द्रव को उसके क्वथनांक पर गैस में बदलने के लिये जितनी ऊष्मीय ऊर्जा की आवश्यकता होती है, उसे वाष्पीकरण की प्रसुप्त ऊष्मा कहते है।

ठोस अवस्था $\underset{\text{शीतलता}}{\overset{\text{ऊष्मा}}{\rightleftharpoons}}$ द्रव अवस्था $\underset{\text{शीतलता}}{\overset{\text{ऊष्मा}}{\rightleftharpoons}}$ गैसीय अवस्था

2. पदार्थ की अवस्था पर दाब परिवर्तन का प्रभाव (Effect of Change of Pressure on Matter)

तापमान घटने से और दाब बढ़ने से गैस द्रव में तथा द्रव को ठोस में परिवर्तित कर सकते हैं।

ठोस (CO_2) जब वायुमंडलीय दाब की माप 1 वायुमंडल (atm) हो, तो द्रव अवस्था में आए बिना सीधे गैस में परिवर्तित हो जाती है।

अतः ठोस कार्बन डाइऑक्साइड (CO_2) को शुष्क बर्फ (dry ice) कहते हैं।

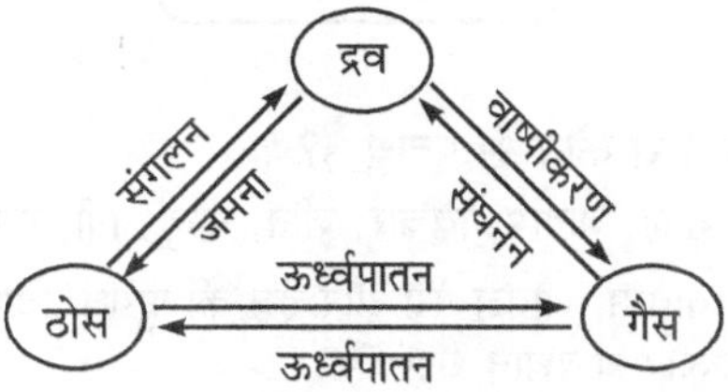

तीनों अवस्थाओं में पदार्थ का अंतरारूपान्तरण

अतः पदार्थ की अवस्थाएँ यानी ठोस, द्रव और गैस दाब और तापमान के द्वारा तय होती हैं।

वाष्पीकरण (Vaporisation)

क्वथनांक से कम तापमान पर द्रव के वाष्प में परिवर्तित होने की प्रक्रिया को **वाष्पीकरण** कहते हैं।

वाष्पीकरण को प्रभावित करने वाले कारक (Factors Affecting Evaporation)

वाष्पीकरण की दर निम्नलिखित के साथ बढ़ती है

(i) सतह क्षेत्र बढ़ने पर (ii) तापमान में वृद्धि

(iii) आर्द्रता में कमी (iv) वायु की गति में वृद्धि

वाष्पीकरण के कारण शीतलता होती है, क्योंकि वाष्पीकरण के दौरान कम हुई ऊर्जा को पुनः प्राप्त करने के लिए द्रव के कण अपने आस-पास से ऊर्जा अवशोषित कर लेते हैं। इस तरह आस-पास से ऊर्जा के अवशोषित होने के कारण शीतलता हो जाती है।

गर्मियों में हमें सूती कपड़े पहनने चाहिए, क्योंकि वाष्पीकरण के दौरान द्रव की सतह के कण हमारे शरीर या आसपास से ऊर्जा प्राप्त करके वाष्प में बदल जाते हैं। वाष्पीकरण की प्रसुप्त ऊष्मा के बराबर ऊष्मीय ऊर्जा हमारे शरीर से अवशोषित हो जाती है, जिससे शरीर शीतल हो जाता है। चूँकि सूती कपड़ों में जल का अवशोषण अधिक होता है, इसलिए हमारा पसीना इसमें अवशोषित होकर वायुमंडल में आसानी से वाष्पीकृत हो जाता है।

बर्फीले जल से भरे गिलास की बाहरी सतह पर जल की बूँदे नजर आती हैं, क्योंकि वायु में उपस्थित जलवाष्प की ऊर्जा ठंडे पानी के संपर्क में आकर कम हो जाती है और यह द्रव अवस्था में बदल जाता है, जो हमें जल की बूँदों के रूप में नजर आता है।

प्रश्नावली 1.1

पृष्ठ 4

प्रश्न 1. निम्नलिखित में से कौन-से पदार्थ हैं?

कुर्सी, वायु, स्नेह, गंध, घृणा, बादाम, विचार, शीत, नींबू पानी, इत्र की सुगंध।

उत्तर कुर्सी, वायु, गंध, बादाम, शीतल पेय और इत्र की सुगंध पदार्थ हैं, क्योंकि इनका कुछ द्रव्यमान होता है और ये स्थान घेरते हैं।

प्रश्न 2. निम्नलिखित प्रेक्षण के कारण बताइए

गर्मा-गरम खाने की गंध कई मीटर दूर से ही आपके पास पहुँच जाती है, लेकिन ठंडे खाने की महक लेने के लिए आपको उसके पास जाना पड़ता है।

उत्तर पके हुए गर्म खाने के कण आसानी से विसरित होकर वायु में मिल जाते हैं और गंध कई मीटर दूर से ही हम तक पहुँच जाती है लेकिन ठंडे खाने के कण ठोस अवस्था में ही रहते हैं और वायु में नहीं मिल पाते इसीलिए ठंडे खाने की महक हम तक नहीं पहुँच पाती है।

प्रश्न 3. स्वीमिंग पूल में गोताखोर पानी काट पाता है। इससे पदार्थ का कौन-सा गुण प्रेक्षित होता है?

उत्तर स्वीमिंग पूल में गोताखोर का पानी काटना दर्शाता है कि पदार्थ के कणों के बीच रिक्त स्थान होता है।

प्रश्न 4. पदार्थ के कणों की क्या विशेषताएँ होती हैं?

उत्तर *पदार्थ के कणों की निम्नलिखित विशेषताएँ होती हैं*

(i) पदार्थ के कण बहुत छोटे होते हैं।

(ii) पदार्थ के कणों के बीच रिक्त स्थान होता है।

(iii) पदार्थ के कण निरंतर गतिशील होते हैं।

(iv) पदार्थ के कण एक-दूसरे को आकर्षित करते हैं।

पृष्ठ 6

प्रश्न 1. किसी तत्व के द्रव्यमान प्रति इकाई आयतन को घनत्व कहते हैं।

(घनत्व = द्रव्यमान/आयतन)

बढ़ते हुए घनत्व के क्रम में निम्नलिखित को व्यवस्थित करें

वायु, चिमनी का धुआँ, शहद, जल, चॉक, रूई और लोहा।

उत्तर घनत्व का क्रम = गैस $<$ द्रव $<$ ठोस इसीलिए

वायु, चिमनी का धुआँ	जल, शहद,	रूई, चॉक, लोहा
गैस	द्रव	ठोस

बढ़ते हुए घनत्व के क्रम में →

प्रश्न 2.

(a) पदार्थ की विभिन्न अवस्थाओं के गुणों में होने वाले अंतर को सारणीबद्ध कीजिए।

(b) निम्नलिखित पर टिप्पणी लिखिए

(i) दृढ़ता (ii) संपीड्यता (iii) तरलता

(iv) बर्तन में गैस का भरना (v) आकार (vi) गतिज उर्जा

(vii) घनत्व।

उत्तर (a) **पदार्थ की अवस्थाओं ठोस, द्रव और गैस के गुणों में अंतर**

क्र.स.	ठोस	द्रव	गैस
(i)	ठोस का आकार निश्चित होता है।	द्रव का आकार निश्चित नहीं होता है ये उसी का आकार ले लेते हैं, जिसमें इन्हें रखा जाता है।	गैस का आकार निश्चित नहीं होता।
(ii)	ठोस का आयतन निश्चित होता है।	द्रवों का आयतन निश्चित होता है।	गैसों का आयतन निश्चित नहीं होता (इनका आयतन बर्तन के आकार पर निर्भर करता है, जिसमें इनको रखा जाता है।)
(iii)	ठोस अवस्था में घनत्व अधिक होता है।	द्रव अवस्था में घनत्व ठोस की अपेक्षा कम होता है। लेकिन गैस की अपेक्षा अधिक होता है।	गैस अवस्था में घनत्व अपेक्षाकृत कम होता है।
(iv)	ठोस दृढ़ होते हैं।	द्रव दृढ़ नहीं होते हैं।	गैसें दृढ़ नहीं होती हैं।
(v)	ठोसों में नगण्य संपीड्यता होती है।	द्रवों में भी संपीड्यता नगण्य होती है।	गैसों में संपीड्यता काफी अधिक होती है।
(vi)	ठोसों में विसरण कम होता है।	ठोसों की अपेक्षा द्रवों में विसरण की दर अधिक होती है।	अपेक्षाकृत विसरण की दर अत्यधिक होती है।
(vii)	बल लगाने पर ठोस टूट सकते हैं।	द्रवों को तोड़ा नहीं जा सकता।	गैसों को तोड़ा नहीं जा सकता।
(viii)	ठोस में पदार्थ के कण एक निश्चित क्रम में व्यवस्थित होते हैं।	कणों का कोई निश्चित क्रम नहीं होता।	कण एक-दूसरे से बहुत दूर-दूर होते हैं।
(ix)	ठोसों में कणों के बीच आकर्षण बल अत्यधिक होता है।	अपेक्षाकृत कम होता है।	नगण्य होता है।
(x)	कणों के बीच रिक्त स्थान नगण्य होता है।	कणों के बीच रिक्त स्थान अपेक्षाकृत अधिक होता है।	कणों के बीच रिक्त स्थान अत्यधिक होता है।

(b) (i) **दृढ़ता** वह गुण, जिसके कारण कोई वस्तु अपना एक निश्चित आकार और स्पष्ट सीमाएँ बनाए रखता है, दृढ़ता कहलाता है। ठोसों में दृढ़ता अधिक होती है, जबकि गैसें दृढ़ नहीं होती।

(ii) **संपीड्यता** वह गुण है, जिसके कारण कोई वस्तु संपीडित हो जाती है अर्थात् उसका आयतन कम हो जाता है। गैसों में संपीड्यता अत्यधिक होती है, ठोसों में संपीड्यता नगण्य होती है।

(iii) **तरलता** वह गुण, जिसके कारण पदार्थों में बहाव होता है, तरलता कहलाता है। द्रवों और गैसों में बहाव होता है, ठोसों में बहाव कम होता है।

(iv) **बर्तन में गैस का भरना** गैसों में संपीड्यता सबसे अधिक होती है। अत्यधिक संपीड्यता होने के कारण अधिक दाब पर गैस को बर्तन में भरा जा सकता है।

(v) **आकार** वह गुण, जिसके कारण वस्तु की एक निश्चित ज्यामितीय होती है। वस्तु का आकार कहलाता है। ठोसों का आकार निश्चित होता है, जबकि द्रवों और गैसों का आकार निश्चित नहीं होता है।

(vi) **गतिज ऊर्जा** वह ऊर्जा, जिसके कारण पदार्थ के कण गति की अवस्था में होते हैं, गतिज ऊर्जा कहलाती है। गैस के कणों में सबसे अधिक गतिज ऊर्जा होती है। तापमान बढ़ने से कणों की गतिज ऊर्जा भी बढ़ जाती है।

(vii) **घनत्व** किसी तत्व के द्रव्यमान प्रति इकाई आयतन को घनत्व कहते हैं। इसे d से प्रदर्शित करते हैं।

$$\text{घनत्व } (d) = \frac{\text{द्रव्यमान}}{\text{आयतन}} = \frac{m}{V}$$

किग्रा मी$^{-3}$ या ग्राम सेमी$^{-3}$ घनत्व की इकाई है।

प्रश्न 3. कारण बताइए

(a) गैस पूरी तरह उस बर्तन को भर देती है, जिसमें इसे रखते हैं।

(b) गैस बर्तन की दीवारों पर दबाव डालती है।

(c) लकड़ी की मेज ठोस कहलाती है।

(d) हवा में हम आसानी से अपना हाथ चला सकते हैं, लेकिन एक ठोस लकड़ी के टुकड़े में हाथ चलाने के लिए हमें कराटे में दक्ष होना पड़ेगा।

उत्तर (a) गैस के कणों के बीच नगण्य आकर्षण बल के कारण गतिज ऊर्जा अधिक होती है, जिसके कारण गैस के कण उस बर्तन का ज्यादा से ज्यादा स्थान घेरते हैं, जिसमें वह रखे होते हैं।

(b) गैसीय अवस्था में कणों की गति तेज तथा अनिश्चित होती है। इसी अनिश्चितता के कारण कण आपस में तथा बर्तन की दीवारों से निरंतर टकराते हैं और दबाव डालते हैं।

(c) लकड़ी के कणों के बीच मजबूत आकर्षण बल और रिक्त स्थान नगण्य होता है। इसीलिए लकड़ी की मेज का निश्चित आकार व आयतन होता है अतः लकड़ी की मेज ठोस होती है।

(d) हवा एक गैस है और गैस के कणों के बीच नगण्य आकर्षण बल होने के कारण कण एक-दूसरे से बहुत दूर-दूर होते हैं। अतः आसानी से हम अपना हाथ हवा में चला सकते हैं, जबकि ठोस लकड़ी के टुकड़े में आकर्षण बल अधिक होने के कारण कण एक निश्चित क्रम में व्यवस्थित होते हैं। इसलिए हम लकड़ी के टुकड़े में हाथ नहीं चला सकते हैं।

प्रश्न 4. सामान्यता ठोस पदार्थों की अपेक्षा द्रवों का घनत्व कम होता है लेकिन आपने बर्फ के टुकड़े को जल में तैरते हुए देखा होगा। पता लगाइए, ऐसा क्यों होता है?

उत्तर बर्फ के टुकड़े की संरचना पिंजरे के समान होती है अतः बर्फ के टुकड़े में रिक्त स्थान जल की अपेक्षा कम होते हैं। इसीलिए बर्फ का टुकड़ा जल में तैरता है।

पृष्ठ 9

प्रश्न 1. निम्नलिखित तापमानों को सेल्सियस में बदलें।

(a) 300 K (b) 573 K

उत्तर $t°C + 273 = T\,K$ or $T\,K - 273 = t°C$

(a) $300 - 273 = 27°C$ (b) $573 - 273 = 300°C$

प्रश्न 2. निम्नलिखित तापमानों पर जल की भौतिक अवस्था क्या होगी?

(a) 250°C (b) 100°C

उत्तर (a) क्योंकि जल का क्वथनांक 100°C है अतः 250°C पर जल की भौतिक अवस्था गैसीय होगी।

(b) 100°C पर जल द्रव या गैसीय दोनों अवस्था में हो सकता है, क्योंकि जल का क्वथनांक 100°C है।

प्रश्न 3. किसी भी पदार्थ की अवस्था परिवर्तन के दौरान तापमान स्थिर क्यों रहता है?

उत्तर वह तापमान जिस पर ठोस पिघलकर द्रव बन जाता है वह इसका गलनांक कहलाता है। गलने के प्रयोग की प्रक्रिया के दौरान गलनांक पर पहुँचने के बाद, तापमान नहीं बदलता क्योंकि बीकर को दी जाने वाली ऊष्मा का उपयोग कणों के पारस्परिक आकर्षण बल को वशीभूत करके पदार्थ की अवस्था को बदलने में होता है। इस ऊष्मा को गुप्त ऊष्मा कहते हैं। यही कारण है कि पदार्थ की अवस्था परिवर्तन के दौरान तापमान स्थिर रहता है।

प्रश्न 4. वायुमंडलीय गैसों को द्रव में परिवर्तित करने के लिए कोई विधि सुझाइए।

उत्तर दाब अधिक तथा तापमान कम करने पर गैसों को द्रव में बदला जा सकता है, क्योंकि अधिक दाब तथा कम तापमान पर गैस के कण पास आ जाते हैं और गतिज ऊर्जा कम हो जाती है, जिसके फलस्वरूप गैस द्रव में परिवर्तित हो जाती है।

पृष्ठ 11

प्रश्न 1. गर्म, शुष्क दिन में कूलर अधिक ठंडा क्यों करता है?

उत्तर वाष्पीकरण की दर तापमान में वृद्धि तथा आर्द्रता में कमी के साथ बढ़ती है, क्योंकि कूलर का कार्य करना वाष्पीकरण की प्रक्रिया पर आधारित है अतः गर्म व शुष्क दिन में कूलर अधिक ठंडा करता है।

प्रश्न 2. गर्मियों में घड़े का जल ठंडा क्यों होता है?

उत्तर घड़े की सतह पर छोटे-छोटे छिद्र होते हैं। वाष्पीकरण की दर सतह क्षेत्र बढ़ने पर बढ़ती है। घड़े में रखा जल छिद्रों से अधिक तेजी से वाष्पीकृत होता है। फलस्वरूप गर्मियों में घड़े का जल ठंडा होता है।

प्रश्न 3. ऐसीटोन/पेट्रोल या इत्र डालने पर हमारी हथेली ठंडी क्यों हो जाती है?

उत्तर ऐसीटोन/पेट्रोल या इत्र के सतह का क्षेत्रफल बढ़ाने पर अधिक तेजी से वाष्पीकृत होते हैं। इस प्रक्रिया के दौरान ये पदार्थ हथेली से पर्याप्त मात्रा में गुप्त ऊष्मा अवशोषित करते हैं, जिसके फलस्वरूप हथेली ठंडी हो जाती है।

प्रश्न 4. कप की अपेक्षा प्लेट से हम गर्म दूध या चाय जल्दी क्यों पी लेते हैं?

उत्तर कप की अपेक्षा प्लेट का सतही क्षेत्रफल अधिक होता है, जिसके फलस्वरूप वाष्पीकरण की दर बढ़ जाती है, जिस कारण कप की तुलना में प्लेट से हम गर्म दूध या चाय जल्दी पी लेते हैं।

प्रश्न 5. गर्मियों में हमें किस तरह के कपड़े पहनने चाहिए?

उत्तर गर्मियों में हमें हल्के रंग के सूती कपड़े पहनने चाहिए, क्योंकि सूती कपड़ों में जल का अवशोषण अधिक होता है इसीलिए हमारा पसीना इसमें अवशोषित होकर वायुमंडल में आसानी से वाष्पीकृत हो जाता है।

अभ्यास

प्रश्न 1. निम्नलिखित तापमानों को सेल्सियस इकाई में परिवर्तित करें :

(a) 300 K (b) 573 K

उत्तर (a) हम जानते हैं $K = °C + 273.15$ अतः $°C = K - 273$

चूँकि K का मान रखने पर, $°C = 300 - 273 = 27°C$

(b) $°C = K - 273 = 573 - 273 = 300°C$

प्रश्न 2. निम्नलिखित तापमानों को केल्विन इकाई में परिवर्तित करें।

(a) 25°C (b) 373°C

उत्तर (a) $t°C + 273 = T\,K$; $25 + 273 = 298\,K$

(b) $t°C + 273 = T\,K$; $373 + 273 = 646\,K$

प्रश्न 3. निम्नलिखित अवलोकनों हेतु कारण लिखें।

(a) नैफ्थेलीन को रखा रहने देने पर यह समय के साथ कुछ भी ठोस पदार्थ छोड़े बिना अदृश्य हो जाती है।

(b) हमें इत्र की गंध बहुत दूर बैठे हुए भी पहुँच जाती है।

उत्तर (a) नैफ्थेलीन ऊर्ध्वपातन की प्रक्रिया के फलस्वरूप ठोस अवस्था से सीधे गैस में बदल जाती है, जिस कारण यह समय के साथ कुछ भी ठोस पदार्थ छोड़े बिना अदृश्य हो जाती है।

(b) इत्र की गंध में भी गैस के कणों की तरह विसरण अधिक तेजी से होता है, जिससे इत्र के कण वायु में मिल जाते हैं और इत्र की गंध बहुत दूर बैठे हुए भी हम तक पहुँच जाती है।

प्रश्न 4. निम्नलिखित पदार्थों को उनके कणों के बीच बढ़ते हुए आकर्षण बल के अनुसार व्यवस्थित करें।

(a) जल (b) चीनी (c) ऑक्सीजन

उत्तर ठोस के कणों में आकर्षण बल सबसे अधिक होता है, जबकि गैस के कणों में आकर्षण बल नगण्य होता है। अतः बढ़ता हुआ आकर्षण बल इस प्रकार है

ऑक्सीजन $<$ जल $<$ चीनी

प्रश्न 5. निम्नलिखित तापमानों पर जल की भौतिक अवस्था क्या है?

(a) 25°C (b) 0°C (c) 100°C

उत्तर हम जानते हैं कि 0°C तापमान पर जल (द्रव) ठोस (बर्फ) में परिवर्तित होता है, जबकि 100°C पर जल (द्रव) गैस अवस्था में परिवर्तित होता है। अतः 0°C से 100°C के बीच जल द्रव अवस्था में ही रहता है। इसीलिए,

(a) जल 25°C ताप पर द्रव अवस्था में रहता है

(b) जल 0°C ताप पर द्रव अवस्था/ठोस अवस्था में रहता है

(c) जल 100°C ताप पर द्रव अवस्था/गैस अवस्था में रहता है

प्रश्न 6. पुष्टि हेतु कारण दें

(a) जल कमरे के ताप पर द्रव है।
(b) लोहे की अलमारी कमरे के ताप पर ठोस है।

उत्तर (a) जल कमरे के ताप पर द्रव है क्योंकि इसमें बहाव होता है और यह उसी बर्तन का आकार ले लेता है, जिसमें इसको रखा जाता है।

(b) लोहे की अलमारी कमरे के ताप पर ठोस है, क्योंकि इसका आकार एवं आयतन निश्चित होता है, यह दृढ़ होती है और इसका घनत्व बहुत अधिक होता है।

प्रश्न 7. 273 K पर बर्फ को ठंडा करने पर तथा जल को इसी तापमान पर ठंडा करने पर शीतलता का प्रभाव अधिक क्यों होता है?

उत्तर जब बर्फ पिघलती है, तो यह वातावरण से गुप्त ऊष्मा के बराबर ऊष्मा अवशोषित करता है जिसके फलस्वरूप बर्फ के ठंडा होने पर अधिक शीतलता का अनुभव होता है, जबकि जल के ठंडा होने पर शीतलता का अनुभव नहीं होता क्योंकि यह वातावरण से ऊष्मा अवशोषित नहीं करता।

प्रश्न 8. उबलते हुए जल अथवा भाप में से जलने की तीव्रता किसमें अधिक महसूस होती है?

उत्तर भाप से जलने की तीव्रता अधिक महसूस होती है, क्योंकि भाप के कणों से अधिक मात्रा में गुप्त ऊष्मा निकलती है (यह ऊष्मा भाप के कणों में वाष्पीकरण की गुप्त ऊष्मा के रूप में अतिरिक्त ऊष्मा के रूप में अवशोषित होती है।)

प्रश्न 9. निम्नलिखित चित्र के लिए *A, B, C, D, E* तथा *F* की अवस्था परिवर्तन को नामांकित करे

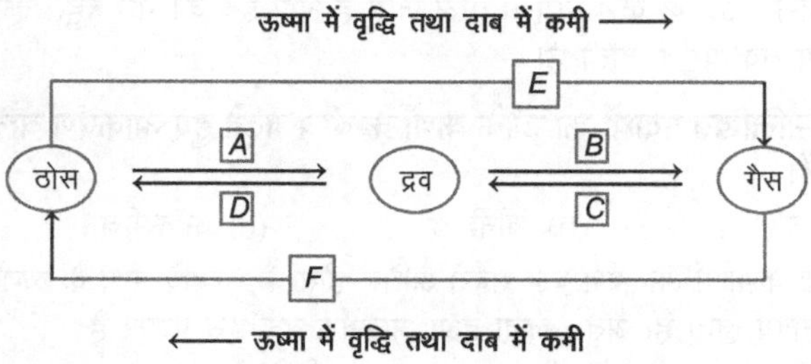

उत्तर *A* = गलन, यहाँ ठोस द्रव में बदल रहा है।

B = वाष्पीकरण, यहाँ द्रव गैस में परिवर्तित हो रहा है।

C = संघनन, यहाँ गैस द्रव में परिवर्तित हो रही है।

D = जमना, यहाँ द्रव, ठोस में बदल रहा है।

E = ऊर्ध्वपातन, यहाँ ठोस बिना द्रव अवस्था में आये गैस अवस्था में परिवर्तित हो रहा है।

F = ऊर्ध्वपातन, यहाँ गैस बिना द्रव अवस्था में आये ठोस अवस्था में परिवर्तित हो रहा है।

NCERT Exemplar

पुस्तक के चुने गए प्रश्न

बहुविकल्पीय प्रश्न

प्रश्न 1. पदार्थ होता है, जिसमें

(a) द्रव्यमान होता है, परन्तु आयतन नहीं होता है
(b) द्रव्यमान नहीं होता, परन्तु आयतन होता है
(c) द्रव्यमान और आयतन दोनों होते हैं
(d) द्रव्यमान और आयतन दोनों ही नहीं होते

उत्तर *(c)*

प्रश्न 2. जल की गैसीय अवस्था को क्या कहते हैं?

(a) कोहरा (b) भाप (c) वाष्प (d) बर्फ

उत्तर *(c)*

प्रश्न 3. गैसीय अवस्था में कण

(a) एक निश्चित दिशा में गति करते हैं
(b) एक निश्चित क्रम में रहते हैं
(c) किसी भी दिशा में गति करते रहते हैं
(d) उपरोक्त में से कोई नहीं

उत्तर *(c)*

प्रश्न 4. इनमें से कौन-सा गुण द्रवों में नहीं होता?

(a) इनमें बहाव होता है (b) इनका आकार निश्चित होता है
(c) इनका कुछ द्रव्यमान होता है (d) इनमें से कोई नहीं

उत्तर *(b)*

प्रश्न 5. निम्नलिखित में से क्या कमरे के तापमान पर ठोस है?

(a) नाइट्रोजन (b) पोटैशियम परमैंगनेट
(c) ब्रोमीन (d) हीलियम

उत्तर *(b)*

प्रश्न 6. ठोसों में

(a) रिक्त स्थान अधिक होता है
(b) निश्चित द्रव्यमान लेकिन अनिश्चित आयतन होता है
(c) संपीड्यता अधिक होती है
(d) आकर्षण बल अधिक होता है

उत्तर (*d*)

प्रश्न 7. गैस का द्रव में बदलना कहलाता है

(a) संघनन (b) संगलन
(c) वाष्पीकरण (d) ऊर्ध्वपातन

उत्तर (*a*)

प्रश्न 8. गीले कपड़ों के सूखने की प्रक्रिया कहलाती है

(a) ऊर्ध्वपातन (b) वाष्पीकरण
(c) उबलना (d) जमना

उत्तर (*b*)

प्रश्न 9. पदार्थ किन-किन अवस्थाओं में पाया जाता है?

(a) ठोस (b) गैस (c) द्रव (d) ये सभी

उत्तर (*d*)

प्रश्न 10. ठोस का द्रव में बदलना कहलाता है

(a) संघनन (b) संगलन (c) जमना (d) वाष्पीकरण

उत्तर (*b*)

प्रश्न 11. शुद्ध जल का गलनांक होता है

(a) 100°C (b) 0°C (c) 5°C (d) 78.3°C

उत्तर (*b*)

प्रश्न 12. गर्मियों में घड़े में रखा जल किस क्रिया के फलस्वरूप ठंडा होता है?

(a) विसरण (b) वाष्पीकरण
(c) ऊर्ध्वपातन (d) इनमें से कोई नहीं

उत्तर (*b*)

प्रश्न 13. पदार्थ के कण

(a) स्थिर रहते हैं (b) एक दिशा में गति करते हैं
(c) निरंतर गतिशील रहते हैं (d) एक धुरी के चारों ओर घूमते हैं

उत्तर (*c*)

प्रश्न 14. वह तापमान जिस पर द्रव गैस में बदल जाता है, कहलाता है

(a) गलनांक (b) क्वथनांक (c) जमना (d) इनमें से कोई नहीं

उत्तर (*b*)

प्रश्न 15. पदार्थ के एक अवस्था से दूसरी अवस्था में बदलने की प्रक्रिया के दौरान तापमान एक समान रहता है, इसका कारण है

(a) गुप्त ऊष्मा (b) प्रसुप्त ऊष्मा

(c) कम ऊष्मा का दिया जाना (d) इनमें से कोई नहीं

उत्तर (*a*)

प्रश्न 16. वाष्पीकरण की दर बढ़ती है

(a) सतह क्षेत्र बढ़ाने पर (b) तापमान में वृद्धि से

(c) आर्द्रता में कमी से (d) इन सभी से

उत्तर (*d*)

प्रश्न 17. घनत्व की इकाई होती है

(a) मी सेमी$^{-3}$ (b) न्यूटन

(c) किलोग्राम प्रति घनमीटर (d) पास्कल

उत्तर (*c*)

प्रश्न 18. जल का क्वथनांक होता है

(a) 0°C (b) 78.3°C (c) 25°C (d) 100°C

उत्तर (*d*)

प्रश्न 19. इनमें से कौन-सा गुण ठोसों में नहीं होता है?

(a) निश्चित आकार होता है (b) संपीड्यता

(c) दृढ़ होते हैं (d) घनत्व अधिक होता है

उत्तर (*b*)

प्रश्न 20. बिना द्रव अवस्था में आये गैस का ठोस में बदलना कहलाता है

(a) संघनन (b) संगलन (c) वाष्पीकरण (d) ऊर्ध्वपातन

उत्तर (*d*)

2

क्या हमारे आस-पास के पदार्थ शुद्ध हैं

शुद्ध पदार्थ एक ही प्रकार के कणों से मिलकर बना होता है। जब हम चारों ओर देखते हैं, तो पाते हैं कि सभी पदार्थ दो या दो से अधिक अवयवों के मिलने से बने हैं।
उदाहरण *समुद्र का जल, खनिज, मिट्टी आदि सभी मिश्रण हैं।*

मिश्रण (Mixture)

मिश्रण, जिसे पदार्थ कहा जाता है, एक या एक से अधिक शुद्ध तत्वों या यौगिकों से मिलकर बना होता है।

इसमें एक से अधिक पदार्थ (तत्व अथवा यौगिक) किसी भी अनुपात में मिले होते हैं। इसको पृथक करने के लिए उचित विधियों से शुद्ध पदार्थों में पृथक्करण किया जा सकता है।

मिश्रण के प्रकार (Types of Mixtures)

अवयवों की प्रकृति के अनुसार मिश्रण दो प्रकार का होता है

(i) समांगी मिश्रण (ii) विषमांगी मिश्रण

विलयन (Solution)

विलयन दो या दो से अधिक पदार्थों का समांगी मिश्रण है। नींबू जल, सोडा जल आदि विलयन के उदाहरण हैं।

किसी भी विलयन को दो भागों में बाँटा जाता है

1. विलायक 2. विलेय

1. **विलायक** विलयन का वह घटक (जिनकी मात्रा दूसरे से अधिक होती है) जो दूसरे घटक को विलयन में मिलाता है, उसे **विलायक** कहते हैं।

2. **विलेय** विलयन का वह घटक (प्राय: कम मात्रा में होता है) जोकि विलायक में घुला होता है, उसे **विलेय** कहते हैं।

विलयन में विलायक की मात्रा विलेय से सदैव अधिक होती है।

विलयन के गुण

(i) विलयन एक समांगी मिश्रण है।

(ii) विलयन के कण व्यास में 1 nm से भी बहुत छोटे होते हैं। इसलिए वे आँख से नहीं देखे जा सकते हैं।

(iii) अपने छोटे आकार के कारण विलयन के कण, गुजर रही प्रकाश की किरण को फैलाते नहीं हैं। इसीलिए विलयन में प्रकाश का मार्ग दिखाई नहीं देता।

(iv) विलयन स्थाई है, अर्थात् छानने की विधि द्वारा विलेय के कणों को विलयन में से पृथक नहीं किया जा सकता है। विलयन को शांत छोड़ देने पर भी विलेय के कण नीचे नहीं बैठते हैं।

विलयन की सान्द्रता

विलेय पदार्थ की मात्रा, जो विलयन के किसी दी गई मात्रा अथवा आयतन में उपस्थित हो, उसे **विलयन की सान्द्रता** कहते हैं।

$$\text{विलयन की सान्द्रता} = \frac{\text{विलेय की मात्रा}}{\text{विलयन की मात्रा}}$$

या

$$= \frac{\text{विलेय की मात्रा}}{\text{विलायक की मात्रा}}$$

(i) द्रव्यमान/विलयन के द्रव्यमान प्रतिशत

$$= \frac{\text{विलेय पदार्थ का द्रव्यमान}}{\text{विलयन का द्रव्यमान}} \times 100$$

(ii) द्रव्यमान/विलयन के आयतन प्रतिशत

$$= \frac{\text{विलेय पदार्थ का द्रव्यमान}}{\text{विलयन का आयतन}} \times 100$$

विलयन में मौजूद विलेय पदार्थ की मात्रा के आधार पर इसे तनु, सान्द्र या संतृप्त घोल कहा जाता है तथा दिये गए एक निश्चित तापमान पर पृथक्-पृथक् पदार्थों की विलयन क्षमता भिन्न-भिन्न होती है।

विलयन के प्रकार (Types of Solution)

विलायक में घुले विलेय पदार्थ की मात्रा के आधार पर विलयन निम्न प्रकार के होते हैं

(i) **संतृप्त विलयन** निश्चित तापमान पर यदि विलयन में विलेय पदार्थ नहीं घुलता है, तो उसे संतृप्त विलयन कहते हैं। विलेय पदार्थ की वह मात्रा, जो इस ताप पर संतृप्त विलयन में उपस्थित है, उसकी घुलनशीलता कहलाती है।

(ii) **असंतृप्त विलयन** यदि विलयन में विलेय पदार्थ की मात्रा संतृप्तता से कम है, तो इसे असंतृप्त विलयन कहा जाता है।

(iii) **अतिसंतृप्त विलयन** यदि विलयन में विलेय पदार्थ की सान्द्रतता संतृप्त स्तर से कम हो, तो उसे अतिसंतृप्त विलयन कहते हैं।

निलंबन (Suspension)

वह पदार्थ, जो विलायक में अघुलनशील तथा आँखों से देखा जा सकता है, निलंबन कहलाता है।

निलंबन के गुण (Properties of Suspension)

निलंबन के गुण निम्न हैं

(i) यह एक विषमांगी मिश्रण है।

(ii) ये कण आँखों से देखे जा सकते हैं।

(iii) ये निलंबित कण प्रकाश की किरण को फैला देते हैं, जिससे उसका मार्ग दृष्टिगोचर हो जाता है।

(iv) जब इसे शांत छोड़ देते हैं, तब ये कण नीचे की ओर बैठ जाते हैं, अर्थात् निलबंन अस्थायी होता है।

कोलॉइड विलयन (Colloidal Solution)

कोलॉइड एक विषमांगी मिश्रण है, जिसके कणों का आकार इतना छोटा होता है कि उन्हें सरलता से देखा नहीं जा सकता लेकिन ये कण प्रकाश की किरण को आसानी से फैला देते हैं, प्रकाश की किरण को फैलाना **टिन्डल प्रभाव** (Tyndall effect) कहलाता है, क्योंकि **टिन्डल** नामक वैज्ञानिक ने इसकी खोज की थी। कोलॉइड उद्योगों में तथा दैनिक जीवन में महत्त्वपूर्ण है।

विलेय कणों को परिक्षिप्त प्रावस्था कहते हैं और विलायक, जिसमें ये पूरी तरह से वितरित रहते हैं, उसे परिक्षेपण माध्यम कहते हैं।

कोलॉइड के गुणधर्म (Properties of Colloid)

कोलाइडल के गुण निम्न है

(i) यह एक विषमांगी मिश्रण है।

(ii) इसके कणों का आकार बहुत छोटा होता है।

(iii) इसके कण प्रकाश की किरण को फैला देते हैं। यह क्रिया टिन्डल प्रभाव कहलाती है।

(iv) यह स्थायी होते हैं।

(v) इसके कणों को विशेष विधि अपकेन्द्रीकरण तकनीक द्वारा पृथक किया जा सकता है।

मिश्रण के घटकों का पृथक्करण
(Separating the Components of a Mixture)

मिश्रण से घटकों को पृथक करने के लिए विभिन्न प्रकार की विधियाँ प्रयोग में लाई जाता हैं

1. रंग वाले घटक को नीले अथवा काले रंग की स्याही से वाष्पीकरण की विधि के द्वारा पृथक कर सकते हैं।
2. दूध से क्रीम को अपकेन्द्रण द्वारा पृथक किया जाता है।
3. दो अघुलनशील द्रव अपने घनत्व के अनुसार विभिन्न परतों में पृथक हो जाते हैं।
4. ऊर्ध्वपातित (*जैसे* अमोनियम क्लोराइड, कपूर, नेफ्थलीन और एंथ्रासीन) हो सकने वाले अवयव को ऊर्ध्वपातित न होने योग्य अशुद्धियों से पृथक करने के लिए ऊर्ध्वपातन की प्रक्रिया का उपयोग करते हैं।
5. दो घुलनशील द्रवों के मिश्रण को आसवन विधि द्वारा अलग करते हैं। इसका उपयोग वैसे मिश्रण को पृथक करने में किया जाता है जो विघटित हुए बिना उबलते हैं तथा जिनके घटकों के क्वथनांक के मध्य अधिक अंतराल होता है।
6. दो या दो से अधिक घुलनशील द्रवों (जिनके क्वथनांक का अंतर 25 K से कम होता है) के मिश्रण को पृथक करने के लिए प्रभाजी आसवन विधि का प्रयोग किया जाता है।
7. क्रोमैटोग्राफी वह विधि है, जिसका प्रयोग उन विलेय पदार्थों को पृथक करने में होता है, जो एक ही प्रकार के विलायक में घुले होते हैं।
8. क्रिस्टलीकरण विधि का प्रयोग ठोस पदार्थों को शुद्ध करने में किया जाता है।

भौतिक एवं रासायनिक परिवर्तन
(Physical and Chemical Changes)

अवस्थाओं का अंत: रुपांतरण एक भौतिक परिवर्तन है क्योंकि ये परिवर्तन पदार्थों के संघटन में बिना परिवर्तन किये होते हैं और उनकी रासायनिक प्रकृति में कोई परिवर्तन नहीं होता है।

जलना एक रासायनिक परिवर्तन है, रासायनिक परिवर्तन पदार्थ के रासायनिक गुणधर्मों में परिवर्तन लाता है तथा हम नया पदार्थ पाते हैं।

मोमबत्ती के जलने की प्रक्रिया में भौतिक एवं रासायनिक दोनों परिवर्तन होते हैं।

तत्व तत्व पदार्थ का मूल रूप होता है, जिसे रासायनिक क्रिया द्वारा सरल पदार्थों में विभाजित नहीं किया जा सकता है।

यौगिक यौगिक वह पदार्थ है, जो दो या दो से अधिक तत्वों के स्थिर अनुपात में रासायनिक रूप में संयोजन से निर्मित होता है। यौगिकों के गुण उसमें निहित तत्वों के गुणों से भिन्न होते हैं, जबकि मिश्रण में उपस्थित तत्व और यौगिक अपने-अपने गुणों को दर्शाते हैं।

मिश्र धातुएँ ये धातुओं के समांगी मिश्रण होते हैं, जिन्हें भौतिक क्रिया द्वारा अवयवों में पृथक नहीं किया जा सकता लेकिन फिर भी मिश्र धातुओं को मिश्रण माना जाता है, क्योंकि ये अपने घटकों के गुणों को दर्शाते हैं और पृथक-पृथक संघटन रखते हैं।

उदाहरण पीतल, जिंक (लगभग 30%) और कॉपर (लगभग 70%) का मिश्रण है।

प्रश्नावली 2.1

पृष्ठ 16

प्रश्न 1. पदार्थ से आप क्या समझते हैं?

उत्तर पदार्थ एक ही प्रकार के कणों से मिलकर बना होता है।

उदाहरण हाइड्रोजन, जल आदि।

प्रश्न 2. समांगी और विषमांगी मिश्रणों में अंतर बताएँ।

उत्तर **समांगी और विषमांगी मिश्रण में अंतर**

क्र. सं.	समांगी मिश्रण	विषमांगी मिश्रण
1.	समांगी मिश्रण में अवयवों को आसानी से नहीं देखा जा सकता।	विषमांगी मिश्रण में अवयवों को आसानी से देखा जा सकता है।
2.	समांगी मिश्रण में अवयव समान रूप से घुल जाते हैं।	विषमांगी मिश्रण में अवयव समान रूप से नहीं घुलते।
3.	समांगी मिश्रण से अवयव आसानी से पृथक नहीं किये जा सकते हैं।	विषमांगी मिश्रण से अवयव पृथक किये जा सकते हैं।
	उदाहरण जल में नमक, जल में चीनी आदि।	***उदाहरण*** सोडियम क्लोराइड और लोहे की छीलन, नमक और सल्फर एवं जल और तेल आदि।

पृष्ठ 20

प्रश्न 1. उदाहरण के साथ समांगी एवं विषमांगी मिश्रणों में विभेद कीजिए।

उत्तर उपरोक्त का उत्तर देखें।

प्रश्न 2. विलयन, निलंबन और कोलॉइड एक-दूसरे से किस प्रकार भिन्न हैं?

उत्तर **विलयन, निलंबन और कोलॉइड में अन्तर**

क्र. सं.	विलयन	कोलॉइड	निलंबन
(i)	यह एक समांगी मिश्रण है।	यह एक विषमांगी मिश्रण है।	यह एक विषमांगी मिश्रण है।
(ii)	विलयन के कण व्यास में 1 nm (10^{-9} m) से भी छोटे होते हैं।	कोलॉइड के कणों का व्यास 1 nm से 100 nm के बीच होता है।	निलंबन कणों का व्यास 100 nm से अधिक होता है।
(iii)	विलयन के कण टिन्डल प्रभाव नहीं दर्शाते हैं।	कोलॉइड के कण टिन्डल प्रभाव दर्शाते हैं।	निलंबन के कण टिन्डल प्रभाव दर्शाते हैं।
(iv)	विलयन स्थायी होता है।	कोलॉइड स्थायी होता है।	निलंबन अस्थायी होता है।
(v)	छानने की विधि द्वारा विलेय के कणों को विलयन में से पृथक नहीं किया जा सकता है।	अपकेन्द्रीकरण तकनीक द्वारा कणों को पृथक किया जा सकता है।	छानन विधि द्वारा इन कणों को मिश्रण से पृथक किया जा सकता है।

क्र. सं.	विलयन	कोलॉइड	निलंबन
(v)	विलयन को शांत छोड़ देने पर भी विलेय के कण नीचे नहीं बैठते हैं।	विलयन को शांत छोड़ जाने पर इनके कण तल पर नहीं बैठते हैं।	शांत छोड़ने पर विलेय के कण नीचे की ओर बैठ जाते हैं।
	उदाहरण नींबू जल, सोडा जल आदि।	*उदाहरण* मैग्नीशिया मिल्क, कोहरा, बादल, मक्खन आदि।	*उदाहरण* रेत और जल का मिश्रण, चाक का जल में मिश्रण।

प्रश्न 3. एक संतृप्त विलयन बनाने के लिए 36 ग्राम सोडियम क्लोराइड को 100 ग्राम जल में 293 K पर घोला जाता है। इस तापमान पर इसकी सान्द्रता प्राप्त करें।

उत्तर सोडियम क्लोराइड का द्रव्यमान (विलेय) = 36 ग्राम

जल का द्रव्यमान (विलायक) = 100 ग्राम

हम जानते हैं, कि

विलयन का द्रव्यमान = विलेय का द्रव्यमान + विलायक का द्रव्यमान

= 36 ग्राम + 100 ग्राम = 136 ग्राम

$$\text{विलयन की सान्द्रता} = \frac{\text{विलेय पदार्थ का द्रव्यमान}}{\text{विलयन का द्रव्यमान}} \times 100$$

$$= \frac{36 \text{ ग्राम}}{136 \text{ ग्राम}} \times 100 = 26.47\%$$

पृष्ठ 26

प्रश्न 1. पेट्रोल और मिट्टी का तेल (kerosene oil) जो कि आपस में घुलनशील हैं, के मिश्रण को आपस में आप कैसे पृथक करेंगे? पेट्रोल तथा मिट्टी के तेल के क्वथनांकों में 25°C ताप से अधिक का अन्तराल है।

उत्तर पेट्रोल और मिट्टी के तेल के क्वथनांकों का अन्तर 25K से अधिक है अतः इस मिश्रण को आसवन विधि द्वारा पृथक किया जा सकता है। पेट्रोल और मिट्टी के तेल के मिश्रण को आसवन फलास्क में लें। इसमें एक थर्मामीटर लगाएँ। उपकरण को दिये गये चित्र के अनुसार व्यवस्थित करें। मिश्रण को धीरे-धीरे गर्म करें और सावधानीपूर्वक थर्मामीटर का अवलोकन करें। पेट्रोल (क्वथनांक 70°C से 120°C) पहले वाष्पीकृत होता है (जब तक पेट्रोल वाष्पीकृत नहीं हो जाता तापमान स्थिर रहता है) तथा संघनित होकर संघनक द्वारा बाहर निकालने पर इसे बर्तन में एकत्रित कर लेते हैं, जबकि मिट्टी का तेल फ्लास्क में शेष रह जाता है।

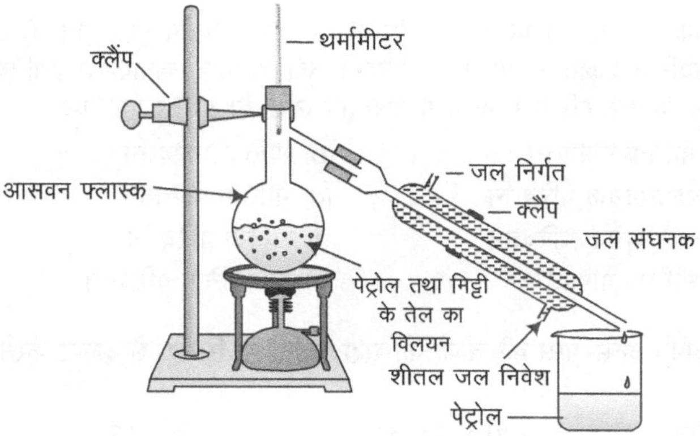

प्रश्न 2. पृथक् करने की सामान्य विधियों के नाम दे

(i) दही से मक्खन (ii) समुद्री जल से नमक

(iii) नमक से कपूर

उत्तर (i) दही से मक्खन को अलग करने के लिए अपकेन्द्रीकरण विधि का प्रयोग करते हैं।

(ii) समुद्री जल से नमक को पृथक क्रिस्टलीकरण विधि द्वारा किया जाता है।

(iii) नमक से कपूर को पृथक करने के लिए ऊर्ध्वपातन की प्रक्रिया का उपयोग करते हैं।

प्रश्न 3. क्रिस्टलीकरण विधि से किस प्रकार के मिश्रण को पृथक किया जा सकता है?

उत्तर क्रिस्टलीकरण विधि द्वारा उन मिश्रण को पृथक किया जाता है, जिनमें घुलनशील या अघुलनशील अशुद्धियाँ होती है, जो क्रिस्टल प्रकृति के होते हैं, जो विघटित हो जाते हैं, या कुछ चीनी के समान गर्म करने पर झुलस जाते हैं या जो मिश्रण छानन विधि द्वारा पृथक नहीं होते।

पृष्ठ 27

प्रश्न 1. निम्न को रासायनिक और भौतिक परिवर्तनों में वर्गीकृत करें

(a) पेड़ों को काटना,
(b) मक्खन का एक बर्तन में पिघलना,
(c) अलमारी में जंग लगना,
(d) जल का उबलकर वाष्प बनना,
(e) विद्युत तरंग का जल में प्रवाहित होना तथा उसका हाइड्रोजन और आक्सीजन गैसों में विघटित होना,
(f) जल में साधारण नमक का घुलना,
(g) फलों से सलाद बनाना,
(h) लकड़ी और कागज का जलना।

उत्तर भौतिक परिवर्तन में पदार्थों के संघटन में कोई परिवर्तन नहीं होता है और उनकी रासायनिक प्रकृति में भी कोई परिवर्तन नहीं होता है, जबकि रासायनिक परिवर्तन पदार्थ के रासायनिक गुणधर्मो में परिवर्तन लाता है। इसी आधार पर

(a) भौतिक परिवर्तन (b) भौतिक परिवर्तन
(c) रासायनिक परिवर्तन (d) भौतिक परिवर्तन
(e) रासायनिक परिवर्तन (f) भौतिक परिवर्तन
(g) भौतिक परिवर्तन (h) रासायनिक परिवर्तन

प्रश्न 2. अपने आस-पास की चीजों को शुद्ध पदार्थों या मिश्रण से अलग करने का प्रयत्न करें।

(a) लकड़ी (b) कोयला (c) दूध
(d) चीनी (e) नमक (f) साबुन
(g) मिट्टी (h) रबड़

उत्तर (a) मिश्रण (b) मिश्रण (c) मिश्रण (d) शुद्ध पदार्थ
(e) शुद्ध पदार्थ (f) यौगिक/मिश्रण (g) मिश्रण (h) शुद्ध पदार्थ

अभ्यास

प्रश्न 1. निम्नलिखित को पृथक करने के लिए आप किन विधियों को अपनाएँगे?

(a) सोडियम क्लोराइड को जल के विलयन से पृथक् करने में।
(b) अमोनियम क्लोराइड को सोडियम क्लोराइड तथा अमोनियम क्लोराइड के मिश्रण से पृथक करने में।
(c) धातु के छोटे टुकड़े को कार के इंजन ऑयल से पृथक् करने में।
(d) दही से मक्खन निकालने के लिए।
(e) जल से तेल निकालने के लिए।
(f) चाय से चाय की पत्तियों को पृथक् करने में।
(g) बालू से लोहे की पिनों को पृथक् करने में।
(h) भूसे से गेहूँ के दानों को पृथक् करने में।
(i) पानी में तैरते हुए महीन मिट्टी के कण को पानी से अलग करने के लिए।
(j) पुष्प की पंखुड़ियों के निचोड़ से विभिन्न रंजकों को पृथक करने में।

उत्तर (a) **वाष्पीकरण** मिश्रण को गर्म करने पर जल वाष्पीकृत हो जाता है और सोडियम क्लोराइड पीछे रह जाता है।

(b) **ऊर्ध्वपातन** गर्म करने पर अमोनियम क्लोराइड वाष्पीकृत हो जाता है। यह वाष्प ठंडा होने पर ठोस अमोनियम क्लोराइड का रूप ले लेती है तथा सोडियम क्लोराइड फ्लास्क में शेष रह जाती है।

(c) धातु के टुकड़े इंजन ऑयल से छानने की प्रक्रिया द्वारा पृथक करते हैं।
(d) अपकेन्द्रीकरण तकनीक से दही से मक्खन को अलग किया जा सकता है।
(e) जल से तेल निकालने के लिए पृथक्करण कीप का प्रयोग करते हैं।
(f) छनन प्रक्रिया द्वारा चाय से चाय की पत्तियों को पृथक करते हैं।
(g) चुम्बकीय विधि द्वारा बालू से लोहे की पिनों को पृथक किया जाता है।
(h) भूसे से गेहूँ के दाने पछोरना (winnowing) विधि द्वारा पृथक किये जाते हैं।
(i) पानी में तैरते हुए मिट्‌टी के कण स्कन्दन (coagulation) द्वारा अलग करते हैं।
(j) पुष्प की पंखुड़ियों के निचोड़ से विभिन्न रंजक क्रोमेटोग्राफी विधि से अलग किये जाते हैं।

प्रश्न 2. **चाय तैयार करने के लिए आप किन-किन चरणों का प्रयोग करेंगे? विलयन, विलायक, विलेय, घुलना, घुलनशील, अघुलनशील, घुलेय (फिल्ट्रेट) तथा अवशेष शब्दों का प्रयोग करें।**

उत्तर चाय बनाने की विधि

(i) सबसे पहले किसी बर्तन में पानी विलायक लेते हैं और गर्म करते हैं।
(ii) फिर पानी में चीनी (विलेय) मिलाते हैं और पानी को उबलने तक गर्म करते हैं जिससे समांगी मिश्रण का विलयन प्राप्त होता है।
(iii) इसमें चाय की पत्ती और दूध मिलाते हैं और फिर से उबालते हैं।
(iv) अब इस मिश्रण को छलनी की सहायता से छानते हैं, घुलनशील पदार्थ को हम चाय के रूप में प्राप्त करते हैं तथा अघुलनशील पदार्थ छलनी में अवशेष रह जाता है।

प्रश्न 3. **प्रज्ञा ने तीन अलग-अलग पदार्थों की घुलनशीलताओं को विभिन्न तापमान पर जाँचा तथा नीचे दिए गए आँकड़ों को प्राप्त किया। प्राप्त हुए परिणामों को 100 ग्राम जल में विलेय पदार्थ की मात्रा, जो संतृप्त विलयन बनाने हेतु पर्याप्त है, निम्नलिखित तालिका में दर्शाया गया है।**

विलेय पदार्थ	तापमान K में				
	283	293	313	333	353
	घुलनशीलता				
पोटैशियम नाइट्रेट	21	32	62	106	167
सोडियम क्लोराइड	36	36	36	37	37
पोटैशियम क्लोराइड	35	35	40	46	54
अमोनियम क्लोराइड	24	37	41	55	66

(a) 50 ग्राम जल में 313 K पर पोटैशियम नाइट्रेट के संतृप्त विलयन को प्राप्त करने हेतु कितने ग्राम पोटैशियम नाइट्रेट की आवश्यकता होगी?

(b) प्रज्ञा 353 K पर पोटैशियम क्लोराइड का एक संतृप्त विलयन तैयार करती है और विलयन को कमरे के तापमान पर ठंडा होने के लिए छोड़ देती है। जब विलयन ठंडा होगा तो वह क्या अवलोकित करेगा? स्पष्ट करें।

(c) 293 K पर प्रत्येक लवण की घुलनशीलता का परिकलन करें। इस तापमान पर कौन-सा लवण सबसे अधिक घुलनशील होगा?

(d) तापमान में परिवर्तन से लवण की घुलनशीलता पर क्या प्रभाव पड़ता है?

उत्तर (a) 100 ग्राम जल में 313 K पर संतृप्त विलयन प्राप्त करने हेतु पोटैशियम नाइट्रेट का द्रव्यमान = 62 ग्राम

50 ग्राम जल में 313 K पर संतृप्त विलयन प्राप्त करने हेतु पोटैशियम नाइट्रेट का द्रव्यमान = $\frac{62}{100} \times 50$ ग्राम = 31 ग्राम

(b) पोटैशियम क्लोराइड के क्रिस्टल प्राप्त होंगे। ऐसा इसलिए होता है, क्योंकि ठोस की घुलनशीलता तापमान घटाने पर घटती है।

(c) समान ताप पर समान विलायक में विभिन्न पदार्थों की विलेयता विभिन्न होती है। 293 K पर अमोनियम क्लोराइड (37 ग्राम/100 ग्राम जल में विलेय) सबसे अधिक घुलनशील होगा।

(d) तापमान घटाने पर घुलनशीलता घटती है तथा तापमान बढ़ाने पर घुलनशीलता बढ़ती है।

प्रश्न 4. **निम्न की उदाहरण सहित व्याख्या करें**

(a) संतृप्त विलयन (b) शुद्ध पदार्थ (c) कोलाइड (d) निलंबन

उत्तर (a) **संतृप्त विलयन** किसी निश्चित तापमान पर उतना ही विलेय पदार्थ घुल सकता है, जितना कि विलयन की क्षमता होती है। अर्थात् निश्चित तापमान पर यदि विलयन में विलेय पदार्थ नहीं घुलता है, तो उसे संतृप्त विलयन कहते हैं।

(b) **शुद्ध पदार्थ** वह पदार्थ जो एक ही प्रकार के कणों से मिलकर बना होता है, शुद्ध पदार्थ कहलाता है। सभी तत्व और यौगिक शुद्ध होते हैं,

उदाहरण हाइड्रोजन, जल आदि।

(c) **कोलॉइड** कोलाइड एक विषमांगी मिश्रण है, जिसके कणों का आकार इतना छोटा होता है कि उन्हें सरलता से देखा नहीं जा सकता लेकिन ये कण प्रकाश की किरण को आसानी से फैला देते हैं, प्रकाश की किरण को फैलाना टिन्डल प्रभाव कहलाता है। विलेय कणों को परिक्षिप्त प्रावस्था और विलायक जिसमें ये पूरी तरह से वितरित रहते हैं, उसे परिक्षेपण माध्यम कहते हैं।

उदाहरण कोहरा, बादल, मक्खन आदि।

(d) **निलंबन** वह पदार्थ जो विलायक में अघुलनशील तथा आँखों से देखा जा सकता है, निलंबन कहलाता है। यह एक विषमांगी मिश्रण है। निलंबन अस्थायी होता है।

उदाहरण रेत और जल का मिश्रण, चाक का जल में मिश्रण आदि।

प्रश्न 5. निम्नलिखित में से प्रत्येक को समांगी और विषमांगी मिश्रणों में वर्गीकृत करें

सोडा जल, लकड़ी, बर्फ, वायु, मिट्टी, सिरका, छनी हुई चाय

उत्तर समांगी मिश्रण में संघटन समान होता है, जबकि विषमांगी मिश्रण में असमान संघटन होता है, अतः

समांगी मिश्रण सोडा जल, वायु, सिरका, छनी हुई चाय

विषमांगी मिश्रण लकड़ी, मिट्टी।

नोट बर्फ शुद्ध यौगिक जल की ठोस अवस्था है।

प्रश्न 6. आप किस प्रकार पुष्टि करेंगे कि दिया हुआ रंगहीन द्रव शुद्ध जल है?

उत्तर शुद्ध पदार्थ का क्वथनांक एक विशेषता होती है, क्योंकि शुद्ध जल का क्वथनांक 100°C है यदि दिया हुआ रंगहीन द्रव 100°C पर उबलता है, तो यह द्रव शुद्ध जल है, अन्यथा नहीं।

प्रश्न 7. निम्नलिखित में से कौन-सी वस्तुएँ शुद्ध पदार्थ हैं?

(a) बर्फ (b) दूध (c) लोहा
(d) हाइड्रोक्लोरिक अम्ल (e) कैल्सियम ऑक्साइड (f) पारा
(g) ईंट (h) लकड़ी (i) वायु।

उत्तर (a) बर्फ (c) लोहा (e) कैल्सियम ऑक्साइड (f) पारा आदि शुद्ध पदार्थ है।

नोट *दूध एक कोलाइड विलयन है।*

प्रश्न 8. निम्नलिखित मिश्रणों में से विलयन की पहचान करें।

(a) मिट्टी (b) समुद्री जल (c) वायु
(d) कोयला (e) सोडा जल

उत्तर (b) समुद्री जल (c) वायु (e) सोडा जल समांगी मिश्रण है, अर्थात् विलयन है।

नोट *समुद्री जल विषमांगी मिश्रण भी होता है।*

प्रश्न 9. निम्नलिखित में से कौन-से टिन्डल प्रभाव को प्रदर्शित करेंगे?

(a) नमक का घोल (b) दूध
(c) कॉपर सल्फेट का विलयन (d) स्टार्च विलयन

उत्तर (b) दूध और (d) स्टार्च विलयन टिन्डल प्रभाव को प्रदर्शित करेंगे, क्योंकि ये दोनों ही कोलॉइड हैं।

प्रश्न 10. निम्नलिखित को तत्व, यौगिक तथा मिश्रण में वर्गीकृत करें।

(a) सोडियम (b) मिट्टी (c) चीनी का घोल
(d) चाँदी (e) कैल्सियम कार्बोनेट (f) टिन
(g) सिलिकॉन (h) कोयला (i) वायु
(j) साबुन (k) मेथेन (l) कार्बन डाइऑक्साइड
(m) रक्त

उत्तर तत्व एक ही प्रकार के परमाणु से बने होते हैं। यौगिक दो या दो से अधिक तत्वों से मिलकर बने होते हैं, इनमें तत्वों का अनुपात स्थिर होता है, जबकि मिश्रण में तत्वों का अनुपात स्थिर नहीं होता। इस प्रकार

तत्व (a) सोडियम (d) चाँदी (f) टिन (g) सिलिकॉन

यौगिक (e) कैल्सियम कार्बोनेट (k) मेथेन (i) कार्बन डाइऑक्साइड

मिश्रण (b) मिट्टी (c) चीनी का घोल (h) कोयला (i) वायु (j) साबुन (m) रक्त।

प्रश्न 11. निम्नलिखित में से कौन–कौन से परिवर्तन रासायनिक हैं?

(a) पौधों की वृद्धि (b) लोहे में जंग लगना
(c) लोहे के चूर्ण तथा बालू को मिलाना (d) खाना पकाना
(e) भोजन का पाचन (f) जल से बर्फ बनना
(g) मोमबत्ती का जलना।

उत्तर (a) पौधों की वृद्धि (b) लोहे में जंग लगना (d) खाना पकाना (e) भोजन का पाचन तथा (g) मोमबत्ती का जलना आदि परिवर्तन रासायनिक हैं, क्योंकि इनके रासायनिक संघटन में परिवर्तन होता है।

NCERT Exemplar

पुस्तक के चुने गए प्रश्न

बहुविकल्पीय प्रश्न

प्रश्न 1. निम्नलिखित में से कौन-सा कथन शुद्ध पदार्थ के लिए सही है?

I. शुद्ध पदार्थ एक ही प्रकार के कणों से मिलकर बने होते हैं।

II. शुद्ध पदार्थ यौगिक या मिश्रण हो सकते हैं।

III. शुद्ध पदार्थ अलग-अलग प्रकार के कणों से बने होते हैं।

IV. शुद्ध पदार्थों का संघटन समान रहता है।

(a) I और II (b) I और III
(c) I और IV (d) II और III

उत्तर (c)

प्रश्न 2. निम्नलिखित में से कौन-सा समांगी मिश्रण है?

I. बर्फ II. लकड़ी III. मिट्टी IV. वायु

(a) I और III (b) II और IV (c) I और IV (d) III और IV

उत्तर (c)

प्रश्न 3. निम्नलिखित में से किसके कण नीचे नहीं बैठते?

(a) विलयन (b) कोलॉइड (c) निलंबन (d) (a) और (b)

उत्तर (d)

प्रश्न 4. निलंबन और कोलॉइडल विलयन में समानता है

(a) दोनों विषमांगी मिश्रण हैं
(b) दोनों के कण आँख से देखे जा सकते हैं
(c) दोनों के कण शांत छोड़ देने पर नीचे बैठ जाते हैं
(d) दोनों को छानन विधि द्वारा पृथक् किया जा सकता है

उत्तर (a)

प्रश्न 5. निम्न में से किसका क्वथनांक सबसे कम है?

(a) O_2 (b) Ar (c) N_2 (d) Br_2

उत्तर (c)

प्रश्न 6. **313 K तापमान पर किस लवण की घुलनशीलता सबसे अधिक होगी?**

(a) पोटैशियम नाइट्रेट (KNO_3) (b) सोडियम क्लोराइड (NaCl)
(c) पोटैशियम क्लोराइड (KCl) (d) अमोनियम क्लोराइड (NH_4Cl)

उत्तर *(a)*

प्रश्न 7. **एक विलयन के 320 ग्राम विलायक जल में 40 ग्राम साधारण नमक विलेय है। विलयन की सान्द्रता होगी**

(a) 11.1% (b) 12.5% (c) 1.5% (d) 1%

उत्तर *(a)*

प्रश्न 8. **विलेय पदार्थ की मात्रा, जो विलयन के किसी दी गई मात्रा में उपस्थित हो, उसे विलयन की .... कहते हैं।**

(a) घुलनशीलता (b) सान्द्रता
(c) संतृप्ता (d) अतिसंतृप्ता

उत्तर *(b)*

प्रश्न 9. **कोलॉइडल विलयन**

(a) एक समांगी मिश्रण है
(b) के कणों का आकार 1 nm से कम होता है तथा कणों को छानन विधि द्वारा पृथक् किया जा सकता है
(c) अस्थायी होता है
(d) के कणों का आकार 1-100 nm के बीच होता है तथा कणों को अपकेन्द्रीकरण तकनीक द्वारा पृथक् करते हैं

उत्तर *(d)*

प्रश्न 10. **समुद्री जल से नमक को किस विधि द्वारा पृथक् करते हैं?**

(a) अपकेन्द्रीकरण विधि (b) आसवन विधि
(c) क्रिस्टलीकरण विधि (d) ये सभी

उत्तर (c)

प्रश्न 11. **दो ठोस अवस्था के मिश्रण को पृथक् करने के लिए किस विधि का प्रयोग किया जाता है?**

(a) वाष्पीकरण (b) क्रिस्टलीकरण
(c) ऊर्ध्वपातन (d) इनमें से कोई नहीं

उत्तर (c)

प्रश्न 12. **पुष्प की पंखुड़ियों के निचोड़ से विभिन्न रंजकों को पृथक् करने के लिए कौन-सी विधि अपनाएँगे?**

(a) पृथक्करण कीप (b) क्रोमेटोग्राफी (c) क्रिस्टलीकरण (d) आसवन

उत्तर (*b*)

प्रश्न 13. **निम्नलिखित में से किसमें भौतिक परिवर्तन नहीं है?**

(a) लोहे का पिघलना (b) लोहे में जंग लगना

(c) लोहे की छड़ का मुड़ना (d) लोहे को खींचकर तार बनाना

उत्तर (*b*)

प्रश्न 14. **लोहे की छड़ गर्म करने पर लाल हो जाती है। यह परिवर्तन है**

(a) भौतिक (b) रासायनिक

(c) भौतिक और रासायनिक (d) इनमें से कोई नहीं

उत्तर (*a*)

प्रश्न 15. **निम्न में से किसमें रासायनिक परिवर्तन होता है?**

(a) जल से बर्फ बनना (b) जल में नमक घुलना

(c) बादल का बनना (d) जल में सोडियम धातु को डालना

उत्तर (*d*)

प्रश्न 16. **विषमांगी मिश्रण में**

(a) असमान संघटन होता है

(b) अवयव समान रूप से घुले रहते हैं

(c) अवयवों को पृथक् नहीं किया जा सकता

(d) उपरोक्त सभी

उत्तर (*a*)

प्रश्न 17. **निम्नलिखित में से कौन-सा एक यौगिक है?**

(a) मिट्टी (b) रक्त

(c) चीनी का घोल (d) मेथेन

उत्तर (*d*)

प्रश्न 18. **निम्नलिखित में से कौन-सा टिन्डल प्रभाव को प्रदर्शित करेगा?**

(a) नमक का घोल (b) कॉपर सल्फेट का विलयन

(c) दूध (d) स्टार्च विलयन

उत्तर (c) और (*d*)

प्रश्न 19. बिजली का चमकना परिवर्तन है

(a) रासायनिक (b) भौतिक और रासायनिक

(c) भौतिक (d) इनमें से कोई नहीं

उत्तर (c)

प्रश्न 20. वायु से गैसों को प्राप्त करते हैं

(a) आसवन विधि द्वारा (b) प्रभाजी आसवन विधि द्वारा

(c) ऊर्ध्वपातन विधि द्वारा (d) ये सभी

उत्तर (b)

लघु उत्तरीय प्रश्न

प्रश्न 21. निम्नलिखित को पृथक करने के लिए किन विधि को अपनाएँगे?

(a) पारा और जल

(b) पोटैशियम क्लोराइड और अमोनियम क्लोराइड

(c) साधारण नमक, जल और बालू

(d) मिट्‌टी का तेल, जल और नमक

उत्तर (a) पृथक्करण कीप द्वारा हम पारे और जल को अलग कर सकते हैं।

(b) ऊर्ध्वपातन प्रक्रिया में अमोनियम क्लोराइड वाष्पीकृत हो जाता है तथा पोटैशियम क्लोराइड फ्लास्क में शेष रह जाता है।

(c) छानन विधि द्वारा बालू को तथा वाष्पीकरण द्वारा नमक को अलग करते हैं।

(d) मिट्‌टी का तेल और नमक पृथक्करण कीप द्वारा तथा जल और नमक क्रिस्टलीकरण विधि द्वारा पृथक किये जाते हैं।

प्रश्न 22. नमक को हम वाष्पीकरण विधि द्वारा अलग करते हैं। क्या इसे किसी और विधि द्वारा भी पृथक् किया जा सकता है?

उत्तर साधारण आसवन विधि द्वारा भी नमक को अलग किया जा सकता है। इस विधि में शुद्ध जल हमें बर्तन में प्राप्त हो जाता है तथा नमक फ्लास्क में शेष रह जाता है।

प्रश्न 23. 'समुद्री जल' समांगी एवं विषमांगी मिश्रण है। व्याख्या कीजिए।

उत्तर समुद्री जल समांगी मिश्रण है, क्योंकि इसमें घुलनशील नमक होता है तथा इसमें अघुलनशील बालू, माइक्रोब्स, कैल्सियम कार्बोनेट से बने शैल होते हैं अत: यह एक विषमांगी मिश्रण भी है।

प्रश्न 24. नमक के विलयन को तनु करते समय एक विद्यार्थी उसमें गलती से ऐसीटोन (क्वथनांक 56°C) मिला देता है। किस विधि द्वारा हम ऐसीटोन को जल से अलग कर सकते हैं? व्याख्या कीजिए।

उत्तर ऐसीटोन को जल से साधारण आसवन विधि द्वारा पृथक् किया जा सकता है, क्योंकि ऐसीटोन और जल के क्वथनांकों का अंतर 25°C से अधिक है।

जल का क्वथनांक = 100°C

ऐसीटोन का क्वथनांक = 56°C

प्रश्न 25. निम्नलिखित में से यौगिक नहीं है?

(a) क्लोरीन गैस
(b) पोटैशियम क्लोराइड
(c) लोहा
(d) ऐलुमिनियम
(e) आयरन सल्फाइड
(f) आयोडीन
(g) कार्बन
(h) सल्फर पाउडर

उत्तर क्लोरीन गैस, लोहा, ऐलुमिनियम, आयोडीन, कार्बन, सल्फर पाउडर यौगिक नहीं हैं, ये तत्व हैं, क्योंकि यौगिक दो या दो से अधिक तत्वों के निश्चित अनुपात में रासायनिक तौर पर संयोजन से बनते हैं।

दीर्घ उत्तरीय प्रश्न

प्रश्न 26. एक प्रयोग के दौरान विद्यार्थियों से जल में चीनी का 10% (द्रव्यमान/द्रव्यमान) विलयन बनाने के लिए कहा गया। रमेश ने 10 ग्राम चीनी को 100 ग्राम जल में घोलकर विलयन बनाया जबकि सारिका ने 10 ग्राम चीनी को पानी में घोलकर 100 ग्राम विलयन बनाया।

(a) क्या दोनों विलयनों की सान्द्रता समान होगी?

(b) दोनों विलयनों की सान्द्रता की तुलना कीजिए।

उत्तर (a) नहीं।

(b) रमेश द्वारा बनाये गये विलयन की सान्द्रता

$$= \frac{\text{विलेय का द्रव्यमान}}{\text{विलयन का द्रव्यमान}} \times 100$$

$$= \frac{10 \text{ ग्राम}}{(10 + 100) \text{ ग्राम}} \times 100 = \frac{10}{110} \times 100 = \frac{100}{11}$$

$$= 9.09\% \simeq 9.1\%$$

सारिका द्वारा बनाये गये विलयन की सान्द्रता

$$= \frac{10}{100} \times 100 = 10\%$$

प्रश्न 27. अरूण ने 0.01% (द्रव्यमान) का सोडियम क्लोराइड का जल में विलयन तैयार किया। निम्नलिखित में से क्या सही है?

(a) 1.00 ग्राम सोडियम क्लोराइड + 100 ग्राम जल
(b) 0.11 ग्राम सोडियम क्लोराइड + 100 ग्राम जल
(c) 0.01 ग्राम सोडियम क्लोराइड + 99.99 ग्राम जल
(d) 0.10 ग्राम सोडियम क्लोराइड + 99.90 ग्राम जल

उत्तर (c) क्योंकि 0.01% (द्रव्यमान) का सोडियम क्लोराइड का जल में विलयन से तात्पर्य है कि 0.01 ग्राम सोडियम क्लोराइड 100 ग्राम विलयम में उपस्थित है। अतः जल की ग्राम में मात्रा = 100 − 0.01 = 99.99

प्रश्न 28. 100 ग्राम जल में 20% (द्रव्यमान प्रतिशत) का विलयन बनाने के लिए सोडियम सल्फेट के कितने ग्राम की आवश्यकता होगी?

उत्तर विलयन की सान्द्रता = 20%

विलायक का द्रव्यमान = 100 ग्राम

माना, विलेय (सोडियम सल्फेट) का द्रव्यमान = x ग्राम

$$\text{सूत्र के अनुसार} = \text{सान्द्रता} = \frac{\text{विलेय पदार्थ का द्रव्यमान}}{\text{विलयन का द्रव्यमान}} \times 100$$

$$20 = \frac{x \text{ ग्राम}}{(x + 100) \text{ ग्राम}} \times 100$$

$$20(x + 100) \text{ ग्राम} = x \text{ ग्राम} \times 100$$

$$20x + 2000 = 100x$$

$$2000 = 100x - 20x$$

$$2000 = 80x$$

$$x = \frac{2000}{80} = 25 \text{ ग्राम}$$

25 ग्राम सोडियम सल्फेट की आवश्यकता होगी।

प्रश्न 29. लोहे की छीलन और सल्फर को आपस में मिलाकर A और B दो भागों में विभाजित करते हैं। भाग A को तेज गर्म करते हैं, जबकि भाग B को गर्म नहीं करते हैं। अब दोनों भागों में तनु हाइड्रोक्लोरिक अम्ल मिलाते हैं, जिससे दोनों भागों से गैसें निकलती हैं। आप इन गैसों को कैसे पहचानेंगे?

उत्तर भाग A:

$$\underset{\text{(लोहे की छीलन)}}{Fe} + \underset{\text{(सल्फर)}}{S} \xrightarrow{\Delta} \underset{\text{(आयरन सल्फाइड)}}{FeS}$$

$$\underset{(A)}{FeS} + \underset{\text{(तनु हाइड्रोक्लोरिक अम्ल)}}{2HCl} \longrightarrow FeCl_2 + \underset{\text{(हाइड्रोजन सल्फाइड)}}{H_2S\uparrow}$$

भाग *B*: $Fe + 2HCl \longrightarrow FeCl_2 + H_2 \uparrow$
(हाइड्रोजन गैस)

भाग *A* से H_2S गैस निकलती है, जिसकी गंध सड़े हुए अंडों जैसी होती है।

भाग *B* से हाइड्रोजन गैस (H_2) निकलती है। इसे पहचानने के लिए हम एक जलती हुई माचिस की तिल्ली को परखनली (भाग *B*) के मुँह पर लाते हैं। पोप (POP) जैसी आवाज होती है तथा जल बनता है।

प्रश्न 30. दो या दो से अधिक घुलनशील द्रवों, जिनके क्वथनांक का अंतर 25 K से कम होता है, के मिश्रण को पृथक करने के लिए प्रभाजी आसवन विधि का प्रयोग किया जाता है, क्योंकि यह विधि साधारण आसवन विधि से प्रभावी होती है? चित्र की सहायता से समझाइये।

उत्तर **प्रभाजी आसवन** प्रभाजी आसवन विधि में आसवन फ्लास्क और संघनक के बीच एक प्रभाजी स्तम्भ का प्रयोग किया जाता है। साधारण प्रभाजी स्तंभ एक नली होती है, जो कि शीशे के गुटकों से भरी होती है। ये गुटके वाष्प को ठंडा और संघनित होने के लिए सतह प्रदान करते हैं, जिस द्रव का क्वथनांक ज्यादा होता है वह जल्दी (नीचे) संघनित होता है। इस विधि द्वारा वे ही द्रव पृथक किये जाते हैं, जिनके क्वथनांक का अंतर 25 K से कम होता है। इस विधि में वाष्पीकरण और संघनन दोनों क्रियाएँ होती हैं।

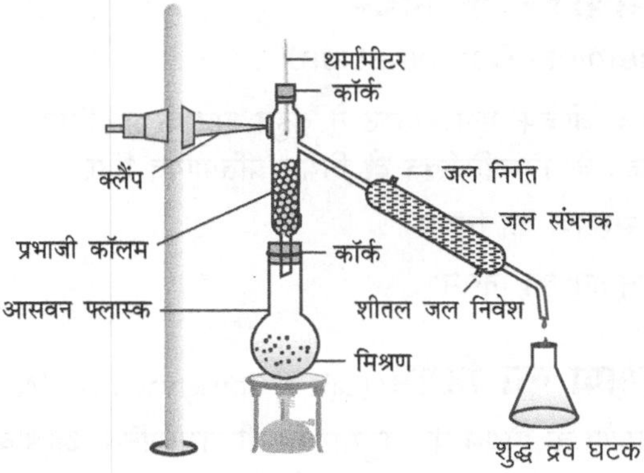

3

परमाणु एवं अणु

भारतीय दार्शनिक महर्षि कनाड, पकुधा कात्यायाम, डेमोक्रिटस एवं लियुसीपस के अनुसार यदि हम पदार्थ को विभाजित करते जाएँ, तो हमें छोटे-छोटे कण प्राप्त होते जाएँगे तथा अंत में एक सीमा आएगी जब प्राप्त कण को पुनः विभाजित नहीं किया जा सकेगा, अर्थात् वह सूक्ष्मतम कण अविभाज्य रहेगा। इन्होंने इस अविभाज्य सूक्ष्मतम कण को परमाणु नाम दिया था।

रासायनिक संयोजन के नियम
(Laws of Chemical Combination)

लवाइजिए एवं जोजेफ एल प्राउस्ट ने बहुत अधिक प्रायोगिक कार्यों के पश्चात् रासायनिक संयोजन के निम्नलिखित दो नियम प्रतिपादित किए

(i) द्रव्यमान सरंक्षण का नियम

(ii) स्थिर अनुपात का नियम

द्रव्यमान संरक्षण का नियम (Law of Conservation of Mass)

द्रव्यमान संरक्षण के नियम के अनुसार किसी रासायनिक अभिक्रिया में द्रव्यमान का न तो सृजन किया जा सकता है, न ही विनाश।

स्थिर अनुपात का नियम (Law of Constant Proportion)

प्राउस्ट के अनुसार, ''किसी भी यौगिक में तत्व सदैव एक निश्चित द्रव्यमानों के अनुपात में विद्यमान होते हैं''।

परमाणु (Atoms)

डाल्टन के परमाणु सिद्धान्त के अनुसार, सभी द्रव्य चाहे तत्व, यौगिक या मिश्रण हो, सूक्ष्म कणों से बने होते हैं, जिन्हें **परमाणु** कहते हैं। डाल्टन के सिद्धान्त के अनुसार,

(i) सभी द्रव्य परमाणुओं से निर्मित होते हैं।

(ii) परमाणु अविभाज्य सूक्ष्मतम कण होते हैं।

(iii) दिए गए तत्व के सभी परमाणुओं का द्रव्यमान एवं रासायनिक गुणधर्म समान होते हैं।

(iv) भिन्न-भिन्न तत्वों के परमाणुओं के द्रव्यमान एवं रासायनिक गुणधर्म भिन्न-भिन्न होते हैं।

(v) किसी भी यौगिक में परमाणुओं की सापेक्ष संख्या एवं प्रकार निश्चित होते हैं।

(vi) भिन्न-भिन्न तत्वों के परमाणु परस्पर छोटी पूर्ण संख्या के अनुपात में संयोग कर यौगिक निर्मित करते हैं। परमाणु आकार में बहुत छोटे होते हैं। परमाणु त्रिज्या को नेनोमीटर (nm) में मापा जाता है।

परमाणु द्रव्यमान (Mass of Atom)

किसी तत्व के सापेक्षिक परमाणु द्रव्यमान को उसके परमाणुओं के औसत द्रव्यमान का कार्बन-12 परमाणु के द्रव्यमान के 1/12 वें भाग के अनुपात द्वारा परिभाषित किया जाता है।

अणु (Molecule)

अणु दो या दो से अधिक परमाणुओं का समूह होता है, जो आपस में रासायनिक बंध अथवा परस्पर आकर्षण बल के द्वारा जुड़े होते हैं। अणु सामान्य दशाओं में स्वतन्त्र रह सकता है। यह पदार्थ के सभी गुणधर्मों को प्रदर्शित करता है।

किसी तत्व के अणु की संरचना में प्रयुक्त होने वाले परमाणुओं की संख्या को उस अणु की परमाणुकता कहते हैं।

आयन (Ion)

धातु एवं अधातु युक्त यौगिक आवेशित कणों से बने होते हैं। इन आवेशित कणों को आयन कहते हैं।

आयन आवेशित कण होते हैं तथा इन पर ऋण अथवा धन आवेश होता है। ऋण आवेशित कण को ऋणायन (anion) तथा धन आवेशित कण को धनायन (cation) कहते हैं।

परमाणुओं का वह पुंज जो आयन की तरह व्यवहार करता है, उसे बहुपरमाणुक आयन कहते हैं। उनके ऊपर एक निश्चित आवेश होता है।

रासायनिक सूत्र (Chemical Formula)

किसी तत्व की संयोजन शक्ति (अथवा क्षमता) उस तत्व की संयोजकता कहलाती है। आण्विक यौगिकों के रासायनिक सूत्र प्रत्येक तत्व की संयोजकता द्वारा निर्धारित होते हैं।

उदाहरण

1. **हाइड्रोजन क्लोराइड का सूत्र ज्ञात करने के लिए पहले धनायन का संकेत (H^+) लिखते हैं। इसके पश्चात ऋणायन क्लोराइड (Cl^-) लिखते हैं। तत्पश्चात् इनके आवेशों को आड़ा-तिरछा करके सूत्र प्राप्त करते हैं।**

   तत्व प्रतीक H ⤫ Cl

   संयोजकता 1 1

   अतः हाइड्रोजन क्लोराइड का रासायनिक सूत्र HCl है।

2. **कार्बन टेट्राक्लोराइड का सूत्र**

   तत्व प्रतीक C ⤫ Cl

   संयोजकता 4 1

   अतः कार्बन टेट्राक्लोराइड का सूत्र CCl_4 है।

   आयनिक यौगिकों में, प्रत्येक आयन के ऊपर आवेशों की संख्या द्वारा यौगिक के रासायनिक सूत्र ज्ञात करते हैं।

3. **सोडियम नाइट्रेट का सूत्र**

   तत्व प्रतीक सूत्र Na ⤫ NO_3

   आवेश 1+ 1−

   अतः सोडियम नाइट्रेट का सूत्र $NaNO_3$ है।

4. **अमोनियम सल्फेट का सूत्र**

   तत्व प्रतीक सूत्र NH_4 ⤫ SO_4

   आवेश 1+ 2−

   अतः अमोनियम सल्फेट का सूत्र $(NH_4)_2SO_4$ है।

आण्विक द्रव्यमान (Molecular Mass)

किसी पदार्थ का आण्विक द्रव्यमान उसके सभी संघटक परमाणुओं के द्रव्यमानों का योग होता है। इस प्रकार यह अणु का वह सापेक्ष द्रव्यमान है, जिसे परमाणु द्रव्यमान इकाई (u) द्वारा व्यक्त किया जाता है।

सूत्र इकाई द्रव्यमान (Formula Unit Mass)

किसी पदार्थ का सूत्र इकाई द्रव्यमान उसके सभी संघटक परमाणुओं के परमाणु द्रव्यमानों का योग होता है।

मोल संकल्पना (Mole Concept)

मोल पदार्थ की वह मात्रा है, जिसमें कणों की संख्या (परमाणु, आयन, अणु या सूत्र इकाई इत्यादि) कार्बन-12 के ठीक 12 ग्राम में विद्यमान परमाणुओं के बराबर होती है। पदार्थ के एक मोल अणुओं का द्रव्यमान उसका मोलर द्रव्यमान कहलाता है।

6.022×10^{23} आवोग्रादो स्थिरांक है, जो कि 12 ग्राम में विद्यमान कार्बन-12 के परमाणुओं की संख्या है।

सन् 1896 में विल्हेल्म ओस्टवाल्ड ने 'मोल' शब्द प्रस्तावित किया था, जो एक लैटिन शब्द *मोल्स* (*moles*) से व्युत्पन्न होता है, जिसका अर्थ ढेर होता है।

प्रश्नावली 3.1

पृष्ठ 36

प्रश्न 1. एक अभिक्रिया में 5.3 ग्राम सोडियम कार्बोनेट एवं 6.0 ग्राम ऐसीटिक अम्ल अभिकृत होते हैं। 2.2 ग्राम कार्बन डाइऑक्साइड 8.2 ग्राम सोडियम ऐसीटेट एवं 0.9 ग्राम जल उत्पाद के रूप में प्राप्त होते हैं। इस अभिक्रिया द्वारा दिखाइए कि यह परीक्षण द्रव्यमान संरक्षण के नियम के अनुरूप है।

सोडियम कार्बोनेट + ऐसीटिक अम्ल ⟶

सोडियम ऐसीटेट + कार्बन डाइऑक्साइड + जल

उत्तर $\underset{5.3\text{ ग्राम}}{Na_2CO_3} + \underset{6\text{ ग्राम}}{2CH_3COOH} \longrightarrow \underset{8.2\text{ ग्राम}}{2CH_3COONa} + \underset{2.2\text{ ग्राम}}{CO_2} + \underset{0.9\text{ ग्राम}}{H_2O}$

द्रव्यमान संरक्षण नियम के अनुसार किसी रासायनिक अभिक्रिया में द्रव्यमान का न तो सृजन किया जा सकता है न ही विनाश, अर्थात् द्रव्यमान अभिक्रिया के दौरान एक समान रहता है।

इसलिए, बाईं ओर का द्रव्यमान = 5.3 ग्राम + 6 ग्राम
= 11.3 ग्राम
दाईं ओर का द्रव्यमान = 8.2 ग्राम + 2.2 ग्राम + 0.9 ग्राम
= 11.3 ग्राम
बाईं ओर का द्रव्यमान = दाईं ओर का द्रव्यमान

अतः यह अभिक्रिया परीक्षण द्रव्यमान संरक्षण के नियम के अनुरूप है।

प्रश्न 2. हाइड्रोजन एवं ऑक्सीजन द्रव्यमान के अनुसार 1 : 8 के अनुपात में संयोग करके जल निर्मित करते हैं। 3 ग्राम हाइड्रोजन गैस के साथ पूर्ण रूप से संयोग करने के लिए कितने ऑक्सीजन गैस के द्रव्यमान की आवश्यकता होगी?

उत्तर स्थिर अनुपात के नियम के अनुसार किसी भी यौगिक में तत्व सदैव एक निश्चित् द्रव्यमानों के अनुपात में विद्यमान होते हैं। *अतः इस सूत्र के अनुसार*

$\because$ 1 ग्राम हाइड्रोजन ऑक्सीजन से संयोग करता है = 8 ग्राम

$\therefore$ 3 ग्राम हाइड्रोजन ऑक्सीजन से संयोग करेगा = $8 \times 3 = 24$ ग्राम

प्रश्न 3. डाल्टन के परमाणु सिद्धान्त का कौन-सा अभिग्रहीत द्रव्यमान के संरक्षण के नियम का परिणाम है?

उत्तर डाल्टन के परमाणु सिद्धान्त के अनुसार 'परमाणु अविभाज्य सूक्ष्मतम कण होते हैं, जो रासायनिक अभिक्रिया में न तो सृजित होते हैं, न ही उनका विनाश होता है। यह अभिग्रहीत द्रव्यमान के संरक्षण के नियम का परिणाम है।

प्रश्न 4. डाल्टन के परमाणु सिद्धान्त का कौन-सा अभिग्रहीत निश्चित अनुपात के नियम की व्याख्या करता है?

उत्तर 'किसी भी यौगिक में परमाणुओं की सापेक्ष संख्या एवं प्रकार निश्चित होते हैं।' यह अभिग्रहीत निश्चित् अनुपात के नियम की व्याख्या करता है।

पृष्ठ 40

प्रश्न 1. परमाणु द्रव्यमान इकाई को परिभाषित कीजिए।

उत्तर किसी तत्व के सापेक्षिक परमाणु द्रव्यमान को उसके परमाणुओं के औसत द्रव्यमान का कार्बन-12 परमाणु के द्रव्यमान के 1/12 वें भाग के अनुपात द्वारा परिभाषित किया जाता है।

प्रश्न 2. एक परमाणु को आँखों द्वारा देखना क्यों संभव नहीं होता है?

उत्तर परमाणु बहुत छोटे होते हैं इसीलिए हम इनको आँखों द्वारा नहीं देख सकते परमाणु त्रिज्या को नैनोमीटर में मापा जाता है। ***उदाहरण*** हाइड्रोजन परमाणु की त्रिज्या 10^{-10} मी है (10^{-1} नैनोमीटर)

परमाणु बहुत छोटे हैं इसीलिए हम इनको आँखों द्वारा नहीं देख सकते परमाणु त्रिज्या

नैनोमीटर में मापा जाता है। ***उदाहरण*** हाइड्रोजन परमाणु की त्रिज्या 10^{-10} मीटर है। (10^{-1} नैनोमीटर)

पृष्ठ 44

प्रश्न 1. निम्न के सूत्र लिखिए

(i) सोडियम ऑक्साइड (ii) सोडियम सल्फाइड
(iii) ऐलुमिनियम क्लोराइड (iv) मैग्नीशियम हाइड्रॉक्साइड

उत्तर यौगिकों में, प्रत्येक तत्व की संयोजकता द्वारा रासायनिक सूत्र ज्ञात करते हैं।

(i) सोडियम ऑक्साइड

तत्व	Na	O
आवेश	1+	2−

सूत्र $= Na_2O$

(ii) सोडियम सल्फाइड

तत्व	Na	S
आवेश	1+	2−

सूत्र $= Na_2S$

(iii) ऐलुमिनियम क्लोराइड

तत्व	Al	Cl
सूत्र	3+	1−

सूत्र $= AlCl_3$

(iv) मैग्नीशियम हाइड्राक्साइड

तत्व	Mg	OH
आवेश	2+	1−

सूत्र $= Mg(OH)_2$

प्रश्न 2. निम्नलिखित सूत्रों द्वारा प्रदर्शित यौगिकों के नाम लिखिए

(i) $Al_2(SO_4)_3$ (ii) $CaCl_2$
(iii) K_2SO_4 (iv) KNO_3
(v) $CaCO_3$

उत्तर (i) ऐलुमिनियम सल्फेट (ii) कैल्सियम क्लोराइड
(iii) पोटैशियम सल्फेट (iv) पोटैशियम नाइट्रेट
(v) कैल्सियम कार्बोनेट

प्रश्न 3. रासायनिक सूत्र का क्या तात्पर्य है?

उत्तर किसी यौगिक का रासायनिक सूत्र उसके संघटक का प्रतीकात्मक निरूपण होता है। रासायनिक सूत्र यौगिक में उपस्थित परमाणु की संख्या एवं प्रकार, यौगिक के मोल और मोलर द्रव्यमान को दर्शाता है।

उदाहरण

तत्व	Ca	Cl
सूत्र	2+	1−

सूत्र $= CaCl_2$

प्रश्न 4. निम्न में कितने परमाणु विद्यमान हैं?

(i) H_2S अणु (ii) PO_4^{3-} आयन।

उत्तर (i) H_2S अणु में परमाणुओं की संख्या

= H परमाणु की संख्या +O परमाणु की संख्या = 2 + 1 = 3

(ii) PO_4^{3-} आयन में परमाणुओं की संख्या

= P परमाणु की संख्या +O परमाणु की संख्या = 1 + 4 = 5

पृष्ठ 46

प्रश्न 1. निम्न यौगिकों के आण्विक द्रव्यमान का परिकलन कीजिए।

H_2, O_2, Cl_2, CO_2, CH_4, C_2H_6, C_2H_4, NH_3 एवं CH_3OH

उत्तर (i) हाइड्रोजन (H_2) का आण्विक द्रव्यमान = हाइड्रोजन का परमाणु द्रव्यमान × 2

= 1 × 2 = 2u

(ii) ऑक्सीजन (O_2) का आण्विक द्रव्यमान = ऑक्सीजन का परमाणु द्रव्यमान × 2

= 16 × 2 = 32 u

(iii) क्लोरीन (Cl_2) का आण्विक द्रव्यमान = क्लोरीन का परमाणु द्रव्यमान × 2

= 35.5 × 2 = 71u

(iv) कार्बन डाइऑक्साइड (CO_2) का आण्विक द्रव्यमान

= (कार्बन का परमाणु द्रव्यमान × 1) + (ऑक्सीजन का परमाणु द्रव्यमान × 2)

= (12 × 1) + (16 × 2) = 12 + 32 = 44 u

(v) मेथेन (CH_4) का आण्विक द्रव्यमान

= (कार्बन का परमाणु द्रव्यमान × 1) + (हाइड्रोजन का परमाणु द्रव्यमान × 4)

= (12 × 1) + (1 × 4) = 12 + 4 = 16 u

(vi) एथेन (C_2H_6) का आण्विक द्रव्यमान

= (कार्बन का परमाणु द्रव्यमान × 2) + (हाइड्रोजन का परमाणु द्रव्यमान × 6)

= (12 × 2) + (1 × 6) = 24 + 6 = 30 u

(vii) एथीन (C_2H_4) का आण्विक द्रव्यमान

= (कार्बन का परमाणु द्रव्यमान × 2) + (हाइड्रोजन का परमाणु द्रव्यमान × 4)

= (12 × 2) + (1 × 4) = 24 + 4 = 28 u

(viii) अमोनिया (NH_3) का आण्विक द्रव्यमान

= (नाइट्रोजन का परमाणु द्रव्यमान × 1) + (हाइड्रोजन का परमाणु द्रव्यमान × 3)

= (14 × 1) + (1 × 3) = 14 + 3 = 17 u

(ix) CH_3OH (मेथेनॉल या मेथिल ऐल्कोहॉल) का आण्विक द्रव्यमान

= (कार्बन का परमाणु द्रव्यमान × 1) + (हाइड्रोजन का परमाणु द्रव्यमान × 3)

+ (ऑक्सीजन का परमाणु द्रव्यमान × 1) + (हाइड्रोजन का परमाणु द्रव्यमान × 1)

$= (12 \times 1) + (1 \times 3) + (16 \times 1) + (1 \times 1)$

$= 12 + 3 + 16 + 1 = 32$ u

प्रश्न 2. निम्न यौगिकों के सूत्र इकाई द्रव्यमान का परिकलन कीजिए।

ZnO, Na_2O एवं K_2CO_3

दिया गया है,

Zn का परमाणु द्रव्यमान = 65 u

Na का परमाणु द्रव्यमान = 23 u

K का परमाणु द्रव्यमान = 39 u

C का परमाणु द्रव्यमान = 12 u

एवं O का परमाणु द्रव्यमान = 16 u है।

उत्तर (i) जिंक ऑक्साइड (ZnO) का सूत्र

इकाई द्रव्यमान = (Zn का परमाणु द्रव्यमान) + (O का परमाणु द्रव्यमान)

= (65 u + 16u) = 81u

(ii) सोडियम ऑक्साइड (Na_2O) का सूत्र

इकाई द्रव्यमान = (सोडियम का परमाणु द्रव्यमान × 2)

+ (ऑक्सीजन का परमाणु द्रव्यमान × 1)

$= (23 \times 2) + (16 \times 1) = 46 + 16 = 62$ u

(iii) पोटैशियम कार्बोनेट (K_2CO_3) का सूत्र

इकाई द्रव्यमान = (पोटैशियम का परमाणु द्रव्यमान × 2)

+ (कार्बन का परमाणु द्रव्यमान ×1)

+ (ऑक्सीजन का परमाणु द्रव्यमान × 3)

$= (39 \times 2) + (12 \times 1) + (16 \times 3)$

$= 78 + 12 + 48 = 138$ u

पृष्ठ 48

प्रश्न 1. यदि कार्बन परमाणुओं के एक मोल का द्रव्यमान 12 ग्राम है, तो कार्बन के एक परमाणु का द्रव्यमान क्या होगा?

उत्तर कार्बन के एक मोल में परमाणुओं की संख्या $= 6.022 \times 10^{23}$

कार्बन के एक मोल का द्रव्यमान = 12 ग्राम

$\because$ 6.022×10^{23} कार्बन परमाणुओं का भार (द्रव्यमान) = 12 ग्राम

$\therefore$ 1 कार्बन परमाणु का द्रव्यमान $= \dfrac{12 \times 1}{6.022 \times 10^{23}} = 1.99 \times 10^{-23}$ ग्राम

प्रश्न 2. **किसमें अधिक परमाणु होंगे 100 ग्राम सोडियम अथवा 100 ग्राम लोहा (Fe)? (Na का परमाणु द्रव्यमान = 23 u, Fe का परमाणु द्रव्यमान = 56 u).**

उत्तर $\text{परमाणुओं की संख्या} = \dfrac{\text{दिया गया द्रव्यमान} \times \text{आवोगाद्रो संख्या}}{\text{मोलर द्रव्यमान}}$

हम जानते हैं कि 1 मोल में परमाणु की संख्या $= 6.022 \times 10^{23}$

$\text{100 ग्राम सोडियम में परमाणुओं की संख्या} = \dfrac{6.022 \times 10^{23} \times 100}{23} = 2.618 \times 10^{24}$

इसी प्रकार

$\text{100 ग्राम लोहे (Fe) में परमाणुओं की संख्या} = \dfrac{6.022 \times 10^{23} \times 100}{56} = 1.075 \times 10^{24}$

अतः 100 ग्राम सोडियम में परमाणुओं की संख्या 100 ग्राम लोहे से अधिक होगी।

नोट (पेज 198 देखें)

अभ्यास

प्रश्न 1. **0.24 ग्राम ऑक्सीजन एवं बोरॉन युक्त यौगिक के नमूने में विश्लेषण द्वारा यह पाया गया है कि उसमें 0.096 ग्राम बोरॉन एवं 0.144 ग्राम ऑक्सीजन है। उस यौगिक के प्रतिशत संघटन का भारात्मक रूप में परिकलन कीजिए।**

उत्तर

यौगिक का द्रव्यमान = 0.24 ग्राम

बोरॉन का द्रव्यमान = 0.096 ग्राम

ऑक्सीजन का द्रव्यमान = 0.144 ग्राम

$$\text{बोरॉन की प्रतिशत मात्रा} = \frac{\text{बोरॉन का द्रव्यमान}}{\text{यौगिक का द्रव्यमान}} \times 100$$

$$= \frac{0.096 \text{ ग्राम}}{0.240 \text{ ग्राम}} \times 100 = 40\%$$

$$\text{ऑक्सीजन की प्रतिशत मात्रा} = \frac{\text{ऑक्सीजन का द्रव्यमान}}{\text{यौगिक का द्रव्यमान}} \times 100$$

$$= \frac{0.144 \text{ ग्राम}}{0.240 \text{ ग्राम}} \times 100 = 60\%$$

या ऑक्सीजन की प्रतिशत मात्रा = 100 − बोरॉन की प्रतिशत मात्रा

= 100 − 40 = 60%

प्रश्न 2. **3.0 ग्राम कार्बन 8.00 ग्राम ऑक्सीजन में जलकर 11.00 ग्राम कार्बन डाइऑक्साइड निर्मित करता है। जब 3.00 ग्राम कार्बन को 50.00 ग्राम आक्सीजन में जलाएँगे तो कितने ग्राम कार्बन डाइऑक्साइड का निर्माण होगा? आपका उत्तर रासायनिक संयोजन के किस नियम पर आधारित होगा ?**

उत्तर कार्बन डाइऑक्साइड (CO_2) में कार्बन और ऑक्सीजन का अनुपात

$$= CO_2 \text{ में } C:O = 12:32 \text{ या } 3:8$$

दूसरे शब्दों में हम कह सकते हैं कि

$\because$ 12 ग्राम कार्बन क्रिया करता है = 32 ग्राम ऑक्सीजन से

$\therefore$ 3 ग्राम कार्बन क्रिया करेगा $= \frac{32}{12} \times 3 = 8$ ग्राम

C	+	O_2	$\longrightarrow$	CO_2
12 ग्राम		32 ग्राम		$12 + 16 \times 2 = 44$ ग्राम
3 ग्राम		8 ग्राम		$3 + 8 = 11$ ग्राम

इसीलिए आक्सीजन की मात्रा (50.00 ग्राम) बढ़ाने पर भी 3 ग्राम कार्बन हमेशा ऑक्सीजन के 8 ग्राम से क्रिया करके 11 ग्राम कार्बन डाइऑक्साइड ही बनायेगा। यह उत्तर रासायनिक संयोजन के 'स्थिर अनुपात के नियम' पर आधारित है।

प्रश्न 3. बहुपरमाणुक आयन क्या होते हैं? उदाहरण दीजिए।

उत्तर परमाणुओं का वह पुंज जो आयन की तरह व्यवहार करता है, उसे बहुपरमाणुक आयन कहते हैं। इनके ऊपर एक निश्चित आवेश होता है।

उदाहरण

(i) कार्बोनेट आयन (CO_3^{2-}) (ii) सल्फेट आयन (SO_4^{2-})

(iii) अमोनियम आयन (NH_4^+) (iv) फॉस्फेट आयन (PO_4^{3-})

प्रश्न 4. निम्नलिखित के रासायनिक सूत्र लिखिए

(a) मैग्नीशियम क्लोराइड (b) कैल्सियम क्लोराइड

(c) कॉपर नाइट्रेट (d) ऐलुमिनियम क्लोराइड

(e) कैल्सियम कार्बोनेट

उत्तर (a) मैग्नीशियम क्लोराइड

तत्व	Mg	Cl	
आवेश	2+	1−	सूत्र = $MgCl_2$

(b) कैल्सियम क्लोराइड

तत्व	Ca	Cl	
आवेश	2+	1−	सूत्र = $CaCl_2$

(c) कॉपर नाइट्रेट

तत्व	Cu	NO_3	
आवेश	2+	1−	सूत्र = $Cu(NO_3)_2$

(d) ऐलुमिनियम क्लोराइड

तत्व Al Cl

आवेश 3+ 1− सूत्र = $AlCl_3$

(e) कैल्सियम कार्बोनेट

तत्व Ca CO_3

आवेश 2 + 2 − सूत्र = $CaCO_3$

प्रश्न 5. निम्नलिखित यौगिकों में विद्यमान तत्वों के नाम दीजिए।

(a) बुझा हुआ चूना
(b) बेकिंग पाउडर (खाने वाला सोडा)
(c) हाइड्रोजन ब्रोमाइड
(d) पोटैशियम सल्फेट

उत्तर यौगिकों के रासायनिक सूत्र और रासायनिक नाम

(a) बुझा हुआ चूना — कैल्सियम हाइड्रॉक्साइड $Ca(OH)_2$
तत्व — कैल्सियम, ऑक्सीजन तथा हाइड्रोजन

(b) हाइड्रोजन ब्रोमाइड — HBr
तत्व — हाइड्रोजन तथा ब्रोमीन

(c) बेकिंग पाउडर — सोडियम बाइकार्बोनेट ($NaHCO_3$)
तत्व — सोडियम, हाइड्रोजन, कार्बन तथा ऑक्सीजन

(d) पोटैशियम सल्फेट — K_2SO_4
तत्व — पोटैशियम, सल्फर तथा ऑक्सीजन

प्रश्न 6. निम्नलिखित पदार्थों के मोलर द्रव्यमान का परिकलन कीजिए।

(a) एथाइन, C_2H_2
(b) सल्फर (S_8) अणु,
(c) फॉस्फोरस (P_4) अणु (फॉस्फोरस का परमाणु द्रव्यमान = 31)
(d) हाइड्रोक्लोरिक अम्ल, HCl
(e) नाइट्रिक अम्ल, HNO_3

उत्तर (a) एथाइन (C_2H_2) का मोलर द्रव्यमान

= (कार्बन का परमाणु द्रव्यमान × 2) + (हाइड्रोजन का परमाणु द्रव्यमान × 2)

= (12 × 2) + (1 × 2) = 24 + 2 = 26 u

(b) सल्फर (S_8) अणु का मोलर द्रव्यमान

= (8 × सल्फर का परमाणु द्रव्यमान) = (8 × 32) = 256 u

(c) फॉस्फोरस (P_4) अणु का मोलर द्रव्यमान

= (4 × फॉस्फोरस का परमाणु द्रव्यमान)

= (4 × 31) = 124 u

(d) हाइड्रोक्लोरिक अम्ल (HCl) का मोलर द्रव्यमान

= (हाइड्रोजन का परमाणु द्रव्यमान ×1) + (क्लोरीन का परमाणु द्रव्यमान ×1)

$= (1 \times 1) + (35.5 \times 1) = 1 + 35.5 = 36.5$ u

(e) नाइट्रिक अम्ल (HNO_3) का मोलर द्रव्यमान

= (हाइड्रोजन का परमाणु द्रव्यमान ×1) + (नाइट्रोजन का परमाणु द्रव्यमान ×1) + (ऑक्सीजन का परमाणु द्रव्यमान ×3)

$= (1 \times 1) + (14 \times 1) + (16 \times 3) = 1 + 14 + 48 = 63$ u

प्रश्न 7. निम्न का द्रव्यमान क्या होगा?

(a) 1 मोल नाइट्रोजन परमाणु

(b) 4 मोल ऐलुमिनियम परमाणु (ऐलुमिनियम का परमाणु द्रव्यमान = 27)

(c) 10 मोल सोडियम सल्फाइट (Na_2SO_3)

उत्तर (a) नाइट्रोजन का मोलर द्रव्यमान = नाइट्रोजन का परमाणु द्रव्यमान

∴ 1 मोल नाइट्रोजन का परमाणु द्रव्यमान = 14 ग्राम

(b) 1 मोल ऐलुमिनियम का परमाणु द्रव्यमान = 27 ग्राम

∴ 4 मोल ऐलुमिनियम का परमाणु द्रव्यमान $= 27 \times 4 = 108$ ग्राम

(c) 1 मोल Na_2SO_3 का परमाणु द्रव्यमान $= (2 \times 23) + 32 + (16 \times 3)$

$= 46 + 32 + 48 = 126$ ग्राम

∴ 10 मोल Na_2SO_3 का परमाणु द्रव्यमान $= 126 \times 10 = 1260$ ग्राम

प्रश्न 8. निम्न को मोल में परिवर्तित कीजिए।

(a) 12 ग्राम ऑक्सीजन गैस

(b) 20 ग्राम जल

(c) 22 ग्राम कार्बन डाइऑक्साइड

उत्तर (a) ऑक्सीजन (O_2) का मोलर द्रव्यमान $= 16 \times 2 = 32$ ग्राम

∵ 32 ग्राम ऑक्सीजन गैस में मोलों की संख्या $n = \frac{1}{32}$

∴ 12 ग्राम ऑक्सीजन गैस में मोलों की संख्या $= \frac{1}{32} \times 12 = 0.375$ मोल

(b) जल (H_2O) का मोलर द्रव्यमान $= (1 \times 2) + 16 = 18$ ग्राम

∵ 18 ग्राम जल में मोलों की संख्या $n = \frac{1}{18}$

∴ 20 ग्राम जल में मोलों की संख्या $= \frac{1}{18 \text{ ग्राम}} \times 20$ ग्राम $= 1.11$ मोल

(c) कार्बन डाइऑक्साइड (CO_2) का मोलर द्रव्यमान $= 12 + (2 \times 16)$

$= 12 + 32 = 44$ ग्राम

∵ 44 ग्राम CO_2 में मोलों की संख्या $= \frac{1}{44}$

∴ 22 ग्राम CO_2 में मोलों की संख्या $= \frac{1}{44 \text{ ग्राम}} \times 22$ ग्राम = 0.5 मोल

प्रश्न 9. निम्न का द्रव्यमान क्या होगा?

(a) 0.2 मोल ऑक्सीजन परमाणु (b) 0.5 मोल जल अणु

उत्तर (a) हमें ज्ञात है कि द्रव्यमान = मोलर द्रव्यमान × मोलों की संख्या

∵ 1 मोल ऑक्सीजन (O_2) का परमाणु द्रव्यमान = 16 ग्राम

∴ 0.2 मोल ऑक्सीजन का परमाणु द्रव्यमान = 16 × 0.2 = 3.2 ग्राम

(b) ∵ 1 मोल जल (H_2O) का द्रव्यमान = 18 ग्राम

∴ 0.5 मोल जल (H_2O) का द्रव्यमान = 18 × 0.5 = 9.0 ग्राम

प्रश्न 10. 16 ग्राम **ठोस सल्फर में सल्फर** (S_8) **के अणुओं की संख्या का परिकलन कीजिए।**

उत्तर सल्फर (S_8) का मोलर द्रव्यमान (M) = 32 × 8 = 256 ग्राम

$$\text{अणुओं की संख्या } N = \frac{m \times N_0}{M} \quad \text{...(i)}$$

यहाँ, $N_0 = 6.022 \times 10^{23}$ है

समी (i) में प्रश्नानुसार मान रखने पर

∴ 16 ग्राम सल्फर में अणुओं की संख्या $= \frac{6.022 \times 10^{23}}{256 \text{ ग्राम}} \times 16$ ग्राम

$= 3.76 \times 10^{22}$ अणु

प्रश्न 11. 0.051 **ग्राम ऐलुमिनियम ऑक्साइड** (Al_2O_3) **में ऐलुमिनियम आयन की संख्या का परिकलन कीजिए।**

संकेत किसी आयन का द्रव्यमान उतना ही होता है, जितना कि उस तत्व के परमाणु का द्रव्यमान होता है। ऐलुमिनियम का परमाणु द्रव्यमान = 27 u है।

उत्तर ऐलुमिनियम ऑक्साइड (Al_2O_3) का मोलर द्रव्यमान = (2 × 27) + (3 × 16) = 54 + 48

= 102 ग्राम

$$Al_2O_3 \rightleftharpoons 2Al^{3+} + 3O^{2-}$$

∵ 102 ग्राम Al_2O_3 में ऐलुमिनियम आयन की संख्या $= 2 \times 6.022 \times 10^{23}$

∴ 0.051 ग्राम Al_2O_3 में ऐलुमिनियम आयन की संख्या

$$= \frac{2 \times 6.022 \times 10^{23}}{102} \times 0.051 = 6.022 \times 10^{20}$$

$= 6.022 \times 10^{20}$ ऐलुमिनियम आयन

NCERT Exemplar

पुस्तक के चुने गए प्रश्न

बहुविकल्पीय प्रश्न

प्रश्न 1. निम्न में से नाइट्रोजन गैस का प्रतीक है

(a) Ni (b) N_2 (c) N^+ (d) N

उत्तर *(b)*

प्रश्न 2. निम्नलिखित में से नाइट्रोजन का प्रतीक है

(a) Ni (b) N_2 (c) N^+ (d) N

उत्तर *(d)*

प्रश्न 3. निम्न में से सोडियम का प्रतीक है

(a) S (b) Sm (c) Na^+ (d) Na

उत्तर *(d)*

प्रश्न 4. परमाणु अविभाज्य कण है। इसकी विवेचना की है

(a) डाल्टन ने (b) रदरफोर्ड ने

(c) टॉमसन ने (d) बोहर ने

उत्तर *(a)*

प्रश्न 5. आवोगाद्रो स्थिरांक का मान है

(a) 6.022×10^{24} (b) 6.022×10^{22}

(c) 6022×10^{23} (d) 6.022×10^{23}

उत्तर *(d)*

प्रश्न 6. जल में, हाइड्रोजन और ऑक्सीजन का अनुपात है

(a) 1 : 8 (b) 2 : 12

(c) 2 : 3 (d) 1 : 2

उत्तर *(a)*

प्रश्न 7. कार्बन डाइऑक्साइड के सभी नमूनों में कार्बन और ऑक्सीजन 3 : 8 के अनुपात में क्रिया करते हैं। यह आधारित है

(a) द्रव्यमान संरक्षण का नियम
(b) स्थिर अनुपात का नियम
(c) अस्थिर अनुपात का नियम
(d) व्युत्क्रम अनुपात का नियम

उत्तर (b)

प्रश्न 8. सोडियम का परमाणु द्रव्यमान 23 है। 46 ग्राम सोडियम में मोलों की संख्या होगी

(a) 2 (b) 1 (c) 4 (d) 3

उत्तर (a)

प्रश्न 9. पोटैशियम नाइट्रेट का रासायनिक सूत्र होगा

(a) KNO (b) KNO_3 (c) KNO_2 (d) KON

उत्तर (b)

प्रश्न 10. *केलियम* लैटिन शब्द है

(a) पोटैशियम का
(b) क्रिप्टन का
(c) कैल्सियम का
(d) फॉस्फोरस का

उत्तर (a)

प्रश्न 11. वह सूक्ष्मतम कण, जो स्वतंत्र अवस्था में रह सकता है, कहलाता है

(a) परमाणु (b) अणु (c) इलेक्ट्रॉन (d) प्रोटॉन

उत्तर (b)

प्रश्न 12. अमोनिया का मोलर द्रव्यमान होगा

(a) 17 ग्राम (b) 31 ग्राम (c) 20 ग्राम (d) 25 ग्राम

उत्तर (a)

प्रश्न 13. कैल्सियम का परमाणु द्रव्यमान 40 है। 2.5 ग्राम कैल्सियम के परमाणु का द्रव्यमान होगा

(a) 40 ग्राम (b) 2.5 ग्राम (c) 100 ग्राम (d) 80 ग्राम

उत्तर (c)

प्रश्न 14. निम्नलिखित में से किसमें अणुओं की संख्या अधिक होगी?

(a) 1 ग्राम कार्बन डाइऑक्साइड (CO_2)
(b) 1 ग्राम नाइट्रोजन गैस (N_2)
(c) 1 ग्राम हाइड्रोजन (H_2)
(d) 1 ग्राम मेथेन (CH_4)

उत्तर (c)

प्रश्न 15. निम्नलिखित में से किसका द्रव्यमान सबसे अधिक होगा?

(a) 0.2 मोल चीनी ($C_{12}H_{22}O_{11}$)

(b) 2 मोल कार्बन डाइऑक्साइड

(c) 2 मोल कैल्सियम कार्बोनेट

(d) 10 मोल जल अणु

उत्तर *(c)*

प्रश्न 16. ऑक्सीजन के एक परमाणु का भार है?

(a) $\frac{16}{6.023 \times 10^{23}}$ ग्राम (b) $\frac{32}{6.023 \times 10^{23}}$ ग्राम

(c) $\frac{1}{6.023 \times 10^{23}}$ ग्राम (d) 8 u

उत्तर *(a)*

प्रश्न 17. 4.25 ग्राम अमोनिया में अणुओं की संख्या है

(a) 1.0×10^{23} (b) 1.5×10^{23}

(c) 2.0×10^{23} (d) 3.5×10^{23}

उत्तर *(b)*

प्रश्न 18. 22 ग्राम कार्बन डाइऑक्साइड बराबर है

(a) 1 मोल कार्बन डाइऑक्साइड के

(b) 0.5 मोल कार्बन डाइऑक्साइड के

(c) 2 मोल कार्बन डाइऑक्साइड के

(d) उपरोक्त में से कोई नहीं

उत्तर *(b)*

प्रश्न 19. खाने वाले सोडा (बेकिंग पाउडर) का रासायनिक नाम है

(a) सोडियम कार्बोनेट

(b) कैल्सियम कार्बोनेट

(c) सोडियम बाइकार्बोनेट

(d) कैल्सियम बाइकार्बोनेट

उत्तर *(c)*

प्रश्न 20. कॉपर सल्फेट का रासायनिक सूत्र है

(a) Cu_2SO_4 (b) $CuSO_4$

(c) $Cu(SO_4)_2$ (d) $Cu(SO_4)_3$

उत्तर *(b)*

लघु उत्तरीय प्रश्न

प्रश्न 21. निम्न में कितने परमाणु विद्यमान हैं?

(i) CO_3^{2-} (ii) PO_4^{3-} (iii) P_2O_5 (iv) CO

उत्तर (i) CO_3^{2-} में परमाणुओं की संख्या = C परमाणु की संख्या + O परमाणु की संख्या
= 1 + 3 = 4

(ii) PO_4^{3-} में परमाणुओं की संख्या = P परमाणु की संख्या + O परमाणु की संख्या
= 1 + 4 = 5

(iii) P_2O_5 में परमाणुओं की संख्या = P परमाणु की संख्या + O परमाणु की संख्या
= 2 + 5 = 7

(iv) CO में परमाणुओं की संख्या = C परमाणु की संख्या + O परमाणु की संख्या
= 1 + 1 = 2

प्रश्न 22. निम्नलिखित यौगिकों के धनायन और ऋणायन (यदि कोई है) लिखिए।

(i) CH_3COONa (ii) NaCl (iii) H_2 (iv) NH_4NO_3

उत्तर

क्र.सं.	यौगिक	धनायन	ऋणायन
(i)	CH_3COONa	Na^+	CH_3COO^-
(ii)	NaCl	Na^+	Cl^-
(iii)	H_2	—	—
(iv)	NH_4NO_3	NH_4^+	NO_3^-

प्रश्न 23. निम्नलिखित के रासायनिक सूत्र लिखिए तथा यौगिकों में विद्यमान तत्वों का अनुपात भी ज्ञात कीजिए

(i) अमोनिया (ii) कार्बन मोनॉक्साइड
(iii) हाइड्रोजन क्लोराइड (iv) ऐलुमिनियम क्लोराइड
(v) मैग्नीशियम सल्फाइड

उत्तर (i) **अमोनिया** रासायनिक सूत्र– NH_3 तथा तत्वों का अनुपात– 14 : 3

(ii) **कार्बन मोनॉक्साइड** रासायनिक सूत्र– CO तथा तत्वों का अनुपात– 12 : 16 या 3 : 4

(iii) **हाइड्रोजन क्लोराइड** रासायनिक सूत्र– HCl तथा तत्वों का अनुपात– 1 : 35.5

(iv) **ऐलुमिनियम क्लोराइड** रासायनिक सूत्र– $AlCl_3$ तथा तत्वों का अनुपात– 27 : 106.5 या 9 : 35.5

(v) **मैग्नीशियम सल्फाइड** रासायनिक सूत्र– MgS तथा तत्वों का अनुपात– 24 : 32 या 3 : 4

प्रश्न 24. **निम्नलिखित तत्वों के सही संकेत लिखिए।**

(i) कोबाल्ट CO (ii) कार्बन c

(iii) ऐलुमिनियम AL (iv) हीलियम He

(v) सोडियम SO

उत्तर (i) कोबाल्ट Co (प्रतीक के दूसरे अक्षर को छोटे अक्षर (Small letter) में लिखते हैं)

(ii) कार्बन C (प्रतीक के पहले अक्षर को बड़े अक्षर (Capital letter) में लिखते हैं।)

(iii) ऐलुमिनियम Al (प्रतीक के दूसरे अक्षर को छोटे अक्षर (Small letter) में लिखते हैं।)

(iv) हीलियम He (सही संकेत)

(v) सोडियम Na (लैटिन शब्द *Natrium* है; अतः Na होगा)

प्रश्न 25. **3.42 ग्राम चीनी को 18 ग्राम पानी में घोला जाता है। इस विलयन में उपस्थित ऑक्सीजन के अणुओं की संख्या ज्ञात कीजिए।**

उत्तर **पहला चरण**

चीनी ($C_{12}H_{22}O_{11}$) का मोलर द्रव्यमान $= 12 \times 12 + 1 \times 22 + 16 \times 11$

$= 144 + 22 + 176 = 342$ ग्राम

342 ग्राम चीनी में मोल = 1

3.42 ग्राम चीनी में मोल $= \frac{1}{342} \times 3.42 = .01$

$\because$ 1 मोल चीनी ($C_{12}H_{22}O_{11}$) में ऑक्सीजन के अणुओं की संख्या $= 11 \times 6.023 \times 10^{23}$

$\therefore$ 0.01 मोल चीनी में ऑक्सीजन के अणुओं की संख्या

$= 0.01 \times 11 \times 6.023 \times 10^{23} = 6.6253 \times 10^{22}$

दूसरा चरण

3.42 ग्राम चीनी को 18 ग्राम जल में घोलने पर ऑक्सीजन के अणुओं की संख्या

$= 6.022 \times 10^{23} + 6.6253 \times 10^{22}$

$= 10^{122} (60.22 + 6.6253)$

$= 66.854 \times 10^{22}$

$= 6.68 \times 10^{23}$

दीर्घ उत्तरीय प्रश्न

प्रश्न 26. कैल्सियम क्लोराइड को पानी में घोलने पर निम्न अभिक्रिया होती है

$$CaCl_2\ (\text{जलीय}) \longrightarrow Ca^{2+} + 2Cl^-$$

यदि कैल्सियम क्लोराइड के 222 ग्राम को जल में घोलते हैं, तो कैल्सियम क्लोराइड से प्राप्त आयनों की गणना कीजिए।

उत्तर $CaCl_2$ का मोलर द्रव्यमान $= 40 + 2 \times 35.5 = 40 + 71$

$= 111$ ग्राम मोल$^{-1}$

$$CaCl_2 \longrightarrow Ca^{2+} + 2Cl^-$$

1 मोल (111 ग्राम) → 1 मोल + 2 मोल = 3 मोल

111 ग्राम कैल्सियम क्लोराइड से प्राप्त आयन = 3 मोल

$= 3 \times 6.022 \times 10^{23}$ आयन

222 ग्राम कैल्सियम क्लोराइड से प्राप्त आयन

$$= \frac{3 \times 6.022 \times 10^{23}}{111} \times 222$$

$= 36.132 \times 10^{23}$

$= 3.6132 \times 10^{24}$ आयन

प्रश्न 27. विटामिन C के एक नमूने में 2.58×10^{24} ऑक्सीजन के परमाणु विद्यमान हैं। इस नमूने में ऑक्सीजन के कितने मोल उपस्थित होंगे?

उत्तर 6.022×10^{23} ऑक्सीजन अणु = 1 मोल

2.58×10^{24} ऑक्सीजन अणु $= \dfrac{1}{6.022 \times 10^{23}} \times 2.58 \times 10^{24}$

$= 4.28$ मोल

प्रश्न 28. निम्नलिखित सारणी को पूरा कीजिए।

गुण \ प्रतीक	H_2O	CO_2	Na	$MgCl_2$
मोलों की संख्या	2	—	—	0.5
कणों की संख्या	—	3.011×10^{23}	—	—
द्रव्यमान	36 ग्राम	—	115 ग्राम	—

उत्तर H_2O

दिया है, मोलों की संख्या = 2, H_2O का द्रव्यमान = 36 ग्राम

∴ कणों की संख्या = मोलों की संख्या $\times 6.022 \times 10^{23}$

$= 2 \times 6.022 \times 10^{23}$

$= 1.2044 \times 10^{24}$

CO_2

दिया है, कणों की संख्या $= 3.011 \times 10^{23}$

$$\text{मोलों की संख्या} = \frac{\text{कणों की संख्या}}{\text{आवोगाद्रो संख्या}}$$

$$= \frac{3.011 \times 10^{23}}{6.022 \times 10^{23}} = 0.5 \text{ मोल}$$

CO_2 का द्रव्यमान = मोल × मोलर द्रव्यमान

$= 0.5 \times 44 = 22$ ग्राम

Na

दिया है, Na का द्रव्यमान = 115 ग्राम

$$\text{मोलों की संख्या} = \frac{\text{द्रव्यमान}}{\text{मोलर द्रव्यमान}}$$

$$= \frac{115}{23} = 5 \text{ मोल}$$

कणों की संख्या = मोलों की संख्या × आवोगाद्रो संख्या

$= 5 \times 6.022 \times 10^{23}$

$= 3.011 \times 10^{24}$

$MgCl_2$

दिया है, मोलों की संख्या = 0.5

∴ कणों की संख्या $= 0.5 \times 6.022 \times 10^{23}$

$= 3.011 \times 10^{23}$

द्रव्यमान = मोल × मोलर द्रव्यमान

($MgCl_2$ का मोलर द्रव्यमान $= 24 + 2 \times 35.5 = 24 + 71 = 95$

$= 0.5 \times 95 = 47.5$ ग्राम

प्रतीक / गुण	H_2O	CO_2	Na	$MgCl_2$
मोलों की संख्या	2	0.5	5.0	0.5
कणों की संख्या	1.2044×10^{24}	3.011×10^{23}	3.011×10^{24}	3.011×10^{23}
द्रव्यमान	36 ग्राम	22 ग्राम	115 ग्राम	47.5 ग्राम

प्रश्न 29. निम्न तत्वों से बनने वाले यौगिकों के रासायनिक सूत्र लिखिए।

(i) कैल्सियम और फ्लुओरीन (ii) हाइड्रोजन और सल्फर

(iii) नाइट्रोजन और हाइड्रोजन (iv) कार्बन और क्लोरीन

(v) सोडियम और ऑक्सीजन (vi) कार्बन और ऑक्सीजन

उत्तर (i) Ca F

2+ 1−

सूत्र = CaF_2

(ii) H S

1+ 2−

सूत्र = H_2S

(iii) N H

3− 1+

सूत्र = NH_3

(iv) C Cl

4+ 1−

सूत्र = CCl_4

(v) Na O

1+ 2−

सूत्र = Na_2O

(vi) C O

4+ 2−

सूत्र = C_2O_4 या CO_2

प्रश्न 30. आयनिक और आण्विक यौगिक क्या होते हैं? उदाहरण दीजिए।

उत्तर आयनिक यौगिक आयन से मिलकर बने होते हैं। आयनिक यौगिक में तत्व आयनिक बन्ध द्वारा जुड़े होते हैं।

उदाहरण सोडियम क्लोराइड (NaCl), कैल्सियम ऑक्साइड (CaO)

आण्विक यौगिक अणु से मिलकर बने होते हैं। आण्विक यौगिक में तत्व सहसंयोजक बन्ध द्वारा जुड़े होते हैं।

उदाहरण जल (H_2O) तथा मेथेन (CH_4)।

4

परमाणु की संरचना

कई खोजों द्वारा ज्ञात हुआ कि परमाणु इलेक्ट्रॉन, प्रोटॉन तथा न्यूट्रॉन द्वारा निर्मित होता है।

सर्वप्रथम जे.जे. टॉमसन ने इलेक्ट्रॉन के सम्बन्ध में जानकारी प्राप्त की और ई. गोल्डस्टीन ने 1886 में प्रोटॉन की खोज की। सामान्यतः इलेक्ट्रॉन को e^- के द्वारा और प्रोटॉन को p^+ के द्वारा दर्शाया जाता है। प्रोटॉन का द्रव्यमान 1 इकाई और इसका आवेश +1 लिया जाता है। इलेक्ट्रॉन का द्रव्यमान नगण्य और आवेश –1 माना जाता है।

1932 में जे चैडविक ने न्यूट्रॉन की खोज की, जो अनावेशित और द्रव्यमान में प्रोटॉन के बराबर था। सामान्यतः न्यूट्रॉन को (n) से दर्शाया जाता है।

टॉमसन का परमाणु मॉडल (Thomson's Atomic Model)

टॉमसन ने परमाणुओं की संरचना से संबंधित मॉडल प्रस्तुत किया, जो क्रिसमस केक की तरह था। टॉमसन के अनुसार,

(i) परमाणु धन आवेशित गोले का बना होता है और इलेक्ट्रॉन इसमें धँसे होते हैं।

(ii) ऋणात्मक और धनात्मक आवेश परिमाण में समान होते हैं। इसलिए परमाणु वैद्युतीय रूप से उदासीन होते हैं।

रदरफोर्ड का परमाणु मॉडल (Rutherford's Atomic Model)

अर्नेस्ट रदरफोर्ड ने यह बताया कि इलेक्ट्रॉन परमाणु के भीतर कैसे व्यवस्थित होते हैं?

इसके लिए परमाणु का नाभिकीय मॉडल प्रस्तुत किया। इस मॉडल के अनुसार,

1. परमाणु का केंद्र धनावेशित होता है, जिसे **नाभिक** कहा जाता है। एक परमाणु का लगभग सम्पूर्ण द्रव्यमान नाभिक में होता है।
2. इलेक्ट्रॉन नाभिक के चारों ओर निश्चित कक्षाओं में चक्कर लगाते हैं।
3. नाभिक का आकार परमाणु के आकार की तुलना में काफी कम होता है।

रदरफोर्ड के परमाणु मॉडल की कमियाँ
(Drawbacks of Rutherford's Model of Atom)

- रदरफोर्ड का परमाणु मॉडल परमाणु की स्थिरता की व्याख्या नहीं करता।
- यह बाह्य नाभिकीय भाग में भी इलेक्ट्रॉन के वितरण को नहीं समझा सका।
- यह इलेक्ट्रॉनों की ऊर्जा के सतत् ह्रास के स्पेक्ट्रम की व्याख्या नहीं कर सका।

बोर का परमाण्विक मॉडल (Bohr's Atomic Model)

बोर के परमाण्विक मॉडल के अनुसार,

1. इलेक्ट्रॉन केवल कुछ निश्चित कक्षाओं में ही चक्कर लगा सकते हैं, जिन्हें इलेक्ट्रॉन की विविक्त कक्षा कहते हैं।
2. जब इलेक्ट्रॉन इस विविक्त कक्षा में चक्कर लगाते हैं, तो उनकी ऊर्जा का विकिरण नहीं होता है।
3. इन कक्षाओं (या कोशों) को ऊर्जा स्तर कहते हैं। ये कक्षाएँ (या कोश) *K, L, M, N, ...* या संख्याओं, 1, 2, 3, 4 ...के द्वारा प्रदर्शित की जाती हैं।

न्यूट्रॉन (Neutron)

1932 में **जे. चैडविक** ने न्यूट्रॉन की खोज की, जो अनावेशित और द्रव्यमान में प्रोटॉन के बराबर था। सामान्यत: न्यूट्रॉन को 'n' से दर्शाया जाता है।

किसी कक्षा में उपस्थित अधिकतम इलेक्ट्रॉनों की संख्या को सूत्र $2n^2$ से दर्शाते हैं, जहाँ 'n' कक्षा की संख्या या ऊर्जा स्तर ($n = 1, 2, 3..$) है।

संयोजकता (Valency)

संयोजकता परमाणु की संयोजन शक्ति है। किसी परमाणु के बाह्यतम कक्ष (कोश) में अधिकतम 8 इलेक्ट्रॉन होते हैं। जिन तत्वों के परमाणुओं की बाह्यतम कक्ष पूर्ण रूप से भरे होते हैं, वे रासायनिक रूप से सक्रिय नहीं होते हैं। या उनकी संयोजन शक्ति या संयोजकता शून्य होती है।

परमाणु संख्या (Atomic Number)

एक तत्व की परमाणु संख्या केन्द्रक में विद्यमान प्रोटॉनों की संख्या के बराबर होती है, इसे Z के द्वारा दर्शाया जाता है।

द्रव्यमान संख्या (Mass Number)

किसी परमाणु की द्रव्यमान संख्या केन्द्रक में विद्यमान न्यूक्लिऑनों (प्रोटॉन + न्यूट्रॉन) की संख्या के बराबर होती है।

द्रव्यमान संख्या = प्रोटॉनों की संख्या + न्यूट्रॉनों की संख्या

किसी परमाणु को दर्शाने के लिए परमाणु संख्या, द्रव्यमान संख्या और तत्व का प्रतीक इस प्रकार से लिखा जाता है।

परमाणु संख्या [तत्व का प्रतीक] द्रव्यमान संख्या

उदाहरण नाइट्रोजन $_7N^{14}$

समस्थानिक (Isotope)

समस्थानिक एक ही तत्व के परमाणु है, जिनकी परमाणु संख्या समान लेकिन द्रव्यमान संख्या अलग-अलग होती है। ***उदाहरण*** हाइड्रोजन परमाणु

इसके तीन परमाण्विक स्पीशीज होते हैं।

प्रोटियम $_1H^1$, ड्यूटीरियम ($_1H^2$ या D) तथा ट्राइटियम ($_1H^3$ या T)। प्रत्येक की परमाणु संख्या समान है। लेकिन द्रव्यमान संख्या 1, 2 और 3 है, जो कि भिन्न-भिन्न हैं।

समस्थानिकों के अनुप्रयोग (Applications of Isotopes)

समस्थानिकों के अनुप्रयोग निम्नलिखित हैं

(i) यूरेनियम के एक समस्थानिक का उपयोग परमाणु भट्टी में ईंधन के रूप में होता है

(ii) कैंसर के उपचार में कोबाल्ट के समस्थानिक का उपयोग होता है।

(iii) घेंघा रोग के इलाज में आयोडीन के समस्थानिक का उपयोग होता है।

समभारिक (Isobar)

समभारिक वे परमाणु हैं, जिनकी द्रव्यमान संख्या समान लेकिन परमाणु संख्या भिन्न-भिन्न होती है

उदाहरण $_{18}Ar^{40}, _{19}K^{40}, _{20}Ca^{40}$

विभिन्न कक्षाओं में इलेक्ट्रॉन वितरण

(Distribution of Electrons in Different Orbits)

बोर-बरी स्कीम के अनुसार

(i) किसी कक्षा में उपस्थित अधिकतम इलेक्ट्रानों की संख्या को सूत्र $2n^2$ से दर्शाते हैं, जहाँ 'n' कक्षा की संख्या या ऊर्जा स्तर ($n = 1, 2, 3, \ldots$) है।

(ii) सबसे बाहरी कोश में अधिकतम इलेक्ट्रॉनों की संख्या 8 हो सकती है।

(iii) कक्षाओं में इलेक्ट्रॉन क्रमानुसार भरे जाते हैं।

कुछ तत्वों के इलेक्ट्रॉनों का वितरण

क्र.सं.	तत्व	प्रतीक	परमाणु संख्या	इलेक्ट्रॉनों का वितरण			
				K	*L*	*M*	*N*
1.	हाइड्रोजन	H	1	1			
2.	हीलियम	He	2	2			
3.	लीथियम	Li	3	2	1		
4.	बेरिलियम	Be	4	2	2		
5.	बोरॉन	B	5	2	3		
6.	कार्बन	C	6	2	4		
7.	नाइट्रोजन	N	7	2	5		
8.	ऑक्सीजन	O	8	2	6		
9.	फ्लुओरीन	F	9	2	7		
10.	नियॉन	Ne	10	2	8		
11.	सोडियम	Na	11	2	8	1	
12.	मैग्नीशियम	Mg	12	2	8	2	
13.	ऐलुमिनियम	Al	13	2	8	3	
14.	सिलिकॉन	Si	14	2	8	4	
15.	फॉस्फोरस	P	15	2	8	5	
16.	सल्फर	S	16	2	8	6	
17.	क्लोरीन	Cl	17	2	8	7	
18.	ऑर्गन	Ar	18	2	8	8	
19.	पोटैशियम	K	19	2	8	8	1
20.	कैल्सियम	Ca	20	2	8	8	2

प्रश्नावली 4.1

पृष्ठ 52

प्रश्न 1. केनाल किरणें क्या हैं?

उत्तर केनाल किरणें धनावेशित विकिरण हैं। ये किरणें वोल्टेज देने पर ऐनोड से कैथोड की ओर जाती हैं।

प्रश्न 2. यदि किसी परमाणु में एक इलेक्ट्रॉन और एक प्रोटॉन हैं, तो इसमें कोई आवेश होगा या नहीं?

उत्तर नहीं, क्योंकि इलेक्ट्रॉन का आवेश –1 और प्रोटॉन का आवेश +1 होता है, जो एक-दूसरे को उदासीन करते हैं।

पृष्ठ 56

प्रश्न 1. परमाणु उदासीन है, इस तथ्य को टॉमसन के मॉडल के आधार पर स्पष्ट कीजिए।

उत्तर टॉमसन के मॉडल के अनुसार ऋणात्मक और धनात्मक आवेश परिमाण में समान होते हैं। इसीलिए परमाणु वैद्युतीय रूप से उदासीन होते हैं।

प्रश्न 2. रदरफोर्ड के परमाणु मॉडल के अनुसार, परमाणु के नाभिक में कौन-सा अवपरमाणुक कण विद्यमान है?

उत्तर रदरफोर्ड के परमाणु मॉडल के अनुसार, परमाणु का केंद्र धनावेशित होता है, जिसे नाभिक कहते हैं अतः नाभिक में प्रोटॉन विद्यमान होते हैं।

प्रश्न 3. तीन कक्षाओं वाले बोर के परमाणु मॉडल का चित्र बनाइए।

उत्तर बोर का परमाणु मॉडल सोडियम ($_{11}Na$) = 2, 8, 1

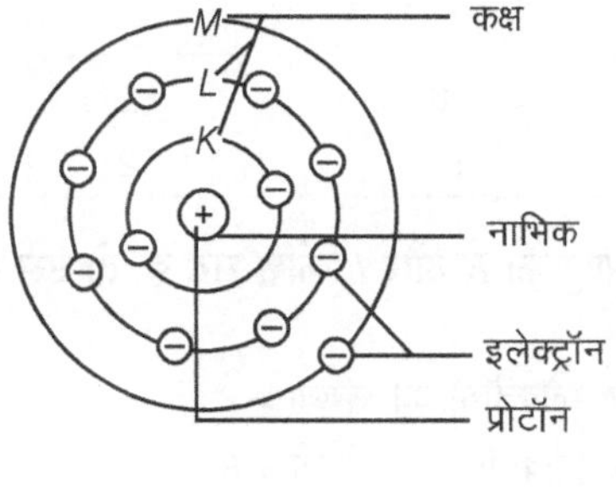

प्रश्न 4. क्या अल्फा कणों का प्रकीर्णन प्रयोग सोने के अतिरिक्त दूसरी धातु की पन्नी से सम्भव होगा?

उत्तर रदरफोर्ड ने अपने प्रयोग में, तेज गति से चल रहे अल्फा कणों को सोने की पन्नी पर टकराया। सोने की पन्नी को इसलिए चुना, क्योंकि सोने की परत बहुत पतली होती है। सोने की यह पन्नी 1000 परमाणुओं के बराबर मोटी थी। यदि पन्नी की परत मोटी होती तो प्रयोग का सही होना उतना ही कम हो जाता।

प्रश्न 5. परमाणु के तीन अवपरमाणुक कणों के नाम लिखें।

उत्तर इलेक्ट्रॉन, प्रोटॉन और न्यूट्रॉन।

प्रश्न 6. हीलियम परमाणु का परमाणु द्रव्यमान $4\ u$ है और उसके नाभिक में दो प्रोटॉन होते हैं। इसमें कितने न्यूट्रॉन होगें?

उत्तर हीलियम का परमाणु द्रव्यमान = 4 u

प्रोटॉन की संख्या = 2

माना न्यूट्रॉन की संख्या = x

प्रोटॉन की संख्या + न्यूट्रॉन की संख्या = परमाणु द्रव्यमान

$$2 + x = 4$$

$$x = 4 - 2 = 2$$

अतः न्यूट्रॉन की संख्या = 2

पृष्ठ 57

प्रश्न 1. कार्बन और सोडियम के परमाणुओं के लिए इलेक्ट्रॉन वितरण लिखिए।

उत्तर कार्बन और सोडियम के परमाणुओं के लिए इलेक्ट्रॉनों का वितरण निम्न हैं–

तत्व	परमाणु संख्या	इलेक्ट्रॉन वितरण		
		K	L	M
कार्बन (C)	6	2	4	
सोडियम (Na)	11	2	8	1

प्रश्न 2. अगर किसी परमाणु का K और L कोश भरा है, तो उस परमाणु में इलेक्ट्रॉनों की संख्या क्या होगी?

उत्तर K कक्ष में अधिकतम इलेक्ट्रॉनों की संख्या = 2

L कक्ष में अधिकतम इलेक्ट्रॉनों की संख्या = 8

परमाणु में कुल इलेक्ट्रॉनों की संख्या = 2 + 8 = 10

पृष्ठ 58

प्रश्न 1. क्लोरीन, सल्फर और मैग्नीशियम की परमाणु संख्या से आप इनकी संयोजकता कैसे प्राप्त करेंगे?

उत्तर मैग्नीशियम एक धातु है, जबकि सल्फर और क्लोरीन अधातु है।

धातु की संयोजकता = बाह्यतम कक्ष में उपस्थित इलेक्ट्रॉनों की संख्या

अधातु की संयोजकता = 8 – बाह्यतम कक्ष में उपस्थित इलेक्ट्रॉनों की संख्या

∵ मैग्नीशियम ($_{12}Mg$) = 2, 8, 2

∴ संयोजकता = 2

∵ सल्फर ($_{16}S$) = 2, 8, 6 ∴ संयोजकता = 8 – 6 = 2

∵ क्लोरीन ($_{17}Cl$) = 2, 8, 7 ∴ संयोजकता = 8 – 7 = 1

प्रश्न 2. यदि किसी परमाणु में इलेक्ट्रॉनों की संख्या 8 है और प्रोटॉनों की संख्या भी 8 है, तब

(a) परमाणु की परमाणु संख्या क्या है?

(b) परमाणु का क्या आवेश है?

उत्तर (a) परमाणु संख्या = प्रोटॉनों की संख्या = 8

(b) परमाणु का आवेश शून्य होगा, क्योंकि इलेक्ट्रॉन और प्रोटॉन की संख्या बराबर है।

प्रश्न 3. सारणी की सहायता से ऑक्सीजन और सल्फर परमाणु की द्रव्यमान संख्या ज्ञात कीजिए।

उत्तर द्रव्यमान संख्या = प्रोटॉन की संख्या + न्यूट्रॉन की संख्या

= 8 + 8 = 16

(a) अतः ऑक्सीजन की द्रव्यमान संख्या = 16

(b) सल्फर की द्रव्यमान संख्या = 16 + 16 = 32

पृष्ठ 60

प्रश्न 1. चिह्न H, D और T के लिए प्रत्येक में पाए जाने वाले तीन अवपरमाणुक कणों को सारणीबद्ध कीजिए।

उत्तर

चिह्न	प्रोटॉन	न्यूट्रॉन	इलेक्ट्रॉन
$_1H^1$	1	0	1
$_1D^2$	1	1	1
$_1T^3$	1	2	1

प्रश्न 2. समस्थानिक और समभारिक के किसी एक युग्म का इलेक्ट्रॉनिक विन्यास लिखिए।

उत्तर **समस्थानिक *उदाहरण*** $_{17}Cl^{35}$ और $_{17}Cl^{37}$ क्लोरीन के दोनों समस्थानिकों का इलेक्ट्रॉनिक वितरण एक जैसा होगा, क्योंकि दोनों की परमाणु संख्या समान है। अतः इलेक्ट्रॉनिक विन्यास इस प्रकार है $_{17}C = \underset{K}{2},\ \underset{L}{8},\ \underset{M}{7}$

समभारिक *उदाहरण* $_{20}Ca^{40}$ और $_{18}Ar^{40}$

इलेक्ट्रॉनिक विन्यास $_{20}Ca = \underset{K,}{2},\ \underset{L,}{8},\ \underset{M,}{8},\ \underset{N}{2}$; $_{18}Ar = \underset{K,}{2},\ \underset{L,}{8},\ \underset{M}{8}$

अभ्यास

प्रश्न 1. इलेक्ट्रॉन, प्रोटॉन और न्यूट्रॉन के गुणों की तुलना कीजिए।

उत्तर **इलेक्ट्रॉन, प्रोटॉन और न्यूट्रॉन के गुणों की तुलना**

गुण	इलेक्ट्रॉन	प्रोटॉन	न्यूट्रॉन
स्थिति	नाभिक के बाहर कक्ष में	नाभिक के अन्दर	नाभिक के अन्दर
सही आवेश	$(-)1.6 \times 10^{-19}$ C	$(+)1.6 \times 10^{-19}$ C	नगण्य
तुलनात्मक आवेश	–1	+1	नगण्य
सही द्रव्यमान	9.1×10^{-31} किग्रा	1.67×10^{-27} किग्रा	1.675×10^{-27} किग्रा
तुलनात्मक द्रव्यमान	1/1840	1	1

प्रश्न 2. जे. जे. टॉमसन के परमाणु मॉडल की क्या सीमाएँ हैं?

उत्तर *टॉमसन के परमाणु मॉडल की सीमाएँ*

(i) टॉमसन के परमाणु मॉडल से, दूसरे वैज्ञानिक (जैसे रदरफोर्ड) के प्रयोगों के परिणामों की व्याख्या नहीं कर सकते, जैसे परमाणु में नाभिक का होना।

(ii) इलेक्ट्रॉन परमाणु के भीतर कैसे व्यवस्थित होते हैं, यह मॉडल इस बात की व्याख्या नहीं करता।

प्रश्न 3. रदरफोर्ड के परमाणु मॉडल की क्या सीमाएँ हैं?

उत्तर *रदरफोर्ड के परमाणु मॉडल की सीमाएँ* निम्न हैं

(i) यह मॉडल परमाणु की स्थिरता की व्याख्या नहीं करता, क्योंकि इस मॉडल के अनुसार कोई भी आवेशित कण गोलाकार कक्ष में त्वरित होगा। त्वरण के दौरान आवेशित कणों से ऊर्जा का विकिरण होगा। इस प्रकार स्थायी कक्षा में घूमता हुआ इलेक्ट्रॉन अपनी ऊर्जा विकिरित करेगा और नाभिक से टकरा जाएगा अर्थात् परमाणु अस्थिर है, लेकिन परमाणु स्थायी होते हैं।

(ii) नाभिक के चारों ओर इलेक्ट्रॉनों की वितरण की व्याख्या यह मॉडल नहीं करता।

प्रश्न 4. बोर के परमाणु मॉडल की व्याख्या कीजिए।

उत्तर बोर का परमाणु मॉडल

(i) इलेक्ट्रॉन केवल कुछ निश्चित कक्षाओं में ही चक्कर लगा सकते हैं, जिन्हें इलेक्ट्रॉन की विविक्त कक्षा कहते हैं।

(ii) जब इलेक्ट्रॉन इस विविक्त कक्षा में चक्कर लगाते हैं, तो उनकी ऊर्जा का विकिरण नहीं होता है, अर्थात् प्रत्येक कक्ष की ऊर्जा स्थिर होती है। इन कक्षाओं (कोशों) को ऊर्जा स्तर कहते हैं।

(iii) ये कक्षाएँ (या कोश) $K, L, M, N,$ ...... या संख्याओं, 1, 2, 3, 4, ... के द्वारा प्रदर्शित की जाती हैं।

(iv) विभिन्न कक्षों में ऊर्जा का स्तर इस प्रकार होता है

$$K<L<M<N \ldots\ldots$$

प्रश्न 5. इस अध्याय में दिए गए सभी परमाणु मॉडलों की तुलना कीजिए।

उत्तर

क्र.सं.	टॉमसन का परमाणु मॉडल	रदरफोर्ड का परमाणु मॉडल	बोर का परमाणु मॉडल
(i)	नाभिक नहीं होता।	नाभिक होता है।	नाभिक होता है।
(ii)	धन आवेश गोले के रूप में होता है।	धन आवेश (प्रोटॉन) नाभिक के अन्दर विद्यमान होता है।	नाभिक के अन्दर विद्यमान होता है
(iii)	इलेक्ट्रॉन धनावेशित गोले में धँसे होते हैं।	इलेक्ट्रॉन नाभिक के चारों ओर चक्कर लगाते हैं।	इलेक्ट्रॉन नाभिक के चारों ओर निश्चित ऊर्जा स्तर की निश्चित कक्षाओं में चक्कर लगाते हैं।

प्रश्न 6. पहले 18 तत्वों के विभिन्न कक्षों में इलेक्ट्रॉन वितरण के नियम को लिखिए।

उत्तर *इलेक्ट्रॉन वितरण के नियम*

(i) किसी कक्षा में उपस्थित अधिकतम इलेक्ट्रॉनों की संख्या को सूत्र $2n^2$ से दर्शाया जाता है, जहाँ 'n' कक्षा की संख्या या ऊर्जा स्तर है। इसीलिए इलेक्ट्रॉनों की अधिकतम संख्या

पहले कक्ष या K कोश में होगी $=2n^2 = 2 \times 1^2 = 2$, ($\because K$ कोश के लिये $n = 1$)

दूसरे कक्ष या L कोश में होगी $=2n^2 = 2 \times 2^2 = 8$, ($\because L$ कोश के लिये $n = 2$)

तीसरे कक्ष या M कोश में होगी$=2n^2 = 2 \times 3^2 = 18$, ($\because M$ कोश के लिये $n = 3$)

चौथे कक्ष या N कोश में होगी $=2n^2 = 2 \times 4^2 = 32$ ($\because N$ कोश के लिये $n = 4$)

(ii) सबसे बाहरी कोश में इलेक्ट्रॉनों की अधिकतम संख्या 8 हो सकती है।

(iii) किसी परमाणु के दिए गए कोश में इलेक्ट्रॉन तब तक स्थान नहीं लेते हैं, जब तक कि उससे पहले वाले भीतरी कक्ष पूर्ण रूप से भर नहीं जाते। अतः कक्षाएँ क्रमानुसार भरती हैं।

(iv) अंतिम कोश में 8 से अधिक इलेक्ट्रॉन नहीं हो सकते। इसी प्रकार अंतिम कोश से ठीक पहले वाले कोश में 18 से अधिक इलेक्ट्रॉन नहीं हो सकते हैं।

प्रश्न 7. सिलिकॉन और ऑक्सीजन का उदाहरण लेते हुए संयोजकता की परिभाषा दीजिए।

उत्तर संयोजकता परमाणु की संयोजन शक्ति है। किसी परमाणु की सबसे बाहरी कक्षा में उपस्थित इलेक्ट्रॉनों को संयोजकता-इलेक्ट्रॉन कहते हैं। किसी परमाणु का बाह्यतम कक्ष अधिकतम 8 इलेक्ट्रॉन रख सकता है।

धातु की संयोजकता = बाह्यतम कक्ष में इलेक्ट्रॉनों की संख्या

अधातु की संयोजकता = 8 − बाह्यतम कक्ष में इलेक्ट्रॉनों की संख्या

उदाहरण सिलिकॉन और ऑक्सीजन दोनों ही अधातु है।

(i) $_{14}Si = 2, 8, 4$ संयोजकता $= 8 - 4 = 4$

(ii) $_{8}O = 2, 6$ संयोजकता $= 8 - 6 = 2$

प्रश्न 8. उदाहरण के साथ व्याख्या कीजिए–परमाणु संख्या, द्रव्यमान संख्या, समस्थानिक और समभारिक। समस्थानिकों के कोई दो उपयोग लिखिए।

उत्तर (i) **परमाणु संख्या** किसी तत्व की परमाणु संख्या नाभिक में विद्यमान प्रोटॉनों की संख्या के बराबर होती है।

परमाणु संख्या = प्रोटॉनों की संख्या

उदाहरण सोडियम परमाणु के नाभिक में 11 प्रोटॉन होते हैं। अतः इसकी परमाणु संख्या 11 होगी और इसे इस प्रकार लिखते हैं $_{11}Na$

(ii) **द्रव्यमान संख्या** परमाणु की द्रव्यमान संख्या केन्द्रक में विद्यमान न्यूक्लिऑनों की संख्या के बराबर होती है।

द्रव्यमान संख्या = प्रोटॉनों की संख्या + न्यूट्रॉनों की संख्या

उदाहरण सोडियम परमाणु में 11 प्रोटॉन और 12 न्यूटॉन होते हैं, अतः इसकी द्रव्यमान संख्या $11 + 12 = 23$ होगी और इसे $_{11}Na^{23}$ लिखकर प्रदर्शित करेंगे।

(iii) **समस्थानिक** समस्थानिक एक ही तत्व के परमाणु है, जिनकी परमाणु संख्या समान लेकिन द्रव्यमान संख्या भिन्न-भिन्न होती है।

उदाहरण हाइड्रोजन के तीन समस्थानिक होते हैं

प्रोटियम $_{1}H^{1}$, डयूटीरियम $_{1}H^{2}$ और ट्राइटियम $_{1}H^{3}$

(iv) **समभारिक** समभारिक वे परमाणु है, जिनकी द्रव्यमान संख्या समान लेकिन परमाणु संख्या भिन्न-भिन्न होती है।

उदाहरण $^{40}_{18}Ar$ और $^{40}_{20}Ca$ समभारिक हैं।

समस्थानिकों के प्रयोग

1. यूरेनियम (U^{235}) का उपयोग परमाणु भट्टी में ईंधन के रूप में होता है।
2. कैंसर के उपचार में कोबाल्ट (Co^{60}) का उपयोग तथा घेंघा रोग के इलाज में आयोडीन (I^{131}) का उपयोग होता है।

प्रश्न 9. Na^+ **के पूरी तरह से भरे हुए** K **व** L **कोश होते हैं, व्याख्या कीजिए।**

उत्तर $\quad K, L, M$

$_{11}Na$ (परमाणु) $= 2, 8, 1$

जब कोई परमाणु इलेक्ट्रॉन त्यागता है, तो वह धन आवेश ग्रहण कर लेता है। इसी प्रकार सोडियम परमाणु M कक्ष से एक इलेक्ट्रॉन त्यागता है और उसके ऊपर एक धन आवेश (Na^+) आ जाता है, अतः

$$\begin{matrix} & K, & L \\ Na^+ \text{ (आयन)} = & 2, & 8 \end{matrix}$$

क्योंकि K कक्ष में अधिकतम 2 इलेक्ट्रॉन आ सकते हैं और L कक्ष में अधिकतम इलेक्ट्रॉनों की संख्या 8 होती है इसीलिए Na^+ के K व L कोश पूरी तरह से भरे होते हैं।

प्रश्न 10. अगर ब्रोमीन परमाणु दो समस्थानिकों $[^{79}_{35}Br(49.7\%)$ **तथा** $^{81}_{35}Br(50.3\%)]$ **के रूप में है, तो ब्रोमीन परमाणु के औसत परमाणु द्रव्यमान की गणना कीजिए।**

उत्तर किसी तत्व का औसत परमाणु द्रव्यमान =

$$\left[\text{I समस्थानिक का परमाणु द्रव्यमान} \times \frac{\%(\text{I समस्थानिक})}{100}\right] +$$

$$\left[\text{II समस्थानिक का परमाणु द्रव्यमान} \times \frac{\%(\text{II समस्थानिक})}{100}\right]$$

$$\text{ब्रोमीन परमाणु का औसत द्रव्यमान} = \left[\left(79 \times \frac{49.7}{100}\right) + \left(81 \times \frac{50.3}{100}\right)\right]$$

$$= 39.263 + 40.743 = 80.006$$

प्रश्न 11. एक तत्व X **का परमाणु द्रव्यमान** 16.2 u **है, तो इसके किसी एक नमूने में समस्थानिक** $_8X^{16}$ **और** $_8X^{18}$ **का प्रतिशत क्या होगा?**

उत्तर माना $_8X^{16}$ की प्रतिशत मात्रा $= x$

इसीलिए $\quad _8X^{18}$ की प्रतिशत मात्रा $= (100 - x)$ ......(i)

दिया है, $\quad X$ का परमाणु द्रव्यमान $= 16.2u$

$$\text{अतः } 16 \times \frac{x}{100} + 18 \times \frac{(100 - x)}{100} = 16.2$$

$$\frac{16x}{100} + \frac{1800 - 18x}{100} = 16.2$$

$$16x + 1800 - 18x = 1620$$

$$-2x = -1800 + 1620$$

$$x = \frac{180}{2} = 90$$

$$x = 90\%$$

x का मान समीकरण (i) में रखने पर

$$^{18}_{8}X \text{ की } \% = 100 - 90 = 10\%$$

समस्थानिक $^{16}_{8}X = 90\%$, समस्थानिक $^{18}_{8}X = 10\%$.

प्रश्न 12. यदि तत्व का $Z = 3$ हो, तो तत्व की संयोजकता क्या होगी? तत्व का नाम भी लिखिए।

उत्तर तत्व का इलेक्ट्रॉनिक विन्यास $Z = \overset{K,}{2}\ \ \overset{L}{1}$

तत्व की संयोजकता = बाह्यतम कक्ष में उपस्थित इलेक्ट्रॉनों की संख्या = 1

तत्व का नाम = लीथियम

प्रश्न 13. दो परमाणु स्पीशीज़ के केन्द्रकों का संघटन नीचे दिया गया है

	X	Y
प्रोटॉन	6	6
न्यूट्रॉन	6	8

X और Y की द्रव्यमान संख्या ज्ञात कीजिए। इन दोनों स्पीशीज़ में क्या सम्बन्ध है?

उत्तर द्रव्यमान संख्या = प्रोटॉन की संख्या + न्यूट्रॉन की संख्या

X की द्रव्यमान संख्या $= 6 + 6 = 12$

Y की द्रव्यमान संख्या $= 6 + 8 = 14$

चूँकि X तथा Y स्पीशीज़ में प्रोटॉन की संख्या (6) एक समान है, और द्रव्यमान संख्या भिन्न है अतः X और Y स्पीशीज़ एक ही तत्व के समस्थानिक है और यह तत्व कार्बन है। X और Y क्रमशः $^{12}_{6}C$ और $^{14}_{6}C$ है।

प्रश्न 14. निम्नलिखित वक्तव्यों में गलत के लिए F और सही के लिए T लिखें।

(a) जे.जे. टॉमसन ने यह प्रस्तावित किया था कि परमाणु के केन्द्रक में केवल न्यूक्लिऑन्स होते हैं।

(b) एक इलेक्ट्रॉन और प्रोटॉन मिलकर न्यूट्रॉन का निर्माण करते हैं, इसलिए यह अनावेशित होता है।

(c) इलेक्ट्रॉन का द्रव्यमान प्रोटॉन से लगभग 1/2000 गुणा होता है।

(d) आयोडीन के समस्थानिक का उपयोग टिंक्चर आयोडीन बनाने में होता है। इसका उपयोग दवा के रूप में होता है।

उत्तर (a) F, क्योंकि जे.जे. टॉमसन का मॉडल नाभिक होने की व्याख्या नहीं करता।

(b) T, $\underset{\text{इलेक्ट्रॉन}}{_{-1}e^0} + \underset{\text{प्रोटॉन}}{_1H^1} \longrightarrow \underset{\text{न्यूट्रॉन}}{_0n^1}$

(c) T, इलेक्ट्रॉन का द्रव्यमान $\left(\frac{1}{1840}\right)$, प्रोटॉन के द्रव्यमान से लगभग $\left(\frac{1}{2000}\right)$ गुना होता है।

(d) F, टिंक्चर बनाने में आयोडीन को ऐल्कोहॉल में घोला जाता है। आयोडीन के समस्थानिक का प्रयोग नहीं होता है।

प्रश्न 15. रदरफोर्ड का अल्फा कण प्रकीर्णन प्रयोग किसकी खोज के लिए उत्तरदायी था?

(a) परमाणु केन्द्रक (b) इलेक्ट्रॉन
(c) प्रोटॉन (d) न्यूट्रॉन

उत्तर (a) रदरफोर्ड ने इस प्रयोग द्वारा निष्कर्ष निकाला कि परमाणु का केन्द्र धनावेशित होता है और परमाणु का सम्पूर्ण द्रव्यमान केन्द्र में होता है, जिसे नाभिक कहा जाता है।

प्रश्न 16. एक तत्व के समस्थानिक में होते हैं

(a) समान भौतिक गुण (b) भिन्न रासायनिक गुण
(c) न्यूट्रानों की अलग-अलग संख्या (d) भिन्न परमाणु संख्या

उत्तर (c) समस्थानिकों के परमाणुभार भिन्न परन्तु परमाणु संख्या/परमाणु क्रमांक समान होते है और इनमें उपस्थित न्यूट्रानों की संख्या भिन्न-भिन्न परन्तु इलेक्ट्रानों व प्रोटॉनों की संख्या समान होती है जिसके कारण इनके भौतिक तथा रासायनिक गुण भी समान होते हैं।

प्रश्न 17. Cl^- आयन में संयोजकता इलेक्ट्रानों की संख्या है

(a) 16 (b) 8 (c) 17 (d) 18

उत्तर (*b*) संयोजकता इलेक्ट्रॉन परमाणु के बाह्यतम कक्ष में उपस्थित इलेक्ट्रानों की संख्या है।

$_{17}Cl$ (परमाणु) = 2, 8, 7 संयोजकता इलेक्ट्रॉन = 7

Cl^- (आयन) = 2, 8, 8 संयोजकता इलेक्ट्रॉन = 8

प्रश्न 18. सोडियम का सही इलेक्ट्रॉनिक विन्यास निम्न में से कौन-सा है?

(a) 2, 8 (b) 8, 2, 1 (c) 2, 1, 8 (d) 2, 8, 1

उत्तर (*d*) सोडियम की परमाणु संख्या 11 है।

अतः इलेक्ट्रॉनिक विन्यास $_{11}Na$ = 2, 8, 1

प्रश्न 19. निम्नलिखित सारणी को पूरा कीजिए।

परमाणु संख्या	द्रव्यमान संख्या	न्यूट्रानों की संख्या	प्रोटॉनों की संख्या	इलेक्ट्रॉनों की संख्या	परमाणु स्पीशीज़
9	–	10	–	–	–
16	32	–	–	–	सल्फर
–	24	–	12	–	–
–	2	–	1	–	–
–	1	0	1	0	–

उत्तर (i) परमाणु संख्या = 9, न्यूट्रॉनों की संख्या = 10

अतः द्रव्यमान संख्या = परमाणु संख्या + न्यूट्रॉनों की संख्या

= 9 + 10 = 19

प्रोटॉन की संख्या = परमाणु संख्या = इलेक्ट्रॉनों की संख्या = 9

अतः तत्व फ्लोरीन है ($^{19}_{9}F$)

(ii) परमाणु संख्या = 16, द्रव्यमान संख्या = 32

न्यूट्रॉनों की संख्या = 32 − 16 = 16

परमाणु संख्या = प्रोटॉन की संख्या = इलेक्ट्रॉनों की संख्या = 16

अतः तत्व सल्फर ($^{32}_{16}S$) है।

(iii) द्रव्यमान संख्या = 24, प्रोटॉन की संख्या = 12

परमाणु संख्या = प्रोटॉनों की संख्या = इलेक्ट्रॉनों की संख्या

= 12

न्यूट्रॉनों की संख्या = द्रव्यमान संख्या − प्रोटॉन की संख्या = 24 − 12 = 12

अतः तत्व मैग्नीशियम ($^{24}_{12}Mg$) है।

(iv) द्रव्यमान संख्या = 2 प्रोटॉन संख्या = 1

परमाणु संख्या = प्रोटॉन की संख्या = इलेक्ट्रॉन की संख्या = 1

न्यूट्रॉन की संख्या = 2 − 1 = 1

अतः तत्व डयूटीरियम ($^{2}_{1}D$) है।

(v) द्रव्यमान संख्या = 1, प्रोटॉन की संख्या = 1, न्यूट्रॉन की संख्या = 0

इलेक्ट्रॉन की संख्या = 0

परमाणु संख्या = प्रोटॉन की संख्या = 1

क्योंकि तत्व में इलेक्ट्रॉन की संख्या शून्य है, अतः यह स्पीशीज़ हाइड्रोजन आयन होगा ($_1H^+$)

दी गई सारणी का पूर्ण रूप निम्न है

परमाणु संख्या	द्रव्यमान संख्या	न्यूट्रॉनों की संख्या	प्रोटॉनों की संख्या	इलेक्ट्रॉनों की संख्या	परमाणु स्पीशीज
9	**19**	10	**9**	**9**	फ्लुओरीन
16	32	**16**	**16**	**16**	सल्फर
12	24	**12**	12	**12**	मैग्नीशियम
1	2	1	1	**1**	ड्यूटीरियम
1	1	0	1	0	हाइड्रोजन आयन

NCERT Exemplar

पुस्तक के चुने गए प्रश्न

बहुविकल्पीय प्रश्न

प्रश्न 1. परमाणु का सम्पूर्ण द्रव्यमान विद्यमान होता है

(a) प्रोटॉन (b) इलेक्ट्रॉन (c) नाभिक (d) न्यूट्रॉन

उत्तर (c)

प्रश्न 2. इलेक्ट्रॉन की खोज की

(a) चैडविक ने (b) टॉमसन ने (c) गोल्डस्टीन ने (d) बोर ने

उत्तर (b)

प्रश्न 3. रदरफोर्ड का अल्फा कण प्रकीर्णन प्रयोग किसकी खोज के लिए उत्तरदायी था?

(a) परमाणु केंद्रक (b) इलेक्ट्रॉन (c) प्रोटॉन (d) न्यूट्रॉन

उत्तर (a)

प्रश्न 4. निम्नलिखित में से कौन-सा युग्म टॉमसन के मॉडल के लिए सही है?

(i) मॉडल क्रिसमस केक की तरह था।

(ii) परमाणु धन आवेशित गोले का बना होता है और इलेक्ट्रॉन इसमें धँसे होते हैं।

(iii) ऋणात्मक और धनात्मक आवेश परिमाण में समान होते हैं। इसीलिए परमाणु वैद्युतीय रूप से उदासीन होते हैं।

(iv) इलेक्ट्रॉन परमाणु को स्थिर रखने के लिए एक-दूसरे को आकर्षित करते हैं।

(a) (i), (ii) और (iii) (b) (i) और (iv)

(c) (i) और (iii) (d) (i), (iii) और (iv)

उत्तर (a)

प्रश्न 5. परमाणु की संरचना का सर्वप्रथम मॉडल किसने प्रस्तुत किया?

(a) नील्स बोर (b) जे.जे. टॉमसन (c) रदरफोर्ड (d) ई. गोल्डस्टीन

उत्तर (b)

प्रश्न 6. एक परमाणु की द्रव्यमान संख्या 23 है और परमाणु संख्या 11 है। परमाणु में प्रोटॉनों की संख्या है

(a) 11 (b) 12 (c) 23 (d) 44

उत्तर (a)

प्रश्न 7. परमाणु का द्रव्यमान बराबर होता है

(a) न्यूट्रान के (b) न्यूट्रॉन और प्रोट्रॉन के
(c) इलेक्ट्रॉन के (d) इलेक्ट्रॉन और न्यूट्रॉन के

उत्तर *(b)*

प्रश्न 8. किसी परमाणु के K, L और M कोश पूरी तरह से भरे हुए हैं। इसकी परमाणु संख्या है

(a) 18 (b) 20 (c) 10 (d) 12

उत्तर *(a)*

प्रश्न 9. डिस्चार्ज नली में कैथोड किरणों को उत्पन्न करने के लिए कौन-सा वायु दाब सही है?

(a) 1 सेमी Hg (b) 1 मिमी Hg
(c) 0.001 सेमी Hg (d) 0.001 मिमी Hg

उत्तर *(d)*

प्रश्न 10. कैथोड किरणें मुड़ जाती है

(a) धनावेशित छड़ की ओर (b) ऋणावेशित छड़ की ओर
(c) दोनों छड़ों की ओर (d) इनमें से कोई नहीं

उत्तर *(a)*

प्रश्न 11. इलेक्ट्रॉन पर आवेश होता है

(a) -1.6×10^{-19}C (b) $+1.6 \times 10^{-19}$C
(c) 1.6×10^{-9}C (d) $1.6 \times 10^{+19}$C

उत्तर *(a)*

प्रश्न 12. इलेक्ट्रॉन का द्रव्यमान प्रोटॉन के द्रव्यमान से होता है

(a) 1850 गुना (b) 1840 गुना (c) 1000 गुना (d) 100 गुना

उत्तर *(b)*

प्रश्न 13. कार्बन – 12 परमाणु में होते हैं

(a) 6 इलेक्ट्रॉन, 6 प्रोटॉन, 6 न्यूट्रॉन
(b) 6 इलेक्ट्रॉन, 12 प्रोटॉन, 6 न्यूट्रॉन
(c) 12 इलेक्ट्रॉन, 6 प्रोटॉन, 6 न्यूट्रॉन
(d) 18 इलेक्ट्रॉन, 6 प्रोटॉन, 6 न्यूट्रॉन

उत्तर *(a)*

प्रश्न 14. चैडविक ने किस खोज के लिए नोबेल पुरस्कार प्राप्त किया?

(a) प्रोटॉन (b) न्यूट्रॉन (c) इलेक्ट्रॉन (d) मेसॉन

उत्तर *(b)*

प्रश्न 15. **तत्व X में संयोजकता इलेक्ट्रॉनों की संख्या 2 है। यह तत्व है**

(a) धातु (b) अधातु (c) गैस (d) कण

उत्तर *(a)*

प्रश्न 16. **Cl^- आयन में संयोजकता इलेक्ट्रॉनों की संख्या है**

(a) 16 (b) 8 (c) 17 (d) 18

उत्तर *(b)*

प्रश्न 17. **नाभिक की त्रिज्या परमाणु की त्रिज्या से छोटी है**

(a) 10^2 गुणा (b) 10^3 गुणा (c) 10^4 गुणा (d) 10^5 गुणा

उत्तर *(d)*

प्रश्न 18. **रदरफोर्ड ने अल्फा कण प्रकीर्णन प्रयोग के लिए किस तत्व की पन्नी का उपयोग किया?**

(a) सोने की (b) चाँदी की

(c) ऐलुमिनियम की (d) मैग्नीशियम की

उत्तर *(a)*

प्रश्न 19. **किसी तत्व का इलेक्ट्रॉनिक विन्यास 2, 8, 7 है। इसकी संयोजकता है**

(a) 1 (b) 7 (c) 17 (d) 8

उत्तर *(a)*

प्रश्न 20. **$_1H^1$ का दूसरा नाम है**

(a) प्रोटियम (b) ड्यूटीरियम (c) ट्राइटियम (d) प्रोटॉन

उत्तर *(a)*

प्रश्न 21. **रासायनिक अभिक्रिया के दौरान, परमाणु संख्या**

(a) बदलती है (b) एक समान रहती है

(c) क्रमशः बदलती है (d) इनमें से कोई नहीं

उत्तर *(b)*

प्रश्न 22. **नाभिक के चारों ओर निश्चित कक्षाओं को कहते हैं**

(a) न्यूक्लिऑन्स (b) मीसॉन

(c) ऊर्जा स्तर (d) कक्ष

उत्तर *(c)*

लघु उत्तरीय प्रश्न

प्रश्न 23. एक तत्व के परमाणु में इलेक्ट्रॉन की संख्या 1, प्रोटॉन की संख्या 1 और न्यूट्रॉन की संख्या 0 है। क्या यह सही है? तत्व का नाम बताइए।

उत्तर हाँ, हाइड्रोजन के समस्थानिक प्रोटियम ($_1H^1$) में 1 इलेक्ट्रॉन, 1 प्रोटॉन और 0 न्यूट्रॉन होते हैं।

प्रश्न 24. 'परमाणु विभाज्य है' इस कथन को सत्य करने के लिए दो निरीक्षण लिखिए।

उत्तर दिए गए कथन को सत्य करने के लिए दो निरीक्षण निम्न हैं

(i) इलेक्ट्रॉनों के आदान-प्रदान से आयन बनने के कारण आयनिक यौगिकों का बनना।

(ii) भिन्न-भिन्न न्यूट्रॉनों की संख्या के कारण एक ही तत्व के समस्थानिक का होना। उपर्युक्त दोनों निरीक्षण दर्शाते हैं कि परमाणु कई कणों (इलेक्ट्रॉन, प्रोटॉन और न्यूट्रॉन) से मिलकर बना होता ळे, अर्थात् 'परमाणु विभाज्य है।'

प्रश्न 25. क्या Cl^{35} और Cl^{37} की संयोजकता अलग–अलग होगी?

उत्तर नहीं, क्योंकि Cl^{35} और Cl^{37} क्लोरीन के समस्थानिक है। समस्थानिक वे तत्व होते है, जिनकी प्रोटॉनों और इलेक्ट्रॉनों की संख्या समान होती है। इसीलिए इनका इलेक्ट्रॉनिक विन्यास और संयोजकता भी समान होगी।

$$\because \quad {}_{17}Cl = \overset{K}{2},\ \overset{L}{8},\ \overset{M}{7}$$

$\therefore$ Cl^{35} और Cl^{37} की संयोजकता $= 8 - 7 = 1$

प्रश्न 26. किसी तत्व के न्यूट्रॉनों की संख्या 12 है और द्रव्यमान संख्या 23 है, इस तत्व की परमाणु संख्या क्या होगी?

उत्तर दिया है, द्रव्यमान संख्या = 23, न्यूट्रॉन की संख्या = 12

∵ द्रव्यमान संख्या = प्रोटॉनों की संख्या + न्यूट्रॉनों की संख्या

23 = प्रोटॉनों की संख्या + 12

प्रोटॉनों की संख्या = 23 − 12 = 11

परमाणु संख्या = प्रोटॉनों की संख्या = 11

प्रश्न 27. समस्थानिकों के उपयोग लिखिए।

उत्तर समस्थानिकों के उपयोग

(i) यूरेनियम (U^{235}) का उपयोग परमाणु भट्टी में ईंधन के रूप में होता है।

(ii) कैंसर के उपचार में कोबाल्ट (Co^{60}) का उपयोग होता है।

(iii) घेंघा के इलाज में आयोडीन (I^{131}) के समस्थानिक का उपयोग होता है।

प्रश्न 28. **निम्न में से कौन-सा चित्र किसी परमाणु के लिए बोर के मॉडल को नहीं दर्शाता?**

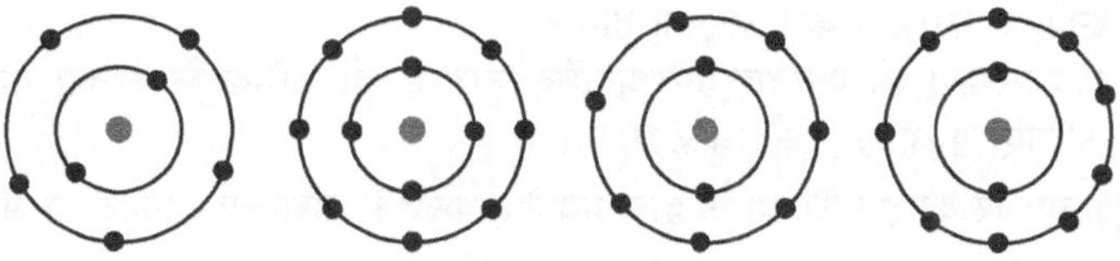

(i) (ii) (iii) (iv)

उत्तर चित्र (ii) और (iv) बोर के परमाणु मॉडल को नही दर्शातें, क्योंकि किसी परमाणु के *K* कक्ष में अधिकतम इलेक्ट्रॉनों की संख्या 2 होती है, और *L* कक्ष में अधिकतम इलेक्ट्रॉनों की संख्या 8 होती है।

प्रश्न 29. **हीलियम परमाणु के बाह्यतम कक्ष में 2 इलेक्ट्रॉन होते हैं, परन्तु इसकी संयोजकता शून्य होती है। व्याख्या कीजिए।**

उत्तर परमाणु अपने अंतिम कक्ष में अष्टक प्राप्त करने के लिए क्रिया करते हैं। यह आपस में इलेक्ट्रॉनों की साझेदारी करने, उनको ग्रहण करने या उनका त्याग करने से होता है। परमाणु के बाह्यतम कक्ष में इलेक्ट्रॉनों के अष्टक बनाने के लिए जितनी संख्या में इलेक्ट्रॉनों की साझेदारी या स्थानांतरण होता है, वही उस तत्व की संयोजकता शक्ति, अर्थात् संयोजकता होती है। जिन तत्वों के परमाणुओं के बाह्यतम कक्ष पूर्ण रूप से भरे होते हैं, वे रासायनिक रूप से सक्रिय नहीं होते हैं, अर्थात् इनकी संयोजकता शून्य होती है।

प्रश्न 30. **यदि किसी तत्व के नाभिक को $_{15}X^{31}$ द्वारा दर्शाते हैं, तो नाभिक में उपस्थित न्यूट्रॉनों की संख्या ज्ञात कीजिए।**

उत्तर तत्व की द्रव्यमान संख्या = 31, परमाणु संख्या = 15

$\because$ न्यूट्रॉनों की संख्या = द्रव्यमान संख्या − परमाणु संख्या = 31 − 15 = 16

दीर्घ उत्तरीय प्रश्न

प्रश्न 31. **अल्फा कण-प्रकीर्णन प्रयोग के आधार पर रदरफोर्ड ने क्या परिणाम निकाले?**

उत्तर *अल्फा कण-प्रकीर्णन प्रयोग के आधार पर रदरफोर्ड ने निम्न परिणाम निकाले*

(i) परमाणु के भीतर का अधिकतर भाग खाली है, क्योंकि अधिकतर अल्फा कण बिना विक्षेपित हुए सीधे निकल गये।

(ii) बहुत कम कण अपने मार्ग से विक्षेपित होते हैं, जिससे यह ज्ञात होता है परमाणु में धनावेशित भाग बहुत कम है।

(iii) बहुत कम अल्फा कण 180° पर विक्षेपित हुए थे, जिससे यह संकेत मिलता है, कि सोने के परमाणु का पूर्ण धनावेशित भाग और द्रव्यमान, परमाणु के भीतर बहुत कम आयतन में सीमित है।

प्रश्न 32. **हाइड्रोजन परमाणु की त्रिज्या और इसके नाभिक की त्रिज्या का अनुपात लगभग 10^5 है, माना परमाणु और नाभिक आकार में गोल है, तो बताइए**

(i) इनके आकार का क्या अनुपात होगा?

(ii) यदि परमाणु को एक ग्रह द्वारा प्रदर्शित करते हैं, तो नाभिक के आकार की गणना कीजिए। पृथ्वी 'R_e' = 6.4×10^6 m

उत्तर (i) आकार को हम त्रिज्या के द्वारा प्रदर्शित करते हैं, इसलिए आकार का अनुपात

$$= 1 : 10^5$$

(ii) परमाणु का आकार = 6.4×10^6m

माना नाभिक का आकार = x m

ऊपर दिये गये अनुपात के अनुसार = $\frac{x}{6.4 \times 10^6} = \frac{1}{10^5}$

$$x = \frac{6.4 \times 10^6}{10^5} \Rightarrow x = 64 \text{ m}$$

अतः नाभिक का आकार 64m होगा।

प्रश्न 33. **गीगर और मार्सडन ने सोने की पन्नी पर प्रयोग किया और देखा कि लगभग 1.00% अल्फा कण >50° पर विक्षेपित हुए। यदि अल्फा कणों के 1 मोल को सोने की पन्नी पर टकराया जाता है, तो गणना कीजिए कि कितने अल्फा कण <50° पर विक्षेपित होगे?**

उत्तर 1 मोल = 6.022×10^{23} कण

>50° पर विक्षेपित होने वाले कणों की संख्या = 1% (दिया है)

$\therefore$ < 50° पर विक्षेपित होने वाले कणों की संख्या = 100 − 1 = 99%

$\therefore$ < 50° पर विक्षेपित होने वाले अल्फा कणों की वास्तविक संख्या

$$= \frac{99}{100} \times 6.022 \times 10^{23} = 5.96 \times 10^{23}$$

प्रश्न 34. **परमाणुओं की विभिन्न कक्षाओं में इलेक्ट्रॉनों के वितरण के लिए बोर और बरी ने क्या नियम प्रस्तुत किए?**

उत्तर इलेक्ट्रॉनों के वितरण के लिए बोर और बरी ने निम्न नियम प्रस्तुत किए।

इसके हल के लिए अभ्यास का उत्तर 6 देखें।

5

जीवन की मौलिक इकाई

रॉबर्ट हुक ने 1665 में कॉर्क की पतली काट के स्वनिर्मित सूक्ष्मदर्शी द्वारा अवलोकन पर पाया कि, इनमें अनेक छोटे-छोटे मधुमक्खी के छत्ते जैसे प्रकोष्ठ हैं। उन्होंने इन प्रकोष्ठों को ***कोशिका*** *कहा।*

सजीव किससे बने होते हैं?

(What are living Organisms Made up of ?)

प्याज के भीतरी सतह की झिल्ली के एक टुकड़े को स्लाइड पर रखकर सूक्ष्मदर्शी द्वारा अध्ययन करने पर पाया गया कि एक समान या भिन्न प्रकार की संरचनाओं से मिलकर बना होता है, इन संरचनाओं को **कोशिका** कहते हैं, जो शल्क कंद की मूलभूत इकाई है।

बहुकोशिकीय जीवों में अनेक कोशिकाएँ समाहित होकर विभिन्न कार्यों को सम्पन्न करने हेतु **विभिन्न अंगों का निर्माण** करती हैं।

उदाहरण फंजाई (कवक), पादप तथा जंतु।

कोशिकाओं के प्रकार (Types of Cells)

वास्तविक केंद्रक की जटिलता के आधार पर कोशिकाएँ दो प्रकार की होती हैं

1. प्रोकैरियोटिक कोशिकाएँ (Prokaryotic Cells)

ये कोशिकाएँ नीले-हरे शैवाल, माइकोप्लाज्मा और जीवाणु में पाई जाती हैं। इसमें केंद्रक कला नहीं होती है। केंद्रक पदार्थ DNA का बना होता है, जिससे प्रोटीन्स जुड़े नहीं होते हैं और न ही इसके चारों ओर केंद्रकावरण होता है। इस रचना को **न्यूक्लिओइड** कहते हैं। गुणसूत्र के स्थान पर हिस्टोन प्रोटीन रहित DNA के धागे होते हैं।

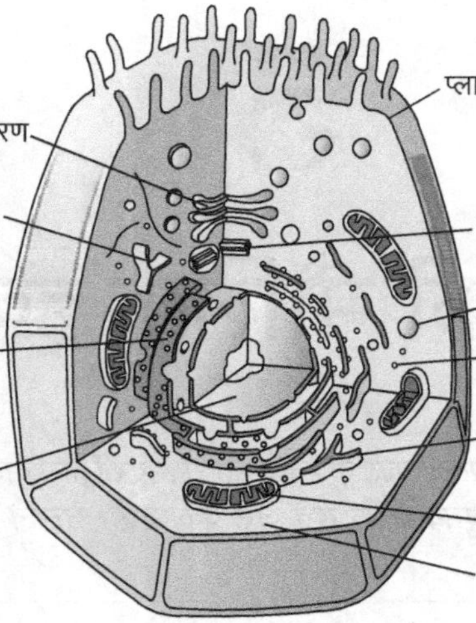

जन्तु कोशिका

2. यूकैरियोटिक कोशिकाएँ (Eukaryotic Cells)

ये जटिल संरचना वाली कोशिकाएँ हैं, जिनमें केंद्रक पदार्थ DNA व क्षारीय प्रोटीन्स का बना होता है। ये न्यूक्लिओ प्रोटीन तंतुओं का जाल स्त्राव बनाते हैं। इसके चारों ओर सुनिश्चित **केंद्रक झिल्ली** होती है। कोशिकाद्रव्य में माइटोकॉण्ड्रिया, हरितलवक, गॉल्जीकाय व लाइसोसोम आदि कोशिकांग होते हैं।

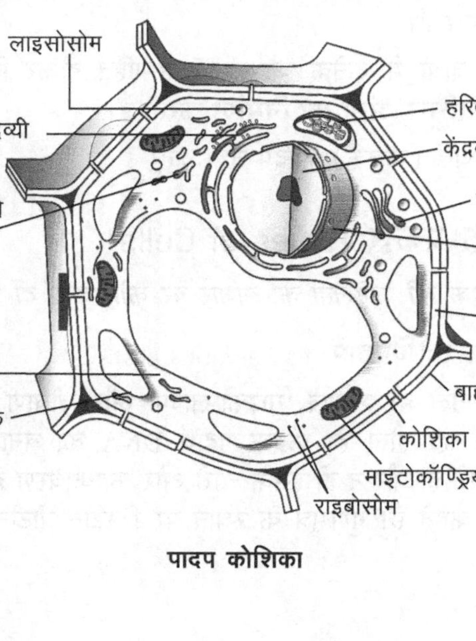

पादप कोशिका

कोशिका की खोज (Discovery of Cell)

ल्यूवेनहॉक (1674) ने सबसे पहले उन्नत सूक्ष्मदर्शी की सहायता से तालाब के जल में स्वतंत्र रूप से जीवित कोशिकाओं का पता लगाया।

रॉबर्ट ब्राउन ने 1831 में कोशिका में केंद्रक का पता लगाया।

जे.ई. पुरकिन्जे ने 1839 में कोशिका में उपस्थित तरल जैविक पदार्थ को जीवद्रव्य का नाम दिया।

एम. श्लाइडेन (1838) एवं **टी. श्वान** (1839) ने कोशिका सिद्धांत के विषय में बताया। इस सिद्धांत के अनुसार, सभी पौधे तथा जंतु, कोशिकाओं के बने हैं और 'कोशिका जीवन की मूलभूत इकाई है'।

विरकोव (1855) ने कोशिका सिद्धांत को और आगे बढ़ाया। उन्होंने बताया कि सभी **कोशिकाएँ** पूर्ववर्ती कोशिकाओं से बनती हैं।

सूक्ष्मजीव; ***जैसे***–*अमीबा, क्लैमाइडोमोनास, पैरामीशियम* तथा बैक्टीरिया एक कोशिका से बने होते हैं। इन सजीवों को **एककोशिकीय जीव** कहते हैं।

कोशिका का संरचनात्मक संगठन
(Structural Organisation of Cell)

कोशिका में विशिष्ट घटक होते हैं, जिन्हें **कोशिकांग** कहते हैं। प्रत्येक कोशिका में तीन गुण होते हैं; ***जैसे***–प्लाज्मा झिल्ली, केंद्रक तथा कोशिकाद्रव्य। कोशिका के अंदर होने वाले समस्त क्रियाकलापों तथा उसकी बाह्य पर्यावरण से पारस्परिक क्रियाएँ इन्हीं गुणों के कारणों से संभव होती हैं।

प्लाज्मा झिल्ली अथवा कोशिका झिल्ली
(Plasma Membrane of Cell Membrane)

यह कोशिका की सबसे बाहरी परत होती है, जो कोशिका के घटकों को बाहरी पर्यावरण से अलग करती है। ये झिल्लियाँ **लिपिड** तथा **प्रोटीन** की बनी होती हैं। प्लाज्मा झिल्ली कुछ पदार्थों को अंदर तथा बाहर आने-जाने देती है। यह अन्य पदार्थों की गति को भी रोकती है। कोशिका झिल्ली को इसलिए **वर्णात्मक पारगम्य झिल्ली** कहते हैं।

कला अभिगमन (Cell Membrane Transport)

कोशिका कला से पदार्थों के अणुओं का आवागमन निम्न विधियों द्वारा होता है

विसरण (Diffusion)

अणुओं अथवा कणों का अधिक सांद्रता वाले स्थान से कम सांद्रता वाले स्थान की ओर जाने की क्रिया को **विसरण** कहते हैं।

कोशिका कला द्वारा विसरण क्रिया निम्नलिखित प्रकार से होती है

(a) पौधों की जड़ों द्वारा लवणों का अवशोषण।

(b) पौधों की कोशिकाओं एवं एककोशिकीय जीवधारियों में गैसों CO_2 तथा O_2 का आदान-प्रदान।

(c) पौधों में रंध्रों द्वारा जलवाष्प, ऑक्सीजन एवं कार्बन डाइऑक्साइड का विसरण।

परासरण (Osmosis)

विलायक के अणुओं का अधिक सांद्रता वाले स्थान से कम सांद्रता वाले स्थान की ओर अर्द्धपारगम्य झिल्ली से होकर जाने की क्रिया को **परासरण** कहते हैं।

इस क्रिया में दो अनुक्रियाएँ सम्मिलित हैं

(i) **अन्त:परासरण** (Endosmosis) कोशिका को शुद्ध जल में रखने पर जल कोशिका में प्रवेश करता है, इसे **अन्त:परासरण** कहते हैं; ***जैसे***-किशमिश को जल में रखने पर किशमिश का फूल जाना।

(ii) **बहि:परासरण** (Exosmosis) कोशिका को सांद्र विलयन में रखने पर कोशिका के अंदर से जल के अणु बाहर सांद्र विलयन में आते हैं तथा कोशिकाद्रव्य सिकुड़ जाता है, इसे **बहि:परासरण** कहते है; ***जैसे***-अंगूर को शर्करा के अधिक सांद्र घोल में रखने पर यह क्रिया होती है तथा अंगूर पिचक जाता है।

परासरण का महत्त्व निम्न बिन्दुओं में समझाया गया है

(i) मूल रोम मृदा कणों से परासरण क्रिया द्वारा जल का अवशोषण करते हैं।

(ii) पौधों में एक कोशिका से दूसरी कोशिका में जल का गमन एवं विसरण परासरण द्वारा होता है।

(iii) परासरण कोशिकाओं की स्फीति बनाए रखता है। स्फीति अवस्था में ही कोशिकाएँ वृद्धि करती हैं।

(iv) रंध्रों का खुलना एवं बंद होना स्फीति पर ही निर्भर करता है।

कोशिका झिल्ली लचीली होती है। झिल्ली का लचीलापन एककोशिकीय जीवों में कोशिका के बाह्य पर्यावरण से अपना भोजन तथा अन्य पदार्थ ग्रहण करने में सहायता करता है।

ऐसी प्रक्रिया को एंडोसाइटोसिस कहते हैं। *अमीबा* अपना भोजन इसी प्रक्रिया द्वारा प्राप्त करता है।

कोशिका भित्ति (Cell Wall)

पादप कोशिका में प्लाज्मा झिल्ली के अतिरिक्त कोशिका भित्ति भी होती है।

यह भित्ति मुख्यत: **सेलुलोज** की बनी होती है।

सेलुलोज एक जटिल पदार्थ है और यह पौधों को **संरचनात्मक दृढ़ता** प्रदान करता है।

जीवित कोशिकाओं में ही परासरण द्वारा **जल अवशोषण** की क्षमता होती है, जबकि मृत कोशिकाओं में नहीं होती।

केंद्रक (Nucleus)

यह एक मुख्य कोशिकांग होता है, जिसके द्वारा कोशिका में होने वाली सारी क्रियाएँ नियंत्रित होती हैं।

केंद्रक के चारों ओर दोहरे परत का एक स्तर होता है, जिसे **केंद्रक झिल्ली** कहते हैं। केंद्रक झिल्ली में छोटे-छोटे छिद्र होते हैं। इन छिद्रों के द्वारा केंद्रक के अंदर का कोशिकाद्रव्य केंद्रक के बाहर जा पाता है। केंद्रक में गुणसूत्र होते हैं, जो कोशिका विभाजन के समय छड़ के आकार के दिखाई पड़ते हैं। गुणसूत्र में आनुवंशिक गुण होते हैं, जो माता-पिता से DNA अणु के रूप में अगली संतति में जाते हैं।

गुणसूत्र DNA तथा प्रोटीन के बने होते हैं। DNA अणु में कोशिका के निर्माण व संगठन की सभी आवश्यक सूचनाएँ होती हैं। DNA के क्रियात्मक खंड को **जीन** कहते हैं, जो कोशिका विभाजित नहीं हो रही होती है, उसमें यह DNA क्रोमेटिन पदार्थ के रूप में विद्यमान रहता है। क्रोमेटिन पदार्थ धागे की तरह की रचनाओं के एक जाल का पिंड होता है। जब कभी भी कोशिका विभाजित होने वाली होती है, तब यह गुणसूत्र में संगठित हो जाता है।

केंद्रक के कार्य (Functions of Nucleus)

केंद्रक के कार्य निम्न है

(a) यह कोशिका के विकास व परिपक्वन को निर्धारित करता है।

(b) कुछ जीवों में कोशिकीय जनन में केंद्रक महत्त्वपूर्ण भूमिका निभाता है तथा साथ ही सजीव कोशिका की रासायनिक क्रियाओं को भी निर्देशित करता है।

यूकैरियोटिक कोशिकाओं में केंद्रक दोहरी झिल्ली द्वारा कोशिकाद्रव्य से अलग होता है। यह कोशिका की जीवन प्रक्रियाओं को निर्देशित करता है। प्रोकैरियोटिक कोशिकाओं में केंद्रक झिल्ली नहीं होती है।

कोशिकाद्रव्य (Cytoplasm)

कोशिकाद्रव्य प्लाज्मा झिल्ली के अंदर एक तरल पदार्थ है, जिसमें जल, अमीनो अम्ल, वसा, लिपिड्स और प्रोटीन के अणु विद्यमान होते हैं। कोशिकाद्रव्य तथा केंद्रक दोनों को मिलाकर जीवद्रव्य कहते हैं।

कोशिकांग (Cell Organelles)

कोशिकाद्रव्य में बहुत से विशिष्ट कोशिका के घटक होते हैं, जिन्हें कोशिकांग कहते हैं।

प्रत्येक अंगक कोशिका के लिए विशिष्ट कार्य करते हैं। अधिकांश कोशिकांग झिल्ली युक्त होते हैं। विभिन्न उपापचयी क्रियाओं में कोशिकाएँ अंगक का उपयोग करती हैं।

यूकैरियोटिक कोशिकाओं में केंद्रकीय झिल्ली तथा झिल्लीयुक्त अंगक होते हैं।

प्रोकैरियोटिक कोशिकाओं में वास्तविक केंद्रक के अतिरिक्त झिल्लीयुक्त अंगक नहीं होता।

कुछ अंगक केवल इलेक्ट्रॉन सूक्ष्मदर्शी द्वारा ही देखे जा सकते हैं। अंत:प्रद्रव्यी जालिका, गॉल्जी उपकरण, लाइसोसोम, माइटोकॉण्ड्रिया, प्लास्टिड तथा रसधानी कोशिकांगों के महत्त्वपूर्ण उदाहरण हैं, क्योंकि ये कोशिकाओं के बहुत निर्णायक कार्य करते हैं।

1. अंत:प्रद्रव्यी जालिका (Endoplasmic Reticulum [ER])

अंत:प्रद्रव्यी जालिका झिल्लीयुक्त नलिकाओं तथा शीट का एक बहुत बड़ा तंत्र है। ये लम्बी नलिका अथवा गोल या आयताकार थैली की तरह दिखाई देती हैं।

अंत:प्रद्रव्यी जालिका दो प्रकार की होती हैं

(i) **खुरदरी अंत:प्रद्रव्यी जालिका** यह सूक्ष्मदर्शी द्वारा देखने पर खुरदरी दिखाई पड़ती हैं, क्योंकि इस पर राइबोसोम लगे होते हैं। राइबोसोम पर **प्रोटीन संश्लेषित** होती है। खुरदरी अतं:प्रद्रव्यी जालिका तैयार प्रोटीन को अतं:प्रद्रव्यी के द्वारा कोशिका के अन्य भागों में भेज देता है।

(ii) **चिकनी अंत:प्रद्रव्यी जालिका** यह **वसा** अथवा **लिपिड** अणुओं के बनाने में सहायता करती है। यह कोशिकीय क्रिया के लिए बहुत महत्त्वपूर्ण हैं।

अंतःप्रद्रव्यी जालिका के कार्य (Functions of Endoplasmic Reticulum)

(a) यह कोशिकाद्रव्य के विभिन्न क्षेत्रों तथा केंद्रक के मध्य पदार्थों (मुख्यत: प्रोटीन) के परिवहन के लिए नलिका के रूप में कार्य करता है।

(b) यह कोशिका की कुछ जैव-रासायनिक क्रियाओं के लिए कोशिकाद्रव्यी ढाँचे का कार्य करती हैं।

(c) एक वर्ग के जंतुओं (कशेरुकी) के यकृत की कोशिकाओं में मुलायम अंत:प्रद्रव्यी जालिका विष तथा दवा को निराविषीकरण करने में महत्त्वपूर्ण भूमिका निभाते हैं।

2. गॉल्जी उपकरण (Golgi Apparatus)

गॉल्जी उपकरण का सबसे पहले विवरण कैमिलो गॉल्जी ने किया था। गॉल्जी उपकरण झिल्ली युक्त पुटिका है, जो एक दूसरे के ऊपर लगी रहती हैं, जिन्हें **कुंडिका** कहते हैं। इन झिल्लियों का सम्पर्क अंत:प्रद्रव्यी जालिका झिल्लियों से होता है और इसलिए जटिल कोशिकीय झिल्ली तंत्र के दूसरे भाग को बनाती हैं।

अंत:प्रद्रव्यी जालिका में संश्लेषित पदार्थ गॉल्जी उपकरण में पैक किए जाते हैं और उन्हें कोशिका के बाहर तथा अंदर विभिन्न क्षेत्रों में भेज दिया जाता है।

गॉल्जी उपकरण के कार्य (Functions of Golgi Apparatus)

(a) पुटिका में पदार्थों का संचयन तथा रूपांतरण होता है।

(b) कुछ परिस्थितियों में गॉल्जी उपकरण में सामान्य शक्कर से जटिल शक्कर बनती है।

(c) गॉल्जी उपकरण के द्वारा लाइसोसोम को भी बनाया जाता है।

(d) मनुष्य में शुक्राणु के एक्रोसोम के निर्माण में भाग लेता है।

3. लाइसोसोम (Lysosomes)

लाइसोसोम कोशिका का अपशिष्ट निपटाने वाला तंत्र है, संरचनात्मक दृष्टि से लाइसोसोम में झिल्ली से घिरी हुई संरचना होती है, जिनमें **पाचक एंजाइम** होते हैं, जो अम्लीय pH (= 5) पर कार्य करते हैं। खुरदरी अंत:प्रद्रव्यी जालिका इन एंजाइमों को बनाते हैं।

लाइसोसोम के कार्य (Functions of Lysosomes)

(a) लाइसोसोम बाहरी पदार्थ के कोशिकांगों के टूटे-फूटे भागों को पाचित करके कोशिका को साफ करते हैं।

(b) कोशिका के अंदर आने वाले बाहरी पदार्थ; ***जैसे***-बैक्टीरिया अथवा भोजन तथा पुराने अंगक लाइसोसोम में चले जाते हैं, जो उन्हें छोटे-छोटे टुकड़ों में तोड़ देते हैं।

(c) कोशिकीय उपापचय में व्यवधान के कारण, जब कोशिका क्षतिग्रस्त या मृत हो जाती है, तो लाइसोसोम फट जाते हैं, और एंजाइम अपनी ही कोशिकाओं को पाचित कर देते हैं, इसलिए लाइसोसोम को कोशिका की **आत्महत्या या आत्माघाती की थैली** भी कहते हैं।

4. माइटोकॉण्ड्रिया (Mitochondria)

माइटोकॉण्ड्रिया **कोशिका का बिजलीघर** है। माइटोकॉण्ड्रिया में दोहरी झिल्ली होती है। बाहरी झिल्ली छिद्रित होती है तथा भीतरी झिल्ली बहुत अधिक वलित होती है। माइटोकॉण्ड्रिया बहुत अद्‌भुत अंगक है, क्योंकि इसमें उसका अपना DNA तथा राइबोसोम होते हैं, अतः माइटोकॉण्ड्रिया अपना कुछ प्रोटीन स्वयं बनाते हैं।

माइटोकॉण्ड्रिया के कार्य (Functions of Mitochondria)

(a) जीवन के लिए आवश्यक विभिन्न रासायनिक क्रियाओं को करने के लिए माइटोकॉण्ड्रिया ATP (एडिनोसिन ट्राइफॉस्फेट) के रूप में ऊर्जा प्रदान करते हैं।

(b) ATP कोशिका की ऊर्जा है। शरीर नए रासायनिक यौगिकों को बनाने तथा यांत्रिक कार्य के लिए ATP में संचित ऊर्जा का उपयोग करता है।

5. प्लास्टिड (Plastids)

प्लास्टिड केवल पादप कोशिकाओं में स्थित होते हैं। प्लास्टिड की भीतरी रचना में बहुत सी झिल्ली वाली परतें होती हैं, जो स्ट्रोमा में स्थित होती है। प्लास्टिड बाह्य रचना में माइटोकॉण्ड्रिया की तरह होते हैं। माइटोकॉण्ड्रिया की तरह प्लास्टिड में भी अपना DNA तथा राइबोसोम होते हैं।

प्लास्टिड तीन प्रकार के होते हैं

(i) **क्रोमोप्लास्ट** ये रंगीन प्लास्टिड है; ***जैसे***-लाल, पीला, नारंगी, आदि (हरे को छोड़कर)।

(ii) **ल्यूकोप्लास्ट** ये श्वेत तथा **रंगहीन प्लास्टिड** होते हैं। ल्यूकोप्लास्ट प्राथमिक रूप से अंगक है, जिसमें स्टार्च, तेल तथा प्रोटीन जैसे पदार्थ संचित होते हैं।

(iii) **क्लोरोप्लास्ट** जिस प्लास्टिड में क्लोरोफिल (हरे रंग) वर्णक होता है उसे **क्लोरोप्लास्ट** कहते हैं। पौधों में क्लोरोप्लास्ट प्रकाश-संश्लेषण के लिए बहुत आवश्यक है।

प्लास्टिड के कार्य (Functions of Plastids)

(a) प्लास्टिड फूलों तथा फलों को रंग प्रदान करते हैं।

(b) प्लास्टिड प्रकाश-संश्लेषण की क्रिया में सहायता करते हैं।

6. रसधानियाँ (Vacuoles)

रसधानियाँ ठोस अथवा तरल पदार्थों की संग्राहक थैलियाँ हैं। जंतु कोशिकाओं में रसधानियाँ छोटी होती हैं, जबकि पादप कोशिकाओं में रसधानियाँ बहुत बड़ी होती हैं।

कुछ पौधों की कोशिकाओं की केंद्रीय रसधानी की माप कोशिका के आयतन का 50-90% तक होता है। पादप कोशिकाओं की रसधानियों में **कोशिकाद्रव्य** भरा रहता है। पौधों के लिए आवश्यक बहुत से पदार्थ रसधानी में स्थित होते हैं। ये अमीनो अम्ल, शर्करा, विभिन्न कार्बनिक अम्ल तथा कुछ प्रोटीन हैं। रसधानी की सबसे बाह्य परत को टोनोप्लास्ट कहते हैं।

रसधानियों के कार्य (Functions of Vacuoles)

(a) ये कोशिका को स्फीति तथा कठोरता प्रदान करती है।

(b) *अमीबा* की खाद्य रसधानी में उनके द्वारा उपभोग में लाए गए खाद्य पदार्थ होते हैं।

(c) कुछ एककोशिकीय जीवों में विशिष्ट रसधानियाँ अतिरिक्त जल तथा कुछ अपशिष्ट पदार्थों को शरीर से बाहर निकालने में महत्त्वपूर्ण भूमिकाएँ निभाती हैं।

प्रत्येक कोशिका की अपनी एक संरचना होती है, जिसके द्वारा वे विशिष्ट कार्य; ***जैसे***-श्वसन, पोषण तथा अपशिष्ट पदार्थों का उत्सर्जन अथवा नई प्रोटीन बनाने में सहायता करते हैं। ऐसा उनकी झिल्ली तथा अंगकों की विशिष्ट संरचना के कारण संभव हो पाता है। अतः कोशिका सजीवों की एक मूलभूत **संरचनात्मक** एवं **क्रियात्मक** इकाई है।

7. राइबोसोम (Ribosome)

राइबोसोम राइबोन्यूक्लिओप्रोटीन की बनी पिन की घुंडी के आकार की सूक्ष्म कणिकाएँ है। ये गोलाकार कण होते हैं। ये ER (अंत:प्रद्रव्यी जालिका) की कलाओं से जुड़े रहते हैं। ये **माइटोकॉण्ड्रिया** तथा **हरितलवक** में भी पाये जाते हैं। ये कलाविहीन होते हैं। राइबोसोम में दो इकाइयाँ होती हैं, बड़ी इकाई तथा छोटी इकाई। कई राइबोसोम मिलकर पॉलीसोम बनाते हैं।

राइबोसोम के कार्य (Functions of Ribosome)

राइबोसोम के कार्य निम्न हैं

(a) इनको कोशिका की प्रोटीन फैक्ट्री कहा जाता है।

(b) कोशिका के सभी प्रोटीन व एंजाइम्स का संश्लेषण राइबोसोम द्वारा ही होता है।

8. तारककेंद्र या सेन्ट्रोसोम (Centrosome)

ये जंतु कोशिका में पाया जाता है। यह केंद्रक के समीप होता है। कुछ कवक या शैवाल में भी यह पाया जाता है। इसमें दो बेलनाकार रचनाएँ होती हैं, जिन्हें **तारककेंद्र** या सेंट्रिओल कहते हैं। इनके चारों ओर का पदार्थ काचाभी कोशिकाद्रव्य होता है जिसे सेंट्रोस्फियर कहते हैं। तारककेंद्र 27 सूक्ष्मनलिकाओं का बना होता है। ये सूक्ष्मनलिकाएँ तीन-तीन के नौ समूहों में व्यवस्थित होती हैं।

तारककेंद्र के कार्य (Functions of Centrosome)

तारकेंद्र के कार्य निम्न हैं

(a) तारक केंद्र जंतु कोशिका के विभाजन के समय तर्कु के दोनों ध्रुव तथा एस्टर बनाते हैं।

(b) शुक्राणु बनने में एक तारक केंद्र शुक्राणु के कशाभिका का अक्षीय तंतु बनाता है।

(c) पक्ष्म तथा कशाभों की आधार कणिकाएँ भी तारक केंद्र की बनी होती हैं।

9. सूक्ष्मनलिकाएँ एवं सूक्ष्म तंतु (Microtubules and Microfibres)

पौधों एवं जंतुओं की यूकैरियोटिक कोशिकाओं में सूक्ष्मनलिकाओं का जाल-सा फैला होता है। ये तंतु व नलिकाएँ **प्रोटीन** के बने होते हैं। ये साइटोप्लाज्म में कोशिका कला के नीचे स्थित होते हैं। ये कोशिका का कंकाल बनाते हैं और कोशिका को सुदृढ़ता प्रदान करते हैं तथा पेशी कोशिकाओं की संकुचन क्षमता बढ़ाते हैं।

गुणसूत्र (Chromosome)

गुणसूत्र की खोज **ई. स्ट्रॉस्बर्गर** ने 1875 में की थी, इण्टरफेज केंद्रक का क्रोमेटिन जालक कोशिका विभाजन के समय संघनित होकर धागों या छड़ों के समान रचनाएँ बनाता है। इन रचनाओं को गुणसूत्र कहते हैं। इन्हें **आनुवंशिक लक्षणों** का **वाहक** कहते हैं।

प्रत्येक जीवधारी में निश्चित परिणाम एवं आकार के गुणसूत्रों की निश्चित संख्या होती है। किसी एक जाति के सभी जीवों में गुणसूत्रों की संख्या एक-सी होती है, लेकिन विभिन्न जातियों के जीवों में इनकी संख्या अलग-अलग होती है; ***जैसे***—मनुष्य-46, *पैरामीशियम*-30-40।

कोशिका विभाजन की **एनाफेज** अवस्था में V, J, L अथवा शलाका के रूप में दिखाई देते हैं। प्रत्येक गुणसूत्र में कुंडलित धागे के समान दो **क्रोमोनिमेटा** होते हैं। क्रोमोनिमेटा पर थोड़ी-थोड़ी दूरी पर गहरे रंग के क्रोमोमियर्स होते हैं। क्रोमोमीयर्स के बीच के हल्के रंग के भाग को इंटरक्रोमोमीयर कहते हैं।

गुणसूत्रों के कार्य (Functions of Chromosomes)

(i) गुणसूत्र DNA अणुओं के बने हैं, जिनमें विभिन्न क्रियाओं के लिए संदेश निहित रहते हैं।

(ii) प्रोटीन अणुओं के संश्लेषण की सूचना नाइट्रोजिनस क्षारों के निर्धारित अनुक्रम के रूप में DNA अणुओं में निबद्ध रहती है।

न्यूक्लिक अम्ल (Nucleic Acid)

न्यूक्लिक अम्लों की खोज 1870 में **फ्रेडरिक मीशर** ने पस (मवाद) कोशिका के केंद्रक में की थी, क्योंकि ये केंद्रक में पाए गए थे, अत: इन्हें **न्यूक्लीन** नाम दिया गया। बाद में इनकी अम्लीय प्रकृति का पता लगने पर इन्हें न्यूक्लिक अम्ल कहा गया।

न्यूक्लिक अम्ल न्यूक्लियोटाइड्स के **लीनियर पॉलीमर** होते हैं। प्रत्येक न्यूक्लियोटाइड एक नाइट्रोजनी क्षारक या बेस, एक पेन्टोस शर्करा तथा एक फॉस्फेट समूह का यौगिक है।

नाइट्रोजनी क्षारक *ये दो प्रकार के होते हैं*

(i) **प्यूरीन** ये दो नाइट्रोजन वलयों वाली रचनाएँ हैं। न्यूक्लिक अम्लों में दो प्रकार की प्यूरीन पाई जाती हैं; **जैसे**—एडीनीन तथा गुआनीन।

(ii) **पिरिमिडीन** इनमें एक नाइट्रोजन वलय होता हैं। न्यूक्लिक अम्लों में तीन प्रकार के पिरिमिडीन बेस पाए जाते हैं; ***जैसे***-सायटोसीन, थायमीन तथा यूरेसिल।

पेन्टोस शर्करा *ये दो प्रकार की होती हैं*

(i) डीऑक्सीराइबोस शर्करा (ii) राइबोस शर्करा

न्यूक्लिक अम्ल के प्रकार (Types of Nucleic Acid)

(i) डीऑक्सीराइबोन्यूक्लिक अम्ल (DNA)

DNA जीवों में पाए जाने वाले सबसे बड़े अणु है। प्रत्येक DNA बृहदाणु हजारों इकाइयों या एकलकों का बना होता है। इन एकलकों को डीऑक्सीराइबो-न्यूक्लिओटाइड्स या न्यूक्लिओटाइड्स कहते हैं। अत: DNA **न्यूक्लिओटाइड्स का बहुलक** होता है।

DNA अणु दो वलयकों का बना होता है, जो एक अक्ष के चारों ओर सर्पिलाकार क्रम में कुंडलित रहते हैं, अत: DNA अणु एक घुमावदार सीढ़ी जैसा दिखता है। दोनों वलयक शर्करा व फॉस्फेट की इकाइयों से बने होते हैं और सीढ़ी के दो स्तंभ बनाते हैं। इनसे जुड़े क्षार युगल सीढ़ी के डंडे बनाते हैं। प्रत्येक वलयक में हजारों न्यूक्लिओटाइड्स शृंखलाबद्ध होते हैं। इसे पॉलीन्यूक्लिओटाइड शृंखला कहते हैं।

DNA **का महत्त्व** (Importance of DNA)

(a) DNA आनुवंशिक पदार्थ है। इसका सबसे महत्त्वपूर्ण कार्य आनुवंशिकी सूचनाओं को एक पीढ़ी से दूसरी पीढ़ी में भेजना है।
(b) यह अप्रत्यक्ष रूप से कोशिका की सभी जैव क्रियाओं का नियमन करता है।
(c) DNA प्रोटीन संश्लेषण के लिए सभी प्रकार के RNA का संश्लेषण करता है।

(ii) राइबोन्यूक्लिक अम्ल (RNA)

राइबोन्यूक्लिक अम्ल, DNA के प्रतिलिपिकरण से बनता है। इसमें अधिकांशत: केवल एक वलयक होता है। यह केंद्रक के अंदर न्यूक्लिओलस में, कोशिकाद्रव्य तथा राइबोसोम में मिलता है। यह भी रैखिक अनुक्रम में **विन्यासित** बहुत से न्यूक्लिओटाइड्स से बना होता है। DNA में पाई जाने वाली डीऑक्सीराइबोस शर्करा के स्थान पर इसमें राइबोस शर्करा होती है। इसमें प्यूरीन क्षार एडीनीन व ग्वानीन तो DNA के समान होते हैं, किंतु **DNA** में पाए जाने वाले पिरिमिडीन क्षारों में से थाइमीन के स्थान पर यूरेसिल होता है।

राइबोन्यूक्लिक अम्ल के प्रकार (Types of Ribo Nucleic Acid)

(a) **संदेशवाहक** RNA यह सबसे लम्बा RNA है। इसका निर्माण केंद्रक में होता है। यह दूत के समान प्रोटीन संश्लेषण की सूचना लेकर कोशिकाद्रव्य में प्रोटीन संश्लेषण स्थल तक पहुँचाता है।
(b) **स्थानांतरण** RNA यह सबसे छोटा RNA अणु है। यह कोशिकाद्रव्य में से अमीनो अम्लों को लेकर *m*RNA तक पहुँचाता है।

(c) **राइबोसोमल** RNA यह सर्वाधिक स्थाई व अधिक मात्रा में पाया जाता है। यह राइबोसोम्स में होता है और प्रोटीन संश्लेषण के समय एंजाइम्स की तरह कार्य करता है।

राइबोन्यूक्लिक अम्ल के कार्य (Functions of Ribo Nucleic Acid)

तीनों प्रकार के RNAs की प्रोटीन संश्लेषण में महत्त्वपूर्ण भूमिका होती है।

प्रश्नावली 5.1

पृष्ठ 66

प्रश्न 1. कोशिका की खोज किसने और कैसे की?

उत्तर रॉबर्ट हुक ने सन् 1665 में सूक्ष्मदर्शी की सहायता से सबसे पहले कोशिका का पता लगाया। उन्होंने कॉर्क की पतली काट के अवलोकन पर पाया, कि इनमें अनेक छोटे-छोटे प्रकोष्ठ हैं, जिसकी संरचना मधुमक्खी के छत्ते जैसी प्रतीत होती है।

प्रश्न 2. कोशिका को जीवन की संरचनात्मक और क्रियात्मक इकाई क्यों कहते हैं?

उत्तर प्रत्येक कोशिका की अपनी एक संरचना होती है, कोशिका के कोशिकाद्रव्य में विशिष्ट घटक होते हैं, जिन्हें कोशिकांग कहते हैं। कोशिकांग तथा झिल्ली के द्वारा विशेष कार्य; ***जैसे***–श्वसन, पोषण। कोशिकांग अपशिष्ट पदार्थों का उत्सर्जन अथवा नई प्रोटीन बनाना, आदि संभव हो पाते हैं।

अतः कोशिका को 'जीवन की संरचनात्मक और क्रियात्मक इकाई' कहते हैं।

पृष्ठ 68

प्रश्न 1. CO_2 तथा पानी जैसे पदार्थ कोशिका से कैसे अंदर तथा बाहर जाते हैं? इस पर चर्चा करें।

उत्तर जब कुछ पदार्थ; ***जैसे***–CO_2 (कोशिकीय अपशिष्ट) कोशिका में एकत्र हो जाती है, तो उसकी सांद्रता बढ़ जाती है। कोशिका के बाह्य पर्यावरण में CO_2 की सांद्रता कोशिका में स्थित CO_2 की सांद्रता की अपेक्षा कम होती है। जैसे ही कोशिका के अंदर और बाहर CO_2 की सांद्रता में अंतर आता है उसी समय उच्च सांद्रता से निम्न सांद्रता की ओर विसरण द्वारा कोशिका से CO_2 बाहर निकल जाती है।

प्रश्न 2. प्लाज्मा झिल्ली को वर्णात्मक पारगम्य झिल्ली क्यों कहते हैं?

उत्तर प्लाज्मा झिल्ली कोशिका की सबसे बाहरी परत है, जो कोशिका के घटकों को बाहरी पर्यावरण से अलग करती है। प्लाज्मा झिल्ली कुछ पदार्थों को अंदर अथवा बाहर आने जाने देती है। कुछ अन्य पदार्थों की गति को भी रोकती है। कोशिका झिल्ली को इसलिए वर्णात्मक पारगम्य झिल्ली कहते हैं।

पृष्ठ 70

प्रश्न 1. क्या अब आप निम्नलिखित तालिका में दिए गए रिक्त स्थानों को भर सकते हैं, जिससे कि प्रोकैरियोटिक तथा यूकैरियोटिक कोशिकाओं में अंतर हो सके।

प्रोकैरियोटिक कोशिका	यूकैरियोटिक कोशिका
आकार प्रायः छोटा ($1\text{-}10^{-6}$ μm)	आकार प्रायः बड़ा (5-100 μm)
केंद्रकीय क्षेत्र .... और उसे .... कहते हैं।	केंद्रकीय क्षेत्र, सुस्पष्ट जो चारों ओर से केंद्रकीय झिल्ली से घिरा रहता है।
क्रोमोसोम एक	क्रोमोसोम एक से अधिक
झिल्लीयुक्त अंगक अनुपस्थित	....

उत्तर **प्रोकैरियोटिक एवं यूकैरियोटिक कोशिका में अन्तर**

क्र.स.	प्रोकैरियोटिक कोशिका	यूकैरियोटिक कोशिका
(i)	आकार प्रायः छोटा ($1\text{-}10^{-6}$μm)	आकार प्रायः बड़ा (5-100 μm)
(ii)	केंद्रकीय क्षेत्र स्पष्ट नहीं होता केंद्रकीय झिल्ली नहीं होती और उसे कोशिकाकाय कहते हैं।	केंद्रकीय क्षेत्र; सुस्पष्ट जो चारों ओर से केंद्रकीय झिल्ली से घिरा रहता है।
(iii)	क्रोमोसोम एक होता है	क्रोमोसोम एक से अधिक होते हैं
(iv)	झिल्लीयुक्त अंगक अनुपस्थित	झिल्लीयुक्त अंगक उपस्थित होते हैं

पृष्ठ 73

प्रश्न 1. क्या आप दो ऐसे अंगों का नाम बता सकते हैं जिनमें अपना आनुवंशिक पदार्थ होता है?

उत्तर माइटोकॉण्ड्रिया तथा प्लास्टिड।

प्रश्न 2. यदि किसी कोशिका का संगठन किसी भौतिक अथवा रासायनिक प्रभाव के कारण नष्ट हो जाता है, तो क्या होगा?

उत्तर कोशिका में उपस्थित कोशिकांगों की सहायता से कुछ विशिष्ट कार्य जैसे श्वसन, पोषण तथा अपशिष्ट पदार्थों का उत्सर्जन अथवा नई प्रोटीन का बनना आदि कार्य संभव हो पाते हैं। यदि कोशिका का संगठन नष्ट हो जाता है, तो ये सब कार्य नहीं हो पाएंगे और कोशिका कुछ समय बाद मर जाएगी।

प्रश्न 3. लाइसोसोम को आत्मघाती थैली क्यों कहते हैं?

उत्तर लाइसोसोम में बहुत शक्तिशाली पाचनकारी एंजाइम होते हैं। कोशिकीय उपापचय में व्यवधान के कारण जब कोशिका क्षतिग्रस्त या मृत हो जाती है, तो लाइसोसोम फट जाते हैं और एंजाइम अपनी ही कोशिकाओं को पाचित कर देते हैं, इसीलिए लाइसोसोम को कोशिका की 'आत्मघाती थैली' कहते हैं।

प्रश्न 4. कोशिका के अंदर प्रोटीन का संश्लेषण कहाँ होता है?

उत्तर प्रोटीन का संश्लेषण राइबोसोम में होता है। राइबोसोम खुरदरी अंत:प्रद्रव्यी जालिका पर लगे होते हैं।

अभ्यास

प्रश्न 1. पादप कोशिकाओं तथा जंतु कोशिकाओं में तुलना करो।

उत्तर **पादप कोशिका तथा जंतु कोशिका में तुलना**

क्र.सं.	पादप कोशिका	जंतु कोशिका
1.	प्लाज्मा झिल्ली के अतिरिक्त कोशिका भित्ति भी होती है।	कोशिका भित्ति नहीं होती।
2.	आकार प्राय: सामान्य होता है।	आकार प्राय: असामान्य होता है।
3.	जंतु कोशिका की तुलना में बड़ी होती है।	पादप कोशिका की तुलना में छोटी होती है।
4.	रसधानी बहुत बड़ी होती है।	रसधानी बहुत छोटी होती है।
5.	गॉल्जी उपकरण की बहुत सी यूनिट, अर्थात् डिक्टियोसोम उपस्थित होती है।	जटिल गॉल्जी उपकरण उपस्थित होता है।
6.	प्लास्टिड होते हैं	प्लास्टिड नहीं होते, *यूग्लीना* को छोड़कर।
7.	तारककाय और तारक केंद्र नहीं होता	तारककाय और तारक केंद्र होता है।

प्रश्न 2. प्रोकैरियोटिक कोशिकाएँ यूकैरियोटिक कोशिकाओं से किस प्रकार भिन्न होती हैं?

उत्तर

पूर्वकेन्द्रकीय कोशिका (प्रोकैरियोटिक) एवं सुकेन्द्रकीय (यूकैरियोटिक) कोशिकाओं

पूर्वकेन्द्रकीय प्रोकैरियोटिक कोशिका	सुकेन्द्रकीय यूकैरियोटिक कोशिका
ये कोशिकाएँ आद्य प्रकार की होती हैं।	ये कोशिकाएँ विकसित होती हैं।
कोशिकाद्रव्य गाढ़ा होता है तथा पूरी कोशिका में फैला रहता है।	कोशिकाद्रव्य पतला होता है तथा कोशिका कला एवं केन्द्रक के बीच फैला रहता है।

इसमें आरम्भी, अवास्तविक केन्द्रक पाया जाता है, जिसे न्यूक्लियोइड कहते हैं।	इसमें पूर्ण वास्तविक केन्द्रक पाया जाता है।
• इसमें केन्द्रक कला उपस्थित नहीं होती है।	इसमें केन्द्रक कला उपस्थित होती है।
• केन्द्रिका अनुपस्थित होती है।	केन्द्रिका उपस्थित होती है।
• आनुवंशिक पदार्थ के रूप में DNA का एक अणु वलित रूप से कोशिकाद्रव्य में बिखरा रहता है। DNA में कुछ प्रोटीनों के लिए ही कोड पाए जाते हैं।	आनुवंशिक पदार्थ के रूप में DNA के एक या अधिक अणु केन्द्रक सूत्रकणिका तथा हरित लवकों में उपस्थित होते हैं। DNA में लगभग सभी प्रोटीन के लिए कोड पाए जाते हैं।
इसमें हिस्टोन प्रोटीन नहीं पाई जाती।	इसमें क्रोमैटिन के साथ हिस्टोन प्रोटीन पाई जाती है।
कोशिकाद्रव्य में 70S राइबोसोम के अतिरिक्त कोई कोशिकांग नहीं पाए जाते।	कोशिकाद्रव्य में सूत्रकणिका, गॉल्जीकाय, अन्तःप्रद्रव्यी जालिका, लयनकाय, 80S राइबोसोम, सन्ट्रोसोम, सूक्ष्मतन्तु, आदि कोशिकांग पाए जाते हैं।
जीवद्रव्य कला से निर्मित रचना मीसोसोम्स में कोशिकीय श्वसन क्रिया से सम्बन्धित सभी आवश्यक एंजाइम पाए जाते हैं।	श्वसन क्रिया के आवश्यक एन्जाइम माइट्रोकॉण्ड्रिया में पाए जाते हैं।

प्रश्न 3. यदि प्लाज्मा झिल्ली फट जाए अथवा टूट जाए, तो क्या होगा?

उत्तर *यदि प्लाज्मा झिल्ली फट जाए, तो*

(i) कोशिका से सारे महत्त्वपूर्ण पदार्थ बाहर आ जाएंगे, क्योंकि प्लाज्मा झिल्ली वर्णात्मक पारगम्य झिल्ली की तरह कार्य करती हैं।

(ii) कोशिकाद्रव्य तथा बाह्य पर्यावरण में कोई अंतर नहीं रह जाएगा।

(ii) कोशिका अपने सामान्य आकार में नहीं रहेगी।

प्रश्न 4. यदि गॉल्जी उपकरण न हो, तो कोशिका के जीवन में क्या होगा?

उत्तर *गॉल्जी उपकरण न होने से कोशिका के जीवन में निम्न प्रभाव होंगे*

(i) ER में संश्लेषित प्रोटीन गॉल्जी उपकरण में पैक नहीं हो सकेगी और इन्हें कोशिका के बाहर तथा अंदर विभिन्न क्षेत्रों में नहीं भेजा जा सकेगा।

(ii) सामान्य शक्कर से जटिल शक्कर नहीं बन सकेगी।

(iii) लाइसोसोम का निर्माण नहीं हो सकेगा।

प्रश्न 5. कोशिका का कौन-सा अंगक ऊर्जा गृह है और क्यों?

उत्तर जीवन के लिए आवश्यक विभिन्न रासायनिक क्रियाओं को करने के लिए माइटोकॉण्ड्रिया ATP (एडिनोसिन ट्राइफॉस्फेट) के रूप में ऊर्जा प्रदान करता है। ATP कोशिका की ऊर्जा है। शरीर नए रासायनिक यौगिकों को बनाने के लिए तथा

यांत्रिक कार्य करने के लिए ATP में संचित ऊर्जा का उपयोग करता है। इसलिए माइटोकॉण्ड्रिया को कोशिका का ऊर्जा गृह कहते हैं।

प्रश्न 6. कोशिका झिल्ली को बनाने वाले लिपिड तथा प्रोटीन का संश्लेषण कहाँ होता है?

उत्तर वसा अथवा लिपिड का संश्लेषण चिकनी अंत:प्रद्रव्यी जालिका (SER) में होता है तथा प्रोटीन का संश्लेषण खुरदरी अंत:प्रद्रव्यी जालिका पर लगे राइबोसोम में होता है।

प्रश्न 7. *अमीबा* अपना भोजन कैसे प्राप्त करता है?

उत्तर कोशिका झिल्ली का लचीलापन एककोशिकीय जीवों में कोशिका के बाह्य पर्यावरण से अपना भोजन तथा अन्य पदार्थ ग्रहण करने में सहायता करता है। ऐसी प्रक्रिया को एंडोसाइटोसिस कहते हैं। *अमीबा* अपना भोजन इसी प्रक्रिया द्वारा प्राप्त करता है।

प्रश्न 8. परासरण क्या है?

उत्तर वर्णात्मक पारगम्य झिल्ली द्वारा विलायक का उच्च सांद्रता से निम्न सांद्रता की ओर जाना परासरण कहलाता है। परासरण की क्रिया के दौरान जल के अणु (विलायक) प्लाज्मा झिल्ली के दोनों ओर आने जाने के लिए मुक्त होते हैं।

प्रश्न 9. निम्नलिखित परासरण प्रयोग करें

छिले हुए आधे-आधे आलू के चार टुकड़े लो, इन चारों को खोखला करो, जिससे कि आलू के कप बन जाएँ। इनमें से एक कप को उबले आलू से बनाना है। आलू के प्रत्येक कप को जल वाले बर्तन में रखो। अब

(a) कप '*A*' को खाली रखो।
(b) कप '*B*' में एक चम्मच चीनी डालो,
(c) कप '*C*' में एक चम्मच नमक डालो तथा
(d) उबले आलू से बनाए गए कप '*D*' में एक चम्मच चीनी डालो।

आलू के इन चारों कपों को दो घंटे तक रखने के पश्चात् उनका अवलोकन करो तथा निम्न प्रश्नों का उत्तर दो

(i) '*B*' तथा '*C*' के खाली भाग में जल क्यों एकत्र हो गया? इसका वर्णन करो।
(ii) '*A*' आलू इस प्रयोग के लिए क्यों महत्त्वपूर्ण है?
(iii) '*A*' तथा '*D*' आलू के खाली भाग में जल एकत्र क्यों नहीं हुआ? इसका वर्णन करो।

उत्तर (i) *B* तथा *C* के खाली भाग में जल परासरण की क्रिया के कारण एकत्र हो जाता है। चूँकि विलेय की सांद्रता (कप *B* में चीनी और कप *C* में नमक) जल की अपेक्षा कप में ज्यादा है। इसलिए पानी अपनी उच्च सांद्रता (कप से बाहर) से निम्न सांद्रता (कप के अन्दर) की ओर जाएगा। परासरण की इस क्रिया को एंडोसमोसिस कहते हैं।

(ii) '*A*' आलू प्रयोग के लिए नियंत्रक की तरह कार्य करता है। यह प्रयोग के परिणामों की तुलना के लिए आवश्यक है।

(iii) '*A*' तथा '*D*' आलू के खाली भाग में जल एकत्र नहीं हुआ, क्योंकि कप '*A*' खाली है, इसलिए सांद्रता में कोई अंतर नहीं आएगा और परासरण की क्रिया नहीं होगी।

कप '*D*' में चीनी है, लेकिन आलू उबला हुआ है, इसलिए परासरण की क्रिया नहीं हो सकेगी, क्योंकि गर्म करने पर पारगम्य झिल्ली नष्ट हो जाती है।

प्रश्न 10. कायिक वृद्धि एवं मरम्मत हेतु किस प्रकार के विभाजन की आवश्यकता होती है तथा इसका औचित्य बताइए?

उत्तर कायिक वृद्धि एवं मरम्मत हेतु समसूत्री विभाजन की आवश्यकता होती है। समसूत्री विभाजन का प्रमुख महत्त्व निम्नवत् है–

(i) समसूत्री विभाजन से वृद्धि व अलैंगिक जनन (युग्मकों के संयोजन के बिना एक नए जीव का बनना) होता है।

(ii) समसूत्री विभाजन द्वारा क्षतिग्रस्त कोशिकाओं का नवीन कोशिकाओं द्वारा विस्थापन होता है।

(iii) निम्न श्रेणी के (एककोशिकीय) जीव तथा कवकों में समसूत्री विभाजन उत्पादन का प्रमुख साधन है।

(iv) समसूत्री विभाजन में एक मातृ (जनक) कोशिका से उत्पन्न सभी कोशिकाएँ आनुवंशिक लक्षणों में समान होती हैं।

प्रश्न 11. युग्मकों के बनाने के लिए किस प्रकार का कोशिका विभाजन होता है? इस विभाजन का महत्त्व बताएँ।

उत्तर युग्मकों के बनाने के लिए अर्द्धसूत्री विभाजन आवश्यक होता है। अर्द्धसूत्री विभाजन का महत्त्व निम्नलिखित हैं–

(i) लैंगिक जनन वाले जीवधारियों के जीवनकाल में अर्धसूत्री विभाजन द्वारा जीवों की दैहिक कोशिकाओं में गुणसूत्रों की संख्या पीढ़ी-दर-पीढ़ी समान बनी रहती है।

(ii) प्रथम अर्धसूत्री विभाजन की डिप्लोटीन अवस्था में विनिमय होता है, जिसके कारण चारों जनन कोशिकाओं में गुणसूत्रों की संख्या तो आधी रहती है, परन्तु इनकी किस्मों में अन्तर आ जाता है। इसके फलस्वरूप नए **जीनी** संयोगों का निर्माण होता है, जिनसे प्रजातियों में विभिन्नताएँ (Variations) आती हैं, इसीलिए इसे **जैव-विकास का आधार** भी कहते हैं।

(iii) अर्धसूत्री विभाजन में असामान्यताएँ (Abnormalities) गुणसूत्रीय उत्परिवर्तन (Chromosomal mutations) उत्पन्न करती हैं, जो जीवधारियों के लिए हानिकारक एवं लाभप्रद दोनों प्रकार के हो सकते हैं।

NCERT Exemplar

पुस्तक के चुने गए प्रश्न

बहुविकल्पीय प्रश्न

प्रश्न 1. गुणसूत्र बने होते हैं

(a) DNA के
(b) प्रोटीन के
(c) 'a' और 'b' दोनों के
(d) RNA के

उत्तर (c)

प्रश्न 2. कोशिका सिद्धांत किसने प्रतिपादित किया था?

(a) श्लाइडेन तथा श्वान ने
(b) विरकोव ने
(c) हुक ने
(d) हेकल ने

उत्तर (a)

प्रश्न 3. 'सभी कोशिकाएँ पूर्ववर्ती कोशिकाओं से बनती हैं'। यह कथन था

(a) हेकल का
(b) रॉबर्ट हुक का
(c) विरकोव का
(d) श्लाइडेन का

उत्तर (c)

प्रश्न 4. कोशिका का रसोईघर है

(a) माइटोकॉण्ड्रिया
(b) अंतःप्रद्रव्यी जालिका
(c) हरितलवक
(d) गॉल्जी उपकरण

उत्तर (c)

प्रश्न 5. स्वंतत्र रुप से जीवित कोशिकाओं का पता लगाया

(a) रॉबर्ट हुक ने
(b) पुरकिन्जे ने
(c) ल्यूवेनहॉक ने
(d) रॉबर्ट ब्राउन ने

उत्तर (c)

प्रश्न 6. 1 μm बराबर है

(a) 10^{-6} मी
(b) 10^{-9} मी
(c) 10^{-10} मी
(d) 10^{-3} मी

उत्तर (a)

प्रश्न 7. सिल्वर नाइट्रेट विलयन का प्रयोग किसके अध्ययन के लिए किया गया?

(a) माइटोकाण्ड्रिया
(b) अंतःप्रद्रव्यी जालिका
(c) गॉल्जी उपकरण
(d) केंद्रक

उत्तर (c)

प्रश्न 8. कोशिका फूल जाएगी, यदि

(a) कोशिका में जल की सांद्रता बाह्य पर्यावरण में उपस्थित जल की सांद्रता से अधिक होती है।

(b) कोशिका में जल की सांद्रता बाह्य पर्यावरण में उपस्थित जल की सांद्रता से कम होती है।

(c) जल की सांद्रता कोशिका में तथा बाह्य पर्यावरण में एक समान होती है।

(d) उपरोक्त में से कोई नहीं।

उत्तर (*b*)

प्रश्न 9. निम्न में से क्या राइबोसोम के कार्य नहीं हैं?

I. प्रोटीन संश्लेषण II. एंजाइम बनाना

III. हॉर्मोंस बनाना IV. अणुओं का बनाना

(a) I और II (b) II और III

(c) III और IV (d) I और IV

उत्तर (*c*)

प्रश्न 10. निम्न में से क्या गॉल्जी उपकरण के लिए सत्य नहीं हैं?

(a) ER में संश्लेषित पदार्थ गॉल्जी उपकरण में पैक किए जाते हैं।

(b) गॉल्जी उपकरण में सामान्य शक्कर से जटिल शक्कर बनती है।

(c) गॉल्जी उपकरण को ऊर्जागृह कहते हैं।

(d) गॉल्जी उपकरण के द्वारा लाइसोसोम को भी बनाया जाता है।

उत्तर (*c*)

प्रश्न 11. निम्नलिखित में से किसमें एक परत होती है?

(a) माइटोकॉण्ड्रिया (b) रसधानी (c) लाइसोसोम (d) प्लास्टिड

उत्तर (*b*)

प्रश्न 12. पादप कोशिकाओं में प्लाज्मोलाइसिस को परिभाषित करते हैं।

(a) अल्पपरासरणीय दाबी विलयन में प्लाज्मा झिल्ली का फटना

(b) अतिपरासरणीय दाबी विलयन में कोशिकाद्रव्य का सिकुड़ना

(c) जीवद्रव्य का सिकुड़ना

(d) उपरोक्त में से कोई नहीं

उत्तर (*b*)

प्रश्न 13. कोशिका झिल्ली को बनाने वाले लिपिड तथा प्रोटीन का संश्लेषण कहाँ होता है?

(a) खुरदरी अंतःप्रद्रव्यी जालिका में (b) गॉल्जी उपकरण में

(c) प्लाज्मा झिल्ली में (d) माइटोकॉण्ड्रिया में

उत्तर (*a*)

प्रश्न 14. प्रोकैरियोटिक कोशिका केंद्रक का जो क्षेत्र स्पष्ट नहीं होता, कहलाता है।

(a) केंद्रक (b) कोशिकाकाय (c) तारककाय (d) तारक केंद्र

उत्तर (*b*)

प्रश्न 15. कौन-सा कोशिकांग विष तथा दवा को निराविषीकरण करने में महत्त्वपूर्ण भूमिका निभाता है?

(a) गॉल्जी उपकरण (b) लाइसोसोम
(c) चिकनी अंतःप्रद्रव्यी जालिका (d) रसधानी

उत्तर (*c*)

प्रश्न 16. निम्नलिखित में से कौन-सा रसधानी का कार्य नहीं है?

(a) संचय
(b) कोशिका को कठोरता और स्फीति प्रदान करना
(c) अपशिष्ट पदार्थों का उत्सर्जन
(d) गति

उत्तर (*d*)

प्रश्न 17. *अमीबा* अपना भोजन किस प्रक्रिया के द्वारा ग्रहण करता है?

(a) एक्सोसाइटोसिस (b) एंडोसाइटोसिस
(c) प्लाज्मोलाइसिस (d) 'a' व 'b' दोनों

उत्तर (*b*)

प्रश्न 18. निम्नलिखित में से किसकी कोशिका भित्ति सेलुलोज की नहीं बनी होती?

(a) बैक्टीरिया की (b) *हाइड्रिला* की (c) आम के पेड़ की (d) *कैक्टस* की

उत्तर (*a*)

प्रश्न 19. निम्नलिखित में से कौन-सा कोशिकांग प्रोकैरियोटिक कोशिका में होता है?

(a) माइटोकॉण्ड्रिया (b) राइबोसोम (c) प्लास्टिड (d) लाइसोसोम

उत्तर (*b*)

प्रश्न 20. कोशिका का ऊर्जा गृह है

(a) माइटोकॉण्ड्रिया (b) अंतःप्रद्रव्यी जालिका
(c) केंद्रक (d) कोशिका भित्ति

उत्तर (*a*)

प्रश्न 21. लाइसोसोम का निर्माण होता है

(a) अंतःप्रद्रव्यी जालिका में (b) गॉल्जी उपकरण में
(c) केंद्रक में (d) माइटोकॉण्ड्रिया में

उत्तर (*b*)

प्रश्न 22. निम्न में से किसमें अपना आनुवंशिक पदार्थ होता है?

(a) माइटोकॉण्ड्रिया में (b) प्लास्टिड में
(c) लाइसोसोम में (d) 'a' और 'b' में

उत्तर (*d*)

प्रश्न 23. निम्नलिखित में से किसको आत्महत्या की थैली भी कहा जाता है?

(a) राइबोसोम को (b) लाइसोसोम को
(c) केंद्रक को (d) प्लास्टिड को

उत्तर (*b*)

प्रश्न 24. निम्न में से किसमें कोशिका भित्ति नहीं होती है?

(a) राइबोसोम में (b) गॉल्जी उपकरण में
(c) क्लोरोप्लास्ट में (d) केंद्रक में

उत्तर (*a*)

लघुउत्तरीय प्रश्न

प्रश्न 25. काफी समय तक कपड़े धोने से हाथों की अँगुलियों की त्वचा क्यों सिकुड़ जाती है?

उत्तर साबुन का घोल अधिक सांद्रता वाला विलयन होता है, जब हम कपड़े धोते हैं, तो परासरण की क्रिया द्वारा पानी अँगुलियों से बाहर की तरफ आता है फलस्वरूप त्वचा सिकुड़ जाती है।

प्रश्न 26. एक आदमी नमक का सांद्रित घोल लेता है और कुछ समय बाद उल्टी करना शुरू कर देता है। इस स्थिति में कौन-सी क्रिया होती है? व्याख्या कीजिए।

उत्तर एक्सोसमोसिस के द्वारा यह क्रिया होती है। नमक का घोल अधिक सांद्रता वाला होता है। जब यह मनुष्य द्वारा लिया जाता है, तो यह कोशिकाओं में उपस्थित जल को एक्सोसमोसिस की क्रिया द्वारा बाहर निकलता है।

प्रश्न 27. सूची A को सूची B से मिलाइए।

सूची A	**सूची** B
1. चिकनी अंतःप्रद्रव्यी जालिका	A. *अमीबा*
2. लाइसोसोम	B. ऊर्जा गृह
3. कोशिकाकाय	C. बैक्टीरिया
4. खाद्यरसधानी	D. निराविषीकरण
5. माइटोकॉण्ड्रिया	E. आत्महत्या की थैली

उत्तर 1—D, 2—E, 3—C, 4—A, 5—B

प्रश्न 28. CO_2 **तथा पानी जैसे पदार्थ कोशिका से कैसे अंदर तथा बाहर जाते हैं? इस पर चर्चा करें।**

उत्तर कुछ पदार्थ जैसे CO_2 (कोशिकीय अपशिष्ट) कोशिका में एकत्र हो जाती है, तो उसकी सांद्रता बढ़ जाती है। कोशिका के बाह्य पर्यावरण में CO_2 की सांद्रता कोशिका में स्थित CO_2 की सांद्रता की अपेक्षा कम होती है। जैसे ही कोशिका के अंदर और बाहर CO_2 की सांद्रता में अंतर आता है उसी समय उच्च सांद्रता से निम्न सांद्रता की ओर विसरण द्वारा कोशिका से CO_2 बाहर निकल जाती है।

जल के अणुओं की गति परासरण की क्रिया द्वारा होती है। परासरण की क्रिया में जल के अणु वर्णात्मक पारगम्य झिल्ली द्वारा उच्च जल की सांद्रता से निम्न जल की सांद्रता की ओर जाते हैं।

प्रश्न 29. माइटोकॉण्ड्रिया और प्लास्टिड में क्या समानता है और क्या विभिन्नता है?

उत्तर **समानता** माइटोकॉण्ड्रिया और प्लास्टिड दोनों में अपने DNA और राइबोसोम होते हैं।

असमानता माइटोकॉण्ड्रिया में भीतरी झिल्ली वलित होती है, जबकि प्लास्टिड में यह वलित नहीं होती।

प्रश्न 30. माइटोकॉण्ड्रिया में उपस्थित क्रिस्टी क्यों महत्त्वपूर्ण है?

उत्तर माइटोकॉण्ड्रिया की भीतरी झिल्ली वलित होती है, जिन्हें क्रिस्टी कहते हैं। ये वलय इसलिए महत्त्वपूर्ण है, क्योंकि ये ATP बनाने वाली रासायनिक क्रियाओं के लिए एक बड़ा क्षेत्र बनाते हैं।

दीर्घ उत्तरीय प्रश्न

प्रश्न 31. खुरदरी अंतःप्रद्रव्यी जालिका और चिकनी अंतःप्रद्रव्यी जालिका में क्या अंतर है? अंतःप्रद्रव्यी जालिका झिल्ली जीवात्जनन के लिए क्यों महत्त्वपूर्ण है?

उत्तर **खुरदरी और चिकनी अंतःप्रद्रव्यी जालिका में अंतर**

	चिकनी अंतःप्रद्रव्यी जालिका (SER)	**खुरदरी अंतःप्रद्रव्यी जालिका** (RER)
(i)	राइबोसोम नहीं होते।	राइबोसोम लगे होते हैं।
(ii)	चिकनी अंतःप्रद्रव्यी जालिका वसा अथवा लिपिड अणुओं के बनाने में सहायता करती है।	राइबोसोम पर प्रोटीन संश्लेषित होती है। RER तैयार प्रोटीन को आवश्यकतानुसार ER के द्वारा कोशिका के अन्य भागों में भेज देता है।

चिकनी अंतःप्रद्रव्यी जालिका वसा अथवा लिपिड अणुओं के बनाने में सहायता करती है। यह कोशिकीय क्रिया के लिए बहुत महत्त्वपूर्ण है। कुछ प्रोटीन तथा वसा कोशिका झिल्ली को बनाने में सहायता करते हैं, इस प्रक्रिया को झिल्ली जीवात्जनन कहते हैं।

प्रश्न 32. किसी प्रौकैरियोटिक कोशिका का चित्र बनाइए।

उत्तर **प्रौकेरियोटिक कोशिका**

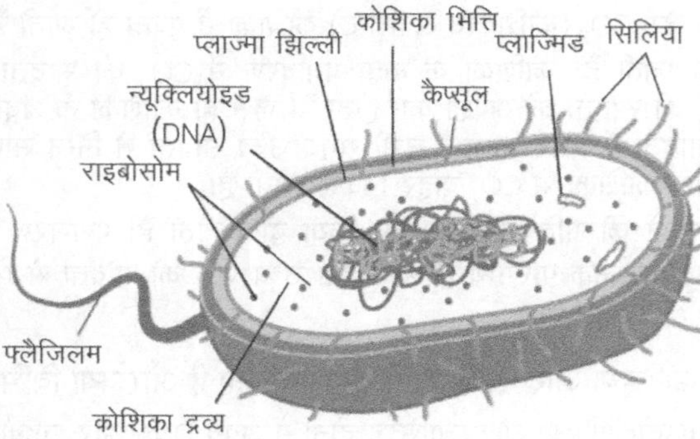

प्रश्न 33. पादप कोशिका का चित्र बनाइए और ऐसे तीन अंगक अंकित कीजिए, जो जंतु कोशिका में नहीं होते।

उत्तर हरितलवक, बड़ी रसधानी और कोशिका भित्ति जंतु कोशिका में नहीं पाई जाती हैं।

6

ऊतक

कुछ जीवों जैसे अमीबा में एक ही कोशिका द्वारा गति, भोजन, उत्सर्जन, श्वसन, आदि की क्रिया संपन्न की जाती है, परन्तु बहुकोशिकीय जीवों में शरीर के अंदर एक निश्चित् कार्य, एक निश्चित् स्थान पर कोशिकाओं के एक विशिष्ट समूह द्वारा संपन्न किया जाता है। कोशिकाओं का यह समूह, ***ऊतक*** *कहलाता है। ये ऊतक अधिकतम दक्षता के साथ कार्य कर सकने के लिए एक विशिष्ट क्रम में व्यवस्थित होते हैं।*

उदाहरण *रुधिर, पेशी, जाइलम, फ्लोएम, आदि पौधों एवं जंतुओं के ऊतकों में पर्याप्त अंतर पाया जाता है। अधिकांश जंतु ऊतक जीवित, जबकि पादप ऊतक मृत होते हैं।*

पादप ऊतक (Plant Tissues)

पौधों में अंग; ***जैसे***—जड़, तना, पत्ती, फूल और फल विभिन्न प्रकार के ऊतकों से बने होते हैं और एक विशिष्ट कार्य ही करते हैं।

पादप ऊतक
- **विभज्योतक**
  - **शीर्षस्थ** (जड़ों एवं तनों के शीर्ष पर उपस्थित होते हैं)
  - **पार्श्व** (तने की परिधि या मूल में उपस्थित होते हैं)
  - **अंतर्विष्ट** पत्तियों के आधार या टहनी के पर्व में उपस्थित होते हैं)
- **स्थाई ऊतक**

1. विभज्योतक (Meristematic Tissue)

पौधों में वृद्धि कुछ निश्चित क्षेत्रों में ही होती है, ऐसा विभाजन योग्य ऊतकों के उन भागों में पाए जाने के कारण होता है, ऐसे ऊतकों को **विभज्योतक** कहते हैं।

पौधों में स्थिति वाले क्षेत्रों के आधार पर इन्हें तीन भागों में वर्गीकृत करते हैं

(i) **शीर्षस्थ विभज्योतक** प्ररोह का शीर्षस्थ विभज्योतक जड़ों एवं तनों की वृद्धि वाले भाग में विद्यमान रहता है तथा वह इनकी लम्बाई में वृद्धि करता है।

(ii) **पार्श्व विभज्योतक** तने की परिधि या मूल में वृद्धि पार्श्व विभज्योतक (कैम्बियम) के कारण होती है।

(iii) **अंतर्विष्ट विभज्योतक** अंतर्विष्ट विभज्योतक पत्तियों के आधार में या टहनी के पर्व के दोनों ओर उपस्थित होते हैं।

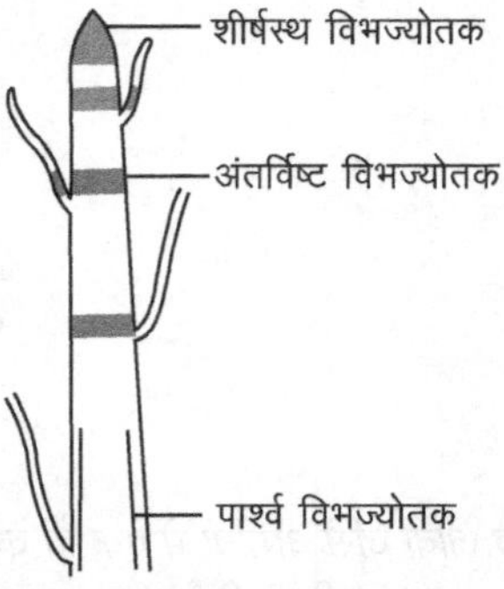

पौधे में विभज्योतक की स्थिति

इस ऊतक की कोशिकाएँ अत्यधिक क्रियाशील होती हैं, उनके पास बहुत अधिक कोशिकाद्रव्य, पतली कोशिका भित्ति और स्पष्ट केंद्रक होते हैं। इनके पास रसधानी नहीं होती है।

2. स्थाई ऊतक (Permanent Tissue)

विभज्योतक द्वारा बनी कोशिकाएँ एक विशिष्ट कार्य के लिए विशेषीकृत हो जाती हैं और विभाजित होने की शक्ति खो देती हैं, जिसके फलस्वरूप वे स्थाई ऊतक का निर्माण करती हैं। इस प्रकार एक विशिष्ट कार्य करने के लिए स्थाई रूप और आकार लेने की क्रिया को विभेदीकरण कहते हैं।

स्थाई ऊतक

- **सरल** (एक ही प्रकार की कोशिकाओं के बने होते हैं)
  - पैरेन्काइमा (मृदूत्तक)
  - कोलैन्काइमा (स्थूलकोण ऊतक)
  - स्क्लेरेन्काइमा (दृढोत्तक)
- **जटिल** (विभिन्न प्रकार की कोशिकाओं के बने होते हैं)
  - जाइलम
    - जाइलम ट्रैकीड
    - वाहिका
    - जाइलम पैरेन्काइमा
    - जाइलम रेशे
  - फ्लोएम
    - चालनी नलिकाएँ
    - सह कोशिकाएँ
    - पैरेन्काइमा
    - रेशे

स्थाई ऊतक दो प्रकार का होता है

(i) **सरल स्थाई ऊतक** (Simple Permanent Tissue)

यह ऊतक पौधे को सहायता प्रदान करता है और भोजन का भंडारण करता है। *कोशिकाओं की प्रकृति के आधार पर सरल स्थाई ऊतक तीन प्रकार के होते हैं*

(a) **पैरेन्काइमा** यह जड़, तना, पत्ती, फूल और फल आदि में स्थित होता है। कोशिकाओं की कुछ परतें ऊतक के आधारीय पैकिंग का निर्माण करती हैं। यह पतली कोशिका भित्ति वाली सरल कोशिकाओं का बना होता है। ये कोशिकाएँ जीवित होती हैं और प्राय: बंधन मुक्त होती हैं तथा इस प्रकार के ऊतक की कोशिकाओं के मध्य काफी रिक्त स्थान पाया जाता है।

कार्य कुछ पैरेन्काइमा ऊतकों में क्लोरोफिल पाया जाता है, जिसके कारण प्रकाश-संश्लेषण की क्रिया होती है। इस स्थिति में पैरेन्काइमा को क्लोरेन्काइमा (हरित ऊतक) कहा जाता है।

जलीय पौधों में पैरेन्काइमा की कोशिकाओं के मध्य हवा की बड़ी गुहिकाएँ होती हैं, जो पौधों को तैरने के लिए उत्प्लावन बल प्रदान करती है, इस प्रकार के पैरेन्काइमा को एरेन्काइमा कहते हैं।

तने और जड़ों के पैरेन्काइमा पोषण करने वाले पदार्थ और जल का भी संग्रह करते हैं।

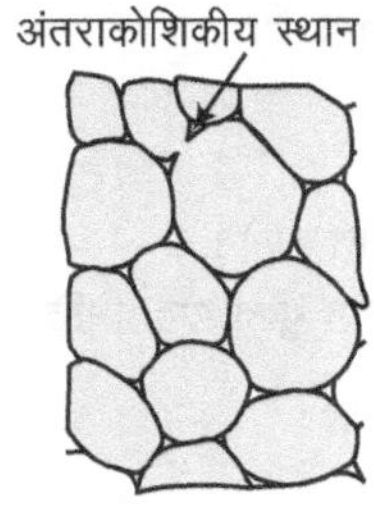

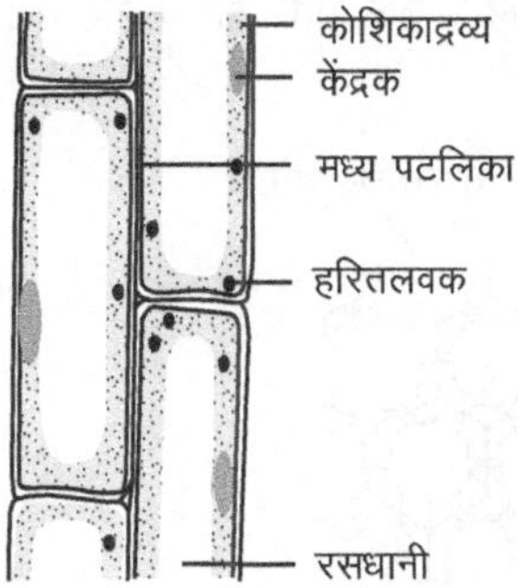

पैरेन्काइमा : (a) अनुप्रस्थ काट (b) अनुदैर्ध्य काट

(b) **कॉलेन्काइमा** यह ऊतक एपिडर्मिस के नीचे पर्णवृंत में पाया जाता है। इस ऊतक की कोशिकाएँ जीवित, लंबी और अनियमित ढ़ंग से कोनों पर मोटी होती हैं तथा कोशिकाओं के बीच बहुत कम स्थान होता है।

कार्य यह पौधों के विभिन्न भागों (पत्ती तथा तना) में बिना टूटे हुए लचीलापन लाता है यह पौधों को यांत्रिक सहायता भी प्रदान करता है।

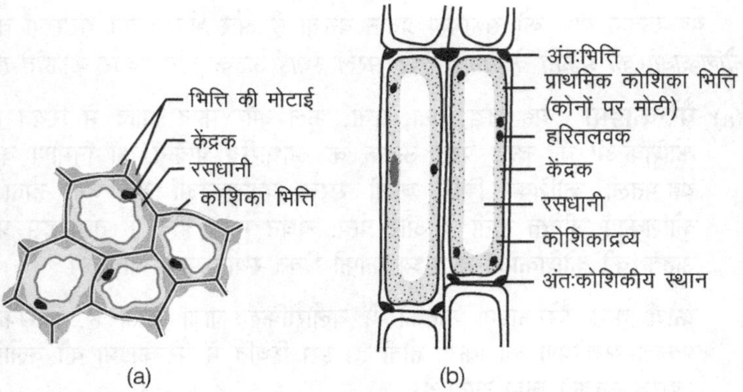

कोलैन्काइमा : (a) अनुप्रस्थ काट (b) अनुदैर्ध्य काट

(c) **स्क्लेरेन्काइमा** यह ऊतक तने में, संवहन बंडल के समीप, पत्तों की शिराओं में तथा बीजों और फलों के कठोर छिलके में उपस्थित होता है। इस ऊतक की कोशिकाएँ मृत, लंबी तथा पतली होती हैं। इस ऊतक की भित्ति लिग्निन के कारण मोटी होती हैं। ये भित्तियाँ प्राय: इतनी मोटी होती है कि कोशिका के भीतर कोई आंतरिक स्थान नहीं होता है।

कार्य यह ऊतक पौधे को कठोर एवं मजबूत बनाता है।

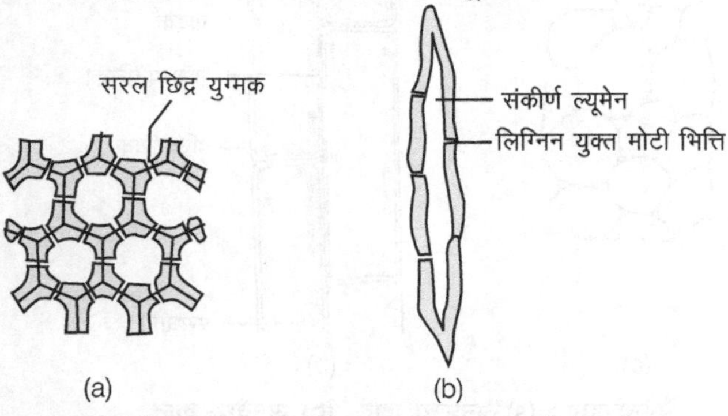

स्क्लेरेन्काइमा : (a) अनुप्रस्थ काट (b) अनुदैर्ध्य काट

(ii) **जटिल स्थाई ऊतक** (Complex Permanent Tissue)

जटिल ऊतक एक से अधिक प्रकार की कोशिकाओं से मिलकर बने होते हैं और ये सभी एक साथ मिलकर एक इकाई की तरह कार्य करते हैं।

उदाहरण जाइलम और फ्लोएम।

इन दोनों को **संवहन ऊतक** भी कहते हैं और ये मिलकर संवहन बंडल का निर्माण करते हैं। यह ऊतक बड़े पौधों की एक विशेषता है, जो उनको स्थलीय वातावरण में रहने के अनुकूल बनाती है।

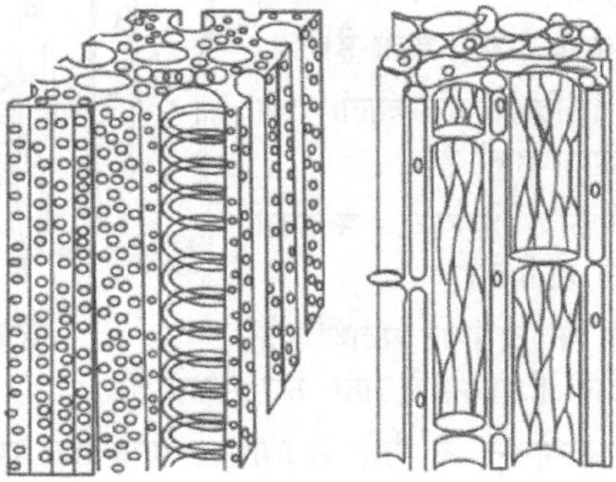

जाइलम **फ्लोएम**

जाइलम (Xylem)

जाइलम ट्रैकीड (वाहिनिका), वाहिका, जाइलम पैरेन्काइमा तथा जाइलम फाइबर (रेशे) से मिलकर बना होता है। इन कोशिकाओं की कोशिका भित्ति मोटी होती है और इनमें से अधिकतर कोशिकाएँ मृत होती हैं।

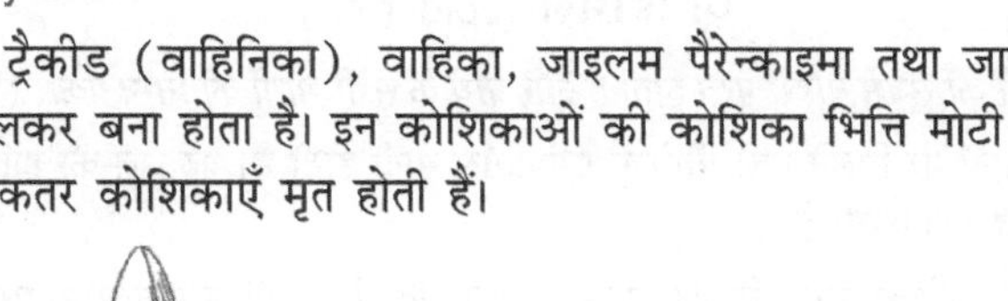

(a) **ट्रैकीड** (b) **वाहिका** (c) **जाइलम पैरेन्काइमा**

(i) ट्रैकीड और वाहिकाओं की संरचना नलिकाकार होती है। इनके द्वारा पानी और खनिज लवणों का ऊर्ध्वाधर संवहन होता है।

(ii) पैरेन्काइमा भोजन का संग्रह करता है और यह किनारे की ओर पानी के पार्श्वीय संवहन में मदद करता है।

(iii) फाइबर (रेशे) मुख्यत: सहारा देने का कार्य करते हैं।

फ्लोएम (Phloem)

यह चार प्रकार के अवयवों; ***जैसे-***चालनी नलिका, सहायक कोशिकाएँ, फ्लोएम पैरेन्काइमा तथा फ्लोएम रेशों से मिलकर बना होता है।

(i) चालनी नलिका छिद्रित भित्ति वाली तथा नलिकाकार कोशिका होती है।

(ii) फ्लोएम रेशों को छोड़कर, फ्लोएम कोशिकाएँ जीवित होती हैं।

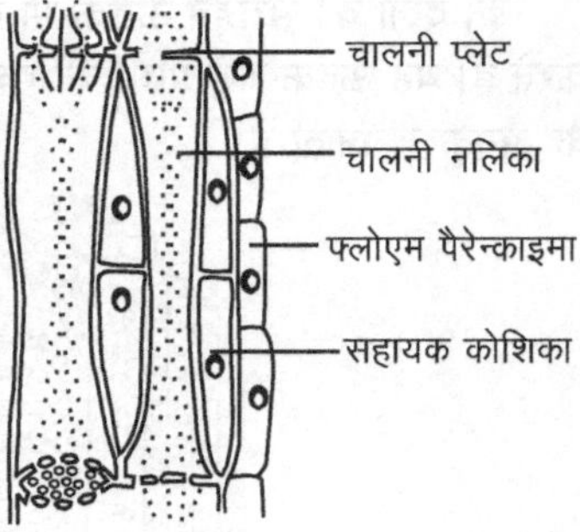

फ्लोएम काट

(iii) फ्लोएम, जाइलम के असमान पदार्थों को कोशिकाओं में दोनों दिशाओं में गति करा सकते हैं।

(iv) फ्लोएम पत्तियों से भोजन को पौधे के विभिन्न भागों तक पहुँचाता है।

एपिडर्मिस (Epidermis)

यह कोशिकाओं की सबसे बाहरी परत होती है और पौधे के सभी भागों की निम्न प्रकार से रक्षा करती है

(i) शुष्क स्थानों पर मिलने वाले पौधों में एपिडर्मिस मोटी होती है। यह जल की हानि कम करके पादपों की रक्षा करती है।

(ii) एपिडर्मल कोशिका पौधों की बाह्य सतह पर प्रायः एक मोम जैसी जल प्रतिरोधी परत बनाती है। यह जल हानि के विरूद्ध यांत्रिक आघात तथा परजीवी कवक के प्रवेश से पौधों की रक्षा करती है।

(iii) अधिकांश एपिडर्मल कोशिकाएँ अपेक्षाकृत चपटी होती हैं। सामान्यतः उनकी बाह्य तथा पार्श्व भित्तियाँ उनकी आंतरिक भित्तियों से मोटी होती है।

(iv) पत्ती की एपिडर्मिस में छोटे-छोटे छिद्र होते हैं, जिन्हें स्टोमेटा कहते हैं। स्टोमेटा को दो वृक्क के आकार की कोशिकाएँ घेरे रहती हैं, जिन्हें रक्षी या द्वार कोशिकाएँ कहते हैं। ये कोशिकाएँ वायुमंडल से गैसों का आदान-प्रदान करने के लिए आवश्यक हैं। वाष्पोत्सर्जन की क्रिया भी स्टोमेटा के द्वारा होती है।

(v) जड़ों की एपिडर्मल कोशिकाएँ पानी को सोखने का कार्य करती हैं। साधारणतः उनमें बाल जैसे प्रवर्ध होते हैं, जिससे जड़ों की कुल अवशोषक सतह बढ़ जाती है तथा उनकी पानी सोखने की क्षमता में वृद्धि होती है।

(vi) मरूस्थलीय पौधों की बाहरी सतह वाले एपिडर्मिस में क्यूटिन (एक जल अवरोधक रासायनिक पदार्थ) का लेप होता है।

(vii) जैसे-जैसे वृक्ष की आयु बढ़ती है, उसके बाह्य सुरक्षात्मक ऊतकों में कुछ परिवर्तन होते हैं। एक दूसरे विभज्योतक की पट्टी तने के एपीडर्मिस का स्थान ले लेती है।

बाहरी सतह की कोशिकाएँ इस सतह से अलग हो जाती हैं। यह पौधों पर बहुत परतों वाली मोटी छाल का निर्माण करती है, इन छालों की कोशिकाएँ मृत होती हैं। ये बिना अंतःकोशिकीय स्थानों के व्यवस्थित होती हैं। इनकी भित्ति पर सुबेरिन नामक रसायन होता है, जो इन छालों को हवा एवं पानी के लिए अभेद्य बनाता है।

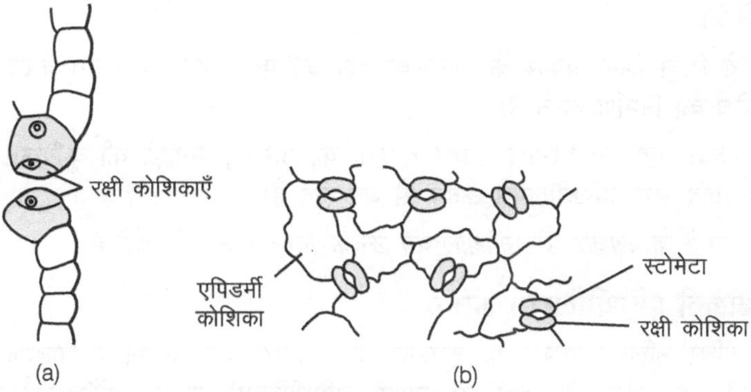

द्वार कोशिकाएँ तथा एपिडर्मिस कोशिकाएँ
(a) पार्श्व दृश्य (b) पृष्ठ दृश्य

जंतु ऊतक (Animal Tissues)

कार्य के आधार पर हम जंतु ऊतकों को निम्न प्रकार से वर्गीकृत कर सकते हैं

जंतु ऊतक

- **एपिथीलियमी ऊतक**
  - शल्की
  - घनाकार
  - स्तंभाकार
  - स्तरित शल्की
  - ग्रंथिल
- **संयोजी ऊतक**
  - **विशिष्ट संयोजी ऊतक**
    - एरिओलर
    - वसामय
    - कंडरा
    - स्नायु
  - **पंजर संयोजी ऊतक**
    - उपास्थि
    - अस्थि
  - **द्रव संयोजी ऊतक**
    - रुधिर
    - लिम्फ
- **पेशीय ऊतक**
  - रेखित
  - अरेखित
  - कार्डियक
- **तंत्रिका ऊतक**

1. एपिथीलियमी ऊतक (Epithelial Tissue)

जंतुओं के शरीर को ढकने या बाह्य रक्षा प्रदान करने वाले ऊतक एपिथीलियमी ऊतक हैं। एपिथीलियम शरीर के अंदर स्थिर बहुत से अंगों और गुहिकाओं को भी ढकते हैं।

ये भिन्न-भिन्न प्रकार के शारीरिक तंत्रों को एक-दूसरे से अलग करने के लिए अवरोध का निर्माण करते हैं।

त्वचा, मुँह, आहारनाल, रुधिर वाहिनी का अस्तर, फेफड़ों की कूपिका, वृक्कीय नली आदि सभी एपिथीलियम ऊतक से बने होते हैं।

कार्यों के आधार पर एपिथीलियम ऊतक निम्न प्रकार के होते हैं

(i) शल्की एपिथीलियम ऊतक

रुधिर नलिका अस्तर या कूपिका, जहाँ पदार्थों का संवहन वरणात्मक पारगम्य झिल्ली द्वारा होता है, वहाँ पर चपटी एपिथीलियमी ऊतक कोशिकाएँ होती हैं। इनको सरल शल्की एपिथीलियम कहते हैं।

ये अत्यधिक पतली और चपटी होती हैं तथा कोमल अस्तर का निर्माण करती है। आहारनाल तथा मुँह का अस्तर शल्की एपिथीलियम से ढका होता है।

घनाकार शल्की एपिथीलियम वृक्कीय नली तथा लार ग्रंथि की नली के अस्तर का निर्माण करता है, जहाँ उसे यह यांत्रिक सहारा प्रदान करता है।

(ii) स्तंभाकार एपिथीलियम ऊतक

जहाँ अवशोषण और स्राव होता है; **जैसे**—आँत के भीतरी अस्तर में वहाँ पर लंबी एपिथीलियम कोशिकाएँ उपस्थित होती हैं। यह स्तंभाकार एपिथीलियम, एपिथीलियमी अवरोध को पार करने में सहायता प्रदान करता है।

श्वासनली में, स्तंभाकार एपिथीलियम ऊतक की कोशिकाओं की सतह पर बाल जैसी रचनाएँ, अर्थात् पक्ष्माभ होती हैं।

ये पक्ष्माभ गति कर सकते हैं और इनकी गति श्लेष्मा को आगे स्थानांतरित करके साफ करने में सहायता करती है। इस प्रकार के एपिथीलियम को पक्ष्माभी स्तंभाकार एपिथीलियम ऊतक कहते हैं।

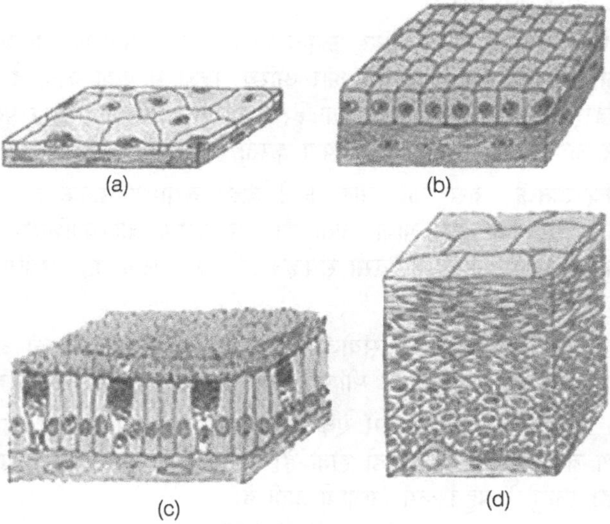

विभिन्न प्रकार के एपिथीलियम ऊतक

(a) **शल्की** (b) **घनाकार** (c) **स्तंभाकार** (d) **स्तरित शल्की**

(iii) स्तरित शल्की एपिथीलियम ऊतक

शरीर का रक्षात्मक कवच अर्थात् त्वचा शल्की एपिथीलियम से बनी होती है। त्वचा की एपिथीलियम कोशिकाएँ इनको कटने तथा फटने से बचाने के लिए कई परतों में व्यवस्थित होती हैं। इसलिए इन एपिथीलियम को स्तरित शल्की एपिथीलियम ऊतक कहते हैं।

(iv) ग्रंथिल एपिथीलियम ऊतक

एपिथीलियम कोशिकाएँ प्राय: ग्रंथि कोशिका के रूप में अतिरिक्त विशेषता अर्जित करती हैं, जो एपिथीलियमी ऊतक की सतह पर पदार्थों का स्राव कर सकती है। कभी-कभी एपिथीलियमी ऊतक का कुछ भाग अंदर की ओर मुड़ा होता है तथा एक बहुकोशिकीय ग्रंथि का निर्माण करता है। यह ग्रंथिल एपिथीलियम ऊतक कहलाता है।

2. संयोजी ऊतक (Connective Tissue)

संयोजी ऊतक की कोशिकाएँ आपस में कम जुड़ी होती हैं और अंतर कोशिकीय आधात्री में धँसी होती हैं। यह आधात्री जैली की तरह तरल, सघन या कठोर हो सकती हैं। आधात्री की प्रकृति, विशिष्ट **संयोजी ऊतक** के कार्य के अनुसार बदलती रहती है।

(i) विशिष्ट संयोजी ऊतक

(a) **एरिओलर संयोजी ऊतक** यह ऊतक त्वचा और माँसपेशियों के बीच, रुधिर नलिका के चारों ओर तथा नसों और अस्थि मज्जा में पाया जाता है। यह अंगों के भीतर की खाली जगह को भरता है, आंतरिक अंगों को सहारा प्रदान करता है और ऊतकों की मरम्मत में सहायता करता है।

(b) **वसामय ऊतक** वसा का संग्रह करने वाला वसामय ऊतक त्वचा के नीचे आंतरिक अंगों के बीच पाया जाता है। इस ऊतक की कोशिकाएँ वसा की गोलिकाओं से भरी होती हैं। वसा संग्रहित होने के कारण यह ऊष्मीय कुचालक का कार्य भी करता है।

(c) **कंडरा** यह एक प्रकार का संयोजी ऊतक है, जो माँसपेशियों को अस्थियों से जोड़ता है। कंडरा मजबूत तथा सीमित लचीलेपन वाले रेशेदार ऊतक होते हैं।

(d) **स्नायु** दो अस्थियाँ आपस में एक-दूसरे से एक अन्य संयोजी ऊतक स्नायु (अस्थि बंधान तंतु) द्वारा जुड़ी होती हैं। यह ऊतक बहुत लचीला एवं मजबूत होता है। स्नायु में बहुत कम आधात्री होती है।

(ii) कंकाल या पंजर संयोजी ऊतक

(a) **उपास्थि** इस ऊतक की कोशिकाओं के बीच पर्याप्त स्थान होता है। इसकी ठोस आधात्री प्रोटीन और शर्करा की बनी होती है। यह अस्थियों के जोड़ों को चिकना बनाती है। उपास्थि नाक, कान, कंठ और श्वासनली में उपस्थित होती है।

(b) **अस्थि** यह ऊतक मजबूत और कठोर होता है। अस्थि कोशिकाएँ कठोर आधात्री में धँसी होती हैं, जो कैल्शियम तथा फॉस्फोरस से बनी होती है। यह पंजर का निर्माण कर शरीर को आकार प्रदान करती है। यह माँसपेशियों और शरीर के मुख्य अंगों को सहारा देती है।

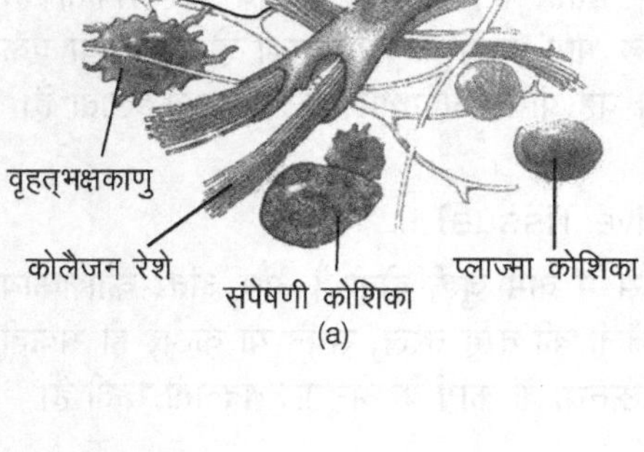

(a)

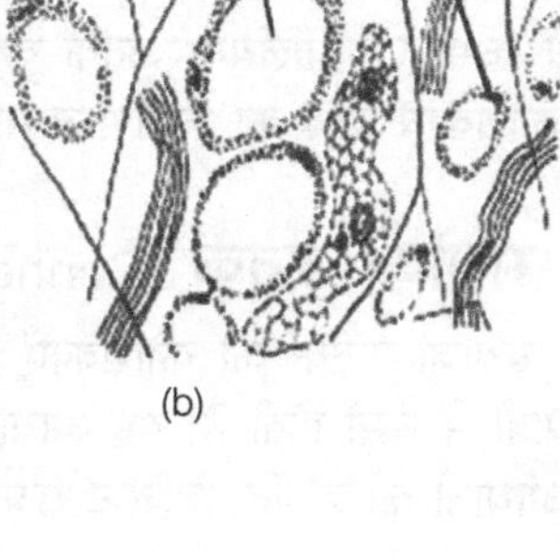

(b)

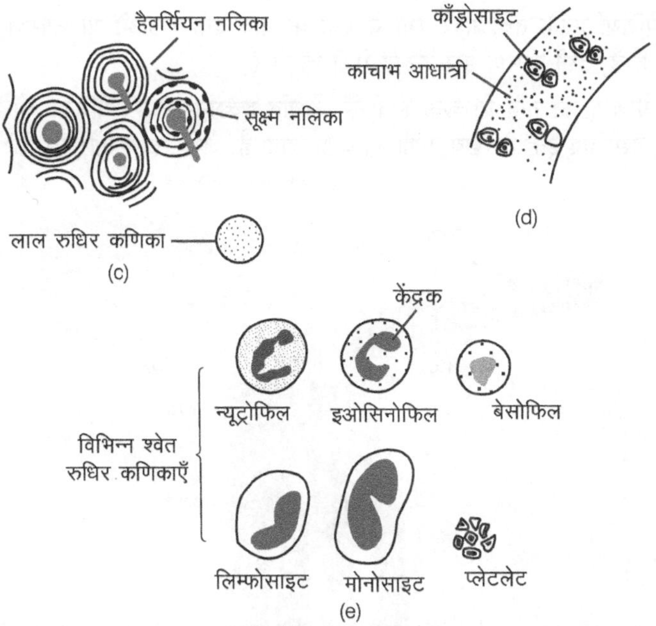

संयोजी ऊतकों के प्रकार : (a) एरिओलर ऊतक (b) वसामय (एडिपोज) ऊतक (c) संहत अस्थि ऊतक (d) काचाभ स्नायु ऊतक (e) विभिन्न रुधिर कोशिकाएँ

(iii) द्रव संयोजी ऊतक

रुधिर यह एक प्रकार का संयोजी ऊतक है। रुधिर के तरल आधात्री भाग को प्लाज्मा कहते हैं। प्लाज्मा में लाल रुधिर कोशिकाएँ (RBCs), श्वेत रुधिर कोशिकाएँ (WBCs) तथा प्लेटलेट्स निलंबित होते हैं।

प्लाज्मा में प्रोटीन, लवण तथा हॉर्मोन होते हैं। रुधिर गैसों, शरीर के पचे हुए भोजन, हॉर्मोन और उत्सर्जी पदार्थों को शरीर के एक भाग से दूसरे भाग में संवहन करता है।

3. पेशीय ऊतक (Muscular Tissue)

पेशीय ऊतक लंबी कोशिकाओं का बना होता है, जिसे पेशीय रेशा कहते हैं। यह शरीर की गति के लिए उत्तरदायी है। पेशियों में एक विशेष प्रकार की प्रोटीन होती है, जिसे सिकुड़ने वाला प्रोटीन कहते हैं, जिसके संकुचन एवं प्रसार के कारण गति होती है।

पेशियाँ सामान्यत: तीन प्रकार की होती हैं

(i) रेखित पेशी या कंकाल पेशी

इस ऊतक की कोशिकाएँ लंबी, बेलनाकार, शाखारहित और बहुनाभीय होती हैं।

ये पेशियाँ हल्के तथा गहरे रंगों में एक के बाद एक रेखाओं या धारियों की तरह प्रतीत होती हैं, इसी कारण इसे रेखित पेशी कहते हैं।

इन पेशियों की गति ऐच्छिक होती हैं, अर्थात् इच्छानुसार इन पेशियों को गति करा सकते हैं, इसीलिए इन्हें ऐच्छिक पेशी भी कहा जाता है; जैसे—हाथ और पैर की पेशियाँ।

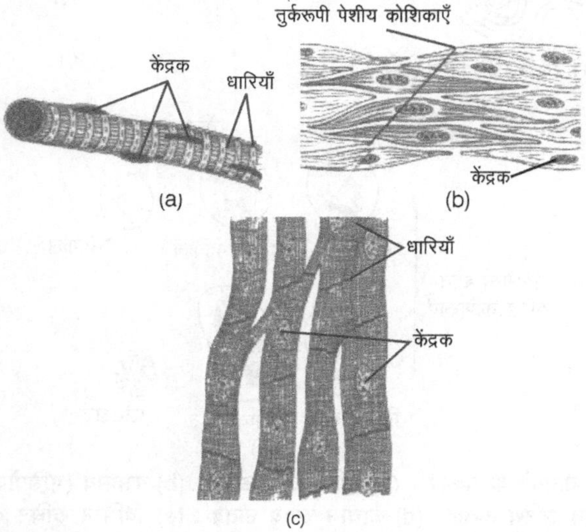

पेशीय ऊतक : (a) **रेखित पेशी** (b) **अरेखित पेशी** (c) **कार्डियक** (हृद) **पेशी**

इन पेशियों को कंकाल पेशी भी कहा जाता है, क्योंकि ये अधिकतर अस्थि से जुड़ी होती हैं और शारीरिक गति में सहायक होती हैं।

(ii) अरेखित अथवा चिकनी पेशियाँ (Non linear or Smooth Muscles)

आहारनाल में भोजन का प्रवाह या रुधिर नलिका का प्रसार एवं संकुचन जैसी गतियाँ ऐच्छिक नहीं है, इन्हें हम स्वयं संचालित नहीं कर सकते। चिकनी पेशियाँ या अरेखित पेशियाँ इनकी गति को नियंत्रित करती हैं। ये कोशिकाएँ लंबी और इनका आखिरी सिरा नुकीला होता है। ये एक केंद्रकीय होती हैं।

आँख की पलक, मूत्रवाहिनी और फेफड़ों की श्वसनी में भी अरेखित पेशियाँ होती हैं।

(iii) कार्डियक पेशी (Cardiac Muscles)

हृदय की पेशियाँ जीवनभर लयबद्ध होकर प्रसार एवं संकुचन करती रहती हैं। इन अनैच्छिक पेशियों को कार्डियक (हृद) पेशी कहा जाता है। हृदय की पेशी कोशिकाएँ बेलनाकार, शाखाओं वाली और एक केंद्रकीय होती हैं।

4. तंत्रिका ऊतक (Nervous Tissue)

तंत्रिका ऊतक की कोशिकाओं को तंत्रिका कोशिका या न्यूरॉन कहा जाता है। न्यूरॉन में केंद्रक तथा कोशिकाद्रव्य होते हैं। इससे लंबे, पतले बालों जैसी शाखाएँ निकली होती हैं। प्रत्येक न्यूरॉन में एक लंबा प्रवर्ध होता है, जिसको एक्सॉन कहते हैं तथा बहुत सारे छोटी शाखाओं वाले प्रवर्ध (डेंड्राइट्स) होते हैं। तंत्रिका ऊतक की कोशिकाएँ बहुत शीघ्र उत्तेजित होती हैं और इस उत्तेजना को बहुत ही शीघ्र पूरे शरीर में एक स्थान से दूसरे स्थान तक पहुँचाती हैं।

मस्तिष्क, मेरुरज्जु तथा तंत्रिकाएँ सभी तंत्रिका ऊतकों की बनी होती हैं।

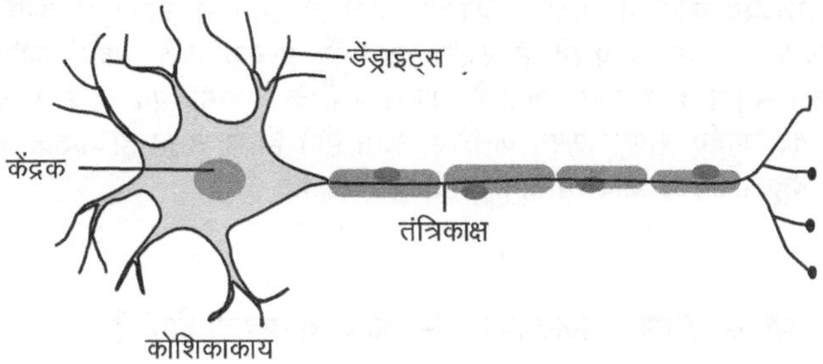

न्यूरॉन

तंत्रिका तथा पेशीय ऊतकों का कार्यात्मक संयोजन प्राय: सभी जीवों में मौलिक है। साथ ही, यह संयोजन उत्तेजना के अनुसार जंतुओं को तेज गति प्रदान करता है।

पादप एवं जंतु ऊतक में अंतर

क्र.सं.	पादप ऊतक	जंतु ऊतक
1.	पौधे स्थिर होते हैं, वे गति नहीं करते हैं। उनके अधिकांश ऊतक सहायता देने वाले होते हैं। ऐसे अधिकांश ऊतक मृत होते हैं।	भोजन, आश्रय की खोज में इधर-उधर गति करते हैं। जंतुओं के अधिकांश ऊतक जीवित होते हैं।
2.	पौधों के कुछ ऊतक जीवनभर विभाजित होते रहते हैं। ऐसे ऊतक कुछ क्षेत्रों में ही सीमित रहते हैं।	जंतुओं में वृद्धि की कोई सीमा निश्चित् नहीं होती।
3.	पौधों में ऊतकों का वर्गीकरण किया जाता है; ***जैसे***—वृद्धि अथवा विभज्योतक तथा स्थाई ऊतक।	इनमें विभाज्य तथा अविभाज्य क्षेत्रों की कोई निश्चित् सीमा नहीं होती।
4.	अंगों और अंग तंत्रों का संरचनात्मक संगठन अधिक विशिष्ट और सीमित नहीं होता।	संरचनात्मक संगठन अतिविशिष्ट और सीमित होता है।
5.	पौधों को कम ऊर्जा और कम अनुरक्षण की आवश्यकता होती है।	जंतुओं को अधिक ऊर्जा और अधिक अनुरक्षण की आवश्यकता होती है।

प्रश्नावली 6.1

पृष्ठ 77

प्रश्न 1. ऊतक क्या है?

उत्तर शरीर के अंदर एक निश्चित् कार्य, एक निश्चित् स्थान पर कोशिकाओं के एक विशिष्ट समूह द्वारा संपन्न किया जाता है। कोशिकाओं का यह समूह ऊतक कहलाता है।

प्रश्न 2. बहुकोशिकीय जीवों में ऊतकों का क्या उपयोग है?

उत्तर बहुकोशिकीय जीवों में लाखों कोशिकाएँ होती हैं। इनमें से अधिकतर कोशिकाएँ कुछ ही कार्यों को संपन्न करने में सक्षम होती हैं। प्रत्येक विशेष कार्य कोशिकाओं के विभिन्न समूहों द्वारा किया जाता है। कोशिकाओं के ये समूह एक विशिष्ट कार्य को ही अति दक्षतापूर्वक संपन्न करने के लिए सक्षम होते हैं। ये समूह ही ऊतक कहलाते हैं। अतः बहुकोशिकीय जीवों में श्रम विभाजन होता है।

पृष्ठ 81

प्रश्न 1. प्रकाश-संश्लेषण के लिए किस गैस की आवश्यकता होती है?

उत्तर प्रकाश-संश्लेषण के लिए कार्बन डाइऑक्साइड गैस की आवश्यकता होती है।

प्रश्न 2. पौधों में वाष्पोत्सर्जन के कार्यों का उल्लेख करें।

उत्तर पौधों से वाष्प के रूप में पानी का निकलना वाष्पोत्सर्जन कहलाता है। वाष्पोत्सर्जन की क्रिया स्टोमेटा के द्वारा होती है। स्टोमेटा पत्ती की एपिडर्मिस में पाए जाने वाले छोटे-छोटे छिद्र होते हैं। स्टोमेटा को दो वृक्क के आकार की कोशिकाएँ घेरे रहती हैं, जिन्हें रक्षी कोशिकाएँ कहते हैं।

पृष्ठ 83

प्रश्न 1. सरल ऊतकों के कितने प्रकार होते हैं?

उत्तर *सरल ऊतक मुख्यतः तीन प्रकार के होते हैं*

(a) पैरेन्काइमा (b) कोलैन्काइमा

(c) स्क्लेरेन्काइमा

प्रश्न 2. प्ररोह का शीर्षस्थ विभज्योतक कहाँ पाया जाता है?

उत्तर प्ररोह का शीर्षस्थ विभज्योतक जड़ों एवं तनों की वृद्धि वाले भाग में विद्यमान रहता है तथा वह इनकी लंबाई में वृद्धि करता है।

प्रश्न 3. नारियल का रेशा किस ऊतक का बना होता है?

उत्तर नारियल का रेशा स्क्लेरेन्काइमा ऊतक का बना होता है।

प्रश्न 4. फ्लोएम के संघटक कौन-कौन से हैं?

उत्तर *फ्लोएम के संघटक निम्न हैं*

(a) चालनी नलिका (छिद्रित भित्ति वाली तथा नलिकाकार कोशिका)
(b) सहायक कोशिकाएँ (जीवित कोशिकाएँ)
(c) फ्लोएम पैरेन्काइमा (जीवित कोशिकाएँ)
(d) फ्लोएम रेशे (मृत कोशिकाएँ)

पृष्ठ 87

प्रश्न 1. उस ऊतक का नाम बताएँ, जो हमारे शरीर में गति के लिए उत्तरदायी है।

उत्तर हमारे शरीर में गति पेशीय ऊतक के कारण होती है। पेशीय ऊतक लंबी कोशिकाओं का बना होता है, जिसे पेशीय रेशा भी कहा जाता है।

प्रश्न 2. न्यूरॉन देखने में कैसा लगता है?

उत्तर न्यूरॉन कोशिकाएँ में केंद्रक तथा कोशिकाद्रव्य (साइटोप्लाज्म) होते हैं। इससे लंबे, पतले बालों जैसी शाखाएँ निकली होती हैं। प्रायः प्रत्येक न्यूरॉन में इस तरह का लंबा प्रवर्ध होता है, जिसको एक्सॉन कहते हैं तथा बहुत सारे छोटी शाखा वाले प्रवर्ध (डेंड्राइट्स) होते हैं। बहुत सारे तंत्रिका रेशे संयोजी ऊतक के द्वारा एक साथ मिलकर एक तंत्रिका का निर्माण करते हैं।

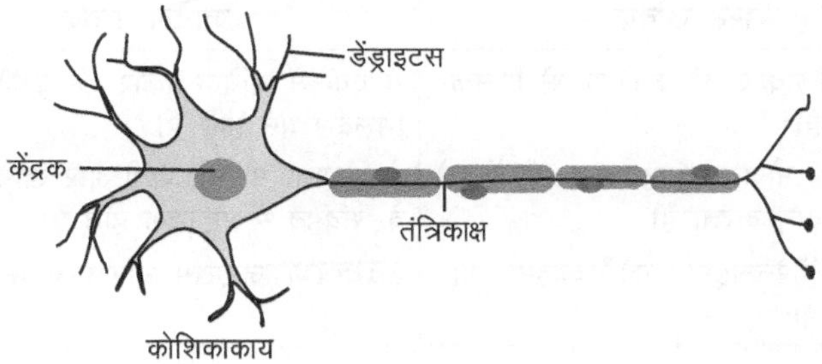

प्रश्न 3. हृदय पेशी के तीन लक्षणों को बताएँ।

उत्तर *हृदय पेशी के तीन लक्षण निम्न प्रकार हैं*

(i) ये अनैच्छिक होती हैं और जीवन भर लयबद्ध होकर प्रसार एवं संकुचन करती रहती हैं।
(ii) इस पेशी की कोशिकाएँ बेलनाकार, शाखाओं वाली और एक केंद्रकीय होती हैं।
(iii) सामान्य स्थिति में ये पेशियाँ थकती नहीं हैं।

प्रश्न 4. एरिओलर ऊतक के क्या कार्य हैं?

उत्तर *एरिओलर ऊतक के कार्य निम्न प्रकार हैं*

(i) यह अंगों के भीतर की खाली जगह को भरता है।
(ii) यह ऊतक आंतरिक अंगों को सहारा प्रदान करता है।
(iii) यह ऊतकों की मरम्मत में सहायता करता है।

अभ्यास

प्रश्न 1. ऊतक को परिभाषित करें।

उत्तर *समान उत्पत्ति एवं समान कार्य को करने वाली कोशिकाओं का ऐसा समूह जिसकी मूलभूत संरचना भी समान हो, ऊतक कहलाता है।*

प्रश्न 2. कितने प्रकार के तत्व मिलकर जाइलम ऊतक का निर्माण करते हैं? उनके नाम बताइए।

उत्तर *जाइलम ऊतक निम्न चार प्रकार के तत्वों से मिलकर बना होता है*

(i) जाइलम ट्रैकीड (वाहिनिका)

(ii) जाइलम वाहिका (बहुकोशिकीय)

(iii) जाइलम पैरेन्काइमा (भोजन का संग्रह और किनारे की ओर पानी के पार्श्वीय संवहन में मदद करता है)।

(iv) जाइलम फाइबर (सहारा देने का कार्य करता है)।

प्रश्न 3. पौधों में सरल ऊतक जटिल ऊतक से किस प्रकार भिन्न होते हैं?

उत्तर **सरल ऊतक और जटिल ऊतक में भिन्नता**

सरल ऊतक	जटिल ऊतक
यह एक ही प्रकार की कोशिका से मिलकर बना होता है।	ये एक से अधिक प्रकार की कोशिकाओं से मिलकर बने होते हैं।
ये मुख्यतः भोजन संग्रह तथा पौधों को सहायता प्रदान करता है।	ये मुख्यतः भोजन, पानी और खनिज लवणों के संवहन में सहायक होते हैं।
उदाहरण पैरेन्काइमा, कोलैन्काइमा और स्क्लेरेन्काइमा।	***उदाहरण*** जाइलम और फ्लोएम।

प्रश्न 4. कोशिका भित्ति के आधार पर पैरेन्काइमा, कोलैन्काइमा और स्क्लेरेन्काइमा के बीच भेद स्पष्ट करें।

उत्तर **पैरेन्काइमा, कोलैन्काइमा और स्क्लेरेन्काइमा में भिन्नता**

पैरेन्काइमा	कोलैन्काइमा	स्क्लेरेन्काइमा
कोशिकाएँ पतली भित्ति वाली और जीवित होती हैं।	ये कोशिकाएँ जीवित और कोनों पर मोटी होती हैं।	ये कोशिकाएँ मृत तथा मोटी भित्ति वाली होती हैं।
कोशिकाएँ समान रूप से पतली होती हैं।	कोशिकाएँ अनियमित ढंग से कोनों पर मोटी होती हैं।	कोशिकाएँ लंबी और पतली होती हैं।
इस ऊतक की कोशिकाओं के मध्य काफी रिक्त स्थान पाया जाता है।	कोशिकाओं के बीच बहुत कम स्थान होता है।	भित्ति लिग्निन के कारण मोटी होती है। कोशिका के भीतर कोई आंतरिक स्थान नहीं होता।

प्रश्न 5. रंध्र के क्या कार्य हैं?

उत्तर *रंध्र के कार्य निम्न प्रकार हैं*

(i) ये कोशिकाएँ वायुमंडल से गैसों का आदान-प्रदान करने के लिए आवश्यक हैं।

(ii) वाष्पोत्सर्जन (वाष्प के रूप में पानी का निकलना) की क्रिया भी स्टोमेटा के द्वारा होती है।

प्रश्न 6. तीनों प्रकार के पेशीय रेशों में चित्र बनाकर अंतर स्पष्ट करें।

उत्तर (a) रेखित (b) अरेखित (c) कार्डियक पेशी ऊतक

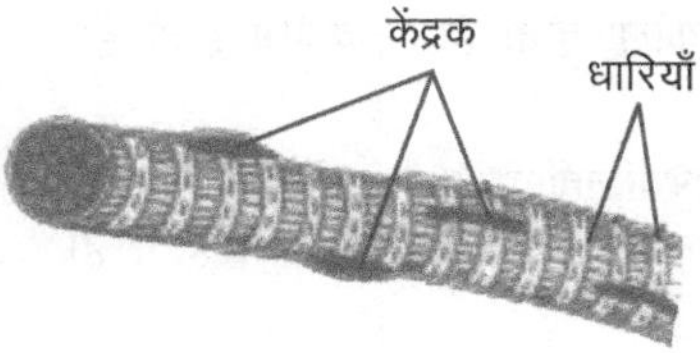

(a)

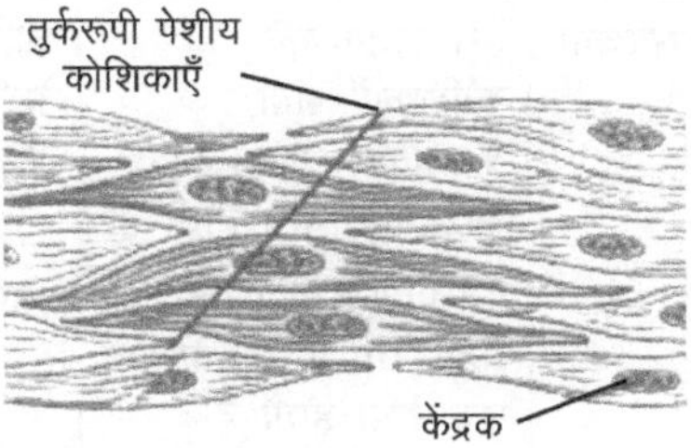

(b)

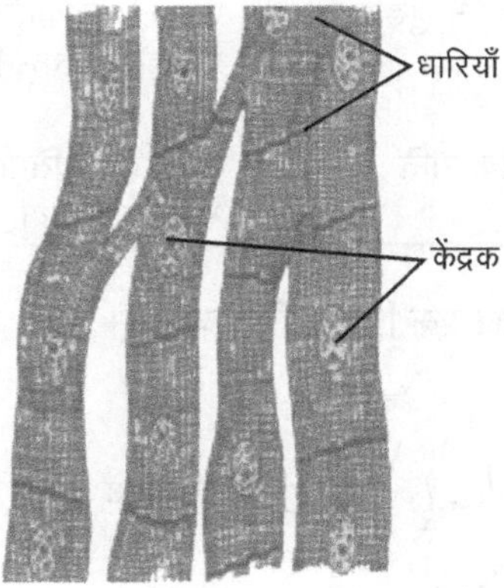

(c)

अंतर रेखित पेशी इस ऊतक की कोशिकाएँ लंबी, बेलनाकार शाखारहित और बहुनाभीय होती हैं।

अरेखित पेशी ये कोशिकाएँ लम्बी और इनका आखिरी सिरा नुकीला होता है, ये एक केंद्रकीय होती है।

कार्डियक पेशी ये बेलनाकार शाखाओं वाली और एक केंद्रकीय होती है।

प्रश्न 7. कार्डिक (हृदयक) पेशी का विशेष कार्य क्या है?

उत्तर हृदय की पेशियाँ सामान्य स्थिति में बिना थके जीवनभर लयबद्ध होकर प्रसार एवं संकुचन करती रहती हैं।

प्रश्न 8. रेखित, अरेखित तथा कार्डियक (हृदय) पेशियों में शरीर में स्थित कार्य और स्थान के आधार पर अंतर स्पष्ट करें।

उत्तर

गुण	रेखित पेशियाँ	अरेखित पेशियाँ	कार्डियक पेशियाँ
संरचना	इस ऊतक की कोशिकाएँ लंबी, बेलनाकार, शाखारहित और बहुनाभीय होती हैं।	कोशिकाएँ लंबी एक केंद्रीय और आखिरी सिरा नुकीला होता है।	कोशिकाएँ बेलनाकार शाखाओं वाली और एक केंद्रीय होती हैं।
	इन पेशियों में हल्के तथा गहरे रंगों में एक के बाद एक रेखा होती है।	इनमें धारियाँ नहीं होती।	इनमें हल्के रंग की धारियाँ होती हैं।
स्थान	ये पेशियाँ हाथ और पैर में होती हैं और अधिकतर हड्डियों से जुड़ी होती हैं।	ये पेशियाँ आहारनाल, रुधिर नलिका, आँख की पलक, मूत्रवाहिनी और फेफड़ों की श्वसनी में पाई जाती हैं।	ये पेशियाँ केवल हृदय में पाई जाती हैं।
कार्य	शारीरिक गति	अनैच्छिक गतियाँ; ***जैसे***— भोजन का प्रवाह आदि।	हृदय का प्रसार एवं संकुचन।

प्रश्न 9. न्यूरॉन का एक चिह्नित चित्र बनाइए।

उत्तर

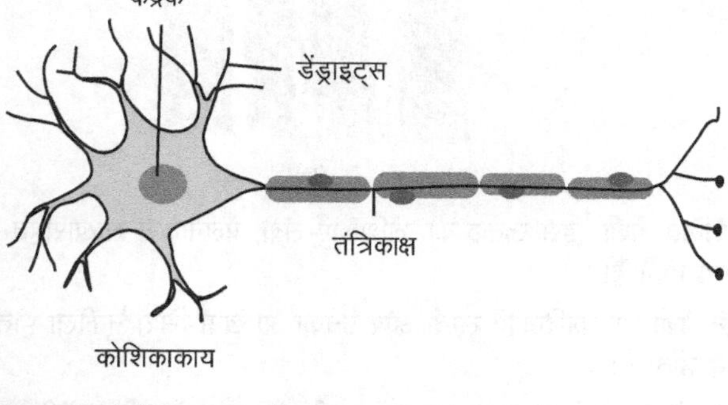

प्रश्न 10. निम्नलिखित के नाम लिखें।

(i) ऊतक, जो मुँह के भीतरी अस्तर का निर्माण करता है।

(ii) ऊतक, जो मनुष्य में पेशियों को उपास्थि से जोड़ता है।
(iii) ऊतक, जो पौधों में भोजन का संवहन करता है।
(iv) ऊतक, जो हमारे शरीर में वसा का संचय करता है।
(v) तरल आधात्री सहित संयोजी ऊतक।
(vi) मस्तिष्क में स्थित ऊतक।

उत्तर (i) शल्की एपिथीलियम (ii) कंडरा
(iii) फ्लोएम (iv) वसामय ऊतक
(v) रुधिर (vi) तंत्रिका ऊतक

प्रश्न 11. निम्नलिखित में ऊतक के प्रकार की पहचान करें।
त्वचा, पौधे का वल्क, अस्थि, वृक्कीय नलिका अस्तर, संवहन बंडल।

उत्तर

(a) त्वचा	–	शल्की एपिथीलियम
(b) पौधे का वल्क	–	पैरेन्काइमा व कोलैन्काइमा
(c) अस्थि	–	संयोजी ऊतक
(d) वृक्कीय नलिका अस्तर	–	घनाकार एपिथीलियम
(e) संवहन बंडल	–	संवहन ऊतक (जाइलम और फ्लोएम)

प्रश्न 12. *पैरेन्काइमा* ऊतक किस क्षेत्र में स्थित होते हैं?

उत्तर पैरेन्काइमा ऊतक मुख्यतः पौधों के कोमल भाग; जैसे–जड़, तना, पत्ती, फल और फूल आदि में होता है। यह ऊतक संवहन बंडल में और पत्ती की एपिडर्मिस के नीचे पर्णवृंत में भी पाया जाता है।

प्रश्न 13. पौधों में एपिडर्मिस की क्या भूमिका है?

उत्तर *पौधों में एपिडर्मिस की भूमिका*

(i) यह पौधों के सभी भागों की रक्षा करती है।

(ii) शुष्क स्थानों पर मिलने वाले पौधों में एपिडर्मिस मोटी होती है। यह जल की हानि को कम करके पादपों की रक्षा करती है।

(iii) एपिडर्मल कोशिका पौधों की बाह्य सतह पर प्रायः एक मोम जैसी जल प्रतिरोधी परत बनाती है। यह जल हानि के विरुद्ध यांत्रिक आघात तथा परजीवी कवक के प्रवेश से पौधों की रक्षा करती है।

(iv) पत्ती की एपिडर्मिस में स्टोमेटा होते हैं, जो गैसों के आदान-प्रदान और वाष्पोत्सर्जन की क्रिया में सहायता करते हैं।

(v) जड़ों की एपिडर्मल कोशिकाएँ पानी को सोखने का कार्य करती हैं।

(vi) पुराने वृक्षों में एपिडर्मल परत मोटी हो जाती है और एक मोटी छाल का निर्माण करती है। इनकी भित्ति पर सुबेरिन नामक रसायन होता है, जो इन छालों को हवा एवं पानी के लिए अभेद्य बनाता है

प्रश्न 14. **छाल (कॉर्क) किस प्रकार सुरक्षा ऊतक के रूप में कार्य करता है?**

उत्तर जैसे-जैसे वृक्ष की आयु बढ़ती है, उसके बाह्य सुरक्षात्मक ऊतकों में परिवर्तन होता है। एक दूसरे विभज्योतक की पट्टी तने के एपिडर्मिस का स्थान ले लेती हैं। बाहरी सतह की कोशिकाएँ इस सतह से अलग हो जाती हैं। यह पौधों पर बहुत परतों वाली मोटी छाल का निर्माण करती हैं। इन छालों की कोशिकाएँ मृत होती हैं, ये बिना, अंतःकोशिकीय स्थानों के व्यवस्थित होती हैं। इनकी भित्ति पर सुबेरिन नामक रसायन होता है, जो इन छालों को हवा एवं पानी के लिए अभेद्य बनाता है।

प्रश्न 15. **निम्न दिए गए चार्ट को पूर्ण करें।**

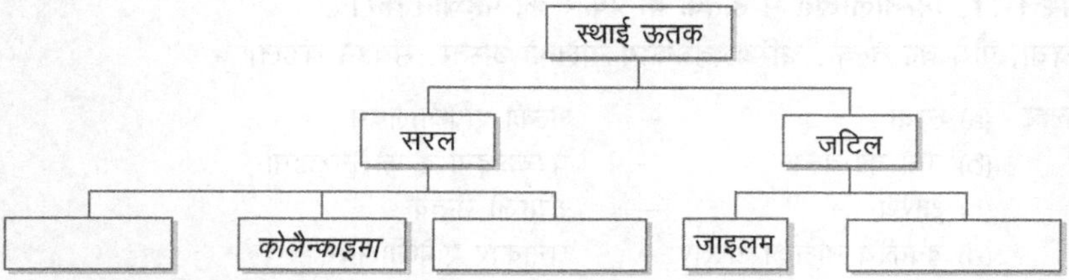

उत्तर

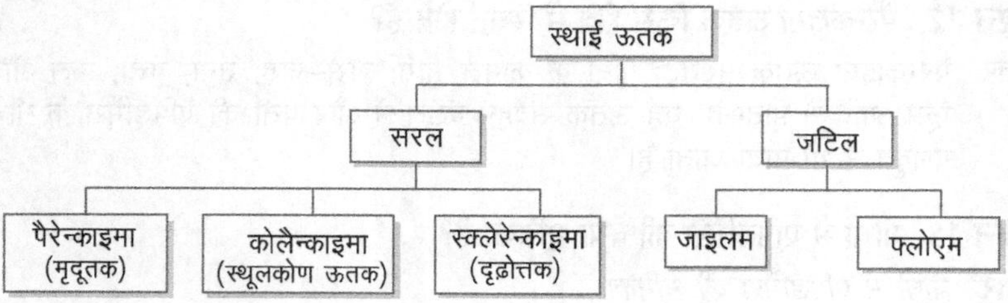

NCERT Exemplar

पुस्तक के चुने गए प्रश्न

बहुविकल्पीय प्रश्न

प्रश्न 1. निम्न में कौन-से दो ऊतक हैं?

(a) विभज्योतक और स्थायी
(b) विभज्योतक और अस्थायी
(c) वृद्धि और अस्थायी
(d) इनमें से कोई नहीं

उत्तर *(a)*

प्रश्न 2. निम्नलिखित में से किसकी कोशिकाएँ मृत होती हैं?

(a) पैरेन्काइमा
(b) कोलैन्काइमा
(c) स्क्लेरेन्काइमा
(d) एपिथीलियम ऊतक

उत्तर *(c)*

प्रश्न 3. निम्न में से किसकी कोशिका भित्ति छिद्रित नहीं होती?

(a) ट्रेकीड
(b) सहायक कोशिकाएँ
(c) वाहिका
(d) रेशे

उत्तर *(b)*

प्रश्न 4. पैरेन्काइमा : सरल : : फ्लोएम : ....

(a) सरल
(b) कोलैन्काइमा
(c) जटिल
(d) जाइलम

उत्तर *(c)*

प्रश्न 5. वाष्पोत्सर्जन और गैसों का आदान-प्रदान कार्य है?

(a) स्टोमेटा का
(b) जाइलम का
(c) (a) और (b) दोनों का
(d) इनमें से कोई नहीं

उत्तर *(a)*

प्रश्न 6. पैरैन्काइमा ......**का प्रकार है।**

(a) जटिल ऊतक
(b) सरल ऊतक
(c) जाइलम
(d) फ्लोएम

उत्तर *(b)*

प्रश्न 7. निम्न में कौन-से जंतु ऊतक है?

(a) एपिथीलियम, शल्की, पेशीय, संयोजी
(b) एपिथीलियम, संयोजी, पेशीय, कार्डियक
(c) संयोजी, पेशीय, एपिथीलियम, तंत्रिका
(d) घनाकार, पक्ष्माभी, ग्रंथिल, शल्की

उत्तर (*c*)

प्रश्न 8. घनाकार : एपिथीलियम : : कार्डियक : ....

(a) तंत्रिका (b) संयोजी (c) एपिथीलियम (d) पेशीय

उत्तर (*d*)

प्रश्न 9. रेखित पेशी को ....भी कहते हैं।

(a) कार्डियक पेशी (b) चिकनी पेशी
(c) कंकाल पेशी (d) अनैच्छिक पेशी

उत्तर (*c*)

प्रश्न 10. वह कोशिका, जिसमें केंद्रक और कोशिकाद्रव्य होता है

(a) रुधिर (b) उपास्थि (c) कंडरा (d) न्यूरॉन

उत्तर (*d*)

प्रश्न 11. ....ऊतक पौधों में नई कोशिकाएँ बनाता है।

(a) विभज्योतक (b) स्थायी
(c) सरल (d) इनमें से कोई नहीं

उत्तर (*a*)

प्रश्न 12. तने में वृद्धि किस ऊतक के कारण होती है?

(a) शीर्षस्थ विभज्योतक (b) पार्श्व विभज्योतक
(c) अंतर्विष्ट विभज्योतक (d) इनमें से कोई नहीं

उत्तर (*a*)

प्रश्न 13. निम्नलिखित में से कौन-सी पेशियाँ अनैच्छिक होती हैं?

I. रेखित पेशियाँ II. चिकनी पेशियाँ
III. कार्डियक पेशियाँ III. कंकाल पेशियाँ

(a) I और II (b) II और III
(c) III और IV (d) I और IV

उत्तर (*b*)

प्रश्न 14. निम्नलिखित में से कौन-सा ऊतक टहनी के पर्व के दोनों ओर उपस्थित होता है?

(a) पार्श्व विभज्योतक (b) शीर्षस्थ विभज्योतक
(c) अंतर्विष्ट विभज्योतक (d) सरल स्थायी ऊतक

उत्तर *(c)*

प्रश्न 15. एपिडर्मिस का कौन-सा कार्य नहीं है?

(a) पौधों की रक्षा (b) गैसों का आदान-प्रदान
(c) जल का संवहन (d) वाष्पोत्सर्जन

उत्तर *(c)*

प्रश्न 16. कोशिकाओं का वह समूह, जो एक निश्चित् कार्य, एक निश्चित् स्थान पर करता है क्या कहलाता है?

(a) ऊतक (b) अंगक (c) घटक (d) इनमें से कोई नहीं

उत्तर *(a)*

प्रश्न 17. उपास्थि निम्न में से किसमें नहीं पाई जाती है?

(a) नाक में (b) कान में (c) वृक्क में (d) कंठ में

उत्तर *(c)*

प्रश्न 18. मानव शरीर में वसा कहाँ संचित होता है?

(a) घनाकार एपिथीलियम में (b) वसामय ऊतक में
(c) एरिओलर ऊतक में (d) उपास्थि में

उत्तर *(b)*

प्रश्न 19. अस्थि कोशिकाएँ बनी होती हैं

(a) फ्लोराइड और कैल्शियम से (b) कैल्शियम और फॉस्फोरस से
(c) कैल्शियम और पोटैशियम से (d) फॉस्फोरस और पोटैशियम से

उत्तर *(b)*

प्रश्न 20. सिकुड़ने वाला प्रोटीन किस ऊतक में पाया जाता है?

(a) अस्थि (b) रुधिर (c) पेशीय (d) उपास्थि

उत्तर *(c)*

प्रश्न 21. तंत्रिका ऊतक किसमें नहीं पाया जाता?

(a) मस्तिष्क में (b) मेरुरज्जु में (c) कंडरा में (d) तंत्रिका में

उत्तर *(c)*

प्रश्न 22. तंत्रिका कोशिका में क्या नहीं होता?

(a) डेंड्राइट (b) तंत्रिकाक्ष (c) कंडरा (d) कोशिकाकाय

उत्तर *(c)*

प्रश्न 23. **निम्नलिखित में से कौन-सा ऊतक अंगों के भीतर की खाली जगह को भरता है और ऊतकों की मरम्मत में सहायता करता है?**

(a) अस्थि (b) उपास्थि (c) एरिओलर (d) वसामय

उत्तर *(c)*

प्रश्न 24. **निम्न में से कौन-सी पेशी जीवनभर लयबद्ध होकर प्रसार एवं संकुचन करती रहती है?**

(a) रेखित पेशी (b) चिकनी पेशी (c) कंकाल पेशी (d) कार्डियक पेशी

उत्तर *(d)*

प्रश्न 25. **कौन-सी कोशिका उपास्थि ऊतक में पाई जाती है?**

(a) मास्ट कोशिका (b) बेसोफिल्स (c) ओस्टियोसाइट (d) कॉन्ड्रोसाइट

उत्तर *(d)*

प्रश्न 26. **कौन-सा ऊतक भोजन को पौधे के विभिन्न भागों तक पहुँचाता है?**

(a) जाइलम (b) स्क्लेरेन्काइमा
(c) फ्लोएम (d) एपिथीलियम ऊतक

उत्तर *(c)*

प्रश्न 27. **दो अस्थियाँ आपस में एक-दूसरे से किस संयोजी ऊतक के द्वारा जुड़ी हैं?**

(a) कंडरा (b) स्नायु (c) उपास्थि (d) वसामय

उत्तर *(b)*

प्रश्न 28. **जल का संवहन पौधों में किसके द्वारा होता है?**

(a) जाइलम (b) स्क्लेरेन्काइमा
(c) फ्लोएम (d) एपिथीलियम ऊतक

उत्तर *(a)*

प्रश्न 29. **कंडरा आपस में जोड़ता है**

(a) अस्थि को अस्थि से (b) मांसपेशियों को अस्थियों से
(c) अस्थि को उपास्थि से (d) मांसपेशियों को उपास्थियों से

उत्तर *(b)*

प्रश्न 30. **निम्न में से किसकी उपस्थिति शुष्क स्थानों पर मिलने वाले पौधों में जल की हानि को कम करके पौधों की रक्षा करती है?**

(a) क्यूटिकल (b) स्टोमेटा
(c) लिग्निन (d) सुबेरिन

उत्तर *(a)*

प्रश्न 31. पौधों में लचीलापन किस ऊतक के कारण होता है?

(a) पैरेन्काइमा (b) कोलैन्काइमा
(c) स्क्लेरेन्काइमा (d) क्लोरेन्काइमा

उत्तर *(b)*

प्रश्न 32. छाल हवा एवं पानी के लिए अभेद्य किस रसायन के कारण होती है?

(a) सेलुलोज (b) लिपिड
(c) लिग्निन (d) सुबेरिन

उत्तर *(d)*

प्रश्न 33. गलत कथन अंकित कीजिए।

(a) रेखित पेशी की कोशिकाएँ लंबी, बेलनाकार, शाखारहित और बहुनाभीय होती हैं।
(b) अरेखित पेशी की कोशिकाएँ लंबी और इनका आखिरी सिरा नुकीला होता है।
(c) वसामय ऊतक त्वचा के नीचे आंतरिक अंगों के बीच पाया जाता है।
(d) एपिथीलियम ऊतक की कोशिकाओं के बीच बहुत अधिक स्थान होता है।

उत्तर *(d)*

प्रश्न 34. पक्ष्माभी एपिथीलियम किसमें पाई जाती है?

(a) लार ग्रंथि में (b) श्वासनली में
(c) आहारनाल में (d) वृक्कीय नली में

उत्तर *(b)*

प्रश्न 35. कौन-सा ऊतक ग्रंथि का निर्माण करता है?

(a) एपिथीलियम (b) संयोजी
(c) तंत्रिका (d) पेशीय

उत्तर *(a)*

लघु उत्तरीय प्रश्न

प्रश्न 36. जलीय पौधे पानी में तैरते हैं। व्याख्या कीजिए।

उत्तर जलीय पौधों में पैरेन्काइमा की कोशिकाओं के मध्य हवा की बड़ी गुहिकाएँ होती हैं, जो पौधों को तैरने के लिए उत्प्लावन बल प्रदान करती हैं। इस प्रकार के पैरेन्काइमा को एरेन्काइमा कहते हैं।

प्रश्न 37. **यदि गमले में लगे पौधे को काँच के जार से ढक दें, तो वाष्प की बूँदें जार की दीवारों पर दिखाई देती हैं। व्याख्या कीजिए, क्यों?**

उत्तर पौधे लगातार वाष्पोत्सर्जन की क्रिया के द्वारा पानी को वाष्प के रूप में निकालते हैं। पत्ती की एपिडर्मिस में उपस्थित स्टोमेटा वाष्पोत्सर्जन की क्रिया को नियंत्रित करते हैं। यही वाष्प की बूँदें जार की दीवारों पर एकत्रित हो जाती हैं।

प्रश्न 38. **यदि एक कील को पेड़ के तने में जमीन से 1 मीटर ऊँचा लगाते हैं, तो तीन साल बाद उस कील की स्थिति क्या होगी? व्याख्या कीजिए।**

उत्तर तीन साल बाद भी कील की स्थिति वही रहेगी अर्थात् वह जमीन से 1 मीटर ऊँचे तने में लगी रहेंगी, क्योंकि पेड़ के तने में जमीन के समीप स्थाई ऊतक होता है। विभज्योतक द्वारा बनी कोशिकाएँ विभाजित होने की शक्ति खो देती हैं, जिसके फलस्वरूप वे स्थाई ऊतक का निर्माण करती है। पेड़ के तने में वृद्धि विभज्यतक कोशिकाओं के कारण होती है, इसीलिए पेड़ के तने में कोई बदलाव नहीं आएगा और कील की स्थिति वही रहेगी।

दीर्घ उत्तरीय प्रश्न

प्रश्न 39. **छाल की विशेषता लिखिए। इनका निर्माण कैसे होता है और छाल के क्या कार्य हैं?**

उत्तर **विशेषताएँ**

(i) छाल की कोशिकाएँ मृत होती हैं। ये बिना अंत:कोशिकीय स्थानों के व्यवस्थित होती हैं।

(ii) इनकी भित्ति पर सुबेरिन नामक रसायन होता है, जो इन छालों को हवा एवं पानी के लिए अभेद्य बनाता है।

छाल का निर्माण

जैसे-जैसे वृक्ष की आयु बढ़ती है, उसके बाह्य सुरक्षात्मक ऊतकों में कुछ परिवर्तन होते हैं। एक दूसरे विभज्योतक की पट्टी तने के एपिडर्मिस का स्थान ले लेती है। बाहरी सतह की कोशिकाएँ इस सतह से अलग हो जाती हैं। यह पौधों पर बहुत परतों वाली मोटी छाल का निर्माण करती हैं।

छाल के कार्य

(i) यह अधिक तापमान तथा सूखे से पौधों की रक्षा करती है।

(ii) यह हानिकारक परजीवी कवकों से रक्षा करती है।

(iii) यह वाष्पीकरण द्वारा होने वाले पानी की कमी को रोकती है।

प्रश्न 40. जाइलम एवं फ्लोएम को जटिल ऊतक क्यों कहते हैं? ये एक दूसरे से किस प्रकार भिन्न हैं?

उत्तर एक से अधिक प्रकार की कोशिकाओं से बने होने के कारण जाइलम और फ्लोएम जटिल ऊतक हैं और ये सभी एक साथ मिलकर एक इकाई की तरह कार्य करते हैं।

क्र.सं.	जाइलम	फ्लोएम
(i)	जाइलम ट्रैकीड, वाहिका, जाइलम पैरेन्काइमा तथा जाइलम रेशे से मिलकर बना होता है।	फ्लोएम चालनी नलिका, सहायक कोशिकाएँ फ्लोएम पैरेन्काइमा तथा फ्लोएम रेशों से मिलकर बना होता है।
(ii)	यह पानी और खनिज लवणों का संवहन करता है।	फ्लोएम पत्तियों से भोजन को पौधे के विभिन्न भागों तक पहुँचाता है।
(iii)	जाइलम पैरेन्काइमा को छोड़कर अधिकतर कोशिकाएँ मृत होती हैं।	फ्लोएम रेशों को छोड़कर अधिकतर कोशिकाएँ जीवित कोशिकाएँ हैं।

प्रश्न 41. निम्नलिखित के कारण बताइए।

(i) विभज्योतक की कोशिकाओं में केंद्रक और गाढ़ा कोशिकाद्रव्य होता है, परंतु इनमें रसधानी नहीं होती।

(ii) स्क्लेरेन्काइमा ऊतक में अंत:कोशिकीय स्थान नहीं होता।

(iii) जब हम नाशपाती या अमरूद खाते हैं, तो हमें दानेदार तथा कठोरता का अनुभव होता है।

(iv) तेज हवाओं के चलने से पेड़ की शाखाएँ मुड़ जाती हैं।

(v) नारियल के छिलके को खींचना कठिन होता है।

उत्तर (i) विभज्योतक की कोशिकाओं में रसधानी नहीं होती, जबकि केंद्रक व गाढ़ा कोशिकाद्रव्य होता है, क्योंकि इस ऊतक की कोशिकाएँ अत्यधिक क्रियाशील होती हैं। इन्हें संग्रह करने के लिए रसधानी की आवश्यकता नहीं होती।

(ii) स्क्लेरेन्काइमा मृत और सरल स्थाई ऊतक है। इस ऊतक की भित्ति लिग्निन के कारण मोटी होती है। ये भित्तियाँ प्राय: इतनी मोटी होती हैं कि कोशिका के भीतर कोई आंतरिक स्थान नहीं होता है।

(iii) स्क्लेरेन्काइमा ऊतक के कारण ऐसा होता है, जो नाशपाती और अमरूद को कुरकुरा और कठोरता प्रदान करता है। यह ऊतक पौधों को कठोर और मजबूत बनाता है।

(vi) पेड़ों की शाखाएँ कोलेन्काइमा ऊतक के कारण मुड़ जाती हैं। यह ऊतक तने को यांत्रिक सहायता और लचीलापन प्रदान करता है, जिससे पौधे के विभिन्न भागों (पत्ती तथा तना) में बिना टूटे हुए लचीलापन आता है।

(v) नारियल के रेशेयुक्त छिलकों में स्क्लेरेन्काइमा ऊतक होता है। इस ऊतक की कोशिकाएँ मृत, लंबी और पतली होती हैं और अंत:कोशिकीय स्थान नहीं होता। इसकी मोटी भित्ति बीजों और फलों को कठोर बना देती है।

प्रश्न 42. (a) **विभज्योतक और स्थायी ऊतक में क्या विभिन्नता है?**

(b) **विभेदीकरण को संक्षेप में लिखिए।**

(c) **दो सरल और जटिल स्थायी ऊतकों के नाम लिखिए।**

उत्तर (a)

क्र.सं.	विभज्योतक	स्थायी ऊतक
(i)	इस ऊतक की कोशिकाएँ जीवन भर विभाजित होती रहती हैं।	एक विशिष्ट कार्य करने के बाद कोशिकाएँ विभाजित होने की शक्ति खो देती हैं।
(ii)	ये पौधे के विशेष क्षेत्रों में उपस्थित होते हैं; ***जैसे***—शीर्षस्थ, पार्श्व, अंतर्विष्ट।	ये पूरे पौधे में उपस्थित होते हैं।
(iii)	इस ऊतक की कोशिकाएँ अतिक्रियाशील होती हैं। उनके पास बहुत अधिक कोशिका द्रव्य, पतली कोशिका भित्ति स्पष्ट केंद्रक होता है लेकिन रसधानी नहीं होती।	इस उत्तक में रसधानी होती है, जो आकार एवं आकृति में बदलती रहती है। कोशिका भित्ति मोटी भी होती है।
(iv)	कोशिका भित्ति सेलुलोज से बनी होती है।	भित्ति सेलुलोज/लिग्निन/सुबेरिन की बनी होती है।

(b) विभज्योतक द्वारा बनी कोशिकाएँ एक विशिष्ट कार्य करती हैं और विभाजित होने की शक्ति खो देती हैं, जिसके फलस्वरूप स्थायी ऊतक का निर्माण करती हैं। इस प्रकार एक विशिष्ट कार्य करने के लिए स्थायी रूप और आकार लेने की क्रिया को **विभेदीकरण** कहते हैं।

(c) **सरल स्थायी ऊतक** पैरेन्काइमा/कोलैन्काइमा/स्क्लेरेन्काइमा

जटिल स्थायी ऊतक जाइलम/फ्लोएम।

7

जीवों में विविधता

हमारे चारों ओर विभिन्न प्रकार के जीवधारी रहते हैं। इन सभी जीवधारियों को जानने और समझने के लिए हम, एक-एक पर विचार नहीं कर सकते। इसके लिए हम उन्हें उनकी ***समानता*** *और* ***असमानता*** *के आधार पर विभिन्न वर्गों में रखते हैं, जो उनके अध्ययन को सरल बना देता है। इस प्रकार जीवधारियों को उनकी समानता और विभिन्नता के आधार पर वर्गों, उपवर्गों और समूहों में बाँटना* ***वर्गीकरण*** *कहलाता है।*

वर्गीकरण का आधार क्या है?
(What is the Base of Classification)

जीवों के वर्गीकरण के लिए **कोशिका** की प्रकृति से प्रारंभ करके अन्य परस्पर संबंधित अभिलक्षणों को दृष्टिगत रखते हैं।

कुछ लक्षण इस प्रकार हैं

(i) केंद्रक और झिल्ली से घिरे कोशिकांग की उपस्थिति

(a) एक यूकैरियोटिक कोशिका में केंद्रक समेत कुछ झिल्ली से घिरे **कोशिकांग** होते हैं, जिसके कारण कोशिकीय क्रिया अलग-अलग कोशिकाओं में दक्षतापूर्वक होती रहती है।

(b) प्रोकैरियोटिक कोशिका में **झिल्लीयुक्त कोशिकांग** और **केंद्रक** नहीं होते हैं, उनकी जैव-रासायनिक प्रक्रियाएँ भिन्न होती हैं, इसका असर कोशिकीय संरचना के सभी पहलुओं पर पड़ता है।

(ii) कोशिकाओं का जीवों में अकेले (एककोशिकीय) पाया जाना और समूह में (बहुकोशिकीय) पाया जाना, **वर्गीकरण का आधारभूत** लक्षण है।

(a) एककोशिकीय जीव; ***जैसे****—अमीबा* में सारे कार्य एक ही कोशिका द्वारा किए जाते हैं।

(b) जो कोशिकाएँ एक साथ समूह बनाकर किसी जीव का निर्माण करती हैं, उनमें श्रम विभाजन होता है। शारीरिक संरचना में सभी कोशिकाएँ एकसमान नहीं होती हैं, बल्कि कोशिकाओं के समूह कुछ विशेष कार्यों के लिए विशिष्टीकृत हो जाते हैं। इसी के परिणामस्वरूप, एक *अमीबा* और एक कृमि की शारीरिक बनावट में अंतर होता है।

(iii) स्वयं भोजन बनाने की क्षमता रखने वाले और बाहर से भोजन प्राप्त करने वाले जीवों की शारीरिक संरचना में आवश्यक भिन्नता पाई जाती है।

वर्गीकरण और जैव विकास

(Classification and Organic Evolution)

जीवों के वर्गीकरण का जैव विकास से नजदीकी संबंध है। जीवों में होने वाले निरंतर परिवर्तन जैव विकास के ही परिणाम हैं, जो उनके बेहतर जीवन-यापन के लिए आवश्यक थे।

जैव विकास की इस अवधारणा को सबसे पहले **चार्ल्स डार्विन** ने 1859 में अपनी पुस्तक **दि ऑरिजिन ऑफ स्पीशीज** में दिया।

जैव विकास की इस अवधारणा के आधार पर कुछ जीव समूहों की शारीरिक संरचना में प्राचीन काल से लेकर आज तक कोई परिवर्तन नहीं हुआ है। इन जीवों को आदिम अथवा निम्न जीव कहते हैं।

कुछ जीवों की शारीरिक संरचना में पर्याप्त परिवर्तन दिखाई पड़ते हैं, इन जीवों को उन्नत अथवा उच्च जीव कहते हैं।

चूँकि विकास के दौरान जीवों में जटिलता की संभावना बनी रहती है, इसलिए पुराने जीवों को साधारण और नए जीवों को अपेक्षाकृत जटिल भी कहा जा सकता है।

वर्गीकरण समूहों की पदानुक्रमित संरचना

(Hierarchical Structure of Classification-Groups)

अर्नेस्ट हेकल (1894), **रॉबर्ट व्हिटेकर** (1959) और **कार्ल वोस** (1977) ने सभी जीवों को जगत नामक बड़े वर्गों में विभाजित करने का प्रयास किया है।

विभिन्न स्तरों पर जीवों को उप समूहों में वर्गीकृत किया गया है। जैसे—जगत (किंगडम), फाइलम (जंतु), डिविजन (पादप), वर्ग (क्लास), गण (ऑर्डर), कुल (फैमिली), वंश (जीनस), जाति (स्पीशीज़)।

पाँच जगत वर्गीकरण (Five Kingdom Classification)

व्हिटेकर ने वर्गीकरण में पाँच जगत के बारे में बताया

1. मोनेरा
2. फंजाई
3. एनीमेलिया
4. प्रोटिस्टा
5. प्लांटी

ये समूह कोशिकीय संरचना, पोषण के स्रोत और तरीके तथा शारीरिक संगठन के आधार पर बनाए गए हैं।

वोस ने अपने वर्गीकरण में मोनेरा जगत को **आर्कीबैक्टीरिया** और **यूबैक्टीरिया** में बाँट दिया।

पाँच जगत का संक्षेप में वर्गीकरण

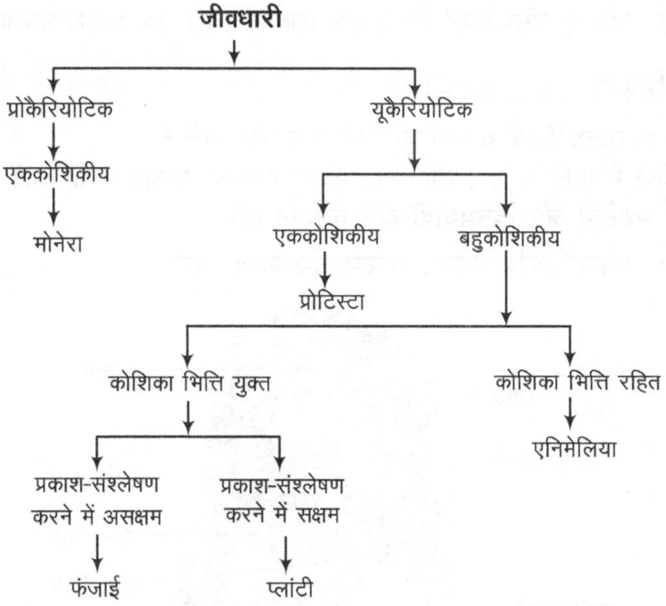

व्हिटेकर द्वारा प्रस्तुत पाँच जगत वर्गीकरण की प्रमुख विशेषताएँ निम्नवत् हैं

1. मोनेरा (Monera)

(i) इन जीवों में संगठित **केंद्रक** और **कोशिकांग** नहीं होते हैं और न ही उनके शरीर बहुकोशिकीय होते हैं।

(ii) कुछ जीवों में **कोशिका भित्ति** पाई जाती है, जबकि कुछ में नहीं।

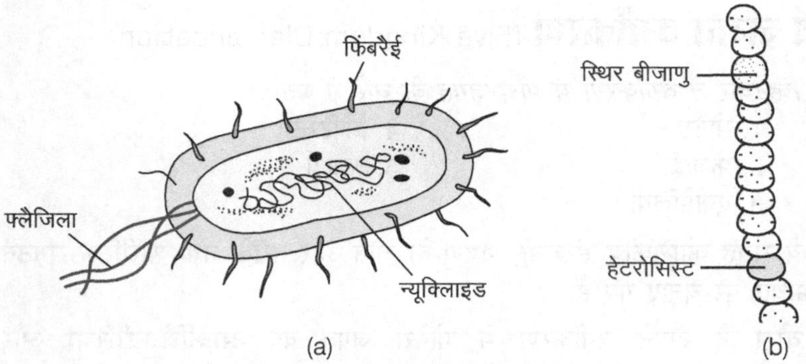

मोनेरा : (a) **बैक्टीरिया** (b) ***एनाबीना***

(iii) पोषण के स्तर पर ये **स्वपोषी** तथा **विषमपोषी** दोनों हो सकते हैं।

उदाहरण जीवाणु, नील-हरित शैवाल (सायनोबैक्टीरिया) तथा माइकोप्लाज्मा।

2. प्रोटिस्टा (Protista)

(i) इसमें **एककोशिकीय** तथा **यूकैरियोटिक** जीव आते हैं।

(ii) जीवों में गमन के लिए **सीलिया, फ्लैजेला** नामक संरचनाएँ पाई जाती हैं।

(iii) ये **स्वपोषी** और **विषमपोषी** दोनों तरह के होते हैं।

उदाहरण एककोशिकीय शैवाल, डाइटम, प्रोटोजोआ, आदि

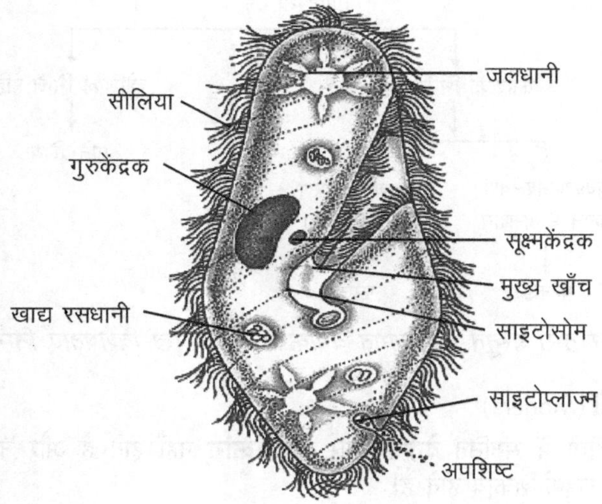

(a)

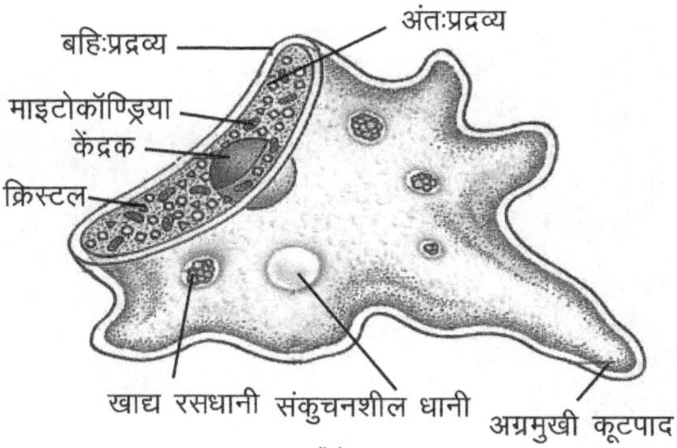

(b)

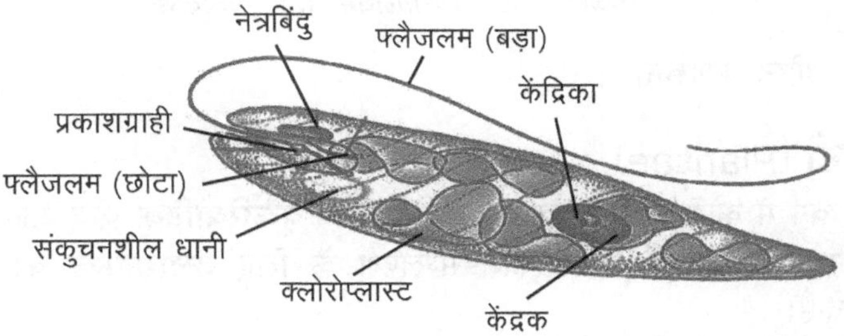

(c)

प्रोटिस्टा (प्रोटोजोआ) : (a) ***पैरामीशियम*** (b) ***अमीबा*** (c) ***यूग्लीना***

3. **फंजाई** (Fungi)

(i) ये विषमपोषी यूकैरियोटिक जीव हैं।

(ii) ये पोषण के लिए सड़े-गले कार्बनिक पदार्थों पर निर्भर रहते हैं, इसलिए इन्हें मृतजीवी कहा जाता है।

(iii) कई फंजाई अपने जीवन की विशेष अवस्था में बहुकोशिकीय अवस्था प्राप्त कर लेते हैं।

(iv) फंजाई अथवा कवक में काइटिन नामक जटिल शर्करा की बनी हुई कोशिका भित्ति पाई जाती है।

(v) कवकों की प्रजातियाँ नील-हरित शैवाल के साथ स्थाई अंतर्संबंध बनाती हैं, जिसे सहजीविता कहते हैं। ऐसे सहजीवी जीवों को **लाइकेन** कहा जाता है। ये लाइकेन अक्सर पेड़ों की छालों पर रंगीन धब्बों के रूप में दिखाई देते हैं।

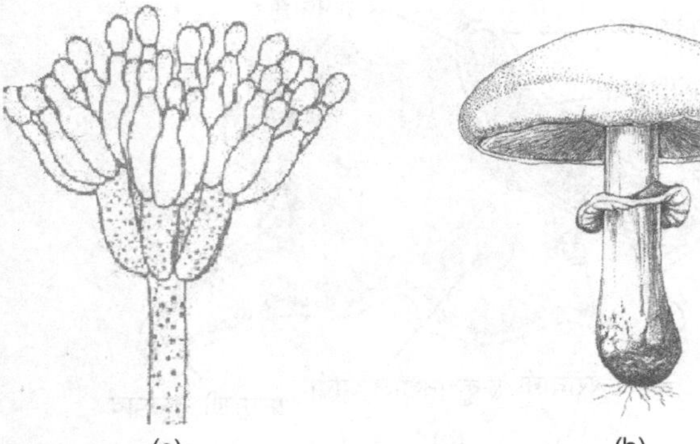

(a) (b)

फंजाई : (a) ***पेनिसीलियम*** (b) ***एगेरिकस***

उदाहरण यीस्ट, मशरूम।

4. प्लांटी (Plantae)

(i) इस वर्ग में कोशिका भित्ति वाले **बहुकोशिकीय यूकैरियोटिक** जीव आते हैं।

(ii) ये स्वपोषी होते हैं और प्रकाश-संश्लेषण के लिए **क्लोरोफिल** का प्रयोग करते हैं।

(iii) इस वर्ग में सभी पौधों को रखा जाता है।

पादप जगत

- पादप शरीर बिना विभेदन के → थैलोफाइटा
- विभेदित पादप शरीर
  - बिना संवहनी ऊतक के → ब्रायोफाइटा
  - संवहनी ऊतक सहित
    - बीज रहित → टेरिडोफाइटा
    - बीज उत्पादित करने वाले (फैनरोगैम)
      - नग्नबीजी → जिम्नोस्पर्म
      - फलों में बंद बीज वाले → एंजियोस्पर्म
        - दो बीजपत्र वाले बीज → द्विबीजपत्री
        - एक बीजपत्र वाले बीज → एकबीजपत्री

(iv) पौधों में प्रथम स्तर का वर्गीकरण इन तथ्यों पर आधारित है कि पादप शरीर के प्रमुख घटक पूर्णरूपेण विकसित एवं विभेदित हैं या नहीं।

(v) वर्गीकरण का अगला स्तर पादप शरीर में जल और अन्य पदार्थों को संवहन करने वाले विशिष्ट ऊतकों की उपस्थिति के आधार पर होता है।

(vi) तीसरा स्तर, पौधे में बीजधारण की क्षमता है या नहीं पर आधारित है। यदि बीजधारण की क्षमता है, तो बीज फल के अंदर विकसित है अथवा नहीं।

(i) **थैलोफाइटा** (Thallophyta)

(a) इस वर्ग के पौधों को सामान्यतया **शैवाल** कहा जाता है। इनकी शारीरिक संरचना में विभेदीकरण नहीं पाया जाता है।

(b) ये मुख्य रूप से **जल** में पाए जाते हैं।

उदाहरण *यूलोथ्रिक्स, स्पाइरोगायरा, कारा,* आदि।

थैलोफाइटा (शैवाल) : ***स्पाइरोगायरा***

(ii) **ब्रायोफाइटा** (Bryophyta)

(a) इन्हें पादप वर्ग का **उभयचर** कहा जाता है।

(b) यह पादप, तना और पत्ती जैसी संरचना में विभाजित होता है।

(c) इसमें पादप शरीर में एक भाग से दूसरे भाग तक जल तथा अन्य पदार्थों के संवहन के लिए विशिष्ट ऊतक नहीं पाए जाते हैं।

उदाहरण मॉस (*फ्यूनेरिया*) *मार्केंशिया*, आदि।

ब्रायोफाइटा : ***फ्यूनेरिया***

(iii) **टेरिडोफाइटा** (Pteridophyta)

(a) पौधों का शरीर जड़, तना तथा पत्ती में विभाजित होता है।

(b) इनमें शरीर के एक भाग से दूसरे भाग तक जल तथा अन्य पदार्थों के संवहन के लिए ऊतक भी पाए जाते हैं।

उदाहरण *मार्सीलिया*, फर्न, हॉर्स टेल, आदि।

नोट *थैलोफाइटा, ब्रायोफाइटा और टेरिडोफाइटा में नग्न भ्रूण पाए जाते हैं, जिन्हें बीजाणु कहते हैं। इन तीन समूह के पौधों में जननांग अप्रत्यक्ष होते हैं तथा इनमें बीज उत्पन्न करने की क्षमता नहीं होती है। अत: ये* ***क्रिप्टोगैम*** *कहलाते हैं।*

बीजीय पौधे

वे पौधे, जिनमें जनन ऊतक पूर्ण विकसित एवं विभेदित होते हैं तथा जनन प्रक्रिया के पश्चात् बीज उत्पन्न करते हैं, फैनरोगैम कहलाते हैं।

बीज की अवस्था के आधार पर इस वर्ग के पौधों को पुन: दो वर्गों में विभक्त किया जाता है

जिम्नोस्पर्म नग्न बीज उत्पन्न करने वाले पौधे।

एंजियोस्पर्म फल के अंदर (बंद) बीज उत्पन्न करने वाले पौधे।

(iv) **जिम्नोस्पर्म** (Gymnosperms)

(a) यह शब्द दो ग्रीक शब्दों *'जम्नो'* तथा *'स्पर्मा'* से मिलकर बना है, जिसमें *जिम्नो* का अर्थ है नग्न तथा *स्पर्मा* का अर्थ है बीज, अर्थात् इन्हें नग्नबीजी पौधे भी कहा जाता है।

फर्न

(b) ये पौधे बहुवर्षी सदाबहार तथा काष्ठीय होते हैं।
उदाहरण *पाइनस* तथा *साइकस*

नग्नबीजी पौधे (जिम्नोस्पर्म) : (a) ***पाइनस*** (b) ***साइकस***

(v) एंजियोस्पर्म (Angiosperms)

(a) यह दो ग्रीक शब्दों '*एंजियो* और *स्पर्मा* से मिलकर बना है। *एंजियो* का अर्थ है ढका हुआ और *स्पर्मा* का अर्थ है बीज, अर्थात् इन पौधों के बीज फलों के अंदर ढके होते हैं।

(b) इनके बीजों का विकास अंडाशय के अंदर होता है, जो बाद में फल बन जाता है, इन्हें **पुष्पी पादप** भी कहा जाता है।

(c) इनमें भोजन का संचय या तो बीजपत्रों में होता है या फिर भ्रूणपोष में।
बीजपत्रों की संख्या के आधार पर एंजियोस्पर्म को दो वर्गों में बाँटा जाता है

- एकबीजपत्र वाले पौधे को **एकबीजपत्री**; ***जैसे***—*ट्रिटिकम, ओराइजा सटाइवा*।
- दो बीजपत्र वाले पौधे को **द्विबीजपत्री**; ***जैसे***—*आइपोमिया*।

5. एनिमेलिया (Animalia)

इस वर्ग में यूकैरियोटिक, बहुकोशिकीय और विषमपोषी जीवों को रखा गया है। इनकी कोशिकाओं में कोशिका भित्ति नहीं पाई जाती। अधिकतर जंतु चलायमान होते हैं।

शारीरिक संरचना एवं विभेदीकरण के आधार पर वर्गीकरण

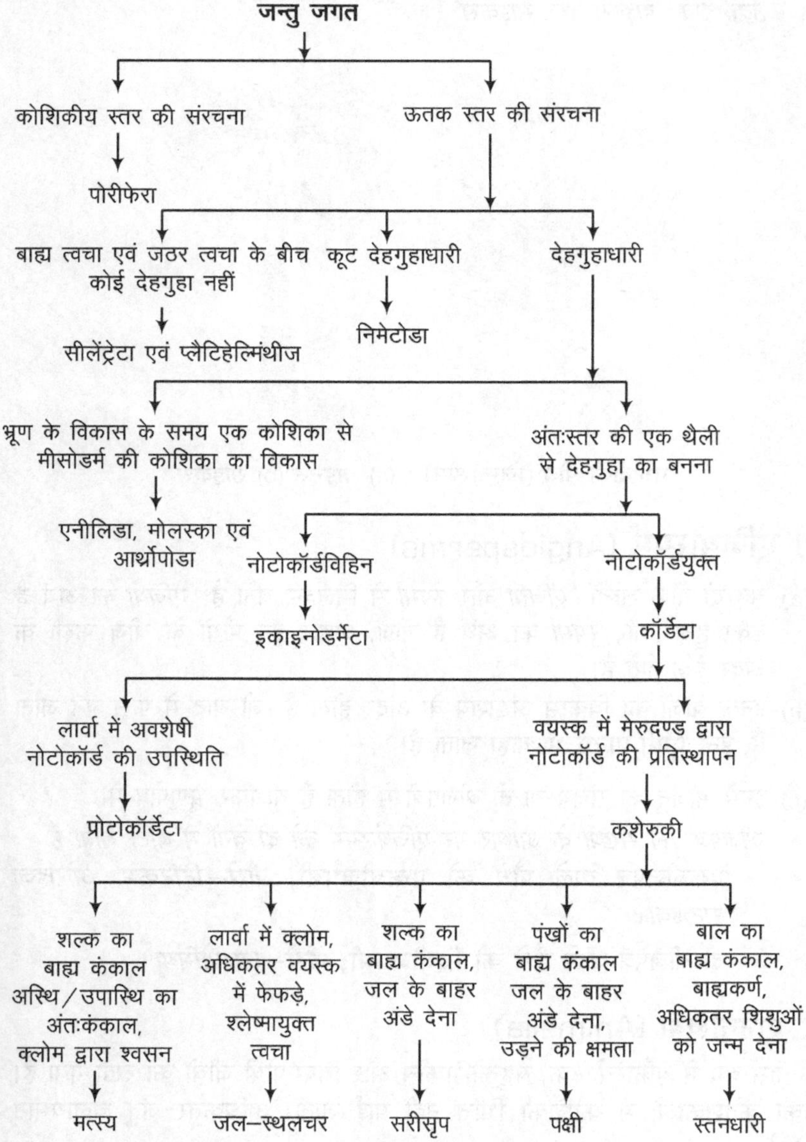

जंतुओं का वर्गीकरण

(i) पोरीफेरा (Porifera)

(a) पोरीफेरा का अर्थ छिद्रयुक्त जीवधारी है। ये अचल जीव हैं, जो किसी आधार पर चिपके रहते हैं।

(b) इनके पूरे शरीर में अनेक छिद्र पाए जाते हैं। ये छिद्र शरीर में उपस्थित नाल प्रणाली से जुड़े होते हैं, जिसके माध्यम से शरीर में जल, ऑक्सीजन और भोज्य पदार्थों का संचरण होता है।

(c) इनका शरीर कठोर आवरण अथवा बाह्य कंकाल से ढका होता है।

(d) इनकी शारीरिक संरचना अत्यंत सरल होती है, जिनमें ऊतकों का विभेदन नहीं होता है।

(e) इन्हें सामान्यत: स्पंज के नाम से जाना जाता है, जो बहुधा समुद्री आवास में पाए जाते हैं।

उदाहरण *साइकॉन, यूप्लेक्टेला, स्पाँजिला,* आदि।

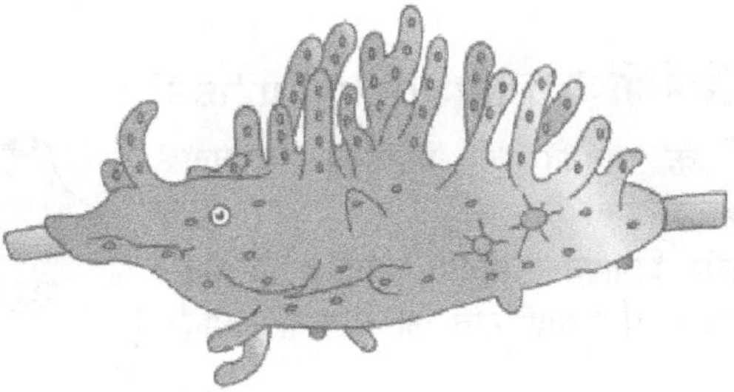

पोरीफेरा : स्पाँजिला

(ii) सीलेंट्रेटा (Coelenterata)

(a) ये जलीय जंतु हैं।

(b) इनका शारीरिक संगठन ऊतकीय स्तर का होता है।

(c) इनमें एक देहगुहा पाई जाती है।

(d) इनका शरीर कोशिकाओं की दो परतों (आंतरिक एवं बाह्य परत) का बना होता है।

(e) कुछ जातियाँ समूह में रहती हैं; जैसे—कोरल और कुछ एकाकी होती हैं; जैसे—*हाइड्रा* ।

(f) मुख के चारों ओर स्पर्शक पाए जाते हैं, जिनमें दंश कोशिकाएँ होती हैं, इन्हें नीडोब्लास्ट कहते हैं।

उदाहरण *हाइड्रा,* समुद्री एनीमोन, जैलीफिश, आदि।

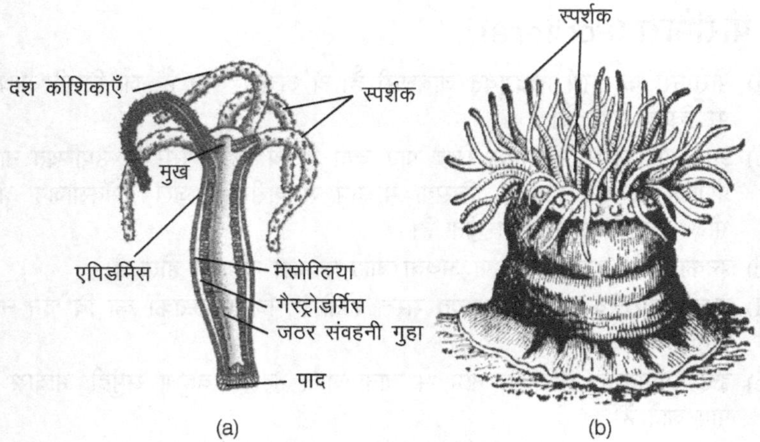

सीलेंट्रेटा : (a) ***हाइड्रा*** (b) ***समुद्री एनीमोन***

(iii) प्लेटीहेल्मिंथीज (Platyhelminthes)

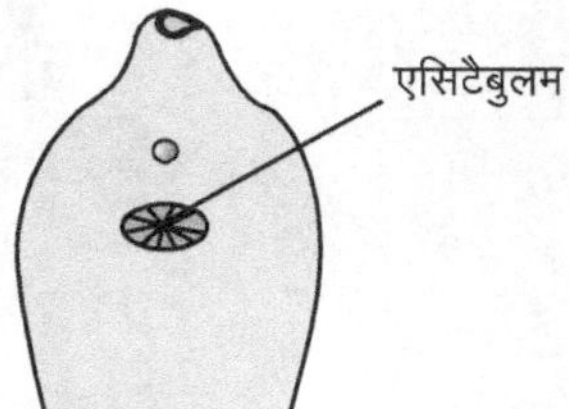

लीवरफ्लूक

(a) इस वर्ग के जंतुओं की शारीरिक संरचना अधिक जटिल होती है।

(b) इनका शरीर द्विपार्श्व सममिति होता है, अर्थात् शरीर के दाएँ और बाएँ भाग की संरचना समान होती है।

(c) इनका शरीर त्रिकोरक पाई जाती है, अर्थात् इनका ऊतक विभेदन तीन कोशिकीय स्तरों से हुआ है। इससे शरीर में बाह्य तथा आंतरिक दोनों प्रकार के अस्तर बनते हैं तथा इनमें कुछ अंग भी बनते हैं।

(d) इनमें वास्तविक देहगुहा का अभाव होता है।

(e) इनका पूरा शरीर पृष्ठधारीय एवं चपटा होता है। इसलिए इन्हें चपटे कृमि भी कहा जाता है।

उदाहरण *प्लेनेरिया*, लीवरफ्लूक, टेपवर्म, आदि।

(iv) निमेटोडा (Nematoda)

(a) इनमें भी द्विपार्श्व सममिति पाई जाती है, लेकिन इनका शरीर चपटा न होकर बेलनाकार होता है।

(b) इनकी देहगुहा को कूटदेहगुहा कहते हैं। इसमें ऊतक पाए जाते हैं, परंतु अंगतंत्र पूर्ण विकसित नहीं होते हैं।

(c) इनकी शारीरिक संरचना भी त्रिकोरकी होती है।

(d) ये अधिकांशत: परजीवी होते हैं। परजीवी के तौर पर ये दूसरे जंतुओं में रोग उत्पन्न करते हैं।

उदाहरण *ऐस्कैरिस*, गोलकृमि, फाइलेरिया कृमि, पिन कृमि, आदि।

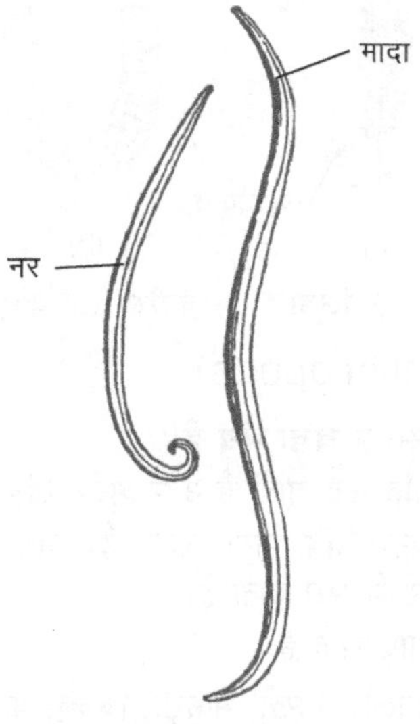

ऐस्कैरिस

(v) एनीलिडा (Annelida)

(a) इस वर्ग के जंतु द्विपार्श्व सममिति एवं त्रिकोरिक होते हैं।

(b) इनमें वास्तविक देहगुहा भी पाई जाती है। इससे वास्तविक अंग शारीरिक संरचना में निहित रहते हैं।

(c) अंगों में व्यापक भिन्नता होती है। यह भिन्नता इनके शरीर के सिर से पूँछ तक एक के बाद एक खंडित रूप में उपस्थित होती है।

(d) जलीय एनीलिड अलवण एवं लवणीय जल दोनों में पाए जाते हैं। ये जलीय और स्थलीय दोनों होते हैं।

(e) इनमें संवहन, पाचन, उत्सर्जन और तंत्रिका तंत्र पाए जाते हैं।

उदाहरण केंचुआ, *नेरीस*, जोंक, आदि।

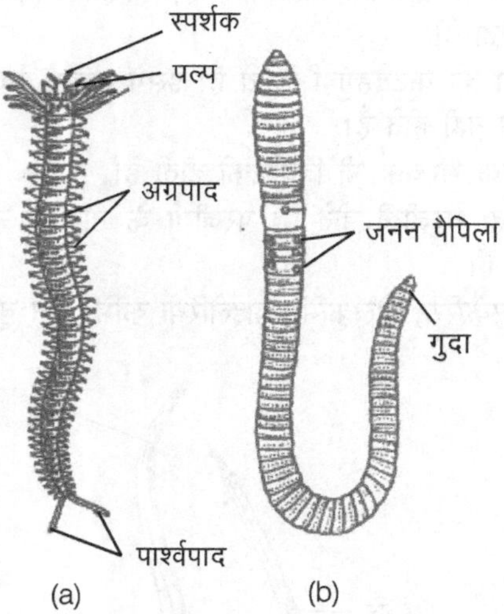

एनीलिडा : (a) ***नेरीस*** (b) **केंचुआ**

(vi) आर्थ्रोपोडा (Anthropoda)

(a) यह जंतु जगत का सबसे **बड़ा संघ** है।

(b) इनमें द्विपार्श्व सममिति पाई जाती है और शरीर खंडयुक्त होता है।

(c) इनमें खुला परिसंचरण तंत्र पाया जाता है। अतः रुधिर वाहिकाओं में नहीं बहता। देहगुहा रुधिर से भरी होती है।

(d) इनमें जुड़े हुए पैर पाए जाते हैं।

उदाहरण झींगा, तितली, मक्खी, मकड़ी, बिच्छू, केकड़े, आदि।

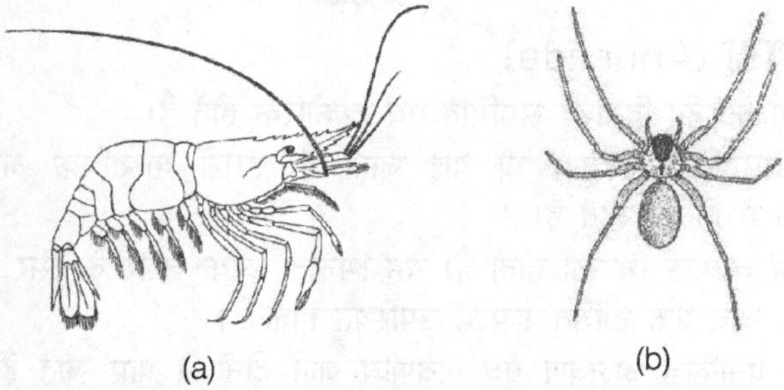

आर्थ्रोपोडा जंतु : (a) **झींगा** *(पैलिमॉन)* (b) **मकड़ी** *(एरेनिया)*

(vii) **मोलस्का** (Mollusca)

(a) इनमें भी द्विपार्श्व सममिति पाई जाती है।

(b) इनकी देहगुहा बहुत कम होती है तथा शरीर में थोड़ा विखंडन होता है।

(c) अधिकांश मोलस्क जंतुओं में कवच पाया जाता है।

(d) इनमें खुला संवहनी तंत्र तथा उत्सर्जन के लिए गुर्दे जैसी संरचना पाई जाती है। ***उदाहरण*** घोंघा, सीप, आदि।

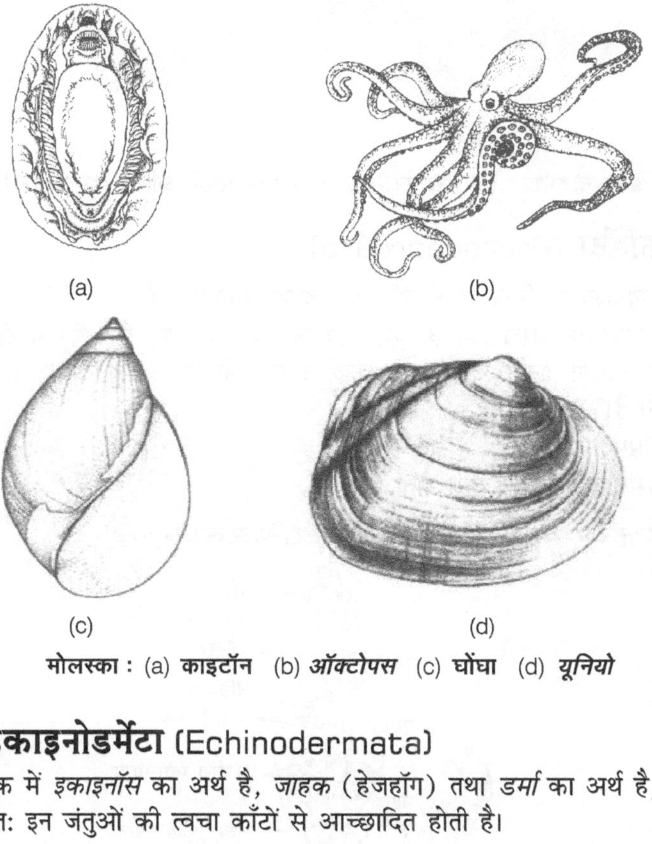

मोलस्का : (a) **काइटॉन** (b) ***ऑक्टोपस*** (c) **घोंघा** (d) ***यूनियो***

(viii) **इकाइनोडर्मेटा** (Echinodermata)

(a) ग्रीक में *इकाइनॉस* का अर्थ है, *जाहक* (हेजहॉग) तथा *डर्मा* का अर्थ है, त्वचा। अतः इन जंतुओं की त्वचा काँटों से आच्छादित होती है।

(b) ये मुक्तजीवी समुद्री जंतु हैं।

(c) ये देहगुहायुक्त त्रिकोरकीय जंतु हैं।

(d) इनमें विशिष्ट जल संवहन नाल तंत्र पाया जाता है, जो उनके चलन में सहायक है।

(e) इनमें **कैल्सियम कार्बोनेट** का कंकाल एवं काँटे पाए जाते हैं।
उदाहरण स्टारफिश, समुद्री अर्चिन, आदि।

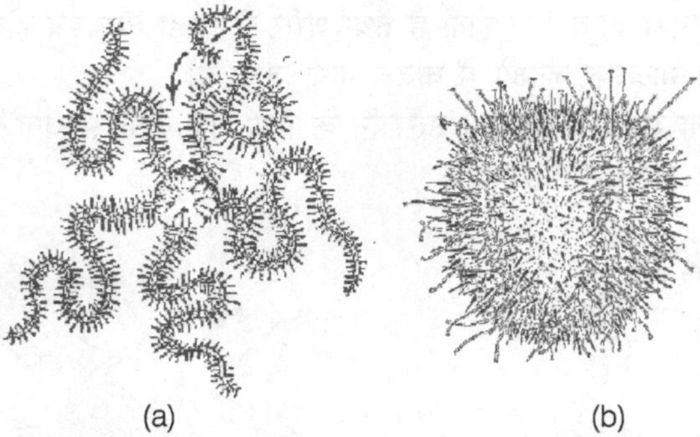

इकाइनोडर्मेटा : (a) **पंखतारा** *(एंटेडॉन)* (b) **समुद्री अर्चिन** *(इकाइनॉस)*

प्रोटोकॉर्डेटा (Protochordata)

(i) ये द्विपार्श्व सममिति, त्रिकोरकी एवं देहगुहा युक्त जंतु हैं।
(ii) ये शारीरिक संरचनाओं के कुछ नए लक्षण दर्शाते हैं, जैसे कि **नोटोकॉर्ड**। ये नए लक्षण इनके जीवन की कुछ अवस्थाओं में निश्चित रूप से उपस्थित होते हैं।
(iii) ये समुद्री जंतु हैं।
(iv) श्वसन क्लोम छिद्र द्वारा होता है।

उदाहरण *बैलेनोग्लॉसस, हर्डमानिया, एम्फिऑक्सस,* आदि।

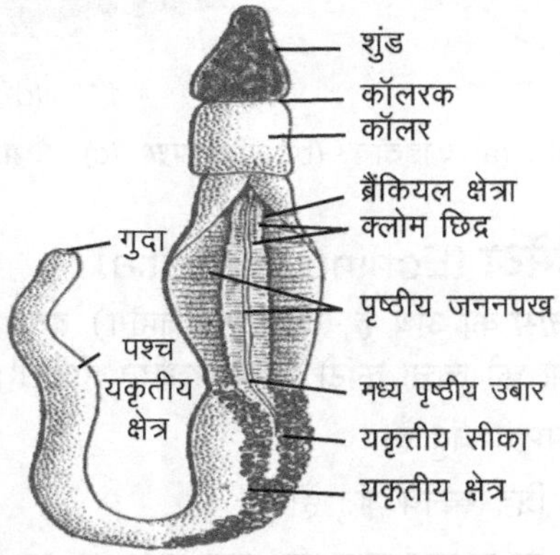

एक प्रोटोकॉर्डेटा : ***बैलेनोग्लॉसस***

वर्टीब्रेटा (Vertebrata)

(i) इन जंतुओं में वास्तविक मेरुदंड एवं अंत:कंकाल पाया जाता है। इस कारण जंतुओं में पेशियों का वितरण अलग होता है एवं पेशियाँ कंकाल से जुड़ी होती हैं, जो इन्हें चलने में सहायता करती हैं।

(ii) कशेरुक द्विपार्श्व सममिति, त्रिकोरकी, देहगुहा वाले जंतु हैं। इनमें ऊतकों एवं अंगों का जटिल विभेदन पाया जाता है।

(iii) *सभी कशेरुकी जीवों में निम्न लक्षण पाए जाते हैं*

(a) नोटोकॉर्ड
(b) पृष्ठनलीय कशेरुक दंड एवं मेरुरज्जु
(c) त्रिकोरकीय शरीर
(d) युग्मित क्लोम थैली
(e) देहगुहा

(iv) *वर्टीब्रेटा को पाँच वर्गों में विभाजित किया गया है*

(a) मत्स्य
(b) जल-स्थलचर
(c) सरीसृप
(d) पक्षी
(d) स्तनधारी

(i) वर्ग-मत्स्य (Pisces)

(a) ये मछलियाँ हैं, जो समुद्र और मीठे जल दोनों जगह पर पाई जाती हैं।.

(b) इनकी त्वचा शल्क अथवा प्लेटों से ढकी होती है तथा ये अपनी मांसल पूँछ का प्रयोग तैरने के लिए करती हैं।

(c) इनका शरीर धारारेखीय होता है तथा इनमें श्वसन क्रिया के लिए क्लोम पाए जाते हैं, जो जल में विलीन ऑक्सीजन का उपयोग करते हैं।

(d) ये असमतापी होते हैं तथा इनका हृदय द्विकक्षीय होता है।

(e) ये अंडे देती हैं।

(f) कुछ मछलियों में कंकाल केवल उपास्थि का बना होता है; ***जैसे***—शार्क तथा कुछ मछलियों में कंकाल अस्थि का बना होता है; ***जैसे***—ट्यूना तथा रोहू।

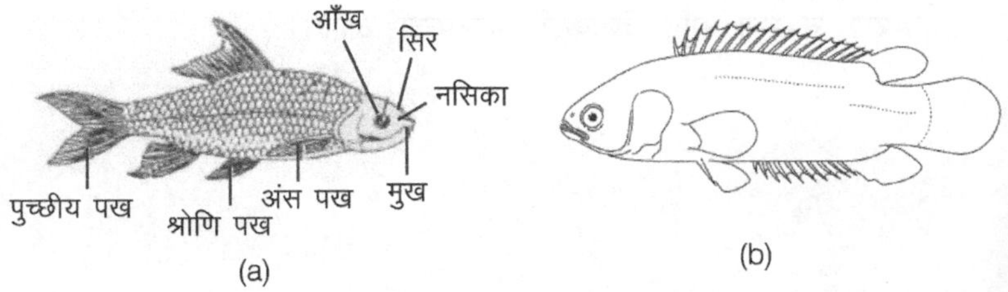

मत्स्य : (a) **रोहू** *(लेबियो रोहिता)* (b) **क्लांइविब पर्च** *(एनाबास)*

(ii) वर्ग–जल स्थलचर (Amphibia)

(a) ये मत्स्यों से भिन्न होते हैं, क्योंकि इनमें शल्क नहीं पाए जाते। इनकी त्वचा पर श्लेष्म ग्रंथियाँ पाई जाती हैं।

(b) हृदय त्रिकक्षीय होता है।

(c) इनमें बाह्य कंकाल नहीं होता है। वृक्क पाए जाते हैं।

(d) श्वसन क्लोम अथवा फेफड़ों द्वारा होता है।

(e) ये अंडे देने वाले जंतु हैं

(f) ये जल तथा स्थल दोनों पर रह सकते हैं।

उदाहरण मेंढक, सैलामेंडर, टोड, आदि।

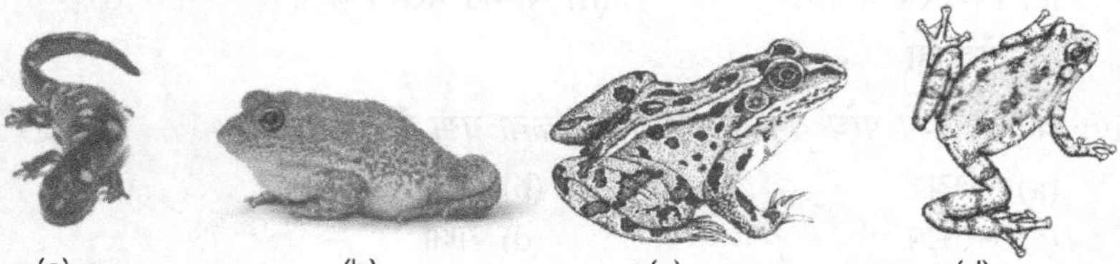

(a) (b) (c) (d)

जल-स्थलचर जंतु : (a) **सैलामेंडर** (b) **टोड** (c) **साधारण मेंढक** (*राना टिग्रीना*) (d) **वृक्ष मेंढक** (*हाइला*)

3. वर्ग–सरीसृप (Reptilia)

(a) ये असमतापी जंतु हैं।

(b) इनका शरीर शल्कों द्वारा ढका होता है तथा श्वसन फेफड़ों द्वारा होता है।

(c) हृदय सामान्यतः त्रिकक्षीय होता है। लेकिन मगरमच्छ का हृदय **चार-कक्षीय** होता है।

(d) इनमें वृक्क पाया जाता है।

(e) ये अंडे देने वाले प्राणी हैं। इनके अंडे कठोर कवच से ढके होते हैं।

(f) जल-स्थलचर की तरह इन्हें जल में अंडे देने की आवश्यकता नहीं पड़ती है।

उदाहरण कछुआ, साँप, छिपकली, मगरमच्छ, आदि।

(a) (b) (c)

सरीसृप : (a) **कछुआ** (b) **कैमेलियॉन** (c) **किंग कोबरा**

(iv) वर्ग–पक्षी (Aves)

(a) ये समतापी प्राणी है।

(b) इनका हृदय चार–कक्षीय होता है।

(c) इनके दो जोड़ी पैर होते हैं। इनमें आगे वाले दो पैर उड़ने के लिए पंखों में रूपान्तरित हो जाते हैं।

(a) (b)

पक्षी : (a) **ऑस्ट्रिच** (*स्ट्रुथियो कैमेलस*) (b) **सफेद स्टोर्क** (*सिकोनिया सिकोनिया*)

(d) शरीर परों से ढका होता है और श्वसन फेफड़ों द्वारा होता है।

उदाहरण कबूतर, शुतुरमुर्ग, गौरेया, आदि।

(v) वर्ग–स्तनधारी (Mammalia)

(a) ये समतापी प्राणी हैं।

(b) हृदय चार–कक्षीय होता है।

(c) इस वर्ग के सभी जंतुओं में नवजात के पोषण के लिए दुग्ध ग्रंथियाँ पाई जाती हैं।

(d) इनकी त्वचा पर बाल, स्वेद और तेल ग्रंथियाँ पाई जाती हैं।

(e) इस वर्ग के जंतु शिशुओं को जन्म देते है। कुछ जंतु अंडे भी देते हैं; ***जैसे***—एकिड्ना, *प्लेटिपस*। कंगारू जैसे स्तनधारी में अविकसित बच्चों के लिए मार्सूपियम नामक थैली होती है, इसमें बच्चे तब तक रहते हैं, जब तक कि उनका पूर्ण विकास नहीं हो जाता है।

उदाहरण चूहा, बिल्ली, चमगादड़ आदि।

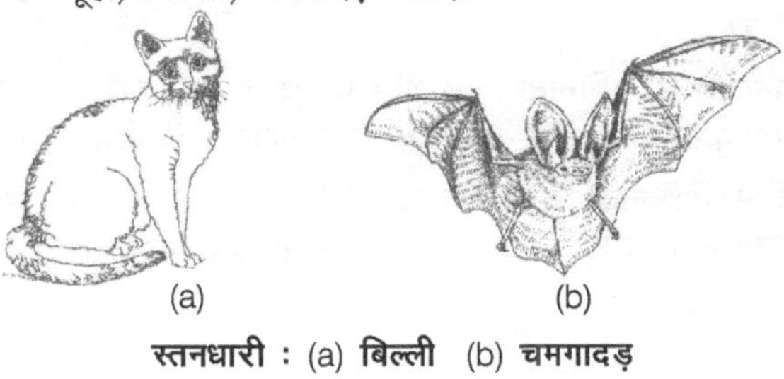

(a) (b)

स्तनधारी : (a) **बिल्ली** (b) **चमगादड़**

नामपद्धति (Nomenclature)

नामपद्धति के लिए **कैरोलस लिनियस** ने द्विपद-नामपद्धति सबसे पहले शुरू की। द्विपद-नामपद्धति के जीवों की सही पहचान में सहायता करती है। इसमें पहला **नाम जीनस** तथा दूसरा **स्पीशीज** का होता है।

द्विपद नामपद्धति के नियम निम्न हैं—

1. जीनस का नाम अंग्रेजी के बड़े अक्षर से शुरू होना चाहिए।
2. स्पीशीज का नाम छोटे अक्षर से शुरू होना चाहिए।
3. छपे हुए रूप में वैज्ञानिक नाम **इटैलिक** से लिखे जाते हैं।
4. जब इन्हें हाथ से लिखा जाता है, तो जीनस और स्पीशीज दोनों को अलग-अलग रेखांकित कर दिया जाता है।

   उदाहरण *मेन्जीफेरा इण्डिका* (आम)।

प्रश्नावली 7.1

पृष्ठ 91

प्रश्न 1. हम जीवधारियों का वर्गीकरण क्यों करते हैं?

उत्तर हमारे चारों ओर विभिन्न प्रकार के जीवधारी होते हैं। इन सभी जीवधारियों को जानने और समझने के लिए हम एक-एक करके विचार नहीं कर सकते है। इसके लिए हम इन्हें इनकी समानता और असमानता के आधार पर विभिन्न वर्गों में रखते हैं। इस प्रकार जीवधारियों को उनकी समानता और असमानता के आधार पर वर्गों, उपवर्गों और समूहों में बाँटना वर्गीकरण कहलाता है।

प्रश्न 2. अपने चारों ओर फैले जीव रूपों की विभिन्नता के तीन उदाहरण दें।

उत्तर *जीव रूपों की विभिन्नता*

(i) **आकार में विभिन्नता** एक ओर जहाँ सूक्ष्मदर्शी से देखे जाने वाले बैक्टीरिया, जिनका आकार कुछ माइक्रोमीटर होता है, वहीं दूसरी ओर 30 मीटर लम्बी व्हेल या कैलिफोर्निया के 100 मीटर लम्बे रेडवुड पेड़ भी पाए जाते हैं।

(ii) **जीवनकाल में विभिन्नता** कुछ चीड़ के वृक्ष हजारों वर्षों तक जीवित रहते हैं, जबकि कुछ कीट; ***जैसे***-मच्छर का जीवनकाल कुछ ही दिनों का होता है।

(iii) **रंगों में विभिन्नता** जैव-विविधता रंगहीन जीवधारियों, पारदर्शी कीटों और विभिन्न रंगों वाले पक्षियों और फूलों में भी पाई जाती हैं।

पृष्ठ 92

प्रश्न 1. जीवों के वर्गीकरण के लिए सर्वाधिक मूलभूत लक्षण हो सकता है?

(a) उनका निवास स्थान

(b) उनकी कोशिका संरचना

उत्तर जीवों के वर्गीकरण के लिए सर्वाधिक मूलभूत लक्षण उनकी कोशिकीय संरचना होती है, क्योंकि

(i) यूकैरियोटिक कोशिकाओं में केंद्रक तथा कुछ झिल्ली से घिरे कोशिकांग होते हैं, जो कोशिकीय क्रियाओं को नियंत्रित रखते हैं और सारी क्रियाओं को एक नियमित चक्र में कराते हैं।

(ii) इसके अतिरिक्त केंद्रकयुक्त कोशिकाओं में बहुकोशिकीय जीव के निर्माण की क्षमता होती है, क्योंकि वे किसी विशेष कार्यों के लिए विशिष्टीकृत हो सकते हैं।

प्रश्न 2. जीवों के प्रारंभिक विभाजन के लिए किस मूल लक्षण को आधार बनाया गया है?

उत्तर जीवों के प्रारंभिक विभाजन के लिए कोशिकाएँ अकेले पाई जाती हैं (एककोशिकीय) या फिर एक साथ समूहों में पाई जाती हैं (बहुकोशिकीय) मूल लक्षण को आधार बनाया गया।

प्रश्न 3. किस आधार पर जंतुओं और वनस्पतियों को एक-दूसरे से भिन्न वर्ग में रखा जाता है?

उत्तर पौधे अपना भोजन स्वयं बनाते हैं, जबकि जंतु अपना भोजन स्वयं नहीं बनाते। इनकी शारीरिक संरचना में भी आवश्यक विभिन्नता पाई जाती है। इस आधार पर जंतुओं और वनस्पतियों को एक-दूसरे से भिन्न वर्ग में रखा जाता है।

पृष्ठ 93

प्रश्न 1. आदिम जीव किन्हें कहते हैं? ये तथाकथित उन्नत जीवों से किस प्रकार भिन्न हैं?

उत्तर जिन जीवों की संरचना में प्राचीनकाल से लेकर आज तक कोई विशेष परिवर्तन नहीं हुआ है, उन्हें आदिम अथवा निम्न जीव कहते हैं। लेकिन कुछ जीव समूहों की शारीरिक संरचना में पर्याप्त परिवर्तन दिखाई पड़ते हैं। इन जीवों को उन्नत अथवा उच्च जीव कहते हैं। निम्न जीव एक साधारण जीवन तथा उच्च जीव जटिल जीवन व्यतीत करते हैं।

प्रश्न 2. क्या उन्नत जीव और जटिल जीव एक होते हैं?

उत्तर उन्नत जीव और जटिल जीव एक ही होते हैं, क्योंकि विकास के दौरान जीवों में जटिलता की संभावना बनी रहती है, इसलिए उन्नत जीवों को जटिल भी कहा जाता है।

पृष्ठ 96

प्रश्न 1. मोनेरा अथवा प्रोटिस्टा जैसे जीवों के वर्गीकरण के मापदंड क्या हैं?

उत्तर जगत-मोनेरा

(i) इन जीवों में संगठित केंद्रक और कोशिकांग नहीं होते हैं।

(ii) इनका शरीर बहुकोशिकीय नहीं होता है।

(iii) कुछ जीवों में कोशिका भित्ति पाई जाती है और कुछ में नहीं।

(iv) पोषण स्तर पर ये स्वपोषी तथा विषमपोषी दोनों हो सकते हैं।

उदाहरण जीवाणु, नील-हरित शैवाल (सायनोबैक्टीरिया) तथा माइकोप्लाज्मा।

जगत-प्रोटिस्टा

(i) इसमें एककोशिकीय, यूकैरियोटिक जीव आते हैं।

(ii) जीवों में गमन के लिए सीलिया, फ्लैजेला नामक संरचनाएँ पाई जाती हैं।

(iii) ये स्वपोषी और विषमपोषी दोनों तरह के होते हैं।

उदाहरण एककोशिकीय शैवाल, डाइएटम, प्रोटोजोआ, आदि

प्रश्न 2. प्रकाश-संश्लेषण करने वाले एककोशिकीय यूकैरियोटिक जीव को आप किस जगत में रखेंगे?

उत्तर जगत–प्रोटिस्टा।

प्रश्न 3. वर्गीकरण के विभिन्न पदानुक्रमों में किस समूह में सर्वाधिक समान लक्षण वाले सबसे कम जीवों को और किस समूह में सबसे ज्यादा संख्या में जीवों को रखा जाएगा?

उत्तर वर्गीकरण के विभिन्न पदानुक्रमों में स्पीशीज समूह में सर्वाधिक समान लक्षण वाले, सबसे कम जीवों को और जगत समूह में सबसे ज्यादा संख्या में जीवों को रखा जाएगा।

पृष्ठ 99

प्रश्न 1. सरलतम पौधों को किस वर्ग में रखा गया है?

उत्तर वर्ग–थैलोफाइटा में सरलतम पौधों को रखा गया है, क्योंकि इन पौधों की शारीरिक संरचना में विभेदीकरण नहीं पाया जाता है।

प्रश्न 2. टेरिडोफाइट और फैनरोगैम में क्या अंतर है?

उत्तर **टेरिडोफाइट और फैनरोगैम में अंतर**

क्र.सं.	टेरिडोफाइट	फेनरोगैम
(i)	इस वर्ग में फर्न, *मार्सीलिया*, हॉर्स टेल आदि आते हैं।	इस वर्ग में जिम्नोस्पर्म एवं एंजियोस्पर्म आदि आते हैं।
(ii)	इस समूह के पौधों में जननांग अप्रत्यक्ष होते हैं।	जनन ऊतक पूर्ण विकसित एवं विभेदित होते हैं।
(iii)	टेरिडोफाइटा में नग्न भ्रूण पाए जाते हैं।	फैनेरोगैम में बीज के अंदर भ्रूण के साथ संचित खाद्य पदार्थ होता है।

प्रश्न 3. **जिम्नोस्पर्म और एंजियोस्पर्म एक-दूसरे से किस प्रकार भिन्न है?**

उत्तर **जिम्नोस्पर्म और एंजियोस्पर्म में अंतर**

क्र.सं.	जिम्नोस्पर्म	एंजियोस्पर्म
(i)	इस वर्ग में नग्न बीज उत्पन्न करने वाले पौधे होते हैं।	इस वर्ग में फल के अंदर (बंद) बीज उत्पन्न करने वाले पौधे आते हैं।
(ii)	इसमें पौधे कई बीजपत्र वाले होते हैं।	इसमें पौधों में एकबीजपत्र या दो बीजपत्र ही होते हैं।
(iii)	ये पौधे बहुवर्षी सदाबहार तथा काष्ठीय होते हैं।	ये पौधे एकवर्षीय, द्विवर्षीय या बहुवर्षीय हो सकते हैं।
	उदाहरण *पाइनस* तथा *साइकस*	***उदाहरण*** पैफियोपेडिलम तथा (एकबीज ापत्री) आइपोमिया (द्विबीजपत्री)

पृष्ठ 105

प्रश्न 1. **पोरीफेरा और सीलेंट्रेटा वर्ग के जंतुओं में क्या अंतर है?**

उत्तर **पोरीफेरा और सीलेंट्रेटा वर्ग के जंतुओं में अंतर**

क्र.सं.	पोरीफेरा	सीलेंट्रेटा
(i)	ये छिद्रयुक्त जीवधारी हैं।	इनमें एक देहगुहा पाई जाती है, जिसे सिलेंट्रॉन कहते हैं।
(ii)	इनका शरीर कोशिकाओं की एक परत का बना होता है।	इनका शरीर कोशिकाओं की दो परतों का बना होता है।
(iii)	इनकी शारीरिक संरचना अत्यंत सरल होती है, जिनमें ऊतकों का विभेदन नहीं होता।	इनकी शारीरिक संरचना में विभेदन होता है।
(iv)	शरीर में उपस्थित छिद्र नाल प्रणाली से जुड़े होते हैं, जिसके माध्यम से शरीर में जल, ऑक्सीजन और भोज्य पदार्थों का संचरण होता है।	इनके छिद्र नाल प्रणाली का अभाव होता है।
(v)	ये अचल जीव हैं, जो किसी आधार से चिपके रहते हैं। इन्हें सामान्यतः स्पंज के नाम से जाना जाता है।	इनकी कुछ जातियाँ समूह में रहती हैं; और कुछ एकाकी होती हैं।
	उदाहरण *साइकॉन, यूप्लेक्टेला, स्पाँजिला,* आदि।	***उदाहरण*** *हाइड्रा,* कोरल, समुद्री एनीमोन, जेलीफिश, आदि।

प्रश्न 2. एनीलिडा के जंतु, आर्थ्रोपोडा के जंतुओं से किस प्रकार भिन्न हैं?

उत्तर **एनीलिडा और आर्थ्रोपोडा के जंतुओं में भिन्नता**

क्र.सं.	एनीलिड्स	आर्थ्रोपोड्स
(i)	इनके शरीर में भिन्नता पाई जाती है। यह भिन्नता इनके शरीर के सिर से पूँछ तक एक के बाद एक खंडित रूप में उपस्थित होती है।	इनका शरीर भी खंडयुक्त होता है लेकिन अंगों में व्यापक भिन्नता नहीं पाई जाती।
(ii)	इनमें वास्तविक देहगुहा पाई जाती है, जिसे सीलोम कहते हैं।	इनमें देहगुहा पाई जाती है, जो रुधिर से भरी होती है। इसलिए इसे हीमोसील कहते हैं।
(iii)	एनीलिड जंतु द्विपार्श्व सममिति एवं त्रिकोरिक होते हैं।	इनमें भी द्विपार्श्व सममिति पाई जाती है।
(iv)	इन्हें सामान्यतः खण्डित कृमि के नाम से जाना जाता है।	इन्हें 'जुड़े हुए पैर' के जंतुओं के नाम से जाना जाता है।
(v)	श्वसन त्वचा के द्वारा होता है।	श्वसन सामान्यतः गिल्स, ट्रेकिया या बुकलंग के द्वारा होता है।
(vi)	नर एवं मादा अलग-अलग नहीं होते हैं।	नर एवं मादा अलग-अलग होते हैं।
	उदाहरण केंचुआ, *नेरीस*, जोंक, आदि।	***उदाहरण*** झींगा, तितली, मक्खी, मकड़ी, बिच्छू, केकड़े, आदि।

प्रश्न 3. जल-स्थलचर और सरीसृप में क्या अंतर है?

उत्तर **जल-स्थलचर और सरीसृप में अंतर**

क्र.सं.	जल-स्थलचर	सरीसृप
(i)	ये जल और स्थल दोनों पर रह सकते हैं।	ये स्थल पर रहते हैं।
(ii)	श्वसन क्लोम अथवा फेफड़ों द्वारा होता है।	श्वसन फेफड़ों द्वारा होता है।
(iii)	इनमें शल्क नहीं पाए जाते और न ही बाह्य कंकाल पाया जाता है।	इनका शरीर शल्कों द्वारा ढका होता है तथा बाह्य कंकाल पाया जाता है।
(iv)	हृदय त्रिकक्षीय होता है।	हृदय सामान्यतः त्रिकक्षीय होता है, लेकिन मगरमच्छ का हृदय चार-कक्षीय होता है।
(v)	इनके अंडे कवच से ढके नहीं होते।	इनके अंडे कवच से ढके होते हैं।
	उदाहरण मेंढक, सैलामेंडर, टोड, आदि।	***उदाहरण*** कछुआ, साँप, छिपकली, मगरमच्छ, आदि।

प्रश्न 4. **पक्षी वर्ग और स्तनधारी वर्ग के जंतुओं में क्या अंतर है?**

उत्तर **पक्षी वर्ग और स्तनधारी वर्ग के जंतुओं में अंतर**

क्र.सं.	पक्षी वर्ग	स्तनधारी वर्ग
(i)	शरीर परों से ढका होता है।	शरीर पर बाल, स्वेद और तेल ग्रंथियाँ पाई जाती हैं।
(ii)	इनमें आगे वाले दो पैर उड़ने के लिए पंखों में परिवर्तित हो जाते हैं।	इनमें पैर चढ़ने के लिए या किसी अन्य उद्देश्य के लिए परिवर्तित हो जाते हैं।
(iii)	दुग्ध ग्रंथियाँ नहीं पाई जाती हैं।	दुग्ध ग्रंथियाँ पाई जाती हैं।
(iv)	इस वर्ग के जंतु अंडे देते हैं।	जंतु शिशुओं को जन्म देने वाले होते हैं।

अभ्यास

प्रश्न 1. **जीवों के वर्गीकरण से क्या लाभ है?**

उत्तर *जीवों के वर्गीकरण से निम्नलिखित लाभ होते हैं*

(i) वर्गीकरण से पौधों और जंतुओं की विभिन्नता के बारे में जानकारी मिलती है।

(ii) इससे विभिन्न प्रकार के जीवों के अध्ययन में आसानी हो जाती है।

(iii) वर्गीकरण जैव विकास के सिद्धांत को समझने में सहायता करता है।

(iv) जीव विज्ञान की कई शाखाओं; ***जैसे***-इकोलॉजी, बायोजियोग्राफी, बायोकैमिस्ट्री आदि को समझने में वर्गीकरण सहायता करता है।

प्रश्न 2. **वर्गीकरण में पदानुक्रम निर्धारण के लिए दो लक्षणों में से आप किस लक्षण का चयन करेंगे?**

उत्तर *वर्गीकरण में पदानुक्रम निर्धारण के लिए निम्न लक्षणों का चयन करते हैं*

(i) कोशिका में केंद्रक समेत कुछ झिल्ली से घिरे कोशिकांग होते हैं या नहीं, क्योंकि इसका असर कोशिकीय संरचना के सभी पहलुओं पर पड़ता है।

(ii) कोशिकाएँ अकेले पाई जाती हैं या फिर एक साथ समूहों में पाई जाती हैं, क्योंकि इसी के परिणामस्वरूप, जीवों की शारीरिक बनावट में काफी अंतर होता है।

(iii) क्या जीव प्रकाश-संश्लेषण की क्रिया द्वारा अपना भोजन स्वयं बनाते हैं? स्वयं भोजन बनाने की क्षमता रखने वाले और बाहर से भोजन प्राप्त करने वाले जीवों की शारीरिक संरचना में आवश्यक भिन्नता पाई जाती है।

प्रश्न 3. **जीवों के पाँच जगत में वर्गीकरण के आधार की व्याख्या कीजिए।**

उत्तर *जीवों के पाँच जगत में वर्गीकरण के आधार की व्याख्या निम्न है*

(i) कोशिका का आकार और संरचना (ii) शारीरिक संगठन

(iii) पोषण के प्रकार

प्रश्न 4. पादप जगत के प्रमुख वर्ग कौन से है? इस वर्गीकरण का क्या आधार है?

उत्तर *पादप जगत के प्रमुख वर्ग निम्न है*

(i) थैलोफाइटा (ii) ब्रायोफाइटा
(iii) टेरिडोफाइटा (iv) जिम्नोस्पर्म
(v) एंजियोस्पर्म

वर्गीकरण का आधार

(i) पादप शरीर के प्रमुख घटक पूर्णरूपेण विकसित एवं विभेदित।
(ii) पादप शरीर में जल और अन्य पदार्थों को संवहन करने वाले विशिष्ट ऊतकों की उपस्थिति।
(iii) पौधों में बीजधारण की क्षमता।
(iv) बीज फल के अंदर विकसित है अथवा नहीं।

प्रश्न 5. जंतुओं और पौधों के वर्गीकरण के आधारों में मूल अंतर क्या है?

उत्तर वर्गीकरण के लिए पौधों के शरीर के विभिन्न लक्षण जंतुओं से भिन्न होते हैं। इसका कारण यह है कि पौधों का शरीर भोजन बनाने की क्षमता के अनुसार विकसित होता है, जबकि जंतुओं का शरीर बाहर से भोजन ग्रहण करने के अनुसार विकसित होता है। यही लक्षण, वर्गीकरण के दौरान उपसमूह और फिर बाद में बड़े समूहों में विभाजन का आधार बनते हैं।

प्रश्न 6. वर्टीब्रेटा (कशेरुक प्राणी) को विभिन्न वर्गों में बाँटने के आधार की व्याख्या कीजिए।

उत्तर *वर्टीब्रेट्स को विभिन्न वर्गों में बाँटने के आधार की विशेषताएँ निम्न हैं*

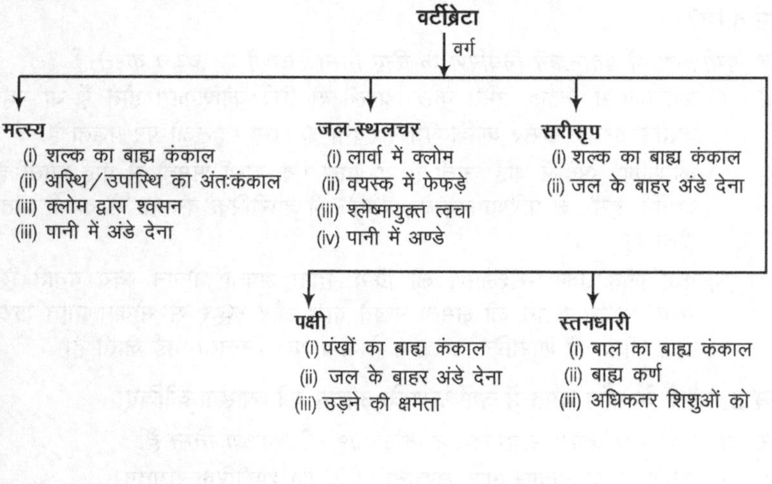

NCERT Exemplar

पुस्तक के चुने गए प्रश्न

बहुविकल्पीय प्रश्न

प्रश्न 1. निम्न में से गलत कथन छाँटिए।

(a) प्रोटिस्टा वर्ग में एककोशिकीय यूकैरियोटिक जीव आते हैं।

(b) व्हिटेकर ने जीवों के पाँच जगत वर्गीकरण के लिए कोशिकीय संरचना, पोषण के स्रोत और तरीके तथा शारीरिक संगठन को आधार बनाया।

(c) मोनेरा और प्रोटिस्टा वर्ग के जीव स्वपोषी और विषमपोषी दोनों हो सकते हैं।

(d) मोनेरा वर्ग के जीवों में सुसंगठित केंद्रक होता है।

उत्तर *(d)*

प्रश्न 2. निम्नलिखित में से किसमें पानी के संवहन के लिए विशेष ऊतक पाये जाते हैं?

I. थैलोफाइटा में II. ब्रायोफाइटा में

III. टेरिडोफाइटा में IV. जिम्नोस्पर्म में

(a) I और II (b) I और III

(c) III और IV (d) I और IV

उत्तर *(c)*

प्रश्न 3. निम्न में से किस वर्ग में बीज उत्पन्न होते हैं?

(a) थैलोफाइटा में (b) ब्रायोफाइटा में (c) टेरिडोफाइटा में (d) जिम्नोस्पर्म में

उत्तर *(d)*

प्रश्न 4. निम्न में से कौन एक मछली है?

(a) जैलीफिश (b) स्टारफिश (c) डॉग फिश (d) सिल्वर फिश

उत्तर *(c)*

प्रश्न 5. निम्नलिखित में से किन वर्गों में खुला परिसंचरण तंत्र पाया जाता है?

I. आर्थ्रोपोडा में II. मोलस्का में

III. एनीलिडा में IV. सीलेंट्रेटा में

(a) I और II (b) II और III (c) III और IV (d) I और IV

उत्तर *(a)*

प्रश्न 6. किस वर्ग के जंतुओं में देहगुहा रुधिर से भरी होती है?

(a) आर्थ्रोपोडा (b) एनीलिडा (c) निमेटोडा (d) इकाइनोडर्मेटा

उत्तर (a)

प्रश्न 7. ऐलिफेनटिएसिस किसके कारण होता है?

(a) *वुचेरेरिया* (b) पिनकृमि (c) *प्लेनेरिअंस* (d) लीवरफ्लूक

उत्तर (a)

प्रश्न 8. निम्न में से कौन-सी विशेषता सभी कशेरुकी प्राणियों में मिलती है?

(a) नोटोकॉर्ड की उपस्थिति (b) त्रिकोरक शरीर

(c) गिल्स का होना (d) देहगुहा की उपस्थिति

उत्तर (a)

प्रश्न 9. किन वर्गों में शल्क पाए जाते हैं?

I. जल-स्थलचर में II. मत्स्य में

III. सरीसृप में IV. स्तनधारी में

(a) I और II (b) II और III (c) III और IV (d) I और IV

उत्तर (b)

प्रश्न 10. टेरिडोफाइट्स में नहीं पाए जाते हैं

(a) जड़ (b) तना (c) पत्ती (d) फूल

उत्तर (d)

प्रश्न 11. गलत कथन छाँटिये।

(a) पक्षी समतापी, अंडे देने वाले तथा ह्रदय चार-कक्षीय होते हैं।

(b) पक्षियों में आगे वाले दो पैर उड़ने के लिए पंखों में परिवर्तित हो जाते हैं।

(c) स्तनधारी शिशुओं को जन्म देते हैं।

(d) मत्स्य, सरीसृप और जल-स्थलचर वर्ग के जंतुओं में श्वसन फेफड़ों द्वारा होता है।

उत्तर (d)

प्रश्न 12. निम्न में से कौन-सा जंतु पोरीफेरा वर्ग में आता है?

(a) *स्पाँजिला* (b) *यूग्लीना*

(c) *पेनिसिलियम* (d) *हाइड्रा*

उत्तर (a)

प्रश्न 13. निम्न में से कौन एक जलीय जंतु नहीं है?

(a) *हाइड्रा* (b) जैलीफिश (c) कोरल (d) *फाइलेरिया*

उत्तर (d)

प्रश्न 14. **जल-स्थलचर वर्ग के जंतुओं में निम्नलिखित में से क्या नहीं होता?**

(a) तीन-कक्षीय हृदय
(b) क्लोम या फेफड़े
(c) शल्क
(d) श्लेष्म ग्रंथियाँ

उत्तर (c)

प्रश्न 15. **बिना केंद्रक और बिना कोशिकांग वाले जीवधारी किस वर्ग में आते हैं?**

I. फंजाई
II. प्रोटिस्टा
III. साइनोबैक्टीरिया
IV. आर्कीबैक्टीरिया

(a) I और II
(b) II और III
(c) III और IV
(d) I और IV

उत्तर (c)

प्रश्न 16. **निम्नलिखित में से क्या जीवधारियों के वर्गीकरण का आधार नहीं है?**

(a) जीवों की कोशिकीय संरचना
(b) पोषण के स्तर एवं प्रकार
(c) जीवों का शारीरिक संगठन
(d) पौधों की ऊँचाई

उत्तर (d)

प्रश्न 17. **कौन-सी विशेषता प्रोटोकॉर्डेटा वर्ग के जंतुओं में नहीं पाई जाती है?**

(a) नोटोकॉर्ड की उपस्थिति
(b) द्विपार्श्व सममिति और देहगुहा
(c) जुड़े हुए पैर
(d) परिसंचरण तंत्र की उपस्थिति

उत्तर (c)

प्रश्न 18. **इकाइनोडर्मेटा वर्ग के जंतुओं में कौन-से अंग चलने में सहायक होते हैं?**

(a) ट्यूब फीट
(b) मस्कुलर फीट
(c) जुड़े हुए पैर
(d) पेरापोडिया

उत्तर (a)

प्रश्न 19. **जीवों के वर्गीकरण की नामपद्धति सबसे पहले किस वैज्ञानिक ने दी थी?**

(a) रॉबर्ट व्हिटेकर ने
(b) रॉबर्ट हुक ने
(c) कैरोलस लिनियस ने
(d) अर्नेस्ट हेकल ने

उत्तर (c)

प्रश्न 20. **द्विकक्षीय हृदय पाया जाता है**

(a) मगरमच्छ में
(b) मछली में
(c) पक्षियों में
(d) जल-स्थलचर में

उत्तर (b)

प्रश्न 21. **निम्नलिखित में से किसका उपास्थि का बना कंकाल होता है?**

(a) शार्क
(b) ट्यूना
(c) रोहू
(d) इनमें से कोई नहीं

उत्तर (a)

प्रश्न 22. **निम्नलिखित में से कौन एनीलिडा वर्ग का जंतु नहीं है?**

(a) *नेरीस* (b) केंचुआ (c) जोंक (d) अर्चिन

उत्तर *(d)*

प्रश्न 23. **पुस्तक 'सिस्टेमा नेचुरी' किसके द्वारा लिखी गई?**

(a) लिनियस (b) हेकल (c) व्हिटेकर (d) रॉबर्ट ब्राउन

उत्तर *(a)*

प्रश्न 24. **किस वर्गों के जंतुओं में व्यापक भिन्नता पाई जाती है?**

(a) एनीलिडा में (b) इकाइनोडर्मेटा में
(c) आर्थ्रोपोडा में (d) मोलस्का में

उत्तर *(a)*

प्रश्न 25. **किस वर्ग के जंतुओं में कंकाल कैल्शियम कार्बोनेट का बना होता है?**

(a) आर्थ्रोपोडा (b) निमेटोडा (c) इकाइनोडर्मेटा (d) प्रोटोकॉर्डेटा

उत्तर *(c)*

प्रश्न 26. **जीवों के वर्गीकरण के लिए कुल को किसके बीच में रखा जाता है?**

(a) वर्ग और गण के (b) गण और जीनस के
(c) जीनस और स्पीशीज के (d) वंश और वर्ग के

उत्तर *(b)*

प्रश्न 27. **जीवों का पाँच जगत का वर्गीकरण किसने दिया था?**

(a) आर. व्हिटेकर ने (b) लिनियस (c) हेकल ने (d) मॉर्गन ने

उत्तर *(a)*

प्रश्न 28. **सुसंगठित केंद्रक नहीं पाया जाता**

(a) नीले-हरे शैवालों में (b) डाइएटम्स में
(c) शैवाल में (d) यीस्ट में

उत्तर *(a)*

प्रश्न 29. **'दि ऑरिजिन ऑफ स्पीशीज' पुस्तक किसने लिखी थी?**

(a) लिनियस ने (b) चार्ल्स डार्विन ने (c) हेकल ने (d) व्हिटेकर ने

उत्तर *(b)*

प्रश्न 30. **रेडियल सममिति किस वर्ग में पाई जाती है?**

(a) प्रोटोजोआ में (b) सीलेंट्रेटा में
(c) चपटे कृमियों में (d) आर्थ्रोपोडा में

उत्तर *(b)*

प्रश्न 31. 'वीनस फ्लॉवर बास्केट' निम्न में से किसका सूखा कंकाल है?

(a) *यूस्पांजिया* (b) *यूप्लेक्टेला* (c) *स्पांजिला* (d) *ल्यूकोसोलेनिया*

उत्तर (*b*)

प्रश्न 32. प्लेटीहेल्मिन्थीज में उत्सर्जन अंग होते हैं

(a) नेफ्रीडिया
(b) मैल्पीघियन नलिकाएँ
(c) फ्लैम कोशिकाएँ (सोलेनोसाइट्स)
(d) हरी ग्रंथियाँ

उत्तर (c)

प्रश्न 33. पुस्तक 'दि ऑरिजिन ऑफ स्पीशीज' डार्विन ने किस सन् में लिखी थी?

(a) 1759 में (b) 1659 में (c) 1860 में (d) 1859 में

उत्तर (*d*)

प्रश्न 34. हेगफिश सामान्यतः किसे कहते हैं?

(a) *ऑक्टोपस* को (b) *मिक्सिन*
(c) *बैलेनोग्लॉसस* को (d) *पेटेरोमाइजोन को*

उत्तर (c)

लघु उत्तरीय प्रश्न

प्रश्न 35. निम्नलिखित की व्याख्या तथा एक उदाहरण दीजिए।

(a) द्विपार्श्व सममिति (b) देहगुहा (c) त्रिकोरक जन्तु

उत्तर (a) **द्विपार्श्व सममिति** द्विपार्श्व सममिति में शरीर के दाएँ और बाएँ भाग की संरचना समान होती है। ***उदाहरण*** लीवरफ्लूक।

(b) **देहगुहा** ये शरीर के अंदर गुहा होती है, जिसमें सुविकसित अंग व्यवस्थित होते हैं। ***उदाहरण*** तितली।

(c) **त्रिकोरक जन्तु** त्रिकोरक जंतुओं में ऊतक विभेदन तीन कोशिकीय स्तरों से होता है। ***उदाहरण*** तारा मछली।

प्रश्न 36. बिल्ली, चूहे और चमगादड़ के समान गुणों की एक सूची बनाइए।

उत्तर *बिल्ली, चूहे और चमगादड़ की कुछ समान विशेषताएँ निम्न प्रकार से हैं*

(i) इन सभी में नोटोकॉर्ड होती है।
(ii) ये सभी समतापी प्राणी हैं।
(iii) इनमें चार-कक्षीय हृदय होता है।
(iv) इनकी त्वचा पर बाल, स्वेद और तेल ग्रंथियाँ पाई जाती हैं।

प्रश्न 37. निम्नलिखित जीवों को इनमें वास्तविक देहगुहा की उपस्थिति/अनुपस्थिति के आधार पर वर्गीकृत कीजिए।

स्पांजिला, सी–एनीमोन, *प्लेनेरिया* और लीवरफ्लूक, *वूचेरेरिया*, *ऐस्कैरिस*, *नेरीस*, केंचुआ

उत्तर *स्पांजिला*, सी-एनीमोन, *प्लेनेरिया*, लीवरफ्लूक, *वूचेरेरिया*, *ऐस्कैरिस* में वास्तविक देहगुहा का अभाव होता है, जबकि *नेरीस*, केंचुआ, स्कॉर्पिऑन, पक्षी, मछली, घोंघा आदि में वास्तविक देहगुहा पाई जाती है।

दीर्घ उत्तरीय प्रश्न

प्रश्न 38. थैलोफाइटा, ब्रायोफाइटा और टेरिडोफाइटा को 'क्रिप्टोगैम्स' कहते हैं, जबकि जिम्नोस्पर्म और एंजियोस्पर्म को 'फैनेरोगैम्स' कहते हैं, क्यों? व्याख्या कीजिए। किसी दो जिम्नोस्पर्म का चित्र बनाइए।

उत्तर थैलोफाइटा, ब्रायोफाइटा और टेरिडोफाइटा में नग्न भ्रूण पाए जाते हैं, जिन्हें बीजाणु कहते हैं। इन तीन समूह के पौधों में जननांग अप्रत्यक्ष होते हैं तथा इनमें बीज उत्पन्न करने की क्षमता नहीं होती है। अतः ये 'क्रिप्टोगैम्स' कहलाते हैं।

जिम्नोस्पर्म एवं एंजियोस्पर्म में जनन ऊतक पूर्ण विकसित एवं विभेदित होते हैं तथा जनन प्रक्रिया के पश्चात् पुष्प से बीज उत्पन्न करते हैं, इसलिए ये 'फैनेरोगैम्स' कहलाते हैं। बीज के अन्दर भ्रूण के साथ संचित खाद्य पदार्थ होता है, जिसका उपयोग भ्रूण के प्रारंभिक विकास एवं अंकुरण के समय होता है।

पाइनस

साइकस

प्रश्न 39. जोंक, *नेरीस*, *स्कोलोपेन्ड्रा*, झींगा और स्कॉर्पिऑन का शरीर खंडयुक्त होता है। क्या तुम इन सभी जंतुओं को एक ही वर्ग में वर्गीकृत करोगे? यदि नहीं तो क्यों? व्याख्या कीजिए।

उत्तर इन सभी जंतुओं को एक ही वर्ग में नहीं रखेंगे, क्योंकि जोंक और *नेरीस* के अंगों में व्यापक भिन्नता होती है। यह भिन्नता इनके शरीर के सिर से पूँछ तक एक के बाद एक खंडित रूप में उपस्थित होती है। अतः इनको वर्ग–एनीलिडा में रखा जाएगा।

जबकि *स्कोलोपेन्ड्रा*, झींगा और स्कॉर्पिऑन के अंगों में व्यापक भिन्नता नहीं पाई जाती। इनमें जुड़े हुए पैर तथा खुला परिसंचरण तंत्र पाया जाता है। अतः इनको वर्ग—आर्थ्रोपोडा में रखा जाएगा।

प्रश्न 40. उड़ने वाली छिपकली और चिड़िया में क्या भिन्नता है? चित्र भी बनाइए।

उत्तर

क्र.सं.	उड़ने वाली छिपकली	चिड़िया
(i)	ये वर्ग-सरीसृप में आती है	ये वर्ग-एविज में आती है।
(ii)	ये असमतापी जंतु है।	ये समतापी प्राणी है।
(iii)	इनका शरीर शल्कों द्वारा ढका होता है।	इनका शरीर परों से ढका होता है।
(iv)	इनका हृदय त्रिकक्षीय होता है।	इनका हृदय चार-कक्षीय होता है।
	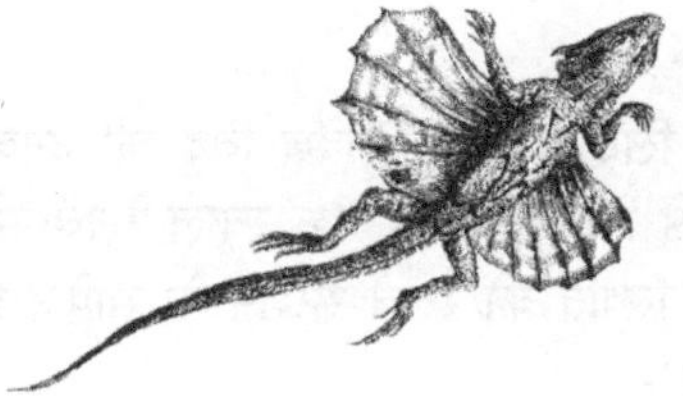	

प्रश्न 41. कछुए तथा साँप में क्या समानताएँ होती हैं?

उत्तर *कछुए और साँप में निम्न समानताएँ होती हैं*

(i) दोनों असमतापी जंतु हैं।
(ii) दोनों का शरीर शल्कों से ढका होता है।
(iii) दोनों में श्वसन फेफड़ों द्वारा होता है।
(iv) इनका हृदय त्रिकक्षीय होता है।
(v) दोनों के अंडे कठोर कवच से ढके होते हैं तथा जल-स्थलचर की तरह इन्हें जल में अंडे देने की आवश्यकता नहीं पड़ती है।

8

गति

कोई वस्तु गति में तभी होती है, जब वह समय के साथ अपनी स्थिति को परिवर्तित करती है। किसी व्यक्ति के लिए एक वस्तु गतिशील प्रतीत हो सकती है, जबकि दूसरे के लिए स्थिर।

गति का वर्णन (Motion)

किसी वस्तु की स्थिति को बताने के लिए हमें एक निर्देश बिंदु की आवश्यकता होती है, जिसे **मूल बिंदु** कहा जाता है; जैसे किसी गाँव में एक स्कूल रेलवे स्टेशन से 2 किमी उत्तर दिशा में है। चूँकि स्कूल की स्थिति को रेलवे स्टेशन के सापेक्ष निर्धारित किया है, अत: यहाँ रेलवे स्टेशन मूल बिंदु है।

रेलवे स्टेशन से स्कूल तक जाने में कोई व्यक्ति समय के सापेक्ष अपनी स्थिति को परिवर्तित करता है, अत: वह गति करता है।

दूरी (Distance)

किसी गतिमान वस्तु द्वारा चले गये कुल रास्ते को उस वस्तु की **दूरी** कहते हैं।

(i) दूरी को व्यक्त करने के लिए अंकीय मान की आवश्यकता होती है, न कि गति की दिशा की। अत: यह एक अदिश राशि है।

(ii) दूरी को मीटर (m) में नापते हैं।

(iii) वस्तु द्वारा चली गयी दूरी कभी शून्य नहीं हो सकती है।

(iv) वस्तु द्वारा चली दूरी हमेशा धनात्मक होती है।

उदाहरण एक वस्तु बिंदु O से चलकर A और B से गुजरते हुए बिंदु C तक पहुँचती है। अत: वस्तु द्वारा चली गयी कुल दूरी होगी $= OA + AB + BC$

विस्थापन (Displacement)

वस्तु की प्रारंभिक व अंतिम स्थिति के बीच की न्यूनतम दूरी को वस्तु का **विस्थापन** कहते हैं।

(i) विस्थापन को व्यक्त करने के लिए अंकीय मान और गति की दिशा दोनों की आवश्यकता होती है, अत: विस्थापन एक **सदिश राशि** है।

(ii) विस्थापन को **मीटर** (m) में नापते हैं।

(iii) यदि कोई वस्तु पुन: लौटकर अपनी प्रारंभिक स्थिति में आ जाती है, तो वस्तु का विस्थापन शून्य होगा।

(iv) किसी वस्तु का विस्थापन **धनात्मक** और **ऋणात्मक** दोनों हो सकता है।

(v) किसी वस्तु का विस्थापन उसके द्वारा चली गई दूरी से ज्यादा नहीं होता,

$$\text{विस्थापन} \leq \text{दूरी}$$

अत:

$$\frac{\text{विस्थापन}}{\text{दूरी}} \leq 1$$

अर्थात् विस्थापन और दूरी का अनुपात 1 से कम या बराबर होता है।

एकसमान गति और असमान गति
(Uniform Motion and Non-uniform Motion)

यदि कोई वस्तु समान समयांतराल में समान दूरी तय करती है, तो उसकी गति को **एकसमान गति** कहते हैं। इस तरह की गति में समयांतराल छोटा होना चाहिए। इसमें विस्थापन व समय के बीच ग्राफ एक सरल रेखा प्राप्त होती है।

यदि किसी वस्तु द्वारा समान समयांतराल में असमान दूरी तय होती है, तो इस गति को **असमान गति** कहते हैं। इसमें समय-विस्थापन ग्राफ टेड़े-मेड़े वक्र (मुड़ा हुआ) के रूप में प्राप्त होता है।

गति की दर (Rate of Motion)

किसी वस्तु द्वारा चली गयी दूरी और लिये गये कुल समय के अनुपात को **गति की दर** कहते हैं।

किसी दी गई निश्चित दूरी को तय करने के लिए अलग-अलग वस्तुएँ अलग-अलग समय लेती हैं। इनमें से कुछ धीमे चलती हैं, तो कुछ तेज। अत: वस्तुओं की गति करने की दर भी अलग-अलग हो सकती है।

चाल (Speed)

वस्तु द्वारा इकाई समय में तय की गई दूरी को चाल कहा जाता है।

$$\text{चाल} = \frac{\text{दूरी}}{\text{समय}} \quad \text{या} \quad s = \frac{D}{t}$$

चाल एक अदिश राशि है। इसका मात्रक **मीटर प्रति सेकंड** (ms^{-1}) है। चाल के अन्य मात्रक सेंटीमीटर प्रति सेकंड (ms^{-1}) और **किलोमीटर प्रति घंटा** (kmh^{-1}) हैं। चाल कभी शून्य नहीं होती। यह हमेशा धनात्मक होती है।

समान चाल (Uniform Speed)

यदि कोई वस्तु समान समयांतराल में समान दूरी तय करती है, तो उसकी चाल को **समान चाल** कहते हैं।

असमान चाल (Non-Uniform Speed)

यदि कोई वस्तु समान समयांतराल में असमान दूरी तय करती है, तो उसकी चाल को असमान चाल कहते हैं।

औसत चाल (Average Speed)

वस्तु की औसत चाल को उसके द्वारा तय की गई कुल दूरी को कुल समयावधि से भाग देकर प्राप्त किया जा सकता है, अर्थात् कुल चली गई दूरी तथा कुल लिये गये समय के अनुपात को वस्तु की **औसत चाल** कहते हैं।

$$\text{औसत चाल} = \frac{\text{तय की गई कुल दूरी}}{\text{कुल समयावधि}}$$

या

$$v = \frac{s}{t}$$

वेग (Velocity)

किसी वस्तु की एक निश्चित दिशा में चाल को **वेग** कहते हैं।

$$\text{वेग} = \frac{\text{विस्थापन}}{\text{समय}} \Rightarrow v = \frac{D}{t}$$

वेग एक सदिश राशि है। इसका मात्रक मीटर प्रति सेकंड (ms^{-1}) है।

किसी वस्तु का वेग शून्य, ऋणात्मक और धनात्मक हो सकता है।

वस्तु का वेग वस्तु की चाल, गति की दिशा या दोनों के परिवर्तन के साथ परिवर्तित हो सकता है।

समान वेग (Uniform Velocity)

यदि कोई वस्तु समान समयांतराल में समान विस्थापन तय करती है, तो उसके वेग को **समान वेग** कहते हैं।

असमान वेग (Non-Uniform Velocity)

जब कोई वस्तु समान समयांतराल में असमान विस्थापन तय करती है, तो उसके वेग को **असमान वेग** कहते हैं।

औसत वेग (Average Velocity)

जब एक वस्तु सरल रेखा में बदलती हुई चाल के साथ गति कर रही है, तो इसकी गति के दर के परिमाण को **औसत वेग** द्वारा व्यक्त करते हैं।

$$\text{औसत वेग} = \frac{\text{कुल विस्थापन}}{\text{लिया गया कुल समय}}$$

यदि वस्तु का वेग समान रूप से परिवर्तित होता है, तब प्रारंभिक वेग और अंतिम वेग के अंकगणितीय माध्य के द्वारा औसत वेग प्राप्त करते हैं।

$$\text{औसत वेग} = \frac{\text{प्रारंभिक वेग + अंतिम वेग}}{2}$$

$$v_{av} = \frac{u + v}{2}$$

जहाँ v_{av} औसत वेग है, u प्रारंभिक वेग है तथा v वस्तु का अंतिम वेग है।

नोट (i) *यदि कोई वस्तु सरल रेखा में गति करती है, तब उस वस्तु की औसत चाल तथा औसत वेग बराबर होते हैं।*

(ii) *किसी वस्तु की औसत चाल कभी भी शून्य नहीं हो सकती, लेकिन उसका औसत वेग शून्य हो सकता है।*

वेग में परिवर्तन की दर : त्वरण (Acceleration)

किसी वस्तु के प्रति इकाई समय में वेग परिवर्तन की माप को त्वरण कहते हैं।

$$\text{त्वरण} = \frac{\text{वेग में परिवर्तन}}{\text{लिया गया समय}}$$

यदि वस्तु का वेग प्रारंभिक वेग u से t समय में बदलकर v हो जाता है, तो त्वरण निम्न होगा

$$a = \frac{v - u}{t}$$

इस प्रकार की गति को त्वरित गति कहा जाता है।

त्वरण एक **सदिश राशि** है। इसका मात्रक **मीटर प्रति से^{2}** (ms^{-2}) है।

(i) **धनात्मक त्वरण** यदि त्वरण, वेग की दिशा में है, तो इसे धनात्मक लिया जाता है।

(ii) **ऋणात्मक त्वरण** यदि त्वरण वेग के विपरीत दिशा में है, तो इसे ऋणात्मक लिया जाता है।

समान त्वरण (Uniform Acceleration)

जब एक वस्तु सरल रेखा में चलती है और इसका वेग समान समयांतराल में समान रूप से घटता है या बढ़ता है, तो वस्तु के त्वरण को एकसमान त्वरण कहते हैं।

असमान त्वरण (Non-Uniform Acceleration)

यदि किसी गतिमान वस्तु का वेग समान समयांतराल में असमान दर से परिवर्तित होता है, तो वस्तु असमान त्वरण के साथ गतिमान होती है।

गति का ग्राफीय प्रदर्शन
(Graphical Representation of Motion)

किसी वस्तु की गति को दर्शाने के लिए एक रेखीय ग्राफ की आवश्यकता होती है। इस स्थिति में रेखीय ग्राफ किसी एक भौतिक राशि पर निर्भरता को दर्शाता है; जैसे—दूरी या वेग का दूसरी राशि; ***जैसे***—समय पर।

दूरी-समय ग्राफ (Distance-Time Graph)

समय के साथ किसी वस्तु की स्थिति परिवर्तन को दूरी-समय ग्राफ द्वारा व्यक्त किया जाता है। इस ग्राफ में समय को x-अक्ष और दूरी को y-अक्ष पर प्रदर्शित किया जाता है।

दूरी-समय ग्राफ का प्रयोग वस्तु की चाल जानने के लिए भी करते हैं। इसको विभिन्न अवस्थाओं में प्रदर्शित किया जाता है; जैसे—कोई वस्तु एकसमान चाल या असमान चाल से चल रही है या विरामावस्था में है, आदि।

यदि कोई वस्तु समान गति से चलती है, तब समय के साथ तय की गई दूरी का ग्राफ एक सरल रेखा होता है।

एकसमान चाल से गतिमान किसी वस्तु का दूरी-समय ग्राफ

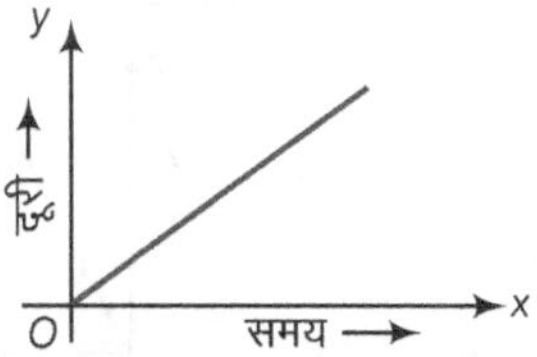

जब कोई वस्तु असमान गति से चलती है, तब दूरी-समय ग्राफ एक मुड़ी हुई (curved) रेखा होता है।

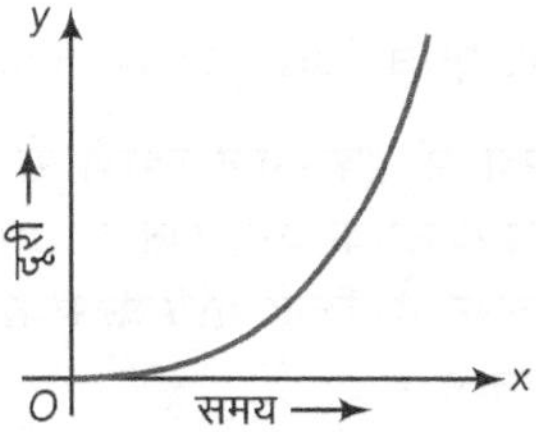

वेग-समय ग्राफ (Velocity-Time Graph)

समय के साथ वस्तु के वेग में परिवर्तन को वेग-समय ग्राफ द्वारा व्यक्त करते हैं। इस ग्राफ में, समय को x-अक्ष पर और वेग को y-अक्ष पर लेते हैं।

जब कोई वस्तु एकसमान वेग से गतिमान होती है, तो समय के साथ वेग-समय ग्राफ की ऊँचाई में कोई परिवर्तन नहीं होगा और यह x-अक्ष के समानांतर एक सीधी रेखा होगी। *यह निम्न ग्राफ में दर्शाया गया है*

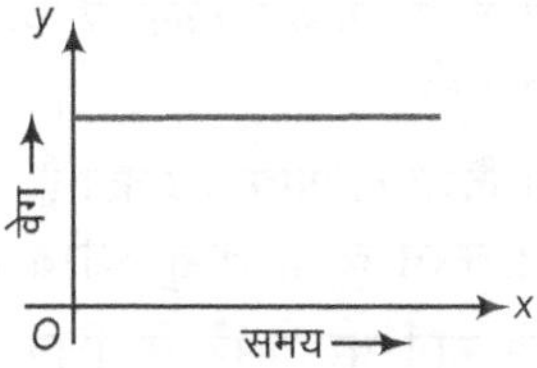

वेग-समय ग्राफ तथा समय अक्ष के द्वारा घेरा गया क्षेत्र विस्थापन के परिमाण के बराबर होता है। वेग-समय ग्राफ के द्वारा हम एकसमान रूप से त्वरित गति का अध्ययन कर सकते हैं।

सभी एकसमान त्वरित गतियों के लिए वेग-समय ग्राफ एक सरल रेखा होती है।

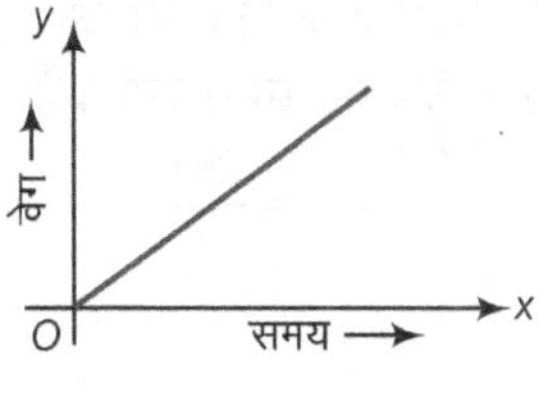

असमान त्वरित गति की स्थिति में वेग-समय ग्राफ किसी भी आकृति का हो सकता है।

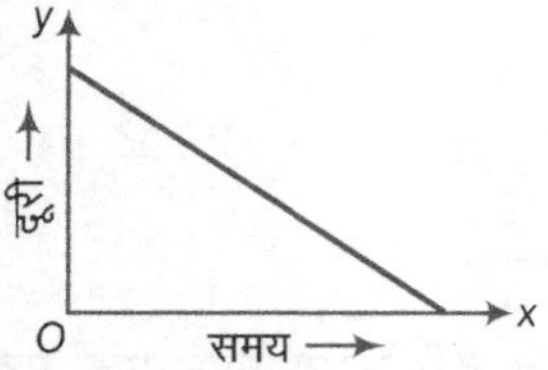

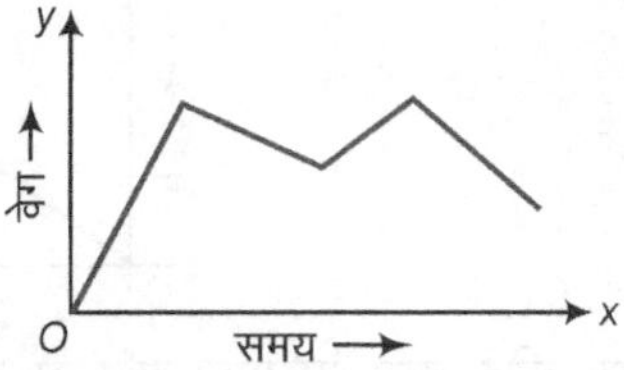

गति के समीकरण (Equations of Motion)

जब कोई वस्तु सीधी रेखा में एकसमान त्वरण से चलती है, तो एक निश्चित समयांतराल में समीकरणों के द्वारा उसके वेग, गति के दौरान त्वरण व उसके द्वारा तय की गई दूरी में संबंध स्थापित करते हैं, जिन्हें **गति के समीकरण** के नाम से जाना जाता है। गति के तीन समीकरण निम्न हैं

1. $v = u + at$ 2. $s = ut + \frac{1}{2}at^2$ 3. $v^2 = u^2 + 2as$

वृत्तीय गति (Circular Motion)

जब कोई वस्तु एक स्थिर बिंदु के चारों ओर वृत्ताकार मार्ग पर गति करती है, तब उसकी गति को **वृत्तीय गति** कहते हैं।

एकसमान वृत्तीय गति (Uniform Circular Motion)

जब एक वस्तु वृत्तीय रास्ते पर समान चाल से चलती है, तब उसकी गति को एकसमान वृत्तीय गति कहा जाता है।

- वृत्तीय गति में गति की दिशा लगातार बदलती है, अर्थात् वेग में परिवर्तन होता है इसलिए वृत्तीय गति करने वाली वस्तु त्वरित होती है।
- किसी वस्तु को वृत्तीय मार्ग पर घूमने के लिए, जिस बल की आवश्यकता होती है, उसे अभिकेंद्रीय बल कहते हैं।
- वृत्तीय गति में उपस्थित त्वरण को **अभिकेन्द्रीय त्वरण** (centripetal acceleration) कहते हैं।
- त्रिज्या r वाले वृत्त की परिधि $2\pi r$ होती है। अत: r त्रिज्या वाले वृत्तीय पथ का एक चक्कर लगाने में t सेकंड का समय लगता है। तब वस्तु की चाल v होगी

$$v = \frac{2\pi r}{t}$$

प्रश्नावली 8.1

पृष्ठ 110

प्रश्न 1. एक वस्तु के द्वारा कुछ दूरी तय की गई। क्या इसका विस्थापन शून्य हो सकता है? अगर हाँ, तो अपने उत्तर को उदाहरण के द्वारा समझाएँ।

उत्तर वस्तु का विस्थापन शून्य हो सकता है। यदि वह वस्तु कुछ दूरी तय करने के बाद वापिस अपनी प्रारंभिक स्थिति में आ जाती है।

उदाहरण यदि एक लड़की अपने घर से स्कूल जाती है और वापस अपने घर आ जाती है, तब विस्थापन शून्य होगा, क्योंकि इस स्थिति में प्रारंभिक स्थिति और अंतिम स्थिति संपाती हो जाती है।

प्रश्न 2. एक किसान 10 मी की भुजा वाले एक वर्गाकार खेत की सीमा पर 40 सेकंड में चक्कर लगाता है। 2 मिनट 20 सेकंड के बाद किसान के विस्थापन का परिमाण क्या होगा?

उत्तर किसान 40 सेकंड में एक चक्कर लगाता है, अर्थात् 40 सेकंड के बाद वह अपनी प्रारंभिक स्थिति में आ जाता है, अतः विस्थापन शून्य होगा।

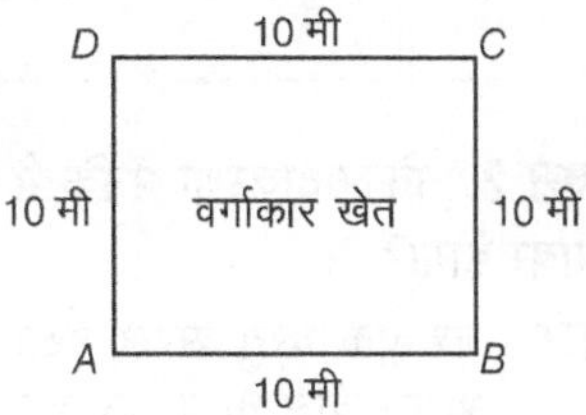

दिया गया समय = 2 मिनट 20 सेकंड

= $(2 \times 60 + 20)$ सेकंड

= 140 सेकंड

= $(40 \times 3 + 20)$ सेकंड

2 मिनट 20 सेकंड के बाद किसान का विस्थापन

= $(3 \times 40 + 20)$ सेकंड के बाद विस्थापन

= $0 + 20$ सेकंड के बाद विस्थापन

($\because$ हर 40 सेकंड के बाद विस्थापन शून्य है)

किसान एक चक्कर 40 सेकंड में लगाता है, अतः 1/2 चक्कर 20 सेकंड में पूरा करेगा, इसलिए 20 सेकंड बाद किसान की अंतिम स्थिति C होगी।

किसान का विस्थापन = AC

$= \sqrt{AB^2 + BC^2}$

$= \sqrt{10^2 + 10^2}$

$= 10\sqrt{2}$

$= 10 \times 1.414$

= 14.14 मी

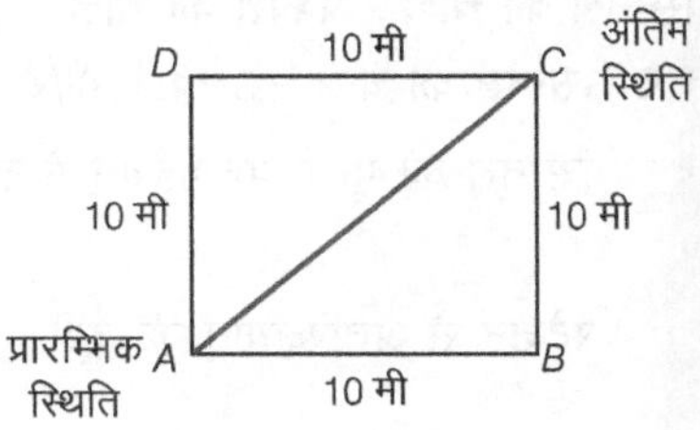

प्रश्न 3. विस्थापन के लिए निम्न में से कौन सही है?

(a) यह शून्य नहीं हो सकता है।

(b) इसका परिमाण वस्तु के द्वारा तय की गई दूरी से अधिक है।

उत्तर (a) गलत है, क्योंकि गतिमान वस्तु का विस्थापन शून्य हो सकता है।

(b) गलत है, क्योंकि विस्थापन का परिमाण वस्तु के द्वारा तय की गई दूरी से अधिक नहीं हो सकता है।

पृष्ठ 112

प्रश्न 1. चाल एवं वेग में अंतर बताइए।

उत्तर

क्र.सं.	चाल	वेग
(i)	चाल एक अदिश राशि है।	वेग एक सदिश राशि है।
(ii)	किसी वस्तु की चाल शून्य नहीं होती।	वस्तु का वेग शून्य हो सकता है।
(iii)	वस्तु की चाल हमेशा धनात्मक होती है।	वस्तु का वेग धनात्मक और ऋणात्मक दोनों हो सकता है।

प्रश्न 2. किस अवस्था में किसी वस्तु के औसत वेग का परिमाण उसकी औसत चाल के बराबर होगा?

उत्तर जब एक वस्तु सरल रेखा में गति करती है, तब औसत वेग का परिमाण उसकी औसत चाल के बराबर होता है।

प्रश्न 3. एक गाड़ी का ओडोमीटर (Odometer) क्या मापता है?

उत्तर गाड़ी के ओडोमीटर से चाल मापते हैं।

प्रश्न 4. जब वस्तु एकसमान गति में होती है, तब इसका मार्ग कैसा दिखाई पड़ता है?

उत्तर वस्तु के एकसमान गति करने में इसका मार्ग सीधा दिखाई पड़ता है।

प्रश्न 5. एक प्रयोग के दौरान, अंतरिक्षयान से एक सिग्नल को पृथ्वी पर पहुँचने में 5 मिनट का समय लगता है। पृथ्वी पर स्थित स्टेशन से उस अंतरिक्षयान की दूरी क्या है? (सिग्नल की चाल = प्रकाश की चाल = 3×10^8 मी/से)

उत्तर सिग्नल की चाल $= 3 \times 10^8$ मी/से

सिग्नल को पृथ्वी पर पहुँचने में लगा समय = 5 मिनट

$= 5 \times 60 = 300$ सेकंड

स्टेशन से अंतरिक्षयान की दूरी = चाल × समय $= 3 \times 10^8 \times 300$

$= 9 \times 10^{10}$ मी

पृष्ठ 114

प्रश्न 1. आप किसी वस्तु के बारे में कब कहेंगे, कि

(a) वह एकसमान त्वरण से गति में है?

(b) वह असमान त्वरण से गति में है?

उत्तर (a) जब समान समयांतराल में वस्तु के वेग में समान परिवर्तन होता है, तब वह वस्तु एकसमान त्वरण से गति करती है।

(b) जब समान समयांतराल में वस्तु के वेग में असमान परिवर्तन होता है, तब वस्तु असमान त्वरण से गति करती है।

प्रश्न 2. एक बस की गति 5 सेकंड में 80 किमी/घंटा से घटकर 60 किमी/घंटा हो जाती है। बस का त्वरण ज्ञात कीजिए।

उत्तर प्रारंभिक गति $u = 80$ किमी/घंटा

$$= \frac{8 \times 5}{18} \text{ मी/से} = \frac{200}{9} \text{ मी/से}$$

अंतिम गति $v = 6$ किमी/घंटा $= 60 \times \frac{5}{18} = \frac{150}{9}$ मी/से

$$\text{त्वरण} = \frac{\text{वेग में परिवर्तन}}{\text{लिया गया समय}} = \frac{v-u}{t}$$

$$= \frac{\frac{150}{9} - \frac{200}{9}}{5} = -\frac{50}{9 \times 5} = \frac{-10}{9} \text{ मी/से}^2$$

बस का त्वरण ऋणात्मक होगा, क्योंकि बस की गति घट रही है।

प्रश्न 3. एक रेलगाड़ी स्टेशन से चलना प्रारंभ करती है और एकसमान त्वरण के साथ चलते हुए 10 मिनट में 40 किमी/घंटा की चाल प्राप्त करती है। इसका त्वरण ज्ञात कीजिए।

उत्तर रेलगाड़ी की प्रारंभिक गति $u = 0$

अंतिम गति $v = 40$ किमी/घंटा

$$= 40 \times \frac{5}{18} = \frac{100}{9} \text{ मी/से}$$

समय $t = 10$ मिनट

$$= 10 \times 60 = 600 \text{ सेकंड}$$

$$\text{त्वरण } a = \frac{v-u}{t} = \frac{\frac{100}{9} - 0}{600} = \frac{100}{9 \times 600} = \frac{1}{54} \text{ मी/से}^2$$

$$a = \frac{1}{54} \text{ मी/से}^2$$

पृष्ठ 118

प्रश्न 1. किसी वस्तु के एकसमान व असमान गति के लिए समय-दूरी ग्राफ की प्रकृति क्या होती है?

उत्तर एकसमान गति के समय-दूरी ग्राफ एक सरल रेखा होता है, जबकि वस्तु की असमान गति के लिए समय-दूरी ग्राफ मुड़ी हुई (curved) रेखा होता है।

प्रश्न 2. किसी वस्तु की गति के विषय में आप क्या कह सकते हैं, जिसका दूरी-समय ग्राफ समय अक्ष के समांतर एक सरल रेखा है?

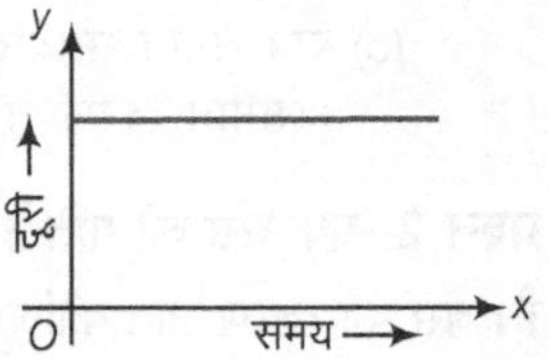

उत्तर दूरी-समय ग्राफ समय अक्ष के समानांतर एक सरल रेखा है, इसका अर्थ है कि समय के साथ वस्तु की दूरी नहीं बदल रही है, अर्थात् वस्तु स्थिर है।

प्रश्न 3. किसी वस्तु की गति के विषय में आप क्या कह सकते हैं, जिसका चाल-समय ग्राफ समय अक्ष के समानांतर एक सरल रेखा है?

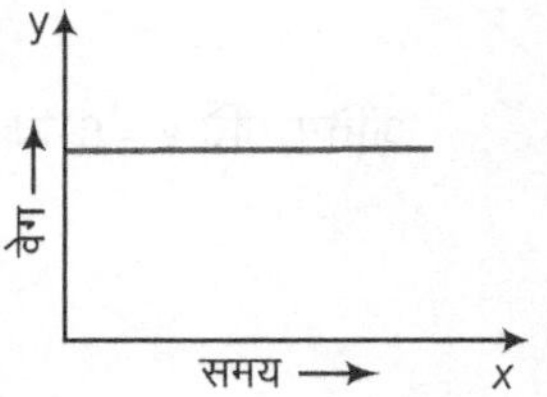

उत्तर चाल-समय ग्राफ समय अक्ष के समानांतर एक सरल रेखा है, जिसका अर्थ है कि समय के साथ वस्तु की चाल में कोई परिवर्तन नहीं हो रहा है, अर्थात् वस्तु एकसमान गति से चल रही है।

प्रश्न 4. वेग-समय ग्राफ के नीचे के क्षेत्र से मापी गई राशि क्या होती है?

उत्तर वेग-समय ग्राफ तथा समय अक्ष के द्वारा घेरा गया क्षेत्र विस्थापन के परिमाण के बराबर होता है।

पृष्ठ 121

प्रश्न 1. कोई बस विरामावस्था से चलना प्रारंभ करती है तथा 2 मिनट तक 1 मी/से^{2} के एकसमान त्वरण से चलती है। परिकलन कीजिए

(a) प्राप्त की गई चाल तथा

(b) तय की गई दूरी।

उत्तर दिया है, प्रारंभिक चाल $u = 0$

समय $t = 2$ मिनट $= 2 \times 60 = 120$ सेकंड

त्वरण $a = 1$ मी/से^{2}

(a) वेग-समय संबंध के लिए समीकरण की सहायता से,

प्राप्त की गई चाल $v = u + at$

$$= 0 + 0.1 \times 120 = 12 \text{ मी/से}$$

(b) समय-स्थिति संबंध के लिए समीकरण की सहायता से,

तय की गई दूरी $s = ut + \frac{1}{2}at^2$

$$= 0 \times 120 + \frac{1}{2} \times 0.1 \times 120 \times 120$$

$$= 0.1 \times 60 \times 120 = 720 \text{ मी}$$

प्रश्न 2. कोई रेलगाड़ी 90 किमी/घंटा की चाल से चल रही है। ब्रेक लगाए जाने पर वह – 0.5 मी/से^{2} का एकसमान त्वरण उत्पन्न करती है। रेलगाड़ी विरामावस्था में आने के पहले कितनी दूरी तय करेगी?

उत्तर यहाँ प्रारंभिक गति $u = 90$ किमी/घंटा

$$= 90 \times \frac{5}{18} = 25 \text{ मी/से}$$

त्वरण $a = -0.5$ मी/से^{2}

रेलगाड़ी विरामावस्था में आयेगी, अतः अंतिम गति $v = 0$

वेग-स्थिति समीकरण की सहायता से,

$$v^2 = u^2 + 2as$$

$$0 = (25)^2 + 2(0.5) \times s$$

$$0 = 625 - s$$

$$s = 625 \text{ मी}$$

प्रश्न 3. एक ट्रॉली एक आनत तल पर 2 मी/से^{2} के त्वरण से नीचे जा रही है। गति प्रारंभ करने के 3 सेकंड के पश्चात् उसका वेग क्या होगा?

उत्तर यहाँ प्रारंभिक गति $u = 0$

त्वरण $a = 2$ मी/से^{2}

समय $t = 3$ सेकंड

गति की पहली समीकरण से $v = u + at$

$$= 0 + 2 \times 3$$

$$= 6 \text{ मी/से}$$

प्रश्न 4. एक रेसिंग कार का एकसमान त्वरण 4 मी/से^{2} है। गति प्रारंभ करने के 10 सेकंड पश्चात् वह कितनी दूरी तय करेगी?

उत्तर यहाँ $u = 0, a = 4$ मी/से^{2}, $t = 10$ सेकंड

गति की दूसरी समीकरण से तय दूरी

$$s = ut + \frac{1}{2}at^2$$

$$= 0 + \frac{1}{2} \times 4 \times (10)^2 = 200 \text{ मी}$$

$$s = 200 \text{ मी}$$

प्रश्न 5. किसी पत्थर को ऊर्ध्वाधर ऊपर की ओर 5 मी/से के वेग से फेंका जाता है। यदि गति के दौरान पत्थर का नीचे की ओर दिष्ट त्वरण 10 मी/से^{2} है, तो पत्थर के द्वारा कितनी ऊँचाई प्राप्त की गई तथा उसे वहाँ पहुँचने में कितना समय लगा?

उत्तर यहाँ $u = 5$ मी/से

$a = -10$ मी/से^{2} (ऋणात्मक क्योंकि पत्थर ऊपर की ओर फेंका गया)

$v = 0$ (अधिक ऊँचाई पर वेग शून्य होता है)

ऊँचाई = ?, समय t = ?

(i)
$$v^2 = u^2 + 2as$$
$$0 = (5)^2 + 2(-10) \times s = 25 - 20s$$
$$s = \frac{25}{20} = 1.25 \text{ मी}$$

(ii)
$$v = u + at$$
$$0 = 5 + (-10)t$$
$$t = \frac{5}{10} = 0.5 \text{ सेकंड}$$

अभ्यास

प्रश्न 1. एक एथलीट वृत्तीय पथ, जिसका व्यास 200 मी है, का एक चक्कर 40 सेकंड में लगाता है। 2 मिनट 20 सेकंड के बाद वह कितनी दूरी तय करेगा और उसका विस्थापन क्या होगा?

उत्तर (i) वृत्तीय पथ का व्यास = 200 मी

$\therefore$ त्रिज्या $= \frac{200}{2} = 100$ मी

वृत्तीय पथ की परिधि $= 2\pi r = 2 \times \frac{22}{7} \times 100 = \frac{4400}{7}$ मी

दिया गया समय = 2 मिनट 20 सेकंड $= 2 \times 60 + 20 = 140$ सेकंड

प्रश्न के अनुसार एथलीट 40 सेकंड में एक चक्कर लगाता है, अत:

40 सेकंड में तय की गई दूरी $= \frac{4400}{7}$ मी

1 सेकंड में तय की गई दूरी $= \frac{4400}{7 \times 40}$ मी

$\therefore$ 140 सेकंड में तय की गई दूरी $= \frac{4400}{7 \times 40} \times 140$

= 2200 मी = 2.2 किमी

(ii) प्रश्न के अनुसार, एथलीट 40 सेकंड में एक चक्कर लगाता है अर्थात् वह अपनी प्रारंभिक स्थिति पर वापिस आ जाता है, इसलिए 40 सेकंड बाद उसका विस्थापन शून्य होगा।

इसी तरह 120 सेकंड (40×3) के बाद भी उसका विस्थापन शून्य होगा।

$\therefore$ 2 मिनट 20 सेकंड (140 s) के बाद विस्थापन = 20 सेकंड के बाद विस्थापन

($\because$ 120 सेकंड के बाद विस्थापन शून्य है)

एथलीट 40 सेकंड में एक चक्कर लगाता है, इसलिए 20 सेकंड में वह 1/2 चक्कर तय करेगा, अत:

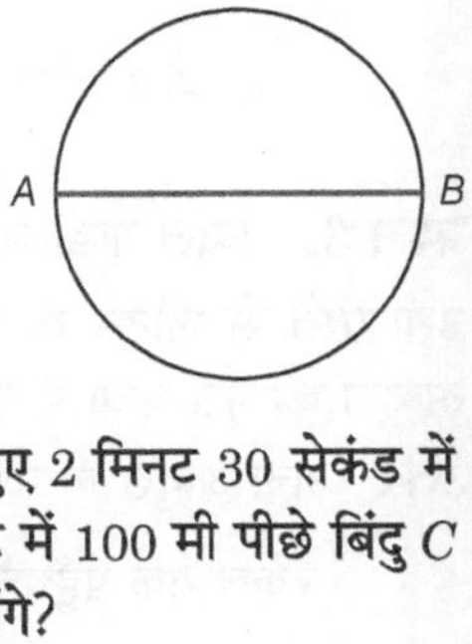

20 सेकंड के बाद विस्थापन = AB

वृत्तीय पथ का व्यास = 200 मी

प्रश्न 2. 300 मी सरल रेखीय पथ पर जोसेफ़ जांगिग करते हुए 2 मिनट 30 सेकंड में एक सिरे A से दूसरे सिरे B पर पहुँचता है और घूमकर 1 मिनट में 100 मी पीछे बिंदु C पर पहुँचता है। जोसेफ़ की औसत चाल और औसत वेग क्या होंगे?

(a) सिरे A से सिरे B तक तथा

(b) सिरे A से सिरे C तक।

उत्तर तय की गई दूरी सिरे A से B तक = 300 मी

इसलिए सिरे A से B तक विस्थापन = 300 मी

(यदि कोई वस्तु सरल रेखा में चलती है, तो उसकी दूरी और विस्थापन समान होते हैं।)

A सिरे से B सिरे तक पहुँचने में लिया गया समय

$$t = 2 \text{ मिनट } 30 \text{ सेकंड} = 2 \times 60 + 30 = 120 + 30 = 150 \text{ सेकंड}$$

(a) (i) जोसेफ की औसत चाल सिरे A से सिरे B तक

$$= \frac{\text{दूरी}}{\text{समय}} = \frac{300}{150} = 2 \text{ मी/से}$$

(ii) औसत वेग सिरे A से सिरे B तक

$$= \frac{\text{विस्थापन}}{\text{समय}} = \frac{300}{150} = 2 \text{ मी/से}$$

(b) सिरे A से सिरे C तक पहुँचने में तय की गई दूरी = $AB + BC$

$$= 300 + 100 = 400 \text{ मी}$$

सिरे A से सिरे C तक का विस्थापन = 300 − 100 = 200 मी

सिरे A से C तक पहुँचने में लिया गया समय

$$t = 2 \text{ मिनट } 30 \text{ सेकंड} + 1 \text{ मिनट}$$
$$= 2 \times 60 + 30 + 60$$
$$= 210 \text{ सेकंड}$$

(i) औसत चाल सिरे A से सिरे C तक $= \frac{\text{दूरी}}{\text{समय}} = \frac{400}{210} = 1\frac{19}{21}$ मी/से

(ii) औसत वेग सिरे A से सिरे C तक $= \frac{\text{विस्थापन}}{\text{समय}} = \frac{200}{210} = \frac{20}{21}$ मी/से

प्रश्न 3. अब्दुल गाड़ी से स्कूल जाने के क्रम में औसत चाल को 20 किमी/घंटा पाता है। उसी रास्ते से लौटने के समय वहाँ भीड़ कम है और औसत चाल 30 किमी/घंटा है। अब्दुल की पूरी यात्रा में उसकी चाल क्या है?

उत्तर माना अब्दुल के घर से स्कूल तक की दूरी = x किमी

स्कूल तक पहुँचने में लगा समय $= \frac{\text{दूरी}}{\text{औसत चाल}} = \frac{x}{20} h$

इसी तरह, सकूल से घर तक पहुँचने में लगा समय $= \frac{x}{30} h$

पूरी यात्रा की औसत चाल $= \frac{\text{कुल दूरी}}{\text{कुल समय}}$

$$= \frac{x + x}{\frac{x}{20} + \frac{x}{30}} = \frac{2x}{\frac{3x + 2x}{60}}$$

$$= \frac{2x \times 60}{5x} = \frac{12x}{5x}$$

$$= \frac{12}{5} \text{ किमी/घंटा}$$

प्रश्न 4. कोई मोटरबोट झील में विरामावस्था से सरल रेखीय पथ पर 3.0 मी/से^{2} के नियत त्वरण से 8.0 सेकंड तक चलती है। इस समय अंतराल में मोटरबोट कितनी दूरी तय करती है?

उत्तर मोटरबोट विरामावस्था से गति करती है, अतः $u = 0$

समय $t = 8$ सेकंड, त्वरण $a = 3$ मी/से^{2}

तय की गई दूरी $s = ut + \frac{1}{2} at^2$ (गति की दूसरी समीकरण)

$$= 0 + \frac{1}{2} \times 3 \times 64 = 3 \times 32 = 96 \text{ मी}$$

प्रश्न 5. किसी गाड़ी का चालक 52 किमी/घंटा की गति से चल रही कार में ब्रेक लगाता है तथा कार विपरीत दिशा में एकसमान दर से त्वरित होती है। कार 5 सेकंड में रुक जाती है। दूसरा चालक 30 किमी/घंटा की गति से चलती हुई दूसरी कार पर धीमे-धीमे ब्रेक लगाता है तथा 10 सेकंड में रुक जाता है। एक ही ग्राफ पेपर पर दोनों कारों के लिए चाल-समय ग्राफ आलेखित करें। ब्रेक लगाने के पश्चात् दोनों में से कौन-सी कार अधिक दूरी तक जाएगी?

उत्तर (i) कार A की प्रारंभिक चाल = 52 किमी/घंटा

$$= 52 \times \frac{5}{18} = 14.44 \text{ मी/से}$$

5 सेकंड में कार रुक जाती है, अतः अंतिम चाल $v = 0, t = 5$ सेकंड

कार A के चाल-समय ग्राफ के लिए,

S	14.44 मी/से	0
t	0	5

कार B की प्रारंभिक चाल = 30 किमी/घंटा $= 30 \times \frac{5}{18} = 8.3$ मी/से

कार 10 सेकंड में रुक जाती है, अतः अंतिम चाल $v = 0, t = 10$ सेकंड

कार B के चाल-समय ग्राफ के लिए

S	8.3 मी/से	0
t	0	10

(ii) दूरी = चाल × समय
कार $A = 14.44 \times 5 = 72.2$ मी
कार $B = 8.3 \times 10 = 83$ मी
अतः कार B कार A से अधिक दूरी तक जायेगी।

दोनों कारों A तथा B के लिए चाल-समय ग्राफ,

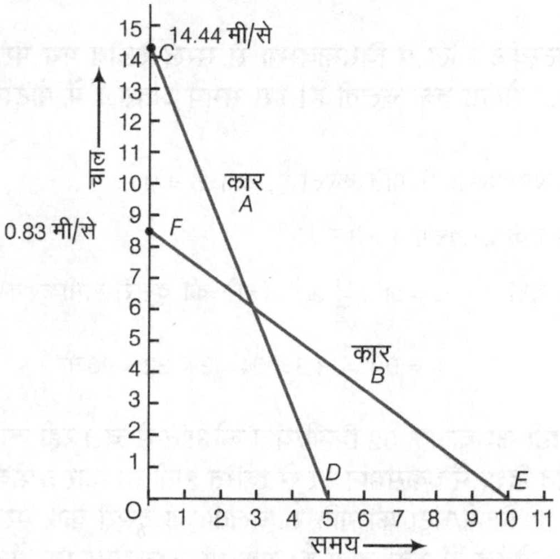

प्रश्न 6. चित्र 8.11 में तीन वस्तुओं A, B और C के दूरी-समय ग्राफ प्रदर्शित हैं। ग्राफ का अध्ययन करके निम्न प्रश्नों के उत्तर दीजिए।

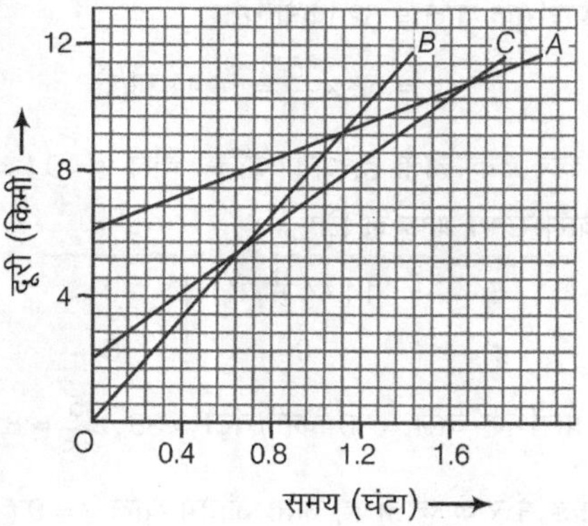

(a) तीनों में से कौन सबसे तीव्र गति से गतिमान है?
(b) क्या ये तीनों किसी भी समय सड़क के एक ही बिंदु पर होंगे?
(c) जिस समय B, A से गुजरती है, उस समय C कितनी दूरी तय कर लेती है?
(d) जिस समय B, C से गुजरती है, उस समय तक यह कितनी दूरी तय कर लेती है?

उत्तर

पैमाना दूरी अक्ष
1div = 4 किमी

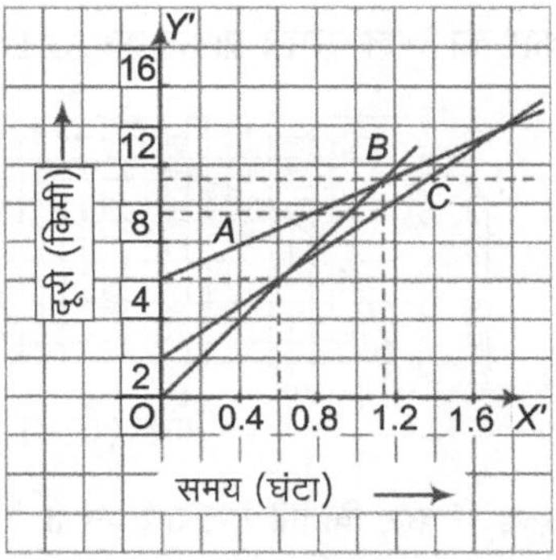

(a) जिस कार के लिए दूरी-समय ग्राफ का झुकाव सबसे अधिक होगा, उसकी गति तीव्र होगी। यहाँ कार B का झुकाव सबसे अधिक है, अतः वह तीव्र गति से गतिमान है।

(b) तीनों किसी भी समय सड़क के एक ही बिंदु पर नहीं होंगे, क्योंकि दिखाये गये दूरी-समय ग्राफ के तीनों ग्राफ कहीं भी एक-दूसरे को नहीं काट रहे हैं।

(c) जिस समय B, A से गुजरती है, उस समय C द्वारा तय दूरी

$$= 9.6 - 2 = 7.6 \text{ किमी}$$

(d) जिस समय B, C से गुजरती है, तब B द्वारा तय दूरी = 6 किमी

प्रश्न 7. **20 मी की ऊँचाई से एक गेंद को गिराया जाता है। यदि उसका वेग 10 मी/से^{2} के एकसमान त्वरण की दर से बढ़ता है तो यह किस वेग से धरातल से टकराएगी? कितने समय पश्चात् यह धरातल से टकराएगी?**

उत्तर गेंद को गिराया जाता है, अतः $u = 0$, $h = 20$ मी, त्वरण $g = 10$ मी/से^{2}

(क्योंकि गति गुरुत्वाकर्षण के विपरीत हो रही है, इसलिए त्वरण को g लिखेंगे)

यहाँ
$$h = ut + \frac{1}{2}gt^2$$
$$20 = 0 \times t + \frac{1}{2} \times 10 \times t^2$$
$$20 = 5t^2$$
$$t^2 = 4$$
$$t = \sqrt{4} = 2 \text{ सेकंड}$$

अतः गेंद 2 सेकंड बाद धरातल से टकराएगी।

गति के समीकरण से $v = u + gt$

$$v = 0 + 10 \times 2 = 20 \text{ मी/से}$$

अतः गेंद 20 मी/से के वेग से धरातल से टकराएगी।

प्रश्न 8. किसी कार का चाल–समय ग्राफ चित्र 8.12 में दर्शाया गया है।

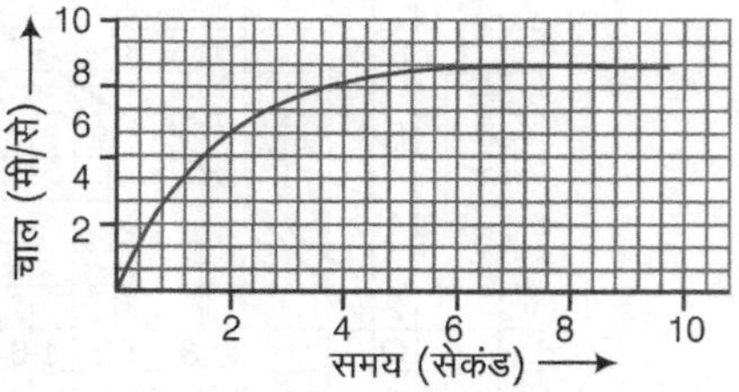

(a) पहले 4 सेकंड में कार कितनी दूरी तय करती है? इस अवधि में कार द्वारा तय की गई दूरी को ग्राफ में छायांकित क्षेत्र द्वारा दर्शाइए।

(b) ग्राफ का कौन–सा भाग कार की एकसमान गति को दर्शाता है?

उत्तर

(a) 4 सेकंड में तय दूरी = चाल-समय ग्राफ का छायांकित क्षेत्र

$$= \text{औसत चाल} \times \text{समय}$$

$$= \left(\frac{6+0}{2}\right) \times 4 = 12 \text{ मी}$$

ग्राफ में छायांकित कार द्वारा तय की गई दूरी निम्न हैं

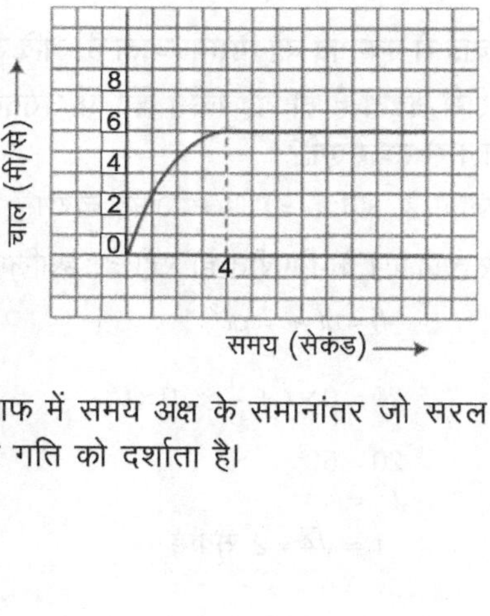

(b) चाल-समय ग्राफ में समय अक्ष के समानांतर जो सरल रेखा है वह भाग कार की एकसमान गति को दर्शाता है।

प्रश्न 9. निम्नलिखित में से कौन–सी अवस्थाएँ संभव हैं? प्रत्येक के लिए एक उदाहरण दें।

(a) कोई वस्तु जिसका त्वरण नियत हो परंतु वेग शून्य हो।

(b) कोई वस्तु किसी निश्चित दिशा में गति कर रही हो तथा त्वरण उसके लंबवत् हो।

उत्तर (a) जब एक वस्तु को ऊपर की ओर फेंका जाता है तब एक अधिकतम ऊँचाई पर पहुँचने के बाद इसकी गति शून्य हो जाती है, लेकिन इसका त्वरण नियत रहता है। 9.8 मी/से^{2} (गुरुत्वाकर्षण के कारण त्वरण)

(b) एक हवाईजहाज निश्चित दिशा में गति करता है, लेकिन गुरुत्व के कारण त्वरण ऊर्ध्वाधर नीचे की ओर लगता है जोकि गति की दिशा के लंबवत् है।

प्रश्न 10. एक कृत्रिम उपग्रह 42250 किमी त्रिज्या की वृत्ताकार कक्षा में घूम रहा है, यदि वह 24 घंटे में पृथ्वी की परिक्रमा करता है तो उसकी चाल का परिकलन कीजिए।

उत्तर उपग्रह की त्रिज्या $r = 42250$ किमी

एक चक्कर में तय की गई दूरी = उपग्रह ही परिधि

$$d = 2\pi r$$

$$= 2 \times \frac{22}{7} \times 42250$$

$$= 265571.43 \text{ किमी}$$

एक चक्कर में लिया गया समय $t = 24$ घंटे

$$\therefore \quad \text{उपग्रह की चाल} = \frac{\text{दूरी}}{\text{समय}} = \frac{265571.43}{24}$$

$$= 11065.48 \text{ किमी/घंटा}$$

NCERT Exemplar

पुस्तक के चुने गए प्रश्न

बहुविकल्पीय प्रश्न

प्रश्न 1. एक कण त्रिज्या r वाले वृत्ताकार मार्ग पर घूम रहा है। आधे चक्कर के बाद कण का विस्थापन होगा

(a) शून्य (b) πr (c) $2r$ (d) $2\pi r$

उत्तर (c)

प्रश्न 2. एक वस्तु को ऊर्ध्वाधर ऊपर की ओर वेग u से फेंका जाता है। वह कितनी अधिकतम ऊँचाई (h) तक जायेगी?

(a) u/g (b) $u^2/2g$ (c) u^2/g (d) $u/2g$

उत्तर (b)

प्रश्न 3. यदि किसी वस्तु का विस्थापन समय के वर्ग के अनुक्रमानुपाती है, तब वस्तु गति करती है

(a) एकसमान गति (b) असमान गति (c) एकसमान त्वरण (d) असमान त्वरण

उत्तर (c)

प्रश्न 4. दिये गये चाल-समय ग्राफ में ग्राफ-समय अक्ष के समानांतर एक सरल रेखा है। तब वस्तु की गति के विषय में कह सकते हैं कि

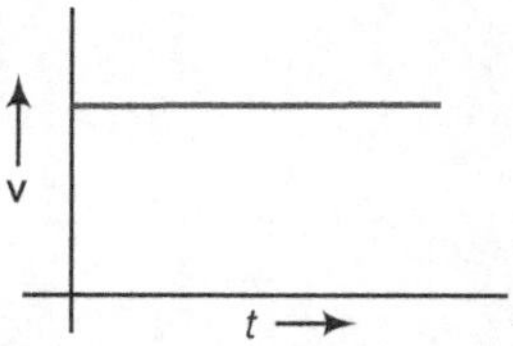

(a) एकसमान गति (b) स्थिर है

(c) असमान गति (d) एकसमान त्वरण

उत्तर (a)

प्रश्न 5. किसी गतिमान वस्तु के विस्थापन और दूरी का अनुपात होगा

(a) 1 से कम (b) 1 के बराबर

(c) 1 से ज्यादा (d) 1 से कम और बराबर

उत्तर (d)

प्रश्न 6. वाहनों में लगे ओडोमीटर से क्या मापते हैं?

(a) दूरी (b) चाल (c) वेग (d) त्वरण

उत्तर (b)

प्रश्न 7. **वेग-समय ग्राफ द्वारा घेरा गया क्षेत्र किस भौतिक राशि को दर्शाता है?**

(a) दूरी (b) विस्थापन
(c) त्वरण (d) इनमें से कोई नहीं

उत्तर *(b)*

प्रश्न 8. **विस्थापन का मात्रक होता है**

(a) $मी^2$ (b) मी (c) $मी^3$ (d) मी/से

उत्तर *(b)*

प्रश्न 9. **चार कार A, B, C और D एक सड़क पर गति कर रही हैं। इनका दूरी-समय ग्राफ चित्र में दर्शाया गया है। सही कथन छाँटिये :**

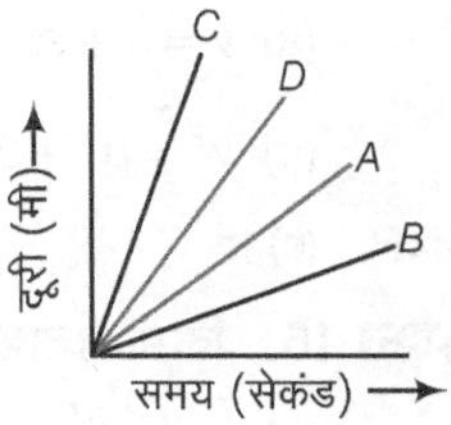

(a) कार *A* की गति कार *D* से अधिक है
(b) कार *B* की गति सबसे कम है
(c) कार *D* की गति कार *C* से अधिक है
(d) कार *C* की गति सबसे कम है

उत्तर *(b)*

प्रश्न 10. **वेग-समय ग्राफ द्वारा अध्ययन करते हैं**

(a) दूरी (b) विस्थापन
(c) त्वरण (d) चाल

उत्तर *(c)*

प्रश्न 11. **त्वरण का मात्रक है**

(a) मी (b) मी/से
(c) $मी/से^2$ (d) $मी^2$

उत्तर *(c)*

प्रश्न 12. **दूरी एक ....राशि है।**

(a) अदिश (b) सदिश
(c) अदिश और सदिश दोनों (d) इनमें से कोई नहीं

उत्तर *(a)*

प्रश्न 13. **निम्न में से किसमें चली गई दूरी और विस्थापन का परिमाण बराबर है?**

(a) यदि कार सीधी सड़क पर जा रही है
(b) यदि कार वृत्ताकार मार्ग में घूम रही है
(c) पेंडुलम का आगे और पीछे जाना
(d) पृथ्वी का सूर्य के चारों ओर चक्कर लगाना

उत्तर *(a)*

प्रश्न 14. निम्न में से कौन-सा चित्र वस्तु की एकसमान गति को दर्शाता है?

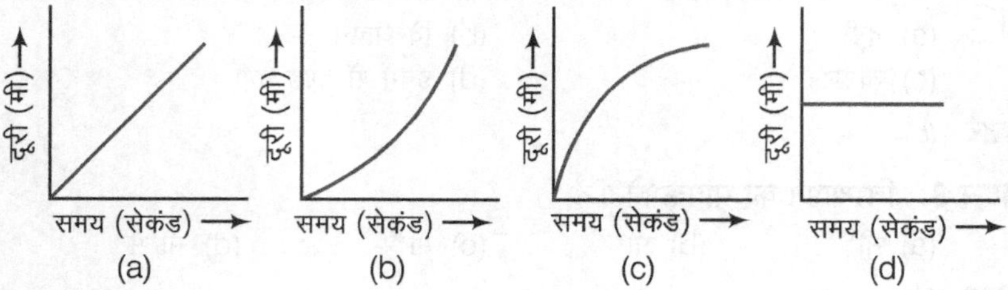

उत्तर (a)

प्रश्न 15. वेग-स्थिति संबंध के लिए समीकरण है

(a) $v = u + at$ (b) $s = ut + \frac{1}{2}at^2$

(c) $v^2 = u^2 + 2as$ (d) इनमें से कोई नहीं

उत्तर (c)

प्रश्न 16. किसी वृत्ताकार पथ पर घूमने वाली वस्तु की चाल होगी

(a) $v = \frac{2\pi r}{t}$ (b) $v = 2\pi r$ (c) $v = \frac{\pi r}{t}$ (d) $v = 2r$

उत्तर (a)

प्रश्न 17. वेग-समय संबंध के लिए समीकरण है

(a) $v = u + at$ (b) $s = ut + \frac{1}{2}at^2$

(c) $v^2 = u^2 - 2as$ (d) $v^2 = u^2 + 2as$

उत्तर (a)

प्रश्न 18. समय-स्थिति संबंध के लिए समीकरण है

(a) $v = u + at$ (b) $s = ut + \frac{1}{2}at^2$

(c) $v^2 = u^2 + 2as$ (d) $s = ut - \frac{1}{2}at^2$

उत्तर (b)

लघुउत्तरीय प्रश्न

प्रश्न 19. किसी वस्तु का विस्थापन दिये गये समयांतराल में शून्य है। क्या वस्तु द्वारा चली गई दूरी भी शून्य होगी? उत्तर की व्याख्या कीजिए।

उत्तर वस्तु का विस्थापन दिये गये समायांतराल में शून्य है। इसका अर्थ है कि वह वस्तु दिये गये समय में अपनी प्रारंभिक स्थिति में वापिस आ जाती है। इस स्थिति में वस्तु द्वारा चली गई दूरी शून्य नहीं होगी, क्योंकि दूरी वस्तु द्वारा चले गये मार्ग की कुल लम्बाई के बराबर होती है।

प्रश्न 20. यदि कोई वस्तु एकसमान त्वरण की दर से बढ़ती है, तो वस्तु के लिए गति की समीकरणें क्या होंगी?

उत्तर एकसमान त्वरण के लिए गति की समीकरणें,

(i) $v = u + at$

(ii) $s = ut + \frac{1}{2} at^2$

(iii) $v^2 = u^2 + 2as$

जहाँ, u = प्रारंभिक चाल, v = अंतिम चाल

a = त्वरण, t = समय s = दूरी

$\because$ एकसमान त्वरण के लिए $a = 0$

अतः a का मान समीकरण में रखने पर

(i) $v = u$

(ii) $s = ut$

(iii) $v^2 = u^2$

प्रश्न 21. एक गाड़ी का चालक बिंदु A से B तक एकसमान चाल से 30 किमी/घंटा की दर से जाता है और 20 किमी/घंटा की चाल से वापिस बिंदु A पर लौटता है। चालक की औसत चाल ज्ञात कीजिए।

उत्तर माना बिंदु A से बिंदु B तक की दूरी = x किमी

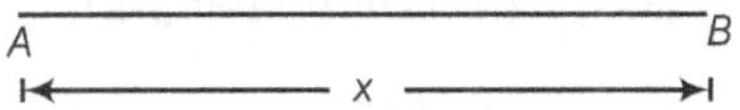

A से B तक पहुँचने में लिया गया समय $t_1 = \frac{\text{दूरी}}{\text{चाल}} = \frac{x}{30}$ घंटा

इसी तरह, B से A तक पहुँचने में लगा समय

$$t_2 = \frac{\text{दूरी}}{\text{चाल}} = \frac{x}{20} \text{ घंटा}$$

$$\text{औसत चाल} = \frac{\text{कुल दूरी}}{\text{कुल समय}} = \frac{x + x}{\frac{x}{30} + \frac{x}{20}}$$

$$\text{औसत चाल} = \frac{2x}{\frac{2x + 3x}{60}} = \frac{2x \times 60}{5x} = 24 \text{ किमी/घंटा}$$

प्रश्न 22. वेग-समय ग्राफ (चित्र में) एक साइकिल चालक की गति को दर्शाया गया है। ज्ञात कीजिए

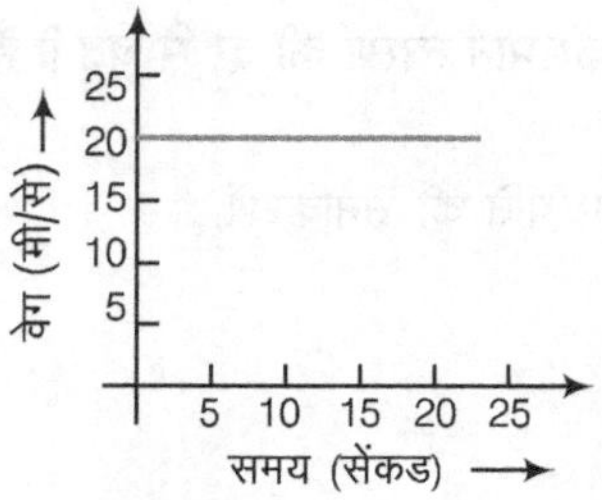

(i) इसका त्वरण

(ii) इसका वेग और

(iii) 15 सेकंड में चालक द्वारा तय की गई दूरी

उत्तर (i) ग्राफ में, समय के साथ वेग में कोई परिवर्तन नहीं हो रहा है, अतः त्वरण शून्य होगा।

(ii) ग्राफ में, वेग में समय के साथ कोई परिवर्तन नहीं हो रहा है, इसलिए 15 सेकंड बाद भी वेग 20 मी/से ही रहेगा।

(iii) 15 सेकंड में तय दूरी = वेग × समय = 20 × 15 = 300 मी

प्रश्न 23. एक कार विरामावस्था से चलना प्रारंभ करती है और x-अक्ष की ओर 8 सेकंड तक 5 मी/से^{2} के एकसमान त्वरण से चलती है। यदि वह एकसमान वेग से लगातार चलती है तो 12 सेकंड में तय की गई दूरी ज्ञात कीजिए।

उत्तर कार विरामावस्था में चलना प्रारंभ करती है, अतः $u = 0$

त्वरण $a = 5$ मी/से^{2}, समय $t = 8$ सेकंड

8 सेकंड बाद चाल $v = u + at = 0 + 5 \times 8$

$= 40$ मी/से

8 सेकंड में तय की गई दूरी $s = ut + \frac{1}{2}at^2 = 0 + \frac{1}{2} \times 5 \times (8)^2$

$= \frac{1}{2} \times 5 \times 64 = 160$ मी

दिया गया कुल समय $t = 12$ सेकंड

बचा समय $t' = 12 - 8 = 4$ सेकंड

4 सेकंड में तय की गई दूरी $s' =$ चाल $\times$ समय

$= 40 \times 4 = 160$ मी

(क्योंकि कार एकसमान वेग से चल रही है, अतः वेग 40 मी/से ही होगा)

$\therefore$ 12 सेकंड में कुल तय की गयी दूरी $D = s + s'$

$D = 160 + 160 = 320$ मी

प्रश्न 24. एक लड़की सीधे रास्ते पर जाती है और पत्र पेटिका में पत्र डालकर वापस अपनी प्रारंभिक स्थिति में आ जाती है। लड़की का विस्थापन–समय ग्राफ चित्र में दिखाया गया है। इसके लिए वेग–समय ग्राफ बनाइए।

उत्तर ग्राफ से,

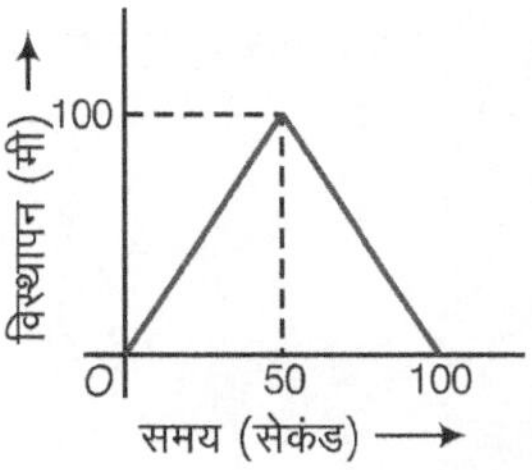

(i) प्रारम्भिक चाल $u = 0$

(ii) वेग 50 सेकंड के बाद $v = \frac{\text{विस्थापन}}{\text{समय}}$

$= \frac{100}{50} = 2$ मी/से

(iii) 100 सेकंड के बाद $v = \frac{\text{विस्थापन}}{\text{समय}} = \frac{0}{100} = 0$

इसलिए,

v	0	2	0
t	0	50	100

अतः वेग-समय ग्राफ

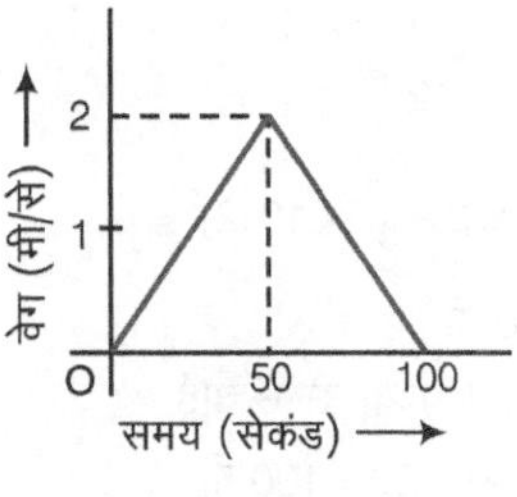

प्रश्न 25. एक पत्थर ऊर्ध्वाधर ऊपर की ओर फेंका गया। एक अधिकतम ऊँचाई पर पहुँचने के बाद वह नीचे की ओर वापिस आता है। इसके लिए वेग-समय ग्राफ बनाइए।

उत्तर जब एक पत्थर ऊपर की ओर फेंका जाता है, माना इसका प्रारंभिक वेग (u) है। जैसे-जैसे पत्थर ऊपर जाता है इसका वेग कम होता जाता है (क्योंकि ये पृथ्वी के गुरुत्व के विपरीत जाता है) और एक अधिकतम ऊँचाई पर पहुँचने के बाद इसका वेग शून्य हो जाता है। अधिकतम ऊँचाई पर पहुँचने में माना गया समय t सेकंड है।

जब पत्थर नीचे की ओर आता है, तो इसका प्रारंभिक वेग $u = 0$ होगा और धीरे-धीरे इसका वेग बढ़ता जायेगा (क्योंकि यह पृथ्वी के गुरुत्व की ओर आ रहा है) और (t) समय में यह वेग (v) के साथ अपनी प्रारंभिक स्थिति में आ जायेगा।

इसलिए,

वेग	u	0	$-u$
समय	0	t	$2t$

अतः पत्थर के लिए वेग-समय ग्राफ होगा।

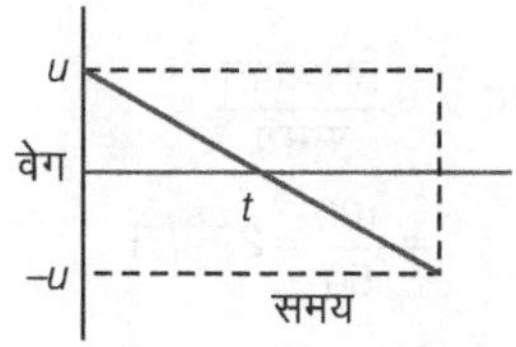

दीर्घ उत्तरीय प्रश्न

प्रश्न 26. एक पत्थर को विरामावस्था से 150 मी की ऊँचाई से नीचे फेंका जाता है। उसी समय दूसरे पत्थर को भी 100 मी की ऊँचाई से विरामावस्था से नीचे फेंकते हैं। यदि दोनों पत्थर एकसमान त्वरण से फेंके जाते हैं तो 2 सेकंड बाद दोनों की ऊँचाई में क्या अंतर होगा? दोनों की ऊँचाई के अंतर में समय के साथ किस तरह का बदलाव होगा?

उत्तर 2 सेकंड में पत्थर (A) द्वारा तय की गई दूरी

$$h = ut + \frac{1}{2}gt^2$$

यहाँ $u = 0$

$$= 0 \times 2 + \frac{1}{2} \times 10\,(2)^2$$

$$h = 20 \text{ मी}$$

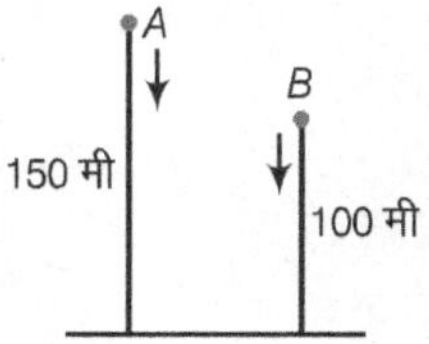

2 सेकंड बाद पत्थर (A) की पृथ्वी से ऊँचाई

$$= 150 - 20 = 130 \text{ मी}$$

इसी तरह पत्थर (B) द्वारा 2 सेकंड में तय की गई दूरी

$$h = ut + \frac{1}{2} gt^2 = 0 + \frac{1}{2} \times 10 (2)^2 = 20 \text{ मी}$$

2 सेकंड बाद पत्थर (B) की पृथ्वी से ऊँचाई

$$100 - 20 = 80 \text{ मी}$$

(i) अतः दोनों पत्थरों की ऊँचाई में अंतर 130 – 80 = 50 मी

(ii) दोनों की ऊँचाई के अंतर में समय के साथ कोई बदलाव नहीं होगा, क्योंकि दोनों को एकसमान त्वरण से और विरामावस्था से फेंका जाता है।

प्रश्न 27. एकसमान त्वरण से 4 वें और 5 वें सेकंड के समयांतराल में किसी वस्तु द्वारा चली गयी दूरी में संबंध स्थापित कीजिए।

उत्तर t सेकंड में तय दूरी $s = ut + \frac{1}{2} at^2$

4 सेकंड में तय दूरी $s_4 = u \times 4 + \frac{1}{2} a(4)^2$

$$= 4u + 8a$$

5 सेकंड में तय दूरी $s_5 = ut + \frac{1}{2} at^2$

$$= u \times 5 + \frac{1}{2} a(5)^2 = 5u + \frac{25}{2} a$$

4वें और 5वें सेकंड के समयांतराल में चली गई दूरी

$$s = s_5 - s_4 = \left(5u + \frac{25}{2} a\right) - (4u + 8a)$$

$$s = u + \frac{9}{2} a$$

प्रश्न 28. एक वस्तु विरामावस्था से चलना प्रारंभ करती है। वह पहले 2 सेकंड में 20 मी चलती है और अगले 4 सेकंड में 160 मी चलती है। वस्तु के चलने के 7 सेकंड बाद वेग क्या होगा?

उत्तर वस्तु विरामावस्था से चलना प्रारम्भ करती है अतः $u = 0$

गति के द्वितीय समीकरण से $s = ut + \frac{1}{2} at^2$

$$20 = 0 \times 2 + \frac{1}{2} a(2)^2$$

$$= 20 = 2a \quad \Rightarrow \quad a = 10 \quad \text{मी/से}^2$$

$\therefore$ 7 सेकंड के बाद वेग $v = u + at$ ($u = 0$ क्योंकि विरामावस्था से चलती है)

$$= 0 + 10 \times 7$$

$$= 70 \text{ मी/से}$$

प्रश्न 29. दिये गये तथ्यों की सहायता से किसी गतिमान वस्तु के लिए समय-विस्थापन ग्राफ बनाइए।

समय (*s*)	0	2	4	6	8	10	12	14	16
विस्थापन (*m*)	0	2	4	4	4	6	4	2	0

ग्राफ की सहायता से (i) पहले 4 s में (ii) अगले 4 s में (iii) बाद के 6 s में औसत वेग ज्ञात कीजिए।

उत्तर समय-विस्थापन ग्राफ

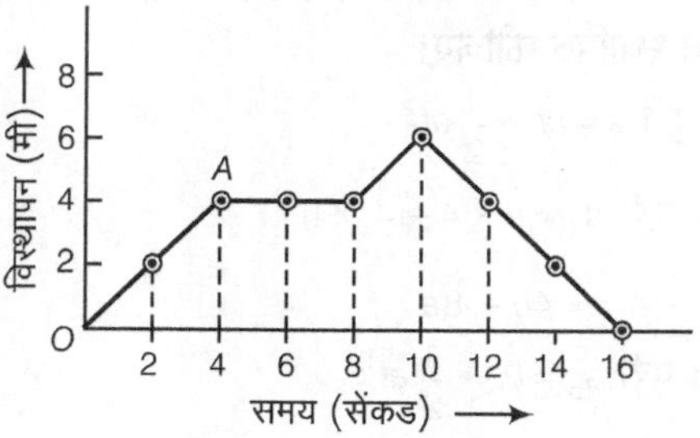

(i) पहले 4 सेकंड में औसत वेग $= \frac{\text{विस्थापन}}{\text{समय}}$ (*OA* भाग)

$$= \frac{4 \text{ मी}}{4 \text{ सेकंड}} = 1 \text{ मी/से}$$

(ii) अगले 4 सेकंड में औसत वेग (अर्थात् 4 वें और 8 वें सेकंड के समयांतराल पर)

= शून्य (एकसमान विस्थापन)

बाद के 6 सेकंड में औसत वेग $= \frac{(0-6) \text{ मी}}{(16-10) \text{ सेकंड}} = 1 \text{ मी/से}$

प्रश्न 30. दो पत्थर, जिनके प्रारंभिक वेग u_1 और u_2 हैं, ऊर्ध्वाधर ऊपर की ओर फेंके जाते हैं। सिद्ध करो कि इनकी ऊँचाई का अनुपात $u_1^2 : u_2^2$ होगा (माना ऊपर की ओर त्वरण $-g$ और नीचे की ओर त्वरण $+g$ है।)

उत्तर पहले पत्थर के लिए, प्रारम्भिक वेग $u = u_1$

माना इसके द्वारा तय की गई ऊँचाई $= h_1$

गति के समीकरण से,

$$v^2 = u^2 + 2gh$$

अधिकतम ऊँचाई पर अंतिम वेग शून्य होता है

$\therefore \quad v = 0 \quad 0 = u_1^2 + 2gh_1$

$\Rightarrow$ $$h_1 = \frac{-u_1^2}{2g}$$

दूसरे पत्थर के लिए, प्रारम्भिक वेग $u = u_2$

माना इसके द्वारा तय की गई ऊँचाई $= h_2$

गति के समीकरण से, $v^2 = u^2 + 2gh$

$$0 = u_2^2 + 2gh_2 \quad h_2 = \frac{-u_2^2}{2g}$$

दोनों पत्थरों के लिए ऊँचाई का अनुपात

$$h_1 : h_2 = \frac{-u_1^2}{2g} : \frac{-u_2^2}{2g}$$

अतः $$h_1 : h_2 = u_1^2 : u_2^2$$

प्रश्न 31. एक इलेक्ट्रॉन 5×10^4 मी/से के वेग से चलता हुआ एक एकसमान विद्युतीय क्षेत्र में आ जाता है और गति की दिशा में 10^4 मी/से^{2} का समान त्वरण प्राप्त करता है। ज्ञात कीजिए कि

(i) किस समय इलेक्ट्रॉन अपने प्रारंभिक वेग के बराबर अंतिम वेग प्राप्त करेगा?

(ii) इस समय में इलेक्ट्रॉन द्वारा तय की गई दूरी कितनी होगी?

उत्तर प्रारम्भिक वेग $u = 5 \times 10^4$ मी/से

त्वरण $a = 10^4$ मी/से^{2}

(i) अंतिम वेग $v = 2u$, $t = ?$

गति की प्रथम समीकरण से,

$$v = u + at$$

$$2u = u + 10^4 t \qquad 10^4 \times t = u$$

$$t = \frac{u}{10^4} = \frac{5 \times 10^4}{10^4} = 5 \text{ सेकंड} \quad t = 5 \text{ सेकंड}$$

(ii) तय की गई दूरी $$s = ut + \frac{1}{2}at^2$$

$$= 5 \times 10^4 \times 5 + \frac{1}{2} \times 10^4 (5)^2$$

$$= 25 \times 10^4 + 12.5 \times 10^4$$

$$= 10^4 (25 + 12.5) = 37.5 \times 10^4$$

या $$= 375 \times 10^3 \text{ मी} \quad = 375 \text{ किमी}$$

9

बल तथा गति के नियम

अपने प्रतिदिन के जीवन में हम देखते हैं कि एक स्थिर वस्तु को गति देने के लिए या गतिशील वस्तु को रोकने के लिए हमें कुछ प्रयास करना पड़ता है, अर्थात् किसी वस्तु को गति की अवस्था में लाने के लिए उसे खींचना, धकेलना या ठोकर लगानी पड़ती है। इसी खींचने, धकेलने या ठोकर लगाने की क्रिया को बल कहते हैं। अतः बल वह धक्का है, जिसके द्वारा किसी वस्तु की गति की दिशा को बदला जा सकता है।

बल (Force)

बल वह धक्का (Push) या खिंचाव (Pull) है, जो एक वस्तु द्वारा दूसरी वस्तु पर आरोपित होता है।

बल को देखा नहीं जा सकता लेकिन इसके प्रभाव को महसूस किया जा सकता है। बल के द्वारा किसी स्थिर वस्तु को गति में लाया जा सकता है तथा इसके द्वारा किसी गतिशील वस्तु को रोका भी जा सकता है।

किसी वस्तु में वेग का परिमाण बदलने के लिए या उसकी गति की दिशा बदलने के लिए बल का प्रयोग होता है। बल के प्रयोग द्वारा वस्तु का आकार या आकृति भी बदली जा सकती है। बल एक **सदिश राशि** है और इसका मात्रक **न्यूटन** (Newton) है।

$$1 \text{ न्यूटन} = 1 \text{ किग्रा–मी/से}^2$$

बल निम्न दो प्रकार के होते हैं

(i) संतुलित बल (ii) असंतुलित बल

संतुलित बल (Balanced Forces)

यदि किसी वस्तु पर लगे हुए बलों का कुल प्रभाव शून्य होता है, तब इस बल को **संतुलित बल** कहते हैं। यदि किसी वस्तु पर संतुलित बल लगता है, तो ऐसा प्रतीत होता है कि वस्तु पर कोई बल कार्य नहीं कर रहा है।

संतुलित बल वस्तु की गति की अवस्था को परिवर्तित नहीं करता। जब कोई वस्तु एकसमान गति से चलती है और इस पर संतुलित बल लगता है, तब भी वस्तु एकसमान गति में ही रहती है।

असंतुलित बल (Unbalanced Forces)

यदि वस्तु पर लगे हुए बलों का परिमाण शून्य नहीं होता, तब बल को **असंतुलित बल** कहते हैं। असंतुलित बल द्वारा ही किसी गतिमान वस्तु को रोका जा सकता है और स्थिर वस्तु को गति प्रदान की जा सकती है।

न्यूटन के गति के नियम (Newton's Laws of Motion)

न्यूटन की गति के नियम निम्न प्रकार से हैं

गति का प्रथम नियम (First Law of Motion)

गति के प्रथम नियम के अनुसार "प्रत्येक वस्तु अपनी स्थिर अवस्था या सरल रेखा में एकसमान गति की अवस्था में बनी रहती है, जब तक कि उस पर कोई बाह्य बल ना लगाया जाए"। गति के प्रथम नियम को **जड़त्व का नियम** भी कहते हैं।

जड़त्व किसी भी वस्तु का जड़त्व उसका वह प्राकृतिक गुण है, जो उसकी विराम या गति की अवस्था में परिवर्तन का विरोध करता है।

द्रव्यमान किसी वस्तु का द्रव्यमान उसके जड़त्व की माप है। इसका SI मात्रक किलोग्राम (kg) है।

भारी वस्तुओं का जड़त्व अधिक होता है, जबकि हल्की वस्तुओं का जड़त्व कम होता है।

गति के प्रथम नियम के उदाहरण (Examples of First Law of Motion)

गति के प्रथम नियम के उदाहरण निम्न है—

(i) जब बस अचानक चलती है, तो बस में बैठे यात्री पीछे की ओर झुक जाते हैं।

(ii) जब कोई चलती बस अचानक रुक जाती है, तब बस में बैठे यात्री आगे की ओर झुक जाते हैं।

(iii) बंदूक से निकली गोली खिड़की में एक छोटा छिद्र बनाती है, जबकि पत्थर मारने पर खिड़की का शीशा टूट जाता है।

(iv) एक पेड़ को लगातार हिलाने पर इसकी कुछ पत्तियाँ टूट जाती हैं।

संवेग (Momentum)

वस्तु के द्वारा उत्पन्न प्रभाव को वस्तु का **संवेग** कहते हैं।

किसी वस्तु का संवेग p उसके द्रव्यमान m और वेग v के गुणनफल के बराबर होता है।

$$\text{संवेग } p = mv$$

संवेग एक सदिश राशि है, अर्थात् इसमें परिमाण और दिशा दोनों होते हैं। इसकी दिशा वही होती है, जो वेग v की होती है।

इसका SI मात्रक किलोग्राम-मी/से ($kg\text{-}ms^{-1}$) होता है। वस्तु का संवेग वस्तु के द्रव्यमान और वस्तु के वेग पर निर्भर करता है।

गति का द्वितीय नियम (Second Law of Motion)

इस नियम के अनुसार, "किसी वस्तु के संवेग में परिवर्तन की दर उस पर लगने वाले असंतुलित बल की दिशा में बल के समानुपातिक होती है।"

$$F \propto \frac{\Delta p}{\Delta t}$$

यहाँ $\Delta p =$ संवेग में परिवर्तन की दर, $\Delta t =$ परिवर्तन में लगा समय

द्वितीय नियम की गणितीय गणना
(Mathematical Formulation of Second Law of Motion)

माना किसी वस्तु का द्रव्यमान m है और इसका प्रारम्भिक वेग u है। Δt समयांतराल तक एक निश्चित बल F लगाने पर उस वस्तु का वेग v हो जाता है, तब इसका प्रारम्भिक और अंतिम संवेग क्रमश: $p_1 = mu$ और $p_2 = mv$ होंगे।

$\therefore \Delta t$ समयांतराल में संवेग में परिवर्तन $\Delta P \propto P_2 - P_1$

$$\propto mv - mu$$

$$\propto m(v-u)$$

$$\text{संवेग में परिवर्तन की दर} \propto \frac{m \times (v-u)}{t} \qquad \left[\because F = \frac{\Delta P}{\Delta t}\right]$$

$$\text{या लगाया गया बल } F \propto \frac{m \times (v-u)}{t}$$

$$F = \frac{km \times (v-u)}{t}$$

$$F = km\,a \qquad \left\{\text{यहाँ } a = \frac{v-u}{t}\right.$$

$$F = ma \qquad \left.\text{यदि } k = 1\right\}$$

अर्थात् वस्तु पर लगाया गया बल वस्तु में उत्पन्न त्वरण तथा वस्तु के द्रव्यमान के गुणनफल के बराबर होता है।

यदि $m = 1$ किग्रा, $a = 1$ मी/से^{2}

$\therefore$ $F = 1 \times 1 = 1$ किग्रा-मी/से^{2} $= 1$ न्यूटन

"अतः 1 न्यूटन का बल किसी 1 किग्रा द्रव्यमान की वस्तु में 1 मी/से^{2} का त्वरण उत्पन्न करता है।"

गति के द्वितीय नियम के उदाहरण

(Examples of Second Law of Motion)

(a) क्रिकेट मैच के दौरान मैदान में क्षेत्ररक्षक तेज गति से आ रही गेंद को लपकते समय हाथ को पीछे की ओर खींचता है।

(b) ऊँची कूद वाले मैदान में, खिलाड़ी कुशन या बालू पर कूदते हैं।

(c) कराटे का एक खिलाड़ी एक ही झटके में बर्फ की एक सिल्ली को तोड़ देता है।

गति का तृतीय नियम (Third Law of Motion)

इस नियम के अनुसार "जब एक वस्तु दूसरी वस्तु पर बल लगाती है, तब दूसरी वस्तु द्वारा भी पहली वस्तु पर तात्क्षणिक बल लगाया जाता है।" अर्थात् प्रत्येक क्रिया की एक समान व विपरीत दिशा में प्रतिक्रिया होती है। इसे क्रिया-प्रतिक्रिया का नियम कहते हैं।

ये दोनों बल परिमाण में सदैव समान लेकिन दिशा में विपरीत होते हैं। ये बल कभी एक वस्तु पर कार्य नहीं करते हैं, बल्कि दो अलग-अलग वस्तुओं पर कार्य करते हैं।

गति के तृतीय नियम के उदाहरण

(Example of Third Law of Motion)

(i) बंदूक से गोली चलाने पर बंदूक का पीछे हटना।

(ii) नाव का चलना।

(iii) हवाई जहाज का उड़ना।

(iv) फर्श से टकराने के बाद गेंद का वापस उछलना।

संवेग संरक्षण का नियम

(Law of Conservation of Momentum)

इस नियम के अनुसार "दो वस्तुओं के संवेग का योग टकराने के पहले और टकराने के बाद बराबर रहता है, जबकि उन पर कोई असंतुलित बल कार्य न कर रहा हो"।

निकाय का संवेग $p =$ संरक्षित यदि बल $(F) = 0$

जब दो वस्तुएँ आपस में टकराती हैं, तब टकराने से पहले संवेग = टकराने के बाद का संवेग।

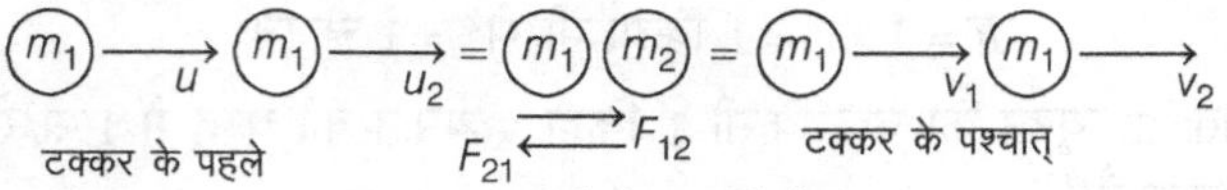

एक-दूसरे से टकराती हैं

यदि वस्तुओं के द्रव्यमान m_1, m_2 व टकराने से पहले वेग u_1, u_2 तथा टकराने के बाद वेग क्रमशः v_1 व v_2 हैं, तब

$$m_1u_1 + m_2u_2 = m_1v_1 + m_2v_2$$

प्रश्नावली 9.1

पृष्ठ 131

प्रश्न 1. निम्न में से किसका जड़त्व अधिक है

(a) एक रबर की गेंद एवं उसी आकार का पत्थर,

(b) एक साइकिल एवं एक रेलगाड़ी,

(c) पाँच रुपये का एक सिक्का एवं एक रुपये का सिक्का?

उत्तर किसी वस्तु का द्रव्यमान उसके जड़त्व की माप है, अतः

(a) पत्थर का द्रव्यमान एक रबर की गेंद से ज्यादा होता है इसीलिए पत्थर का जड़त्व अधिक होगा।

(b) रेलगाड़ी का द्रव्यमान साइकिल से अधिक होता है, अतः रेलगाड़ी का जड़त्व अधिक होगा।

(c) एक रुपये के सिक्के से पाँच रुपये के सिक्के का द्रव्यमान अधिक होता है, अतः पाँच रुपये के/ सिक्के का जड़त्व अधिक होगा।

प्रश्न 2. नीचे दिए गए उदाहरण में गेंद का वेग कितनी बार बदलता है, जानने का प्रयास करें

"फुटबाल का एक खिलाड़ी गेंद पर किक लगाकर गेंद को अपनी टीम के दूसरे खिलाड़ी के पास पहुचाँता है। दूसरा खिलाड़ी उस गेंद को किक लगाकर गोल की ओर पहुँचाने का प्रयास करता है। विपक्षी टीम का गोलकीपर गेंद को पकड़ता है और अपनी टीम के खिलाड़ी की ओर किक लगाता है।"

इसके साथ ही उस कारक की भी पहचान करें, जो प्रत्येक अवस्था में बल प्रदान करता है।

उत्तर उपरोक्त प्रश्न में, जब भी गेंद पर बल का प्रयोग होता है, तभी गेंद का वेग बदलेगा। जोकि नीचे बताया गया है अतः

(a) पहला खिलाड़ी किक लगाकर गेंद को दूसरे खिलाड़ी के पास पहुँचाता है, तब गेंद के वेग में परिवर्तन होगा, क्योंकि पहला खिलाड़ी गेंद पर कुछ बल लगाता है।

(b) दूसरा खिलाड़ी जब किक लगाकर गेंद को गोल की ओर पहुँचाने का प्रयास करता है, तब गेंद का वेग बदलेगा, क्योंकि दूसरा खिलाड़ी गेंद पर बल लगाता है।

(c) जब विपक्षी टीम का गोलकीपर गेंद को पकड़ता है, तब गेंद का वेग बदलेगा, और वेग शून्य हो जायेगा। यहाँ गोलकीपर गेंद को रोकने के लिए बल लगाता है।

(d) जब गोलकीपर अपनी टीम के खिलाड़ी की ओर किक लगाता है, तब गेंद का वेग बदलता है, क्योंकि गोलकीपर गेंद पर कुछ बल लगायेगा।

प्रश्न 3. किसी पेड़ की शाखा को तीव्रता से हिलाने पर कुछ पत्तियाँ झड़ जाती हैं, क्यों?

उत्तर जब पेड़ को तीव्रता से हिलाया जाता है, तब पेड़ की शाखाएँ गति की अवस्था में आ जाती हैं लेकिन पत्तियाँ अपनी स्थिर अवस्था बनाये रखने का प्रयास करती हैं, अतः जड़त्व के कारण पत्तियाँ पेड़ से अलग हो जाती हैं और गिर जाती हैं।

प्रश्न 4. जब कोई गतिशील बस अचानक रुकती है, तो आप आगे की ओर झुक जाते हैं और जब विरामावस्था से गतिशील होती है, तो पीछे की ओर हो जाते हैं, क्यों?

उत्तर जब गतिशील बस अचानक रुकती है, तब शरीर का निचला भाग, जो बस के संपर्क में रहता है, स्थिर अवस्था में आ जाता है लेकिन शरीर का ऊपरी भाग जड़त्व के कारण गतिज अवस्था में ही बने रहने की प्रवृत्ति रखता है। इसी कारण से हम आगे की ओर झुक जाते हैं।

इसी प्रकार जब बस विरामावस्था से गतिशील होती है, तब हमारा पैर, जो बस के फर्श के संपर्क में रहता है, गति में आ जाता है। परंतु शरीर का ऊपरी भाग जड़त्व के कारण इस गति का विरोध करता और हम पीछे की ओर झुक जाते हैं।

पृष्ठ 140

प्रश्न 1. यदि क्रिया सदैव प्रतिक्रिया के बराबर है, तो स्पष्ट कीजिए कि घोड़ा गाड़ी को कैसे खींच पाता है?

उत्तर गाड़ी को खींचने के लिए घोड़ा सड़क के पृष्ठ को अपने पैरों से पीछे धकेलता है। सड़क भी घोड़े के पैर पर उतना ही प्रतिक्रिया बल विपरीत दिशा में लगाती है, जिसके प्रभाव से घोड़ा गाड़ी को खींचता है।

प्रश्न 2. एक अग्निशमन कर्मचारी को तीव्र गति से बहुतायत मात्रा में पानी फेंकने वाली रबड़ की नली को पकड़ने में कठिनाई क्यों होती है? स्पष्ट करें।

उत्तर अग्निशमन कर्मचारी को तीव्र गति से पानी फेंकने वाली रबड़ की नली को पकड़ने में कठिनाई होती है, क्योंकि पानी की बौछार नली पर आगे की ओर बल लगाती है, जबकि उतना ही प्रतिक्रिया बल विपरीत दिशा में भी लगता है (न्यूटन के तृतीय नियम के अनुसार)

अतः अग्निशमन कर्मचारी को पानी फेंकने वाली रबड़ की नली को स्थिर बनाये रखने में कठिनाई होती है।

प्रश्न 3. एक 50 ग्राम द्रव्यमान की गोली 4 किग्रा द्रव्यमान की रायफल से 35 मी/से के प्रारंभिक वेग से छोड़ी जाती है। रायफल के प्रारंभिक प्रतिक्षेपित वेग की गणना कीजिए।

उत्तर रायफल का द्रव्यमान $m = 4$ किग्रा

गोली का द्रव्यमान $m = 50$ ग्राम या 50×10^{-3} किग्रा

गोली का प्रारंभिक वेग $v_1 = 35$ मी/से

माना रायफल का प्रतिक्षेपित वेग v मी/से है

$\because$ गोली छोड़ने से पहले रायफल और गोली दोनों विरामावस्था में थी।

$\therefore$ गोली और रायफल का कुछ संवेग शून्य होगा।

गोली छोड़ने के बाद,

$$\text{गोली का संवेग} = mv_1$$
$$\text{रायफल का संवेग} = Mv$$

$\therefore$ गोली छोड़ने के बाद गोली और रायफल का कुल संवेग $= mv_1 + Mv$

चूँकि निकाय पर कोई बाह्य बल नहीं लग रहा है।

इसलिए, गोली छोड़ने के बाद कुल संवेग = गोली छोड़ने के पहले का कुल संवेग

$$mv_1 + mv = 0$$
$$mv = -mv_1$$
$$v = -\frac{mv_1}{m}$$
$$v = -\frac{50 \times 10^{-3} \times 35}{4} = -0.44 \text{ मी/से}$$

(यहाँ ऋणात्मक चिह्न प्रदर्शित करता है कि रायफल का प्रतिक्षेपित वेग गोली के वेग के विपरीत दिशा में है।)

प्रश्न 4. 100 ग्राम और 200 ग्राम द्रव्यमान की दो वस्तुएँ एक ही रेखा के अनुदिश एक ही दिशा में क्रमशः 2 मी/से और 1 मी/से के वेग से गति कर रही हैं। दोनों वस्तुएँ टकरा जाती हैं। टक्कर के पश्चात् प्रथम वस्तु का वेग 1.67 मी/से हो जाता है, तो दूसरी वस्तु का वेग ज्ञात करें।

उत्तर टकराने से पहले,

$$m_1 = 100 \text{ ग्राम} = \frac{100}{1000} = 0.1 \text{ किग्रा } (\because 1 \text{ किग्रा} = 1000 \text{ ग्राम})$$

$$m_2 = 200 \text{ ग्राम} = \frac{200}{1000} = 0.2 \text{ किग्रा}$$

$$v_1 = 2 \text{ मी/से}, v_2 = 1 \text{ मी/से}$$

टकराने के बाद, $m_1 = 0.1$ किग्रा, $m_2 = 0.2$ किग्रा

$$v_1' = 1.67 \text{ मी/से}$$

$$v_2' = ?$$

$\because$ निकाय पर कोई भी बाह्य बल कार्य नहीं कर रहा है।

टकराने से पहले कुल संवेग = टकराने के बाद कुल संवेग

$$m_1v_1 + m_2v_2 = m_1v_1' + m_2v_2'$$

$$0.1 \times 2 + 0.2 \times 1 = 0.1 \times 1.67 + 0.2v_2'$$

$$0.2 + 0.2 = 0.167 + 0.2v_2'$$

$$0.2v_2' = 0.4 - 0.167 = 0.333$$

$$v_2' = \frac{0.333}{0.2} = 1.65 \text{ मी/से}$$

अभ्यास

प्रश्न 1. कोई वस्तु शून्य बाह्य असंतुलित बल अनुभव करती है। क्या किसी भी वस्तु के लिए अशून्य वेग से गति करना संभव है? यदि हाँ तो वस्तु के वेग के परिमाण एवं दिशा पर लगने वाली शर्तों का उल्लेख करें। यदि नहीं, तो कारण स्पष्ट करें।

उत्तर न्यूटन के प्रथम नियमानुसार ''वस्तु अपनी विरामावस्था अथवा सरल रेखा पर एकसमान गति की अवस्था में तब तक बनी रहती है, जब तक उस पर कोई असंतुलित बल कार्य न करे।'' अतः जब कोई वस्तु शून्य बाह्य असंतुलित बल का अनुभव करती है, तो वस्तु अशून्य वेग से गति कर सकती है।

लेकिन यदि वस्तु प्रारम्भ में विरामावस्था में है, तो वह शून्य बाह्य असंतुलित बल होने पर भी अशून्य वेग से गति नहीं करेगी।

प्रश्न 2. जब किसी छड़ी से एक दरी (कार्पेट) को पीटा जाता है, तो धूल के कण बाहर आ जाते हैं। स्पष्ट करें।

उत्तर जब छड़ी से दरी को पीटते हैं, तब दरी के रेशे गति में आ जाते हैं, लेकिन धूल के कण जड़त्व के कारण इस गति का विरोध करते हैं, फलस्वरूप धूल के कण बाहर आ जाते हैं।

प्रश्न 3. बस की छत पर रखे सामान को रस्सी से क्यों बाँधा जाता है?

उत्तर बस की छत पर रखे सामान को रस्सी से बाँधते हैं, क्योंकि जब बस रुकती है, तो बस विरामावस्था में आ जाती है, लेकिन बस में रखा सामान जड़त्व के कारण गतिज अवस्था में ही बने रहने की प्रवृत्ति रखता है और आगे की ओर गति करता है और बस की छत से गिर जाता है।

इसी प्रकार, जब बस अचानक चलती है, तो बस गति की अवस्था में आ जाती है, लेकिन सामान जड़त्व के कारण इस गति का विरोध करता है तथा पीछे की ओर गति करता हुआ नीचे गिर जाता है।

प्रश्न 4. किसी बल्लेबाज द्वारा क्रिकेट की गेंद को मारने पर गेंद जमीन पर लुढ़कती है। कुछ दूरी चलने के पश्चात् गेंद रुक जाती है। गेंद रुकने के लिए धीमी होती है, क्योंकि

(a) बल्लेबाज ने गेंद को पर्याप्त प्रयास से हिट नहीं किया है

(b) वेग गेंद पर लगाए गए बल के समानुपाती है।

(c) गेंद पर गति की दिशा के विपरीत एक बल कार्य कर रहा है।

(d) गेंद पर कोई असंतुलित बल कार्यरत् नहीं है, अतः गेंद विरामावस्था में आने के लिए प्रयासरत है।

उत्तर (c) गेंद रुकने के लिए धीमी होती है, क्योंकि गेंद और जमीन के बीच उत्पन्न घर्षण बल गेंद की गति की दिशा के विपरीत कार्य करता है।

प्रश्न 5. एक ट्रक विरामावस्था से किसी पहाड़ी से नीचे की ओर नियत त्वरण से लुढ़कना शुरू करता है। यह 20 सेकंड में 400 मी की दूरी तय करता है। इसका त्वरण ज्ञात करें। अगर इसका द्रव्यमान 7 टन है, तो इस पर लगने वाले बल की गणना करें। (1 टन = 1000 किग्रा)

उत्तर ट्रक विरामावस्था से चलता है, अतः प्रारंभिक वेग $u = 0$

तय दूरी $s = 400$ मी

समय $t = 20$ सेकंड

द्रव्यमान $m = 7$ टन $= 7 \times 1000 = 7000$ किग्रा

गति की द्वितीय समीकरण से,

$$s = ut + \frac{1}{2}at^2$$

$$400 = 0 \times 20 + \frac{1}{2} \times a \times (20)^2$$

$$400 = 200a$$

$$a = 2 \text{ मी/से}^2$$

न्यूटन के द्वितीय नियम से ट्रक पर लगने वाला बल

$$F = ma = 7000 \times 2 = 14000 \text{ न्यूटन}$$

$$= 1.4 \times 10^4 \text{ न्यूटन}$$

प्रश्न 6. 1 किग्रा द्रव्यमान के एक पत्थर को 20 मी/से के वेग से झील की जमी हुई सतह पर फेंका जाता है। पत्थर 50 मी की दूरी तय करने के बाद रुक जाता है। पत्थर और बर्फ के बीच लगने वाले घर्षण बल की गणना करें।

उत्तर पत्थर का द्रव्यमान $m = 1$ किग्रा

प्रारंभिक वेग $u = 20$ मी/से, अंतिम वेग $v = 0$

(क्योंकि पत्थर विरामावस्था में आ जाता है)

तय की गई दूरी $s = 50$ मी

गति की तृतीय समीकरण से,

$$v^2 = u^2 + 2as$$

$$(0)^2 = (20)^2 + 2a\,(50)$$

$$100a = -400$$

$$a = -4 \text{ मी/से}^2$$

पत्थर और बर्फ के बीच लगने वाला घर्षण बल = पत्थर को रोकने के लिए लगाया गया बल

$$F = ma$$

$$= 1 \times -4 = -4 \text{ न्यूटन या } 4 \text{ न्यूटन}$$

(यहाँ ऋणात्मक चिह्न घर्षण बल को प्रदर्शित करता है, जो पत्थर और बर्फ के बीच कार्य करता है।)

प्रश्न 7. एक 8000 किग्रा द्रव्यमान का रेल इंजन प्रति 2000 किग्रा द्रव्यमान वाले पाँच डिब्बों को सीधी पटरी पर खींचता है। यदि इंजन 40000 न्यूटन का बल आरोपित करता है तथा यदि पटरी 5000 न्यूटन का घर्षण बल लगाती है, तो ज्ञात करें

(a) नेट त्वरण बल (b) रेल का त्वरण

उत्तर (a) नेट त्वरण बल = इंजन द्वारा आरोपित बल–घर्षण बल

$$= 40000 - 5000 = 35000 = 3.5 \times 10^4 \text{ न्यूटन}$$

(b) न्यूटन के द्वितीय नियमानुसार,

त्वरित बल = रेल का द्रव्यमान × रेल का त्वरण

$$a = \frac{F}{m}$$

रेल का द्रव्यमान = इंजन का द्रव्यमान + डिब्बों का द्रव्यमान

$$= 8000 + 5 \times 2000$$

$$= 8000 + 10000 = 18000 \text{ किग्रा}$$

$$\therefore \quad \text{त्वरण} = \frac{35000}{18000} = \frac{35}{18} = 1.95 \text{ मी/से}$$

प्रश्न 8. एक गाड़ी का द्रव्यमान 1500 किग्रा है। यदि गाड़ी को 1.7 मी/से^{2} के ऋणात्मक त्वरण (अवमंदन) के साथ विरामावस्था में लाना है, तो गाड़ी तथा सड़क के बीच लगने वाला बल कितना होगा?

उत्तर द्रव्यमान $m = 1500$ किग्रा, त्वरण $a = -1.7$ मी/से^{2}

न्यूटन के द्वितीय नियम से,

$$F = ma$$
$$= 1500 \times (-1.7)$$
$$= -2550 \text{ न्यूटन}$$

प्रश्न 9. किसी m द्रव्यमान की वस्तु जिसका वेग v है, का संवेग क्या होगा?

(a) $(mv)^2$ (b) mv^2

(c) $\frac{1}{2}mv^2$ (d) mv

उत्तर (d) m द्रव्यमान की वस्तु जिसका वेग v है, का संवेग होगा

$$p = mv$$

प्रश्न 10. हम एक लकड़ी के बक्से को 200 न्यूटन बल लगाकर उसे नियत वेग से फर्श पर धकेलते हैं। बक्से पर लगने वाला घर्षण बल क्या होगा?

उत्तर लकड़ी के बक्से को 200 न्यूटन का बल लगाकर फर्श पर नियत वेग से धकेलने के लिए 200 न्यूटन का ही बाह्य बल इसके विपरीत दिशा में लगाना पड़ेगा, जिससे कि बल संतुलित (शून्य) हो सके।

अतः बक्से पर लगने वाला घर्षण बल = 200 न्यूटन।

प्रश्न 11. दो वस्तुएँ प्रत्येक का द्रव्यमान 1.5 किग्रा है, एक ही सीधी रेखा में एक-दूसरे के विपरीत दिशा में गति कर रही हैं। टकराने के पहले प्रत्येक का वेग 2.5 मी/से है। टकराने के बाद यदि दोनों एक-दूसरे से जुड़ जाती हैं, तब उनका सम्मिलित वेग क्या होगा?

उत्तर पहली वस्तु का द्रव्यमान $m_1 = 1.5$ किग्रा

दूसरी वस्तु का द्रव्यमान $m_2 = 1.5$ किग्रा

टकराने से पहले पहली वस्तु का वेग $u_1 = 2.5$ मी/से

टकराने से पहले दूसरी वस्तु का वेग $u_2 = -2.5$ मी/से

(यहाँ ऋणात्मक चिह्न इसलिए लेते हैं, क्योंकि दूसरी वस्तु पहली वस्तु की विपरीत दिशा में गति कर रही है)

टकराने के बाद दोनों का संयुक्त द्रव्यमान

$$M = m_1 + m_2 \quad \text{(क्योंकि वस्तुएँ जुड़ जाती हैं)}$$
$$= 1.5 + 1.5 = 3 \text{ किग्रा}$$

माना संयुक्त वस्तुओं का वेग v मी/से है

क्योंकि निकाय पर कोई बाह्य बल कार्य नहीं कर रहा है अत: संवेग संरक्षण के नियम के अनुसार,

टकराने से पहले संवेग =टकराने के बाद संवेग

$$mv = m_1u_1 + m_2u_2$$

$$3v = 1.5 \times 2.5 + 1.5\,(-2.5) = 0$$

$$v = 0$$

प्रश्न 12. **गति के तृतीय नियम के अनुसार जब हम किसी वस्तु को धक्का देते हैं, तो वस्तु उतने ही बल के साथ हमें भी विपरीत दिशा में धक्का देती है। यदि वह वस्तु एक ट्रक है, जो सड़क के किनारे खड़ा है; संभवत: हमारे द्वारा बल आरोपित करने पर भी गतिशील नहीं हो पाएगा। एक विद्यार्थी इसे सही साबित करते हुए कहता है कि दोनों बल विपरीत एवं बराबर हैं, जो एक-दूसरे को निरस्त कर देते हैं। इस तर्क पर अपने विचार दें और बताएँ कि ट्रक गतिशील क्यों नहीं हो पाता?**

उत्तर जब दो बल एक ही वस्तु पर कार्य करते हैं, तो ये दोनों बल विपरीत एवं बराबर होते हैं, जो एक-दूसरे को निरस्त कर देते हैं, अत: विद्यार्थी द्वारा दिया गया तर्क सही नहीं है, क्योंकि न्यूटन के तृतीय नियम के अनुसार क्रिया, प्रतिक्रिया बल दो विभिन्न वस्तुओं पर कार्य करते हैं जो एक-दूसरे को निरस्त नहीं कर सकते।

जब हम किसी ट्रक को धक्का देते हैं, तो वह गतिशील नहीं हो पाता, क्योंकि ट्रक को गतिशील करने के लिए लगाया गया बल उपयुक्त नहीं होता है।

प्रश्न 13. **200 ग्राम द्रव्यमान की एक हॉकी की गेंद 10 मी/से से गति कर रही है। यह एक हॉकी स्टिक से इस प्रकार टकराती है कि 5 मी/से के वेग से अपने प्रारम्भिक मार्ग पर वापस लौटती है। हॉकी स्टिक द्वारा आरोपित बल से हॉकी की गेंद में आये संवेग परिवर्तन के परिमाप का परिकलन कीजिए।**

उत्तर प्रश्नानुसार, द्रव्यमान $m_1 = 200$ ग्राम

$$m = \frac{200}{1000} \text{ किग्रा} = \frac{1}{5} \text{ किग्रा}$$

प्रारम्भिक वेग, $u = 10$ मी/से

अंतिम वेग, $v = 5$ मी/से

हमे ज्ञात है संवेग में परिवर्तन$=u-(-mv)$

चूँकि दिशा विपरीत है अत: $mv + mu$

$$= m(v+u) = \frac{1}{5}(10+5)$$

$$= \frac{15}{5}$$

$$= 3 \text{ किग्रा-मी/से}$$

प्रश्न 14. 10 ग्राम द्रव्यमान की एक गोली सीधी रेखा में 150 मी/से के वेग से चलकर एक लकड़ी के गुटके से टकराती है और 0.03 सेकंड के बाद रुक जाती है। गोली लकड़ी को कितनी दूर तक भेदेगी? लकड़ी के गुटके द्वारा गोली पर लगाए गए बल के परिमाण की गणना करें।

उत्तर गोली का द्रव्यमान $m = 10$ ग्राम $= \frac{10}{1000}$ किग्रा $= 0.01$ किग्रा

प्रारंभिक वेग $u = 150$ मी/से

अंतिम वेग $v = 0$ ($\because$ गोली रुक जाती है)

समय $t = 0.03$ सेकंड

गति के समीकरण से,

$$v = u + at$$

$$0 = 150 + a \times 0.03$$

$$a = \frac{-150}{0.03} = -5000 \text{ मी/से}^2$$

रुकने से पहले गोली द्वारा तय की गई दूरी

$$v^2 = u^2 + 2as$$

$$0 = (150)^2 + 2(-5000)s$$

$$s = \frac{(150)^2}{10000} = 2.25 \text{ मी}$$

गुटके द्वारा गोली पर लगाया गया बल $F = ma$

$$= 0.01 \times -5000$$

$$= -50 \text{ न्यूटन}$$

प्रश्न 15. एक वस्तु जिसका द्रव्यमान 1 किग्रा है, 10 मी/से के वेग से एक सीधी रेखा में चलते हुए विरामावस्था में रखे 5 किग्रा द्रव्यमान के एक लकड़ी के गुटके से टकराती है। उसके बाद दोनों साथ-साथ उसी सीधी रेखा में गति करते हैं। संघट्ट के पहले तथा बाद के कुल संवेगों की गणना करें। आपस में जुड़े हुए संयोजन के वेग की भी गणना करें।

उत्तर वस्तु का द्रव्यमान $m_1 = 1$ किग्रा, गुटके का द्रव्यमान $m_2 = 5$ किग्रा

वस्तु का वेग $u_1 = 10$ मी/से,

गुटके का वेग $u_2 = 0$ (क्योंकि गुटका विरामावस्था में है)

टकराने से पहले कुल संवेग $= m_1u_1 + m_2u_2$

$$= 1 \times 10 + 5 \times 0 = 10 \text{ किग्रा-मी/से}$$

संवेग संरक्षण के नियमानुसार,

टकराने के बाद संवेग = टकराने से पहले का संवेग

$$(m_1 + m_2)v = 10 \qquad (v = \text{जुड़े हुए संयोजन का वेग})$$

$$(1+5)v = 10$$

$$\Rightarrow \quad v = \frac{10}{6} = 1.67 \text{ मी/से}$$

प्रश्न 16. 100 किग्रा द्रव्यमान की एक वस्तु का वेग समान त्वरण से 6 सेकंड में 5 मी/से से 8 मी/से हो जाता है। वस्तु के पहले और बाद के संवेगों की गणना करें। उस बल के परिमाण की गणना करें, जो उस वस्तु पर आरोपित है।

उत्तर वस्तु का द्रव्यमान $m = 100$ किग्रा, प्रारंभिक वेग $u = 5$ मी/से

अंतिम वेग $v = 8$ मी/से, समय $t = 6$ सेकंड

(i) प्रारंभिक संवेग $= mu = 100 \times 5 = 500$ किग्रा-मी/से

अंतिम संवेग $= mv = 100 \times 8 = 800$ किग्रा-मी/से

(ii) न्यूटन के द्वितीय नियम के अनुसार;

वस्तु पर लगा बल = संवेग में परिवर्तन की दर

$$= \frac{\text{संवेग में परिवर्तन}}{\text{समय}}$$

$$= \frac{\text{अंतिम संवेग} - \text{प्रारंभिक संवेग}}{\text{समय}}$$

$$= \frac{800 - 500}{6} = \frac{300}{6} = 50 \text{ न्यूटन}$$

प्रश्न 17. अख्तर, किरण और राहुल किसी राजमार्ग पर बहुत तीव्र गति से चलती हुई कार में सवार हैं, अचानक उड़ता हुआ कोई कीड़ा, गाड़ी के सामने के शीशे से आ टकराया और वह शीशे से चिपक गया। अख्तर और किरण इस स्थिति पर विवाद करते हैं। किरण का मानना है कि कीड़े के संवेग परिवर्तन का परिमाण कार के संवेग परिवर्तन के परिमाण की अपेक्षा बहुत अधिक है (क्योंकि कीड़े के वेग में परिवर्तन का मान कार के वेग में परिवर्तन के मान से बहुत अधिक है।) अख्तर ने कहा कि चूँकि कार का वेग बहुत अधिक था अतः कार ने कीड़े पर बहुत अधिक बल लगाया जिसके कारण कीड़े की मौत हो गई। राहुल ने एक नया तर्क देते हुए कहा कि कार तथा कीड़ा दोनों पर समान बल लगा और दोनों के संवेग में बराबर परिवर्तन हुआ। इन विचारों पर अपनी प्रतिक्रिया दें।

उत्तर **संवेग संरक्षण के नियम के अनुसार**

कार और कीड़े का टकराने से पहले संवेग = कार और कीड़े का टकराने के बाद संवेग।

अतः कार और कीड़े की संवेग परिवर्तन की दर शून्य है। कीड़ा, कार के शीशे से चिपक जाता है इसका अर्थ यह है कि कीड़े की दिशा, कार की दिशा के विपरीत है इसके परिणामस्वरूप कीड़े के वेग में बहुत अधिक वृद्धि होती है जबकि दूसरी ओर कार नियत वेग से गतिमान है इसलिए किरण का सुझाव गलत है। अख्तर ने सही निष्कर्ष निकाला क्योंकि कार का द्रव्यमान, कीड़े के द्रव्यमान की तुलना में बहुत अधिक है और राहुल ने सही व्याख्या दी।

प्रश्न 18. एक 10 किग्रा द्रव्यमान की घंटी 80 सेमी की ऊँचाई से फर्श पर गिरी। इस अवस्था में घंटी द्वारा फर्श पर स्थानांतरित संवेग के मान की गणना करें। परिकलन में सरलता हेतु नीचे की ओर दिष्ट त्वरण का मान 10 मी/से^{2} लें।

उत्तर द्रव्यमान $m = 10$ किग्रा, $u = 0$

तय दूरी $s = 80$ सेमी $= 0.8$ मी

$$a = 10 \text{ मी/से}^2$$

गति की समीकरण से $v^2 = u^2 + 2\,as$

$$v^2 = 0 + 2 \times 10 \times 0.8 = 16$$

$$v = \sqrt{16} = 4 \text{ मी/से}$$

फर्श को छूने से पहले घंटी का संवेग

$$p = mv$$
$$= 10 \times 4$$
$$= 40 \text{ किग्रा-मी/से}$$

जब घंटी फर्श पर गिरती है, तब इसका वेग शून्य हो जाता है इसलिए घंटी का संवेग फर्श पर स्थानांतरित संवेग के मान के बराबर होगा।

अतः फर्श पर स्थानांतरित संवेग = 40 किग्रा-मी/से।

अतिरिक्त अभ्यास

प्रश्न 1. एक वस्तु की गति की अवस्था में दूरी समय सारणी निम्नवत् है

समय (सेकंड)	**दूरी** (मी)
0	0
1	1
2	8
3	27
4	64
5	125
6	216
7	343

(a) त्वरण के बारे में आप क्या निष्कर्ष निकाल सकते हैं? क्या यह नियत है? बढ़ रहा है? घट रहा है? या शून्य है?

(b) आप वस्तु पर लगने वाले बल के बारे में क्या निष्कर्ष निकाल सकते हैं?

उत्तर (a) यहाँ $u = 0$

गति की द्वितीय समीकरण से $s = ut + \frac{1}{2}at^2$

$$= \frac{1}{2}at^2$$

$$a = \frac{2s}{t^2}$$

समय (सेकंड)	**दूरी** (मी)	**त्वरण** $= 2s/t^2$
0	0	0
1	1	2
2	8	4
3	27	6
4	64	8
5	125	10
6	216	12
7	343	14

अतः त्वरण बढ़ रहा है।

(b) चूँकि त्वरण बढ़ रहा है, इसलिए वस्तु पर असंतुलित बल कार्य कर रहा है।

प्रश्न 2. 1200 किग्रा द्रव्यमान की कार को एक समतल सड़क पर दो व्यक्ति समान वेग से धक्का देते हैं। उसी कार को तीन व्यक्तियों द्वारा धक्का देकर 0.2 मी/से^{2} का त्वरण उत्पन्न किया जाता है। कितने बल के साथ प्रत्येक व्यक्ति कार को धकेल पाते हैं? (मान लें कि सभी व्यक्ति समान पेशीय बल के साथ कार को धक्का देते हैं।)

उत्तर कार का द्रव्यमान $m = 1200$ किग्रा

त्वरण $a = 0.2$ मी/से^{2}

∴ तीन व्यक्तियों द्वारा लगाया गया बल

$$F = ma$$
$$= 1200 \times 0.2$$
$$= 240 \text{ न्यूटन}$$

एक व्यक्ति द्वारा कार पर लगाया गया बल

$$= \frac{240}{3} = 80 \text{ न्यूटन}$$

अतः प्रत्येक व्यक्ति 80 न्यूटन बल से कार को धकेल रहा है।

प्रश्न 3. 500 ग्राम द्रव्यमान के एक हथौड़े द्वारा 50 मी/से वेग से एक कील पर प्रहार किया जाता है। कील द्वारा हथौड़े को बहुत कम समय 0.01 सेकंड में ही रोक दिया जाता है। कील के द्वारा हथौड़े पर लगाए गए बल का परिकलन करें।

उत्तर हथौड़े का द्रव्यमान $m = 500$ ग्राम $= 0.05$ किग्रा

हथौड़े का प्रारंभिक वेग $u = 50$ मी/से

हथौड़े का अंतिम वेग $v = 0$ (क्योंकि हथौडा रुक जाता है)

समय $t = 0.01$ सेकंड

कील द्वारा हथौड़े पर लगाया गया बल = हथौड़े के संवेग में परिवर्तन की दर

$$F = \frac{mv - mu}{t}$$
$$F = \frac{0.05 \times 0 - 0.05 \times 50}{0.01}$$
$$F = \frac{-25}{0.01} = -2500 \text{ न्यूटन}$$

कील के द्वारा हथौड़े पर लगाया गया बल समान तथा विपरीत है।

प्रश्न 4. एक 1200 किग्रा द्रव्यमान की मोटरकार 90 किमी/घंटा के वेग से एक सरल रेखा के अनुदिश चल रही है। उसका वेग बाहरी असंतुलित बल लगने के कारण 4 सेकण्ड में घटकर 18 किमी/घंटा हो जाता है। त्वरण और संवेग में परिवर्तन का परिकलन करें। लगने वाले बल के परिमाण का भी परिकलन करें।

उत्तर कार का द्रव्यमान $m = 1200$ किग्रा

प्रारंभिक वेग $u = 90$ किमी/घंटा $= 90 \times \frac{5}{18} = 25$ मी/से

अंतिम वेग $v = 18$ किमी/घंटा $= 18 \times \frac{5}{18} = 5$ मी/से

समय $t = 4$ सेकंड

(i) त्वरण $= \frac{v-u}{t} = \frac{5-25}{4} = \frac{-20}{4} = -5$ मी/से^{2}

(ऋणात्मक चिह्न प्रदर्शित करता है कि वेग कम हो रहा है)

(ii) संवेग में परिवर्तन = अंतिम संवेग–प्रारंभिक संवेग

$= mv - mu = m(v-u) = 1200\,(5-25)$

$= 1200 \times -20 = -24000$ किग्रा-मी/से

(iii) लगने वाले बल का परिमाण = संवेग में परिवर्तन की दर

$= \frac{\text{संवेग में परिवर्तन}}{\text{समय}}$

$= \frac{-24000}{4} = -6000$ न्यूटन

NCERT Exemplar

पुस्तक के चुने गए प्रश्न

बहुविकल्पीय प्रश्न

प्रश्न 1. न्यूटन के तृतीय नियम के अनुसार क्रिया और प्रतिक्रिया बल

(a) एक ही वस्तु पर कार्य करते हैं
(b) अलग-अलग वस्तुओं पर एक-दूसरे के विपरीत कार्य करते हैं
(c) परिमाण और दिशा में समान होते हैं
(d) एक-दूसरे के लम्बवत् कार्य करते हैं

उत्तर *(b)*

प्रश्न 2. बल का SI मात्रक है

(a) किग्रा-मी/से (b) न्यूटन (c) डाइन (d) मी/से

उत्तर *(b)*

प्रश्न 3. क्रिकेट मैच के दौरान मैदान में क्षेत्र रक्षक तेज गति से आ रही गेंद को लपकते समय हाथ को पीछे की ओर खींचता है। ऐसा करने से

(a) क्षेत्र रक्षक गेंद पर अधिक बल लगाता है
(b) गेंद में संवेग परिवर्तन की दर बढ़ जाती है
(c) गेंद में संवेग परिवर्तन की दर कम हो जाती है
(d) उपरोक्त में से कोई नहीं

उत्तर *(c)*

प्रश्न 4. रॉकेट किस (संरक्षण) सिद्धांत पर कार्य करता है?

(a) न्यूटन का प्रथम नियम (b) न्यूटन का द्वितीय नियम
(c) न्यूटन का तृतीय नियम (d) संवेग संरक्षण सिद्धान्त

उत्तर *(d)*

प्रश्न 5. किसी वस्तु का जड़त्व वस्तु की

(a) चाल को बढ़ा देता है
(b) चाल को कम कर देता है
(c) विराम या गति की अवस्था में परिवर्तन का विरोध करता है
(d) उपरोक्त में से कोई नहीं

उत्तर *(c)*

प्रश्न 6. संवेग का SI मात्रक है

(a) मी/से (b) किग्रा
(c) किग्रा-मी/से (d) न्यूटन

उत्तर *(c)*

प्रश्न 7. जब बस अचानक चलती है, तब बस में बैठे यात्री गिर पड़ते हैं

(a) बस के चलने की दिशा के विपरीत दिशा में
(b) बस के चलने की दिशा में
(c) किसी भी दिशा में
(d) उपरोक्त में से कोई नहीं

उत्तर *(a)*

प्रश्न 8. जब एक यात्री चलती रेलगाड़ी में एक सिक्के को ऊपर उछालता है, तो सिक्का पीछे गिरता है, इसका अर्थ है कि रेलगाड़ी की गति

(a) त्वरित है (b) समान है
(c) असमान है (d) वृत्तीय मार्ग पर है

उत्तर *(a)*

प्रश्न 9. संवेग में परिवर्तन की दर किसके बराबर होती है?

(a) त्वरण (b) कार्य
(c) बल (d) जड़त्व

उत्तर *(c)*

प्रश्न 10. गोली छोड़ने के बाद रायफल पीछे की ओर प्रतिक्षेपित होती है। इसका कारण है

(a) ऊर्जा सरंक्षण का नियम
(b) न्यूटन का गति का तृतीय नियम
(c) न्यूटन का गति का प्रथम नियम
(d) न्यूटन का गति का द्वितीय नियम

उत्तर *(b)*

प्रश्न 11. जब एक वस्तु त्वरित होती है, तब

(a) वस्तु की चाल हमेशा बढ़ती है
(b) वस्तु का वेग हमेशा बढ़ता है
(c) यह हमेशा पृथ्वी की ओर गिरती है
(d) एक बल हमेशा वस्तु पर कार्य करता है

उत्तर *(d)*

प्रश्न 12. एक चालक अपनी कार को पहले 1.8 मी/से^{2} की दर से त्वरित करता है, फिर 1.2 मी/से^{2} की दर से त्वरित करता है। इंजन द्वारा आरोपित बलों का अनुपात क्या होगा?

(a) 1 : 2 (b) 2 : 1 (c) 2 : 3 (d) 3 : 2

उत्तर (*d*)

प्रश्न 13. 'जड़त्व का नियम' किस नियम को कहते हैं?

(a) न्यूटन के गति के प्रथम नियम को
(b) न्यूटन के गति के द्वितीय नियम को
(c) न्यूटन के गति के तृतीय नियम को
(d) संवेग संरक्षण के नियम को

उत्तर (*a*)

प्रश्न 14. किसी वस्तु के जड़त्व की माप क्या होती है?

(a) वेग (b) चाल (c) द्रव्यमान (d) त्वरण

उत्तर (*c*)

लघुउत्तरीय प्रश्न

प्रश्न 15. किसी वस्तु के द्रव्यमान और जड़त्व में क्या संबंध है?

उत्तर किसी वस्तु का द्रव्यमान उसके जड़त्व की माप है, अर्थात् भारी वस्तुओं का जड़त्व अधिक होता है और हल्के द्रव्यमान वाली वस्तुओं का जड़त्व कम होता है। ***उदाहरण*** पुस्तकों से भरे बक्से को धक्का देने की अपेक्षा खाली बक्से को धक्का देना आसान होता है।

प्रश्न 16. एक 50 ग्राम द्रव्यमान की गेंद को खुरदरी सतह पर लुढ़काया जाता है, इसका वेग-समय ग्राफ दिखाया गया है।

गेंद और सतह के बीच लगने वाले घर्षण बल और त्वरण की गणना करें।

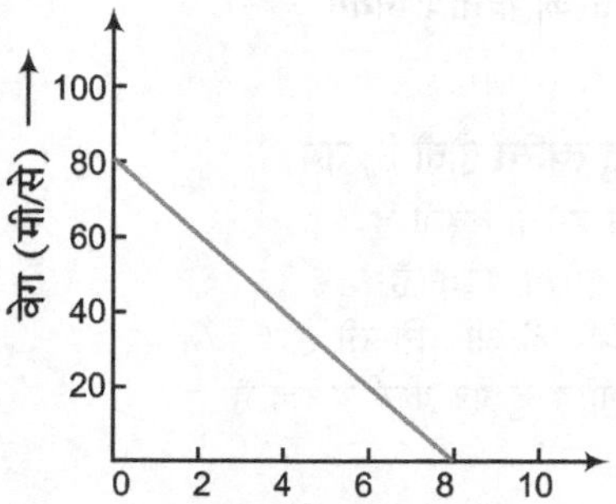

उत्तर द्रव्यमान, $M = 50$ ग्राम $= \frac{50}{1000} = 0.05$ किग्रा

प्रारंभिक वेग $u = 80$ मी/से

अंतिम वेग $v = 0$ मी/से

लिया गया समय $t = 8$ सेकंड

$$\text{त्वरण} = \frac{v-u}{t} = \frac{0-80}{8} = \frac{-80}{8} = -10 \text{ मी/से}^2$$

गेंद और सतह के बीच लगने वाला घर्षण बल

$$F = ma = 0.05 \times (-10) = 0.5 \text{ न्यूटन}$$

प्रश्न 17. एक M द्रव्यमान का ट्रक जिस पर बल F लगा है गति कर रहा है। यदि ट्रक में ट्रक के द्रव्यमान के बराबर ही वस्तुओं को रखा जाए, और आरोपित बल आधा कर दिया जाये, तब इसके त्वरण में होने वाले बदलाव का परिकलन करें।

उत्तर प्रारंभिक द्रव्यमान $m_1 = M$, प्रारंभिक बल $f_1 = F$

नया द्रव्यमान $m_2 = M + M = 2M$, नया बल $f_2 = \frac{F}{2}$

न्यूटन के द्वितीय नियम से, $f = ma$

$\Rightarrow$ $a = \frac{f}{m}$

त्वरण में परिवर्तन

$$\frac{a_1}{a_2} = \frac{f_1}{f_2} \times \frac{m_2}{m_1}$$

$$\frac{a_1}{a_2} = \frac{F}{F/2} \times \frac{2M}{M}$$

$$= 4$$

$$a_2 = \frac{1}{4} a_1$$

अतः त्वरण एक-चौथाई हो जायेगा।

प्रश्न 18. एक हल्के द्रव्यमान वाली रायफल से और दूसरी भारी द्रव्यमान वाली रायफल से दो गोलियाँ क्रमशः समान बल से छोड़ी जाती हैं। किस रायफल से कंधे को अधिक नुकसान होगा और क्यों?

उत्तर दोनों गोलियाँ समान द्रव्यमान की तथा समान बल से छोड़ी जाती हैं। अतः न्यूटन के तृतीय नियम के अनुसार दोनों रायफल पर पीछे की ओर उतना ही बल लगेगा। इसलिए हल्के द्रव्यमान वाली रायफल से कंधे को अधिक नुकसान होगा।

प्रश्न 19. रबड़ और लोहे की एक ही आकार की दो गेंदों को चलती रेलगाड़ी के फर्श पर रखा जाता है। रेलगाड़ी अचानक रुक जाती है। क्या दोनों गेंद लुढ़कना शुरु करेंगी? यदि हाँ, तो किस दिशा में? क्या दोनों की चाल एकसमान होगी? अपने उत्तर की व्याख्या कीजिये।

उत्तर जब रेलगाड़ी रुकती है, तो यह स्थिर अवस्था में आ जाती है लेकिन गेंद जड़त्व के कारण गतिज अवस्था में ही बने रहने की प्रवृत्ति रखती है, इसलिए आगे की ओर गति करेगी।

चूँकि गेंद एक ही आकार की लेकिन भिन्न-भिन्न पदार्थों की बनी है इसलिए इनका द्रव्यमान भी अलग-अलग होगा और इसी कारण से इनकी चाल भी अलग- अलग होगी।

प्रश्न 20. घोड़े को एकसमान गति से गाड़ी चलाने के लिए लगातार बल लगाना पड़ता है। व्याख्या कीजिए क्यों?

उत्तर गाड़ी एकसमान गति से तभी चलती है, जब उस पर कोई बाह्य बल आरोपित न हो। जब घोड़ा गाड़ी को खींचने के लिए बल लगाता है, तो गाड़ी के पहिये और सड़क के बीच उत्पन्न घर्षण बल इस गति का विरोध करता है। अतः गाड़ी एकसमान गति से तभी चलेगी जब गाड़ी पर आरोपित बल इस घर्षण बल के बराबर होगा। इसलिए बलों को संतुलित रखने के लिए घोड़े को लगातार बल लगाना पड़ता है।

प्रश्न 21. नाविक द्वारा नाव से आगे की ओर कूदने की स्थिति में नाव पीछे की ओर गति करती है। व्याख्या कीजिये यह किस सिद्धांत पर आधारित है?

उत्तर यह क्रिया न्यूटन के गति के तीसरे नियम पर आधारित है, जब नाविक आगे की ओर कूदता है तो नाव पर लगने वाला प्रतिक्रिया बल नाव को पीछे की ओर धकेलता है।

प्रश्न 22. एक कार का द्रव्यमान 1500 किग्रा है, कार का वेग 10 मी/से से 20 मी/से, 10 सेकंड में बढ़ जाता है। कार के संवेग में परिवर्तन ज्ञात कीजिए, कार पर लगने वाले बल का भी परिकलन करें।

उत्तर द्रव्यमान $m = 1500$ किग्रा, प्रारंभिक वेग $u = 10$ मी/से

अंतिम वेग $v = 20$ मी/से, समय $t = 10$ सेकंड

संवेग में परिवर्तन = अंतिम संवेग – प्रारंभिक संवेग

$$= mv - mu \text{ या } m(v - u)$$

$$= 1500\,(20 - 10) = 1500 \times 10 = 15000$$

$$= 1.5 \times 10^4 \text{ किग्रा-मी/से}$$

कार पर आरोपित बल f = संवेग में परिवर्तन की दर

$$= \frac{\text{संवेग में परिवर्तन}}{\text{लिया गया समय}} = \frac{1.5 \times 10^4}{10} = 1.5 \times 10^3 \text{ न्यूटन}$$

दीर्घ उत्तरीय प्रश्न

प्रश्न 23. गति के द्वितीय नियम से बल के मात्रक को सिद्ध कीजिए। m_1 द्रव्यमान की वस्तु पर 5 न्यूटन का बल लगाने से 8 मी/से^{2} का त्वरण उत्पन्न होता है तथा m_2 द्रव्यमान की वस्तु में 24 मी/से^{2} का त्वरण उत्पन्न होता है। यदि दोनों वस्तुओं को साथ बाँध दिया जाए, तो उत्पन्न त्वरण का मान क्या होगा?

उत्तर न्यूटन के द्वितीय नियम से, $f = ma$

$$\text{द्रव्यमान का SI मात्रक } m = 1 \text{किग्रा}$$

$$\text{त्वरण का SI मात्रक } a = 1 \text{ मी/से}^2$$

$$\therefore \quad \text{बल का SI मात्रक } F = 1 \text{किग्रा} \times 1 \text{ मी/से}^2 = 1 \text{ किग्रा-मी/से}^2$$

किग्रा-मी/से^{2} को न्यूटन (N) के नाम से भी जानते हैं।

अतः $$1 \text{ न्यूटन} = 1 \text{ किग्रा-मी/से}^2$$

$\therefore$ 1 न्यूटन का बल किसी 1 किग्रा द्रव्यमान की वस्तु में 1 मी/से^{2} का त्वरण उत्पन्न करता है।

$$f_1 = 5 \text{ न्यूटन}, \quad a_1 = 8 \text{ मी/से}^2 \quad m_1 = m_1$$

$$f_2 = 5 \text{ न्यूटन}, \quad a_2 = 24 \text{ मी/से}^2 \quad m_2 = m_2$$

सूत्र $\rightarrow f = ma$ से

$$5 = m_1 \times 8$$

$$m_1 = \frac{5}{8} \text{ किग्रा}$$

इसी प्रकार $$5 = m_2 \times 24$$

$$m_2 = \frac{5}{24} \text{ किग्रा}$$

$$\therefore \quad m_1 + m_2 = \frac{5}{8} + \frac{5}{24}$$

$$= \frac{15 + 5}{24} = \frac{20}{24} = \frac{10}{12} = \frac{5}{6}$$

वस्तुओं को बाँधने पर उत्पन्न त्वरण a

$$a = \frac{F}{(m_1 + m_2)}$$

$$= \frac{5}{5/6} = 6 \text{ मी/से}^2$$

प्रश्न 24. **संवेग क्या होता है? इसका SI मात्रक क्या है। संवेग की सहायता से बल की व्याख्या कीजिए। ग्राफ द्वारा निम्न को प्रदर्शित कीजिए**

(a) संवेग–वेग ग्राफ जब द्रव्यमान स्थिर है,

(b) संवेग–द्रव्यमान ग्राफ जब वेग एकसमान है।

उत्तर वस्तु का संवेग, उसके द्रव्यमान एवं वेग का गुणनफल होता है तथा इसकी दिशा वही होती है, जो वस्तु के वेग की होती है। यदि वस्तु का द्रव्यमान m तथा वेग v है, तो

संवेग $p = mv$

संवेग का SI मात्रक किग्रा-मी/से है।

m द्रव्यमान वाली वस्तु पर आरोपित बल $f = ma$ (a = त्वरण)

$$= m\frac{\Delta v}{\Delta t}$$ (∵ त्वरण = वेग में परिवर्तन की दर)

$$F = \frac{\Delta p}{\Delta t} \qquad \left(a = \frac{\Delta v}{\Delta t}\right)$$

$$\Delta p = m.\Delta v$$

∴ वस्तु पर आरोपित बल वस्तु के संवेग में परिवर्तन की दर के बराबर होता है।

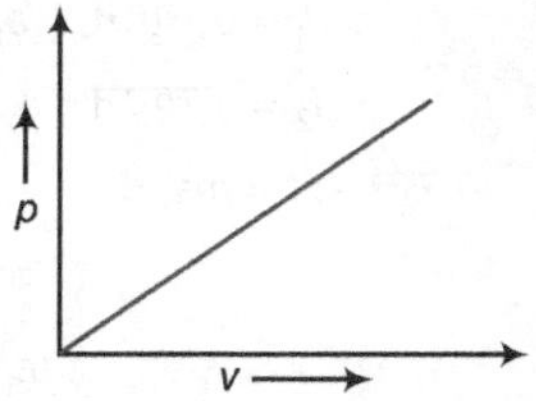

(a) $p = mv$

यदि m स्थिर है, $p \propto v$

∴ (संवेग-वेग ग्राफ एक सीधी रेखा होगा)

(यदि $v = 0$ तब $p = 0$)

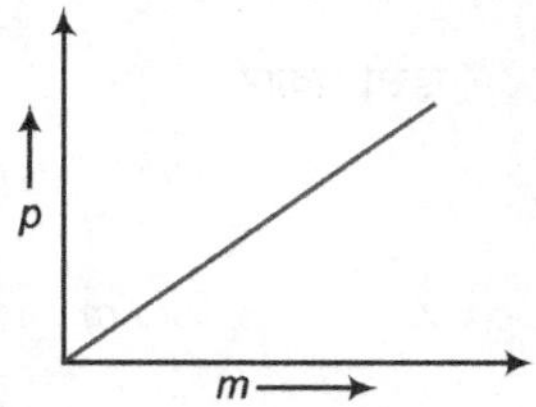

(b) जब वेग एकसमान है।

$p = mv$

$p \propto m$

(संवेग-द्रव्यमान ग्राफ एक सीधी रेखा होगा)

तब यदि $m = 0$ तब $p = 0$.

10

गुरुत्वाकर्षण

जब किसी वस्तु को ऊँचे स्थान से फेंका जाता है, तो वह पृथ्वी की तरफ ही गिरती है। सभी ग्रह सूर्य के चारों ओर परिक्रमा करते हैं। चन्द्रमा पृथ्वी का चक्कर लगाता है। इन सभी अवस्थाओं में कोई बल अवश्य होना चाहिए, इस बल को गुरुत्वाकर्षण बल कहते हैं।

गुरुत्वाकर्षण (Gravitation)

वह बल, जिसके द्वारा पृथ्वी प्रत्येक वस्तु को अपनी ओर खींचती है, **गुरुत्वाकर्षण** बल कहलाता है। गुरुत्वाकर्षण बल के कारण ही,

(i) जब किसी वस्तु को ऊँचाई से गिराया जाता है, तो वह पृथ्वी की ओर ही गिरती है।

(ii) हम खड़े होते हैं।

(iii) चंद्रमा पृथ्वी की परिक्रमा करता है।

न्यूटन का गुरुत्वाकर्षण सार्वत्रिक नियम
(Newton's Universal Law of Gravitation)

न्यूटन के अनुसार, ''विश्व का प्रत्येक पिंड प्रत्येक अन्य पिंड को एक बल से आकर्षित करता है, जो दोनों पिंडों के द्रव्यमानों के गुणनफल के समानुपाती तथा उनके बीच की दूरी के वर्ग के व्युत्क्रमानुपाती होता है।''

माना M तथा m द्रव्यमान के दो पिंड A तथा B हैं, जो एक-दूसरे से d दूरी पर स्थित हैं तथा इनके बीच लगने वाला बल F है, तो गुरुत्वाकर्षण के सार्वत्रिक नियम के अनुसार,

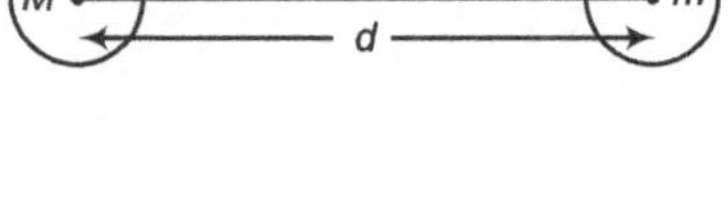

$$F \propto Mm \quad \ldots(i)$$

$$F \propto \frac{1}{d^2} \quad \ldots(ii)$$

समीकरण (i) तथा (ii) से $$F \propto \frac{Mm}{d^2}$$

या $$F = G\frac{Mm}{d^2}$$

जहाँ, G एक अनुपातिक स्थिरांक है और इसे सार्वत्रिक गुरुत्वीय स्थिरांक कहते हैं।

G का SI मात्रक न्यूटन-मी^{2}/किग्रा^{2} है।

G का मान 6.673×10^{-11} न्यूटन-मी^{2}/किग्रा^{2} है।

यह नियम सार्वत्रिक है, क्योंकि यह सभी वस्तुओं पर लागू होता है, चाहे ये वस्तुएँ बड़ी हों या छोटी, चाहे ये खगोलीय हों या पार्थिव।

गुरुत्वाकर्षण के बल से उत्पन्न अभिकेन्द्र बल के कारण ही पृथ्वी सूर्य के चारों ओर वृत्ताकार पथ में गति करती है। गुरुत्वाकर्षण के कारण ही सभी ग्रह सूर्य के चारों ओर चक्कर लगाते हैं।

द्रव्यमान m वाली पृथ्वी पर रखी वस्तु पर लगने वाला गुरुत्वाकर्षण बल

$$F = G\frac{M_e m}{R_e^2}$$

जहाँ, M_e = पृथ्वी का द्रव्यमान,

R_e = पृथ्वी की त्रिज्या।

गुरुत्वाकर्षण बल की विशेषताएँ

(Importance of Gravitational Force)

गुरुत्वाकर्षण बल की विशेषताएँ निम्न हैं

(i) गुरुत्वाकर्षण बल एक **व्युत्क्रम वर्ग के नियम का पालन करता है**, क्योंकि यह दो वस्तुओं के बीच की दूरी के वर्ग के व्युत्क्रमानुपाती होता है।

(ii) गुरुत्वाकर्षण बल दो वस्तुओं के बीच **क्रिया-प्रतिक्रिया युग्म** बनाता है।

(iii) गुरुत्वाकर्षण बल हल्के द्रव्यमान वाली वस्तुओं के लिए कम तथा अधिक द्रव्यमान (सूर्य और पृथ्वी) वाली वस्तुओं के लिए अधिक होता है।

गुरुत्वाकर्षण के सार्वत्रिक नियम का महत्व
(Importance of the Universal Law of Gravitation)

गुरुत्वाकर्षण का सार्वत्रिक नियम अनेक घटनाओं की सफलतापूर्वक व्याख्या करता है; ***जैसे–***

(i) हमें पृथ्वी से बाँधे रखने वाला बल।
(ii) पृथ्वी के चारों ओर चंद्रमा की गति।
(iii) सूर्य के चारों ओर ग्रहों की गति तथा
(iv) चंद्रमा तथा सूर्य के कारण ज्वार भाटा।

केप्लर के नियम (Kepler's Laws)

केप्लर ने ग्रहों की गति से संबंधित तीन नियम व्युत्पन्न किए, इन्हें **केप्लर के नियम** कहा जाता है। ये नियम इस प्रकार हैं

1. प्रत्येक ग्रह की कक्षा एक दीर्घवृत्त होती है और सूर्य इस दीर्घवृत्त के एक फोकस पर होता है।

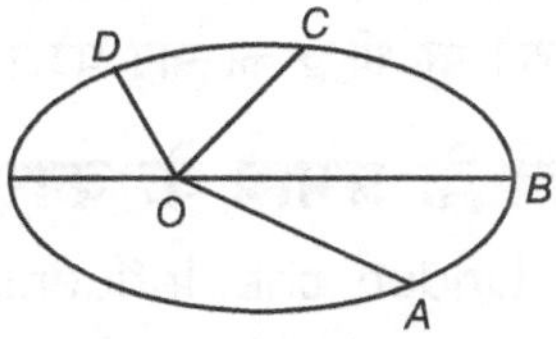

2. सूर्य तथा ग्रह को मिलाने वाली रेखा समान समय में समान क्षेत्रफल तय करती है।
3. सूर्य से किसी ग्रह की औसत दूरी (r) का घन उस ग्रह के सूर्य के परितः परिक्रमण काल T के वर्ग के अनुक्रमानुपाती होता है।

$$r^3 \propto T^2$$

या $$r^3 = KT^2$$

जहाँ $K \rightarrow$ अनुक्रमानुपाती नियतांक है।

$$\boxed{\frac{r^3}{T^2} = \text{नियतांक या } \frac{r^3}{T^2} = \text{स्थिरांक}}$$

मुक्त पतन : गुरुत्वीय त्वरण
(Free Fall : Acceleration due to Gravity)

जब वस्तुएँ पृथ्वी की ओर गुरुत्वाकर्षण बल के कारण गिरती हैं, तब वस्तुएँ मुक्त पतन में होती हैं। गिरते समय वस्तुओं की गति की दिशा में कोई परिवर्तन नहीं होता। लेकिन पृथ्वी के आकर्षण के कारण वेग के परिमाण में परिवर्तन होता है। जब कोई वस्तु पृथ्वी की ओर गिरती है, त्वरण कार्य करता है। यह त्वरण पृथ्वी के गुरुत्वीय बल के कारण है। इसलिए इस त्वरण को पृथ्वी के गुरुत्वीय बल के कारण त्वरण या **गुरुत्वीय त्वरण** कहते हैं। गुरुत्वीय त्वरण को g से निर्दिष्ट करते हैं। g का मात्रक मी/से^{2} है। g का मान 9.8 मी/से^{2} है।

$$\boxed{g = \frac{GM}{R^2}}$$

यहाँ, G = सार्वत्रिक गुरुत्वाकर्षण स्थिरांक

M = पृथ्वी का द्रव्यमान, R = पृथ्वी की त्रिज्या

g का मान वस्तु के द्रव्यमान पर निर्भर नहीं करता। g का मान पृथ्वी से ऊपर जाने पर घटता है। पृथ्वी से नीचे जाने पर भी g का मान घटता है।

पृथ्वी के गुरुत्वीय बल के प्रभाव के कारण वस्तुओं की गति
(Motion of Objects Under the Influence of Gravitational Force of the Earth)

क्योंकि पृथ्वी के निकट g का मान स्थिर है, अतः एकसमान त्वरित गति के सभी समीकरण त्वरण a के स्थान पर g रखने पर इस प्रकार होगी

(i) $v = u + gt$ (ii) $s = ut + \frac{1}{2}gt^2$

(iii) $v^2 = u^2 + 2gs$

जब किसी वस्तु को ऊर्ध्वाधर नीचे की ओर फेंका जाता है, तो g को धनात्मक लेते हैं। ($\because$ इसका वेग लगातार बढ़ता है)

जब किसी वस्तु को ऊर्ध्वाधर ऊपर की ओर फेंका जाता है, तो g को ऋणात्मक लेते हैं। ($\because$ इसका वेग कम होता जाता है)

जब किसी वस्तु को विरामावस्था से नीचे गिराया जाता है, तब वस्तु का प्रारंभिक वेग $u = 0$ लेते हैं।

जब किसी वस्तु को ऊपर की ओर फेंका जाता है, तो अधिकतम ऊँचाई पर अंतिम वेग $u = 0$ होता है।

किसी वस्तु को एक ऊँचाई तक पहुँचने में लगा समय और उसी ऊँचाई से वस्तु को गिरने में लगा समय बराबर होता है।

यदि त्वरण, गति की दिशा में लग रहा हो, तो इसे धनात्मक लेते हैं।

यदि त्वरण, गति की दिशा के विपरीत लग रहा हो तो इसे ऋणात्मक लेते हैं।

द्रव्यमान (Mass) किसी वस्तु का द्रव्यमान उसके जड़त्व की माप होता है, जितना अधिक द्रव्यमान होगा, उतना ही अधिक जड़त्व भी होगा।

द्रव्यमान का **SI** मात्रक किग्रा (kg) है।

वस्तु का द्रव्यमान स्थिर रहता है तथा एक स्थान से दूसरे स्थान पर नहीं बदलता। किसी वस्तु का द्रव्यमान शून्य नहीं हो सकता।

भार (Weight) किसी वस्तु का भार वह बल है, जिससे यह पृथ्वी की ओर आकर्षित होती है।

इसे W से निर्दिष्ट करते हैं।

किसी वस्तु का भार, $W = mg$

जहाँ, m = वस्तु का द्रव्यमान, g = गुरुत्वीय त्वरण

या
$$W = m\frac{GM}{R^2}$$

$$W = \frac{GMm}{R^2}$$

G = गुरुत्वीय स्थिरांक, M = पृथ्वी का द्रव्यमान, R = पृथ्वी की त्रिज्या

यहाँ $W \propto m$

$\because$ वस्तु का भार वस्तु के द्रव्यमान m के समानुपाती है

$\therefore$ वस्तु का भार इसके स्थान पर निर्भर करता है।

किसी वस्तु का चंद्रमा पर भार

(Weight of an Object an the Moon)

किसी वस्तु का चंद्रमा पर भार पृथ्वी के भार के 1/6वाँ होता है, क्योंकि चंद्रमा पर गुरुत्वीय त्वरण पृथ्वी के त्वरण का 1/6वाँ होता है।

भार एक सदिश राशि है और इसका SI मात्रक न्यूटन (N) है।

अंतरिक्ष में जहाँ $g = 0$ होता है, वहाँ वस्तु का भार शून्य होता है।

$$[\because W = mg, W = m \times 0, W = 0]$$

पृथ्वी के केंद्र पर, वस्तु का भार शून्य होता है।

प्रणोद तथा दाब (Upthrust and Pressure)

प्रणोद किसी वस्तु की सतह के लंबवत् लगने वाले बल को प्रणोद कहते हैं।

दाब प्रति एकांक क्षेत्रफल पर लगने वाले प्रणोद को दाब कहते हैं।

$$\text{दाब} = \frac{\text{प्रणोद}}{\text{क्षेत्रफल}} \quad \text{या} \quad \left[p = \frac{F}{A}\right]$$

दाब एक सदिश राशि है। इसका SI मात्रक न्यूटन/मी^{2} या पास्कल (Pa) होता है।

1 न्यूटन के प्रणोद द्वारा प्रति एकांक क्षेत्रफल पर लगने वाले दाब को 1 पास्कल द्वारा परिभाषित करते हैं।

दैनिक जीवन में दाब के अनुप्रयोग

(Uses of Pressure in Daily Life)

(i) बैग और सूटकेस के हत्थे चौड़े बनाये जाते हैं, जिससे हाथों पर कम दाब लगता है।

(ii) भवनों की नींव चौड़ी होती है।

(iii) कीलों के सिरे नुकीले होते हैं।

(iv) चाकू की तेज धार होती है।

तरलों में दाब (Pressure in Fluids)

तरलों में भार होता है तथा वे जिस बर्तन में रखे जाते हैं, उसके आधार तथा दीवारों पर दाब लगाते हैं। किसी परिरुद्ध तरल के किसी बिंदु पर लगने वाला दाब सभी दिशाओं में बिना घटे संचरित हो जाता है।

उत्प्लावकता (Buoyancy)

जब किसी वस्तु को पानी में डुबोया जाता है, तो पानी द्वारा वस्तु पर ऊपर की ओर बल लगाया जाता है, इस बल को **उत्प्लावन** बल कहते हैं तथा इस क्रिया को उत्प्लावकता कहा जाता है।

उत्प्लावन बल का परिमाण तरल के घनत्व पर निर्भर करता है। यदि तरल द्वारा लगाया गया उत्प्लावन बल वस्तु के भार से अधिक होता है, तो वस्तु तरल में तैरती है। यदि तरल द्वारा लगाया गया उत्प्लावन बल वस्तु के भार से कम होता है, तो वस्तु तरल में डूब जाती है।

पानी के पृष्ठ पर रखने पर वस्तुओं का तैरना या डूबना

(Floating or Sinking of Objects in Liquid)

पानी के पृष्ठ पर रखने पर वस्तुओं का तैरना या डूबना उनके घनत्वों में अंतर के कारण होता है।

घनत्व (Density)

किसी पदार्थ का घनत्व, उसके एकांक आयतन के द्रव्यमान को कहते हैं। यदि वस्तु का घनत्व द्रव के घनत्व से कम होता है तो वस्तुएँ द्रव पर तैरती हैं। यदि वस्तु का घनत्व द्रव के घनत्व से अधिक होता है तो वस्तुएँ द्रव में डूब जाती हैं।

आर्किमीडिज का सिद्दांत (Archimedes' Principle)

आर्किमीडिज के सिद्धांत के अनुसार, जब किसी वस्तु को किसी तरल में पूर्ण या आंशिक रूप से डुबोया जाता है, तो वह ऊपर की दिशा में एक बल का अनुभव करती है, जो वस्तु द्वारा हटाए गए तरल के भार के बराबर होता है।

आर्किमीडिज के सिद्धांत के अनुप्रयोग

(Applications of Archimedes' principle)

(i) यह सिद्धांत जलयानों तथा पनडुब्बियों के डिजाइन बनाने में काम आता है।

(ii) दुग्धमापी (जो दूध के किसी नमूने की शुद्धता की जाँच करने के लिए प्रयुक्त होते हैं) इसी सिद्धांत पर आधारित है।

(iii) हाइड्रोमीटर (जो द्रवों के घनत्व मापने के लिए प्रयुक्त होते हैं) इसी सिद्धांत पर आधारित है।

आपेक्षिक घनत्व (Relative Density)

किसी पदार्थ का आपेक्षिक घनत्व उस पदार्थ के घनत्व व पानी के घनत्व का अनुपात है, अर्थात्

$$\text{आपेक्षिक घनत्व} = \frac{\text{किसी पदार्थ का घनत्व}}{\text{पानी का घनत्व}}$$

चूँकि आपेक्षिक घनत्व समान राशियों का एक अनुपात है, अत: इसका कोई मात्रक नहीं होता।

प्रश्नावली 10.1

पृष्ठ 149

प्रश्न 1. गुरुत्वाकर्षण का सार्वत्रिक नियम लिखिए।

उत्तर गुरुत्वाकर्षण के नियम के अनुसार, 'किन्हीं दो पिंडों के बीच आकर्षण बल उन दोनों के द्रव्यमानों के गुणनफल के अनुक्रमानुपाती तथा उनके बीच की दूरी के वर्ग के व्युत्क्रमानुपाती होता है।

यदि दोनों पिडों के द्रव्यमान m_1 व m_2 हैं और इनके बीच की दूरी d है, तो इनके बीच लगने वाला आकर्षण बल होगा

$$F = \frac{Gm_1m_2}{d^2}$$

जहाँ, G = सार्वत्रिक गुरुत्वीय स्थिरांक

प्रश्न 2. पृथ्वी तथा उसके पृष्ठ पर रखी किसी वस्तु के बीच लगने वाले गुरुत्वाकर्षण बल का परिमाण ज्ञात करने का सूत्र लिखिए।

उत्तर

$$F = \frac{GMm}{R^2}$$

जहाँ, G = सार्वत्रिक गुरुत्वीय स्थिरांक
M = पृथ्वी का द्रव्यमान
m = वस्तु का द्रव्यमान
R = पृथ्वी का त्रिज्या

पृष्ठ 152

प्रश्न 1. मुक्त पतन से आप क्या समझते हैं ?

उत्तर जब वस्तुएँ पृथ्वी की ओर केवल गुरुत्वाकर्षण बल के कारण ही गिरती हैं, तब वस्तुएँ मुक्त पतन में होती हैं।

प्रश्न 2. गुरुत्वीय त्वरण से आप क्या समझते हैं?

उत्तर जब भी कोई वस्तु पृथ्वी की ओर गिरती है, त्वरण कार्य करता है। यह त्वरण पृथ्वी के गुरुत्वीय बल के कारण है, इसलिए इस त्वरण को गुरुत्वीय त्वरण कहते हैं।

पृष्ठ 153

प्रश्न 1. किसी वस्तु के द्रव्यमान तथा भार में क्या अंतर है?

उत्तर वस्तु के द्रव्यमान और भार में अंतर

क्र.सं.	द्रव्यमान	भार
1.	किसी वस्तु का द्रव्यमान उसके जड़त्व की माप होता है।	वस्तु का भार एक बल है जिससे यह पृथ्वी की ओर आकर्षित होता है।
2.	वस्तु का द्रव्यमान स्थिर होता है।	वस्तु का भार इसके स्थान पर निर्भर करता है।
3.	द्रव्यमान कभी शून्य नहीं होता।	वस्तु का भार पृथ्वी केंद्र पर शून्य होता है।
4.	द्रव्यमान एक अदिश राशि है।	भार एक सदिश राशि है।
5.	द्रव्यमान को किग्रा में मापते हैं।	भार को किग्रा-भार या न्यूटन में मापते हैं।

प्रश्न 2. किसी वस्तु का चंद्रमा पर भार पृथ्वी पर इसके भार का 1/6 गुना क्यों होता है?

उत्तर वस्तु का भार, $W = mg$

जहाँ, m = वस्तु का द्रव्यमान, g = गुरुत्वीय त्वरण

किसी वस्तु का द्रव्यमान m स्थिर रहता है यह एक स्थान से दूसरे स्थान पर नहीं बदलता, लेकिन g का मान स्थान पर निर्भर करता है।

अतः वस्तु का भार गुरुत्वीय त्वरण पर निर्भर करता है।

$\because$ चंद्रमा पर त्वरण पृथ्वी के त्वरण का 1/6 होता है।

$\therefore$ वस्तु का चंद्रमा पर भार पृथ्वी पर भार का 1/6 गुना होता है।

पृष्ठ 157

प्रश्न 1. एक पतली तथा मजबूत डोरी से बने पट्टे की सहायता से स्कूल बैग को उठाना कठिन होता है, क्यों?

उत्तर पतली तथा मजबूत डोरी से बने पट्टे की सहायता से स्कूल बैग का उठाना कठिन होता है, क्योंकि पट्टे का क्षेत्रफल कम होता है। जिसके फलस्वरूप पट्टे द्वारा कंधे पर या उंगलियों पर अधिक दाब लगता है।

प्रश्न 2. उत्प्लावकता से आप क्या समझते है?

उत्तर जब किसी वस्तु को पानी मे डुबोया जाता है, तो पानी द्वारा वस्तु को ऊपर धकेला जाता है, जिससे वस्तु पानी पर तैरती है, पानी द्वारा वस्तु पर लगने वाला बल उत्प्लावन बल तथा क्रिया उत्प्लावकता कहलाती है।

प्रश्न 3. पानी के पृष्ठ पर रखने पर कोई वस्तु क्यों तैरती या डूबती है?

उत्तर पानी के पृष्ठ पर रखने पर किसी वस्तु का तैरना या डूबना इनके घनत्वों में अंतर के कारण होता है।

जब वस्तु का घनत्व पानी के घनत्व से कम होता है तो वस्तु पानी पर तैरती है तथा जब वस्तु का घनत्व पानी के घनत्व से अधिक होता है तो वस्तु पानी में डूब जाती है।

पृष्ठ 158

प्रश्न 1. एक तुला (weighing machine) पर आप अपना द्रव्यमान 42 किग्रा नोट करते हैं। क्या आपका द्रव्यमान 42 किग्रा से अधिक है या कम?

उत्तर वस्तु का भार $w = mg$

जहाँ, m = वस्तु का द्रव्यमान, g = गुरुत्वीय त्वरण = 9.8 मी/से^{2}

$\therefore$ वस्तु का द्रव्यमान $m = \frac{w}{g}$

उपरोक्त सूत्र से पता चलता है कि द्रव्यमान वस्तु के भार से कम होता है।

प्रश्न 2. आपके पास एक रुई का बोरा तथा एक लोहे की छड़ है। तुला पर मापने पर दोनों 100 किग्रा द्रव्यमान दर्शाते हैं। वास्तविकता में एक, दूसरे से भारी है। क्या आप बता सकते हैं कि कौन-सा भारी है और क्यों?

उत्तर लोहे की छड़, रुई के बोरे से अधिक भारी है, क्योंकि लोहे की छड़ का क्षेत्रफल कम है, इसलिए छड़ को पकड़ने के लिए अधिक दाब लगाना होगा।

अभ्यास

प्रश्न 1. यदि दो वस्तुओं के बीच की दूरी को आधा कर दिया जाए, तो उनके बीच गुरुत्वाकर्षण बल किस प्रकार बदलेगा?

उत्तर दो वस्तुओं के बीच लगने वाला गुरुत्वाकर्षण बल

$$F = \frac{Gm_1m_2}{r^2}$$

यदि दूरी को आधा कर दिया जाए $r' = \frac{r}{2}$

तब नया बल $F' = G\frac{m_1m_2}{\left(\frac{r}{2}\right)^2} = 4\frac{Gm_1m_2}{r^2}$

अतः गुरुत्वाकर्षण बल पहले बल का 4 गुना हो जायेगा।

प्रश्न 2. सभी वस्तुओं पर लगने वाला गुरुत्वीय बल उनके द्रव्यमान के समानुपाती होता है। फिर एक भारी वस्तु हल्की वस्तु के मुकाबले तेजी से क्यों नहीं गिरती?

उत्तर प्रत्येक वस्तु पृथ्वी की ओर गुरुत्वीय त्वरण के कारण गिरती है, जिसका मान स्थिर रहता है (9.8 मी/से^{2}) और त्वरण वस्तु के द्रव्यमान पर निर्भर नहीं करता। इसलिए भारी वस्तु हल्की वस्तु के मुकाबले तेजी से नहीं गिरती।

प्रश्न 3. पृथ्वी तथा उसकी सतह पर रखी किसी 1 किग्रा की वस्तु के बीच गुरुत्वीय बल का परिमाण क्या होगा?
(पृथ्वी का द्रव्यमान 6×10^{24} किग्रा है तथा पृथ्वी की त्रिज्या 6.4×10^6 मी)

उत्तर पृथ्वी तथा वस्तु के बीच लगने वाला गुरुत्वीय बल

$$F = \frac{GMm}{R^2}$$

जहाँ, G = गुरुत्वीय स्थिरांक 6.67×10^{-11} न्यूटन/मी^{2}-किग्रा^{2}

M = पृथ्वी का द्रव्यमान = 6×10^{24} किग्रा

R = पृथ्वी की त्रिज्या = 6.4×10^6 मी

m = वस्तु का द्रव्यमान = 1 किग्रा

$$F = \frac{6.67 \times 10^{-11} \times 6 \times 10^{24} \times 1}{(6.4 \times 10^6)^2} = 9.8 \text{ न्यूटन}$$

प्रश्न 4. पृथ्वी तथा चंद्रमा एक-दूसरे को गुरुत्वीय बल से आकर्षित करते हैं। क्या पृथ्वी जिस बल से चंद्रमा को आकर्षित करती है वह बल उस बल से जिससे चंद्रमा पृथ्वी को आकर्षित करता है बड़ा है या छोटा है या बराबर है/ बताइए क्यों?

उत्तर जब दो वस्तुएँ एक-दूसरे को आकर्षित करती हैं, तो पहली वस्तु द्वारा दूसरी वस्तु पर लगने वाला गुरुत्वीय बल दूसरी वस्तु द्वारा पहली वस्तु पर लगने वाले गुरुत्वीय बल के बराबर होता है, अतः चंद्रमा और पृथ्वी एक-दूसरे को बराबर गुरुत्वीय बल के द्वारा आकर्षित करते हैं।

प्रश्न 5. यदि चंद्रमा पृथ्वी को आकर्षित करता है, तो पृथ्वी चंद्रमा की ओर गति क्यों नहीं करती?

उत्तर चंद्रमा पृथ्वी को आकर्षित करता है फिर भी पृथ्वी चंद्रमा की ओर गति नहीं करती, क्योंकि चंद्रमा जिस गुरुत्वीय बल से पृथ्वी को आकर्षित करता है उसी बल से पृथ्वी चंद्रमा को अपनी ओर आकर्षित करती है, अतः कुल बल शून्य हो जाता है।

प्रश्न 6. दो वस्तुओं के बीच लगने वाले गुरुत्वाकर्षण बल का क्या होगा, यदि

(i) एक वस्तु का द्रव्यमान दोगुना कर दिया जाए?
(ii) वस्तुओं के बीच की दूरी दोगुनी अथवा तीन गुनी कर दी जाए?
(iii) दोनों वस्तुओं के द्रव्यमान दोगुने कर दिए जाएँ?

उत्तर दो वस्तुओं के बीच लगने वाला गुरुत्वीय बल

$$F = \frac{Gm_1m_2}{r^2}$$

जहाँ, m_1, m_2 = वस्तुओं का द्रव्यमान, G = गुरुत्वीय स्थिरांक

r = वस्तुओं के बीच की दूरी

(i) यदि एक वस्तु का द्रव्यमान दोगुना कर दिया जाए, तो

$$F' = \frac{G(2m_1)\,m_2}{r^2} = 2\,\frac{Gm_1m_2}{r^2} = 2F \qquad \left[\because F = \frac{Gm_1m_2}{r^2}\right]$$

अतः बल दोगुना हो जायेगा।

(ii) यदि वस्तुओं के बीच की दूरी दोगुनी कर दें, तब नया बल

$$F' = \frac{Gm_1m_2}{(2r)^2} = \frac{Gm_1m_2}{4r^2}$$

$$F' = \frac{1}{4}\frac{Gm_1m_2}{r^2} = \frac{F}{4}$$

अतः नया बल पहले बल का एक-चौथाई हो जायेगा।

यदि वस्तुओं के बीच की दूरी तीन गुनी कर दी जाए, तब

$$F' = \frac{Gm_1m_2}{(3r)^2} = \frac{Gm_1m_2}{9r^2}$$

$$F' = \frac{1}{9}\left(\frac{Gm_1m_2}{r^2}\right) = \frac{F}{9}$$

अतः नया बल पहले बल का एक नवाँ हिस्सा हो जायेगा।

(iii) यदि दोनों वस्तुओं के द्रव्यमान दोगुने कर दिये जाएँ, तब नया बल

$$F' = \frac{G(2m_1)\,(2m_2)}{r^2} = 4\frac{Gm_1m_2}{r^2}$$

$$F' = 4F$$

अतः नया बल 4 गुना हो जायेगा।

प्रश्न 7. गुरुत्वाकर्षण के सार्वत्रिक नियम का क्या महत्त्व है?

उत्तर *गुरुत्वाकर्षण के सार्वत्रिक नियम का महत्त्व इस प्रकार से हैं*

(i) सूर्य के चारों ओर ग्रह गुरुत्वाकर्षण बल के कारण ही चक्कर लगाते हैं।

(ii) समुद्र में उठने वाले ज्वार भाटा चंद्रमा और समुद्र के पानी के बीच लगने वाले गुरुत्वाकर्षण बल के कारण आते हैं।

(iii) पृथ्वी के चारों ओर चंद्रमा की गति गुरुत्वाकर्षण बल का परिणाम है।

(iv) पृथ्वी के चारों ओर कृत्रिम उपग्रह गुरुत्वाकर्षण बल के कारण घूमते हैं।

(v) हम पृथ्वी पर गुरुत्वाकर्षण बल के कारण ही खड़े हो पाते हैं।

प्रश्न 8. मुक्त पतन का त्वरण क्या है?

उत्तर जब कोई वस्तु पृथ्वी की ओर गिरती है, त्वरण कार्य करता है। यह त्वरण पृथ्वी के गुरुत्वीय बल के कारण है। इसलिए इस त्वरण को पृथ्वी के गुरुत्वीय बल का त्वरण या गुरुत्वीय त्वरण या मुक्त पतन का त्वरण कहते हैं। इसका मान 9.8 मी/से^{2} होता है तथा इसे g से निर्दिष्ट करते हैं।

प्रश्न 9. पृथ्वी तथा किसी वस्तु के बीच गुरुत्वीय बल को हम क्या कहेंगें?

उत्तर पृथ्वी तथा किसी वस्तु के बीच लगने वाले गुरुत्वीय बल को गुरुत्व का बल कहते हैं।

प्रश्न 10. एक व्यक्ति A अपने एक मित्र के निर्देश पर ध्रुवों पर कुछ ग्राम सोना खरीदता है। वह इस सोने को विषुवत वृत्त पर अपने मित्र को दे देता है। क्या उसका मित्र खरीदे हुए सोने के भार से संतुष्ट होगा? यदि नहीं, तो क्यों (संकेत : ध्रुवों पर g का मान विषुवत् वृत्त की अपेक्षा अधिक है।)

उत्तर वस्तु का भार $w = mg$

जहाँ, g = गुरुत्वीय त्वरण

ध्रुवों पर g का मान वृत्त की अपेक्षा अधिक होता है, अतः विषुवत वृत्त पर सोने का भार ध्रुवों की अपेक्षा कम होगा।

प्रश्न 11. एक कागज की शीट, उसी प्रकार की शीट को मरोड़ कर बनाई गई गेंद से धीमी क्यों गिरती है?

उत्तर कागज की शीट का क्षेत्रफल अधिक होता है, इसलिए इस पर हवा के कारण अधिक विपरीत बल लगता है, जबकि शीट को मरोड़ कर बनाई गई गेंद का क्षेत्रफल कम होता है, जिसके फलस्वरूप इस पर विपरीत बल कम लगता है। इसलिए कागज की शीट; उसी प्रकार की शीट को मरोड़ कर बनाई गई गेंद से धीमी गिरती है।

प्रश्न 12. चंद्रमा की सतह पर गुरुत्वीय बल, पृथ्वी की सतह पर गुरुत्वीय बल की अपेक्षा 1/6 गुना है। एक 10 किग्रा की वस्तु का चन्द्रमा पर तथा पृथ्वी पर न्यूटन में भाग क्या होगा?

उत्तर वस्तु का द्रव्यमान = 10 किग्रा

पृथ्वी का भार $w = mg = 10 \times 9.8 = 9.8$ न्यूटन

चन्द्रमा का भार $w' = \frac{1}{6} \times$ पृथ्वी का भार

$$= \frac{1}{6} \times 9.8 = 16.33 \text{ न्यूटन}$$

प्रश्न 13. एक गेंद ऊर्ध्वाधर दिशा में ऊपर की ओर 49 मी/से के वेग से फेंकी जाती है। परिकलन कीजिए।

(i) अधिकतम ऊँचाई जहाँ तक कि गेंद पहुँचती है।

(ii) पृथ्वी की सतह पर वापस लौटने में लिया गया कुल समय।

उत्तर प्रारंभिक वेग $u = 49$ मी/से

(i) अधिकतम ऊँचाई पर वेग शून्य हो जाता है।

$\therefore$ अन्तिम वेग $v = 0$

$$v^2 = u^2 - 2gh$$

$$0 = (49)^2 - 2 \times 9.8 \times h$$

$$h = \frac{(49)^2}{2 \times 9.8} = 122.5 \text{ मी}$$

अधिकतम ऊँचाई तक पहुचने में लगा समय

$$v = u - gt$$

$$0 = 49 - 9.8 \times t$$

$$t = \frac{49}{9.8} = 5 \text{ सेकंड}$$

जब वस्तु गुरुत्व के विपरीत गति करती है, तो ऊपर पहुँचने में लगा समय और वापस लौटने में लगा समय बराबर होता है।

$\therefore$ वापस लौटने में लिया गया समय = 5 सेकंड

$\therefore$ पृथ्वी की सतह पर लौटने में लिया गया कुल समय = 5 + 5 = 10 सेकंड

प्रश्न 14. 19.6 मी ऊँची एक मीनार की चोटी से एक पत्थर छोड़ा जाता है। पृथ्वी पर पहुँचने से पहले उसका अंतिम वेग ज्ञात कीजिए।

उत्तर दिया है, $h = 19.6$ मी

प्रारंभिक वेग $u = 0$ ($\because$ पत्थर को विरामावस्था से छोड़ा जाता है।)

गति की समीकरण से, $v^2 = u^2 + 2gh$

$$v^2 = 0 + 2 \times 9.8 \times 19.6 = 19.6 \times 19.6$$

$$v = \sqrt{19.6 \times 19.6} = 19.6 \text{ मी/से}$$

प्रश्न 15. कोई पत्थर ऊर्ध्वाधर दिशा में ऊपर की ओर 40 मी/से के प्रारंभिक वेग से फेंका गया है। $g = 10$ मी/से^{2} लेते हुए पत्थर द्वारा पहुँची अधिकतम ऊँचाई ज्ञात कीजिए। नेट विस्थापन तथा पत्थर द्वारा चली गई कुल दूरी कितनी होगी?

उत्तर (i) प्रारंभिक वेग $u = 40$ मी/से

अधिकतम ऊँचाई पर अंतिम वेग शून्य होता है, अर्थात् $v = 0$

गति की समीकरण से, $v^2 = u^2 - 2gh$

$$(0)^2 = (40)^2 - 2 \times 10 \times h$$

$$1600 = 20h$$

$$h = \frac{1600}{20} = 80 \text{ मी}$$

अतः पत्थर 80 मी की अधिकतम ऊँचाई तक जायेगा।

(ii) अधिकतम ऊँचाई पर पहुँचने के बाद पत्थर पृथ्वी की ओर गिरता है और पृथ्वी की सतह पर पहुँचने के लिए समान दूरी तय करेगा।

अतः पत्थर द्वारा चली गयी कुल दूरी = 80 + 80 = 160 मी

(iii) नेट विस्थापन = 0

क्योंकि पत्थर पृथ्वी की सतह से ही फेंका जाता है और पत्थर वापस लौटकर पृथ्वी की सतह पर ही आता है, अतः नेट विस्थापन शून्य होगा।

प्रश्न 16. पृथ्वी तथा सूर्य के बीच गुरुत्वाकर्षण बल का परिकलन कीजिए। दिया है, पृथ्वी का द्रव्यमान = 6×10^{24} किग्रा तथा सूर्य का द्रव्यमान = 2×10^{30} किग्रा, दोनों के बीच औसत दूरी = 1.5×10^{11} मी है।

उत्तर पृथ्वी तथा सूर्य के बीच लगने वाला गुरुत्वाकर्षण बल $F = \frac{GM_sM_e}{r^2}$

जहाँ, $G = 6.67 \times 10^{-11}$ न्यूटन-मी^{2} किग्रा$^{-2}$

$$M_s = 2 \times 10^{30} \text{ किग्रा}$$

$$M_e = 6 \times 10^{24} \text{ किग्रा}$$

$$r = 1.5 \times 10^{11}$$

$$\therefore \quad F = \frac{6.67 \times 10^{-11} \times 2 \times 10^{30} \times 6 \times 10^{24}}{(1.5 \times 10^{11})^2}$$

$$F = 3.6 \times 10^{22} \text{ न्यूटन}$$

प्रश्न 17. कोई पत्थर 100 मी ऊँची किसी मीनार की चोटी से गिराया गया और उसी समय कोई दूसरा पत्थर 25 मी/से के वेग से ऊर्ध्वाधर दिशा में ऊपर की ओर फेंका गया। परिकलन कीजिए कि दोनों पत्थर कब और कहाँ मिलेंगे।

उत्तर माना दोनों पत्थर t समय बाद s दूरी पर मिलेंगे।

पहले पत्थर द्वारा चली गई दूरी = s मी

$\therefore$ दूसरे पत्थर द्वारा ऊर्ध्वाधर दिशा में दूरी = $(100 - s)$ मी

पहले पत्थर द्वारा चली गई दूरी,

$$s = ut + \frac{1}{2}gt^2 = 0 + \frac{1}{2}(10)t^2 \qquad (\because u = 0)$$

$$s = 5t^2 \qquad \ldots\text{(i)}$$

दूसरे पत्थर द्वारा चली गई दूरी,

$$s = ut - \frac{1}{2}gt^2$$

(ऋणात्मक चिह्न लेंगे, क्योंकि गति गुरुत्वीय त्वरण के विपरीत है)

$$(100 - s) = 25t - \frac{1}{2} \times 10t^2$$

$$(100 - s) = 25t - 5t^2$$

समी (i) से,

$$100 - 5t^2 = 25t - 5t^2$$

$$25t = 100 \Rightarrow t = 4 \text{ सेकंड}$$

$\therefore$ दोनों पत्थर 4 सेकंड बाद एक-दूसरे से मिलेंगे।

t का मान समी (i) में रखने पर

$$s = 5 \times (4)^2 = 80 \text{ मी}$$

अतः दोनों पत्थर 80 मी नीचे की ओर तथा पृथ्वी से (100 – 80) = 20 मी ऊपर मिलेंगे।

प्रश्न 18. ऊर्ध्वाधर दिशा में ऊपर की ओर फेंकी गई एक गेंद 6 सेकंड पश्चात् फेंकने वाले के पास लौट आती है। ज्ञात कीजिए

(a) यह किस वेग से ऊपर फेंकी गई;
(b) गेंद द्वारा चली गई अधिकतम ऊँचाई तथा
(c) 4 सेकंड पश्चात् गेंद की स्थिति।

उत्तर कुल लिया गया समय = 6 सेकंड

$\therefore$ अधिकतम ऊँचाई तक पहुँचने में लगा समय $= \frac{6}{2} = 3$ सेकंड

($\because$ ऊपर जाने में लगा समय = नीचे आने में लगा समय)

(a) गति की प्रथम समीकरण से,

$$v = u - gt \qquad \text{(अधिकतम ऊँचाई पर } v = 0\text{)}$$

$$0 = u - 9.8 \times 3$$

$$u = 29.4 \text{ मी/से}$$

(b) गति की वृत्तीय समीकरण से,

$$v^2 = u^2 - 2gh$$

$$0 = (29.4)^2 - 2 \times 9.8 \times h$$

$$h = \frac{(29.4)^2}{2 \times 9.8} = 44.1 \text{ मी}$$

गेंद द्वारा अधिकतम ऊँचाई 44.1 मी होगी।

(c) पहले 3 सेकंड में गेंद ऊपर जायेगी और अगले 3 सेकंड में गेंद पृथ्वी की ओर आयेगी।

$\therefore$ 4 सेकंड पश्चात् गेंद की स्थिति (3 + 1) सेकंड = 1 सेकंड में नीचे की ओर चली गई दूरी

गति की द्वितीय समीकरण से,

$$h = ut + \frac{1}{2}gt^2 = 0 + \frac{1}{2} \times 9.8 \times (1)^2 = 4.9 \text{ मी}$$

अतः गेंद की स्थिति ऊपर से 4.9 मी होगी।

प्रश्न 19. किसी द्रव में डुबोई गई वस्तु पर उत्प्लावन बल किस दिशा में कार्य करता है?

उत्तर किसी द्रव में डुबोई गई वस्तु पर उत्प्लावन बल ऊपर की ओर कार्य करता है।

प्रश्न 20. पानी के भीतर किसी प्लास्टिक के गुटके को छोड़ने पर यह पानी के पृष्ठ पर क्यों आ जाता है?

उत्तर पानी द्वारा लगाया गया उत्प्लावन बल प्लास्टिक के गुटके के भार से अधिक होता है, इसलिए गुटके को पानी में छोड़ने पर यह पानी के पृष्ठ पर आ जाता है।

प्रश्न 21. 50 ग्राम के किसी पदार्थ का आयतन 20 सेमी^{3} है। यदि पानी का घनत्व 1 ग्राम/सेमी^{3} हो, तो पदार्थ तैरेगा या डूबेगा?

उत्तर पदार्थ का द्रव्यमान = 50 ग्राम

पदार्थ का आयतन = 20 सेमी^{3}

$\therefore$ पदार्थ का घनत्व $= \frac{\text{द्रव्यमान}}{\text{आयतन}} = \frac{50}{20} = 2.5$ ग्राम/सेमी^{3}

(क्योंकि पदार्थ का घनत्व पानी के घनत्व से अधिक है, इसलिए पदार्थ पानी में डूब जायेगा)

प्रश्न 22. 500 ग्राम के एक मोहरबंद पैकेट का आयतन 350 सेमी^{3} है। पैकेट 1 ग्राम/सेमी^{3} घनत्व वाले पानी में तैरेगा या डूबेगा? इस पैकेट द्वारा विस्थापित पानी का द्रव्यमान कितना होगा?

उत्तर (i) पैकेट का द्रव्यमान = 500 ग्राम; पैकेट का आयतन = 350 सेमी^{3}

$\therefore$ पैकेट का घनत्व $d = \frac{\text{द्रव्यमान}}{\text{आयतन}} = \frac{500}{350}$

$d = 1.43$ ग्राम/सेमी^{3}

चूँकि पैकेट का घनत्व, पानी के घनत्व से अधिक है, इसलिए यह पानी में डूब जायेगा।

(ii) पैकेट द्वारा विस्थापित पानी का द्रव्यमान

= पैकेट का आयतन × पानी का घनत्व

$= 350 \times 1 = 350$ = 350 ग्राम

NCERT Exemplar

पुस्तक के चुने गए प्रश्न

बहुविकल्पीय प्रश्न

प्रश्न 1. गुरुत्वीय स्थिरांक का SI मात्रक क्या है?

(a) न्यूटन-मी^{2}किग्रा^{2} (b) न्यूटन-मी^{2}/किग्रा^{2}

(c) न्यूटन-मी^{2}/से^{2} (d) न्यूटन-मी/किग्रा^{2}

उत्तर (b)

प्रश्न 2. गुरुत्वीय स्थिरांक का मान क्या होता है?

(a) 6734×10^{-11} न्यूटन-मी^{2}/किग्रा^{2}

(b) 6.6734×10^{-10} न्यूटन-मी^{2}/किग्रा^{2}

(c) 6.6734×10^{-11} न्यूटन-मी/किग्रा^{2}

(d) 6.6734×10^{-11} न्यूटन-मी^{2}/किग्रा^{2}

उत्तर (a)

प्रश्न 3. यदि दो वस्तुओं के बीच की दूरी को दोगुना कर दिया जाए, तो उनके बीच लगने वाले गुरुत्वाकर्षण बल का मान क्या होगा?

(a) $\frac{1}{4}F$ (b) $2F$ (c) $\frac{1}{2}F$ (d) F

उत्तर (a)

प्रश्न 4. दो वस्तुओं के बीच लगने वाला गुरुत्वाकर्षण बल किस पर निर्भर नहीं करता?

(a) वस्तुओं के बीच लगने वाली दूरी पर

(b) दोनों वस्तुओं के द्रव्यमान के गुणांक पर

(c) दोनों वस्तुओं के द्रव्यमान के जोड़ पर

(d) गुरुत्वीय स्थिरांक पर

उत्तर (c)

प्रश्न 5. सूर्य के चारों ओर घूमते हुए ग्रहों के बीच कौन-सा बल कार्य करता है?

(a) गुरुत्वीय बल (b) विद्युतीय बल

(c) नाभिकीय बल (d) इनमें से कोई नहीं

उत्तर (a)

प्रश्न 6. **जब किसी वस्तु को ऊपर फेंका जाता है, तब गुरुत्वीय बल**

(a) गति की दिशा के विपरीत कार्य करता है

(b) गति की दिशा में कार्य करता है

(c) अधिकतम ऊँचाई पर शून्य हो जाता है

(d) ऊपर की ओर बढ़ता है

उत्तर *(a)*

प्रश्न 7. **यदि दोनों वस्तुओं के द्रव्यमान को आधा कर दिया जाये, तो उनके बीच लगने वाले गुरुत्वाकर्षण बल का मान क्या होगा?**

(a) $\frac{F}{4}$ (b) $\frac{F}{2}$ (c) F (d) $2F$

उत्तर *(a)*

प्रश्न 8. **जब कोई वस्तु गुरुत्वाकर्षण के विरुद्ध अधिकतम ऊँचाई पर पहुँचती है, तो वस्तु का वेग क्या होता है?**

(a) शून्य (b) $\frac{u^2}{2g}$ (c) $\frac{h}{t}$ (d) $2gh$

उत्तर *(a)*

प्रश्न 9. **गुरुत्वीय त्वरण का मान शून्य कहाँ होता है?**

(a) विषुवत् रेखा पर (b) ध्रुवों पर

(c) समुद्र में (d) पृथ्वी के केंद्र पर

उत्तर *(d)*

प्रश्न 10. **एक लड़का पत्थर को धागे में बाँधकर एक वृत्ताकार पथ में घुमाता है, यदि धागा टूट जाए, तो पत्थर किस दिशा में गतिशील होता है?**

(a) वृत्तीय पथ पर लगातार घूमता रहेगा

(b) सरल रेखा में, यह सरल रेखा वृत्तीय पथ के केंद्र की ओर होगी

(c) सरल रेखा में, यह सरल रेखा वृत्तीय पथ पर स्पर्श रेखा होगी

(d) सरल रेखा में, यह सरल रेखा वृत्तीय पथ पर लम्बवत् होगी

उत्तर *(c)*

प्रश्न 11. **जब किसी वस्तु को विरामावस्था से नीचे गिराया जाता है, तब गति की द्वितीय समीकरण होगी**

(a) $h = ut + \frac{1}{2}gt^2$ (b) $h = ut - \frac{1}{2}gt^2$

(c) $h = \frac{1}{2}gt^2$ (d) $h = -\frac{1}{2}gt^2$

उत्तर *(c)*

प्रश्न 12. यदि पृथ्वी पर गुरुत्वीय त्वरण का मान 10 मी/से^{2} है, तो चंद्रमा पर गुरुत्वीय त्वरण का मान क्या होगा?

(a) 1.66 मी/से^{2} (b) 16.6 मी/से^{2}

(c) 10 मी/से^{2} (d) 0.166 मी/से^{2}

उत्तर *(a)*

प्रश्न 13. यदि दोनों वस्तुओं के द्रव्यमानों को दोगुना कर दिया जाये, तो उनके बीच लगने वाले बल का मान कितना हो जायेगा?

(a) $\frac{1}{4}$ गुना (b) 4 गुना (c) $\frac{1}{2}$ गुना (d) नहीं बदलेगा

उत्तर *(b)*

प्रश्न 14. गुरुत्वीय स्थिरांक G का मान

(a) पृथ्वी के द्रव्यमान पर निर्भर करता है

(b) पृथ्वी की त्रिज्या पर निर्भर करता है

(c) पृथ्वी के द्रव्यमान और त्रिज्या दोनों पर निर्भर करता है

(d) पृथ्वी के द्रव्यमान और त्रिज्या दोनों पर ही निर्भर नहीं करता

उत्तर *(d)*

प्रश्न 15. एक 10 किग्रा द्रव्यमान वाली वस्तु का पृथ्वी पर भार क्या होगा?

(a) 9.8 न्यूटन (b) 9.8 किग्रा (c) 98 न्यूटन (d) 98 किग्रा

उत्तर *(c)*

प्रश्न 16. एक 15 किग्रा द्रव्यमान वाली वस्तु का पृथ्वी के केंद्र पर कितना भार होगा?

(a) 147 न्यूटन (b) 147 किग्रा (c) शून्य (d) 150 न्यूटन

उत्तर *(c)*

प्रश्न 17. भार का SI मात्रक क्या होता है?

(a) न्यूटन (N) (b) किग्रा (c) भार (d) किग्रा-भार

उत्तर *(a)*

प्रश्न 18. 100 किग्रा-भार =

(a) 980 न्यूटन (b) 1000 न्यूटन (c) 9.800 न्यूटन (d) 0.98 न्यूटन

उत्तर *(a)*

प्रश्न 19. तरल में डुबोने पर, तरल द्वारा वस्तु पर लगने वाला बल क्या कहलाता है?

(a) प्रणोद (b) उत्प्लावन बल

(c) दाब (d) घर्षण बल

उत्तर *(b)*

प्रश्न 20. किसी वस्तु की सतह के लंबवत् लगने वाले बल को क्या कहते हैं?

(a) दाब (b) पास्कल (c) प्रणोद (d) उत्प्लावन

उत्तर (c)

प्रश्न 21. एक वस्तु का हवा में भार 10 न्यूटन है, जब वस्तु को पानी में पूरी तरह डुबोया जाता है तो इसका भार 8 न्यूटन हो जाता है। वस्तु द्वारा विस्थापित पानी का कितना भार होगा?

(a) 2 न्यूटन (b) 8 न्यूटन (c) 10 न्यूटन (d) 12 न्यूटन

उत्तर (a)

प्रश्न 22. प्रति एकांक क्षेत्रफल पर लगने वाले प्रणोद को क्या कहते हैं?

(a) दाब (b) उत्प्लावन बल (c) घर्षण बल (d) नाभिकीय बल

उत्तर (a)

लघु उत्तरीय प्रश्न

प्रश्न 23. ग्रहों को सूर्य के चारों ओर घूमने के लिए मिलने वाला अभिकेंद्र बल कहाँ से प्राप्त होता है?

उत्तर ग्रहों को सूर्य के चारों ओर घूमने के लिए आवश्यक अभिकेंद्र बल ग्रहों और सूर्य के बीच लगने वाले गुरूत्वाकर्षण बल से प्राप्त होता है।

प्रश्न 24. एक पत्थर किसी ऊँचाई से पृथ्वी पर पृथ्वी की सतह के समानांतर फेंका गया है, जबकि दूसरा पत्थर ऊँचाई से गिराया गया है। कौन-सा पत्थर पृथ्वी पर पहले पहुँचेगा और क्यों?

उत्तर दोनों पत्थरों द्वारा लिया गया समय,

$$t = \sqrt{\frac{2h}{g}}$$

इसलिए दोनों पत्थर एक साथ अलग-अलग स्थानों पर पृथ्वी पर पहुँचेंगे।

प्रश्न 25. यदि अचानक पृथ्वी का गुरुत्व शून्य हो जाये, तो पृथ्वी के चारों ओर परिक्रमा करने वाला चंद्रमा किस दिशा में गतिशील होगा?

उत्तर पृथ्वी का गुरुत्व शून्य होने पर चंद्रमा एक सरल रेखा में मुक्त रूप से गतिशील हो जाता है। यह सरल रेखा वृत्तीय पथ पर स्पर्श रेखा होगी।

प्रश्न 26. एक पैकेट को हवाई जहाज से विषुवत् रेखा से तथा दूसरे पैकेट को उत्तरी ध्रुव से, ऊँचाई h से पृथ्वी की ओर गिराया जाता है। क्या दोनों पैकेट पृथ्वी की सतह पर एक ही समय पर पहुँचेंगे? अपने उत्तर की व्याख्या कीजिए।

उत्तर दोनों पैकेट पृथ्वी की सतह पर एक साथ नहीं पहुँचेंगे, क्योंकि पैकेट को सतह पर पहुँचने में लगा समय,

$$t = \sqrt{\frac{2h}{g}}$$

$\because$ ध्रुवों पर g का मान विषुवत् वृत्त की अपेक्षा अधिक है।

$\therefore$ उत्तरी ध्रुव से गिराया गया पैकेट पृथ्वी पर पहले पहुँचेगा।

प्रश्न 27. **एक व्यक्ति का भार चंद्रमा की सतह पर पृथ्वी को भार का 1/6 गुना है। वह व्यक्ति पृथ्वी पर 15 किग्रा द्रव्यमान की वस्तु को उठा सकता है। समान बल लगाने पर वह व्यक्ति चंद्रमा की सतह पर कितने द्रव्यमान की वस्तु को उठा लेगा?**

उत्तर वस्तु का द्रव्यमान स्थिर रहता है तथा एक स्थान से दूसरे स्थान पर नहीं बदलता। अत; व्यक्ति चंद्रमा की सतह पर 15 किग्रा द्रव्यमान की वस्तु को उठा सकता है।

प्रश्न 28. **g, G और R को व्यक्त करते हुए पृथ्वी के आपेक्षिक घनत्व की गणना कीजिए।**

उत्तर पृथ्वी का द्रव्यमान $M = \frac{gR^2}{G}$

यदि पृथ्वी को त्रिज्या R का एक गोला माने, जिसका घनत्व ρ है, तो

$$\text{द्रव्यमान } M = \frac{4}{3}\pi R^3\rho$$

$$\therefore \quad \frac{4}{3}\pi R^3\rho = \frac{gR^2}{G}$$

$$\rho = \frac{3g}{4\pi GR}$$

प्रश्न 29. **पृथ्वी सूर्य की चारों ओर परिक्रमा करती है, लेकिन फिर भी पृथ्वी सूर्य की ओर गिरती नहीं है, क्यों?**

उत्तर पृथ्वी सूर्य के चारों ओर परिक्रमा करती है, लेकिन फिर भी पृथ्वी सूर्य की ओर गिरती नहीं है, क्योंकि सूर्य के चारों ओर घूमने के लिए आवश्यक अभिकेंद्र बल पृथ्वी और सूर्य के बीच लगने वाले गुरुत्वाकर्षण बल से प्राप्त होता है।

प्रश्न 30. **गुरुत्वीय त्वरण (g) तथा गुरुत्वीय स्थिरांक (G) में कम से कम तीन अंतर बताइए।**

उत्तर

क्र.सं.	**गुरुत्वीय त्वरण** (g)	**गुरुत्वीय स्थिरांक** (G)
(i)	यह त्वरण पृथ्वी के गुरुत्वीय बल के कारण है।	यह दो पिंडों के बीच लगने वाला आकर्षण बल है, जो एक-दूसरे से कुछ दूरी पर स्थित हो।
(ii)	g का मान एक स्थान से दूसरे स्थान पर बदलता है।	G का मान स्थिर रहता है।
(iii)	यह एक सदिश राशि है।	यह एक अदिश राशि है।

दीर्घ उत्तरीय प्रश्न

प्रश्न 31. किसी वस्तु का भार पृथ्वी की त्रिज्या और द्रव्यमान के साथ कैसे बदलता है यदि पृथ्वी का व्यास आधा और द्रव्यमान पहले का चार गुना कर दिया जाए, तो पृथ्वी की पृष्ठ पर रखी वस्तु के भार पर क्या प्रभाव पड़ेगा?

उत्तर वस्तु का भार $w = mg = \frac{GMm}{R^2}$

यदि $D' = \frac{D}{2}$ अर्थात् $R' = \frac{R}{2}$ और $M' = 4M$

अब वस्तु का नया भार, $w' = \frac{GM'm}{R'^2}$

$$w' = \frac{4GMm}{(R/2)^2} = \frac{16\,GMm}{R^2}$$

$$w' = 16\,w$$

अतः वस्तु का भार अपने पहले भार का 16 गुना हो जायेगा।

प्रश्न 32. दो वस्तुओं के बीच लगने वाला आकर्षण बल किस प्रकार उनके द्रव्यमानों तथा उनके बीच की दूरी पर निर्भर करता है?

एक विद्यार्थी के विचार से यदि दो ईंटों को एक-दूसरे से बाँधकर नीचे गिराया जाता है, तो वह एक ईंट की अपेक्षा जल्दी पृथ्वी की सतह पर पहुँचती है, क्या आप इस तर्क से सहमत हैं यदि नहीं तो क्यों? व्याख्या कीजिए।

उत्तर दो वस्तुएँ, जिनका द्रव्यमान m_1 और m_2 है तथा उनके बीच की दूरी r है, इनके बीच लगने वाला आकर्षण बल

$$F = \frac{Gm_1m_2}{r^2}$$

जहाँ, G = सार्वत्रिक गुरुत्वीय स्थिरांक

इस बल को गुरुत्वीय बल कहते हैं और यह वस्तुओं के द्रव्यमानों के गुणनफल के समानुपाती तथा इनके बीच की दूरी के वर्ग के व्युत्क्रमानुपाती होता है।

सभी वस्तुएँ पृथ्वी की ओर समान गुरुत्वीय त्वरण से गिरती हैं, इसलिए यदि दो ईंटों को बाँधकर नीचे गिराया जाता है, तो वह एक ईंट की अपेक्षा जल्दी पृथ्वी की सतह पर नहीं पहुँचेगी। अतः यह तर्क सहीं नहीं है।

प्रश्न 33. एक ही आकार की दो वस्तुएँ, जिनका द्रव्यमान m_1 और m_2 हैं, को ऊँचाई h_1 और h_2 से एक के बाद एक छोड़ा जाता है। दोनों वस्तुओं का पृथ्वी की सतह पर पहुँचने में लगे समय का अनुपात ज्ञात कीजिए, यदि

(a) एक वस्तु खोखली और दूसरी वस्तु ठोस है।
(b) दोनों वस्तु खोखली हैं।

उत्तर गति की समीकरण से,

$$h = \frac{1}{2} gt^2 \ (u = 0)$$

$$t = \sqrt{\frac{2h}{g}}$$

$\therefore$ m_1 द्रव्यमान वाली वस्तु के द्वारा लिया गया समय

$$t_1 = \sqrt{\frac{2h_1}{g}}$$

m_2 द्रव्यमान वाली वस्तु के द्वारा लिया गया समय

$$t_2 = \sqrt{\frac{2h_2}{g}}$$

$$\therefore \quad \frac{t_1}{t_2} = \sqrt{\frac{h_1}{h_2}}$$

दोनों स्थितियों (*a*) और (*b*) में समय का अनुपात समान होगा, क्योंकि पृथ्वी की सतह पर पहुँचने में लगा समय द्रव्यमान पर निर्भर नहीं करता।

प्रश्न 34.

(a) एक 5 सेमी के घन को पहले पानी में और फिर संतृप्त नमक के विलयन में डुबोया जाता है। किस स्थिति में घन पर अधिक उत्प्लावन बल लगेगा? यदि घन 4 सेमी का कर दिया जाए और फिर पानी में तथा नमक के विलयन में डुबोया जाए, तो अब किस स्थिति में घन पर अधिक उत्प्लावन बल लगेगा? कारण बताइए।

(b) एक 4 किग्रा की गेंद को (जिसका घनत्व 4000 किग्रा/मी^{3} है।) 10^3 किग्रा/मी^{3} घनत्व वाले पानी में डुबोया जाता है। गेंद पर लगने वाले उत्प्लावन बल की गणना कीजिए। ($g = 10$ मी/से^{2})

उत्तर (a) उत्प्लावन बल $F = Veg$

(i) उत्प्लावन बल आयतन और घनत्व पर निर्भर करता है। चूँकि संतृप्त नमक के विलयन का घनतव पानी की अपेक्षा अधिक होता है, इसलिए नमक के विलयन में अधिक उत्प्लावन बल लगेगा।

(ii) यदि घन 4 सेमी कर दिया जाए तो उसका आयतन कम हो जायेगा, फलस्वरूप पहली स्थिति की अपेक्षा उत्प्लावन बल भी कम हो जायगा।

(b) उत्प्लावन बल का परिमाण तरल के घनत्व पर निर्भर करता है,

$$\therefore \quad \text{गेंद का आयतन} = \frac{\text{द्रव्यमान}}{\text{घनत्व}} = \frac{4}{4000} = \frac{1}{1000} \text{ मी}^3$$

$$\text{उत्प्लावन बल} \quad F = Veg$$

$$= \frac{1}{1000} \times 1000 \times 10 = 10 \text{ न्यूटन}$$

11

कार्य तथा ऊर्जा

कार्य एक अन्य अवधारणा है, जो हमें अनेक प्राकृतिक घटनाओं को समझने तथा उनकी व्याख्या करने में सहायता करती है। ऊर्जा तथा शक्ति का कार्य से निकट संबंध हैं। सभी सजीवों को भोजन की आवश्यकता होती है, एवं जीवित रहने के लिए सजीवों को अनेक मूलभूत गतिविधियाँ करनी पड़ती हैं।

कार्य (Work)

बल लगाकर किसी वस्तु को बल की दिशा में विस्थापित करने की क्रिया को ही **कार्य** कहते हैं।

कार्य करने के लिए दो दशाओं का होना आवश्यक है

(i) वस्तु पर कोई बल लगना चाहिए तथा (ii) वस्तु विस्थापित होनी चाहिए।

यदि किसी वस्तु पर नियत बल F कार्य करता है और वस्तु बल की दिशा में s दूरी विस्थापित हुई, तब कार्य की परिभाषा के अनुसार किया गया कार्य, बल तथा विस्थापन के गुणनफल के बराबर होगा।

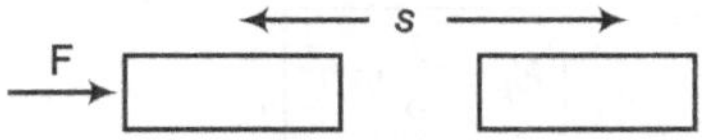

किया गया कार्य = बल × विस्थापन

$$\boxed{W = Fs}$$

कार्य एक **अदिश राशि** है। इसका SI मात्रक **जूल** (J) है।

अत: 1 जूल किसी वस्तु पर किए गए कार्य की वह मात्रा है, जब 1 न्यूटन का बल वस्तु को बल की क्रिया रेखा की दिशा में 1 मी विस्थापित कर दे।

यदि बल और विस्थापन की दिशा के बीच कोण (θ) बन रहा हो, तो किया गया कार्य,

$$\boxed{W = Fs\cos\theta}$$

कार्य तीन प्रकार के होते हैं।

(i) जब $0° \leq \theta < 90°$ तो कार्य धनात्मक होगा अत: $W = + Fs$

(ii) जब $90° < \theta < 180°$ तो कार्य ऋणात्मक होगा, अत: $W = - Fs$

(iii) जब $\theta = 90°$ तो कार्य शून्य होगा अत: $W = 0$

ऊर्जा (Energy)

किसी वस्तु के कार्य करने की क्षमता को ऊर्जा कहते हैं या कार्य करने की दर को ऊर्जा कहते हैं।

ऊर्जा एक अदिश राशि है। इसका SI मात्रक **जूल** (J) है और C.G.S. मात्रक अर्ग है।

कभी-कभी ऊर्जा के बड़े मात्रक **किलो जूल** (kJ) का उपयोग किया जाता है।

1 किलो जूल = 1000 जूल

ऊर्जा के रूप (Forms of Energy)

संसार में ऊर्जा अनेक रूपों में विद्यमान है। विभिन्न रूपों में स्थितिज ऊर्जा, गतिज ऊर्जा, ऊष्मीय ऊर्जा, रासायनिक ऊर्जा, विद्युत ऊर्जा तथा प्रकाश ऊर्जा सम्मिलित हैं।

गतिज ऊर्जा (Kinetic Energy)

किसी वस्तु में उसकी गति के कारण निहित ऊर्जा को गतिज ऊर्जा कहते हैं। किसी वस्तु की गतिज ऊर्जा उसकी चाल के साथ बढ़ती है।

v वेग से गतिशील किसी m द्रव्यमान की वस्तु की गतिज ऊर्जा $\frac{1}{2}mv^2$ के बराबर होती है।

$$\boxed{E_k = \frac{1}{2}mv^2}$$

स्थितिज ऊर्जा (Potential Energy)

वस्तु द्वारा उसकी स्थिति अथवा आकृति में परिवर्तन के कारण प्राप्त ऊर्जा को स्थितिज ऊर्जा कहते हैं।

पृथ्वी के तल से h ऊँचाई तक उठाई गई किसी m द्रव्यमान की वस्तु की गुरुत्वीय स्थितिज ऊर्जा mgh होगी।

गुरुत्वीय स्थितिज ऊर्जा = mgh

यांत्रिक ऊर्जा (Mechanical Energy)

किसी वस्तु की स्थितिज तथा गतिज ऊर्जा के योग को यांत्रिक ऊर्जा कहते हैं।

अर्थात यांत्रिक ऊर्जा = स्थितिज ऊर्जा + गतिज ऊर्जा

या $$\boxed{\text{यांत्रिक ऊर्जा} = mgh + \frac{1}{2}mu^2}$$

महत्त्वपूर्ण बिन्दु

- किसी भी पिण्ड की गतिज ऊर्जा सदैव धनात्मक होती है, जबकि स्थितिज ऊर्जा धनात्मक या ऋणात्मक दोनों हो सकती है।
- यदि किसी पिण्ड पर आरोपित बल उसके तात्कालिक वेग के लम्बवत है, तो पिण्ड की गतिज ऊर्जा अपरिवर्तित रहती है।
- यदि बल द्वारा कृत कार्य ऋणात्मक है, तो पिण्ड की गतिज ऊर्जा सदैव घटती है।

ऊर्जा संरक्षण का नियम (Law of Conservation of Energy)

ऊर्जा संरक्षण के नियमानुसार, ऊर्जा न तो उत्पन्न की जा सकती है और न ही नष्ट, केवल इसको एक रूप से दूसरे रूप में रूपांतरित किया जा सकता है। रूपांतरण के पहले व रूपांतरण के पश्चात् **कुल ऊर्जा सदैव** अचर रहती है।

अर्थात् $$mgh + \frac{1}{2}mv^2 = \text{अचर}$$

किसी वस्तु की गतिज ऊर्जा तथा स्थितिज ऊर्जा का योग उसकी कुल यांत्रिक ऊर्जा है।

ऊर्जा का व्यावसायिक मात्रक (Commercial Unit of Energy)

जूल ऊर्जा का बहुत छोटा मात्रक है, अत: यह ऊर्जा की बड़ी राशियों को व्यक्त करने के लिए असुविधाजनक है। इसीलिए ऊर्जा का एक बड़ा मात्रक उपयोग में लाते हैं, जिसे किलोवाट घंटा (kWh) कहते हैं। इसे **ऊर्जा का व्यावसायिक मात्रक** कहते हैं।

$$\boxed{1\ \text{kWh} = 3.6 \times 10^6\ \text{J}}$$

किलोवाट घंटा को 'यूनिट' के रूप में भी व्यक्त करते हैं।

$$1\ \text{किलोवाट घंटा} = 1\ \text{यूनिट}$$

घरों में, उद्योगों में तथा व्यावसायिक संस्थानों में व्यय होने वाली ऊर्जा को प्राय: **किलोवाट घंटा** में व्यक्त करते हैं।

शक्ति : कार्य करने की दर (Power : Rate of Doing Work)

कार्य करने की दर या ऊर्जा रूपांतरण की दर को शक्ति कहते हैं। यदि किसी वस्तु द्वारा t समय में W कार्य किया गया है, तो शक्ति का मान होगा

$$\text{शक्ति} = \frac{\text{कार्य}}{\text{समय}} \quad \text{या} \quad \boxed{P = \frac{W}{t}}$$

शक्ति का मात्रक वाट है तथा इसका प्रतीक W है। शक्ति का अन्य मात्रक अश्व शक्ति है 1 अश्व शक्ति है 1 अश्व शक्ति = 746 वाट

$$1 \text{ वाट} = 1 \text{ जूल/सेकंड} \quad \text{या} \quad 1\,W = 1\,Js^{-1}$$

अत: 1 वाट उस अभिकर्ता (एजेंट) की शक्ति है, जो 1 सेकंड में 1 जूल कार्य करता है।

औसत शक्ति (Average Power)

औसत शक्ति को कुल, उपयोग की गई ऊर्जा को कुल लिए गए समय से विभाजित कर प्राप्त कर सकते हैं।

$$\therefore \text{ औसत शक्ति} = \frac{\text{कुल उपयोग की गई ऊर्जा}}{\text{कुल समय}}$$

प्रश्नावली 11.1

पृष्ठ 164

प्रश्न 1. किसी वस्तु पर 7 न्यूटन का बल लगता है। मान लीजिए बल की दिशा में विस्थापन 8 मी है। मान लीजिए वस्तु के विस्थापन के समय लगातार वस्तु पर बल लगता रहता है। इस स्थिति में किया गया कार्य कितना होगा?

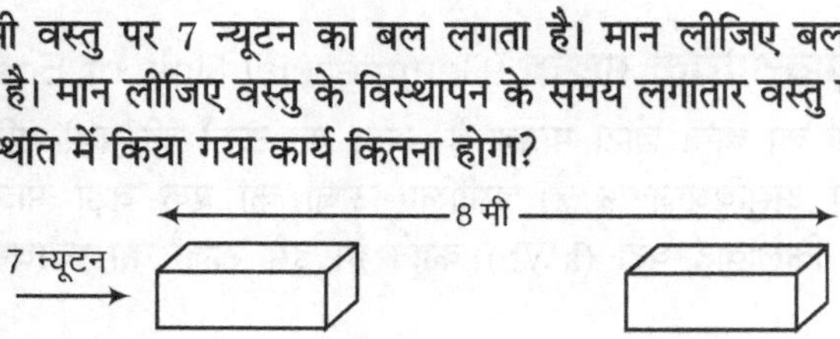

उत्तर दिया गया बल, $F = 7$ न्यूटन, विस्थापन $s = 8$ मी

किया गया कार्य $W = F \cdot s$

$= 7 \times 8 = 56$ न्यूटन-मी या 56 जूल

पृष्ठ 165

प्रश्न 1. हम कब कहते हैं कि कार्य किया गया है?

उत्तर *कार्य करने के लिए दो दशाओं का होना आवश्यक है*

(i) वस्तु पर कोई बल लगना चाहिए तथा

(ii) वस्तु विस्थापित होनी चाहिए।

प्रश्न 2. जब किसी वस्तु पर लगने वाला बल इसके विस्थापन की दिशा में हो, तो किए गए कार्य का व्यंजक लिखिए।

उत्तर हम जानते हैं कि किया गया कार्य $W = Fs$,

जहाँ F = लगने वाला बल, s = विस्थापन

यदि बल इसके विस्थापन की दिशा में हो तो कार्य धनात्मक होगा अर्थात् $W = Fs\cos\theta$

प्रश्न 3. 1 जूल कार्य को परिभाषित कीजिए।

उत्तर 1 जूल किसी वस्तु पर किए गए कार्य की वह मात्रा है, जब 1 न्यूटन का बल वस्तु को बल की क्रिया रेखा की दिशा में 1 मी विस्थापित कर दे।

प्रश्न 4. बैलों की एक जोड़ी खेत जोतते समय किसी हल पर 140 न्यूटन बल लगाती है। जोता गया खेत 15 मी लंबा है। खेत की लंबाई को जोतने में कितना कार्य किया गया?

उत्तर दिया है, लगाया गया बल $F = 140$ न्यूटन

विस्थापन $s = 15$ मी

खेत को जोतने में किया गया कार्य $W = F \cdot s$

$$= 140 \times 15$$
$$= 2100$$
$$= 2.1 \times 10^3 \text{ जूल}$$

पृष्ठ 169

प्रश्न 1. किसी वस्तु की गतिज ऊर्जा क्या होती है?

उत्तर किसी वस्तु में उसकी गति के कारण निहित ऊर्जा को गतिज ऊर्जा कहते हैं।

प्रश्न 2. किसी वस्तु की गतिज ऊर्जा के लिए व्यंजक लिखो।

उत्तर v वेग से गतिशील किसी m द्रव्यमान की वस्तु की गतिज ऊर्जा $\frac{1}{2}mv^2$ के बराबर होती है।

$$E_k = \frac{1}{2}mv^2$$

प्रश्न 3. 5 मी/से के वेग से गतिशील किसी m द्रव्यमान की वस्तु की गतिज ऊर्जा 25 जूल है। यदि इसके वेग को दोगुना कर दिया जाए, तो इसकी गतिज ऊर्जा कितनी हो जाएगी? यदि इसके वेग को तीन गुना बढ़ा दिया जाए, तो इसकी गतिज ऊर्जा कितनी हो जाएगी?

उत्तर $KE = \frac{1}{2}mv^2$, जहाँ m = वस्तु का द्रव्यमान, v = वस्तु का वेग

यहाँ वस्तु दोनों स्थिति में एक ही है, अतः द्रव्यमान समान होगा।

$$\frac{K_1}{K_2} = \left(\frac{v_1}{v_2}\right)^2$$

(i) प्रांरम्भिक गतिज ऊर्जा $K_1 = 25$ जूल

प्रांरम्भिक वेग $v_1 = 5$ मी/से

नया वेग $v_2 = 2v_1$

नयी गतिज ऊर्जा $K_2 = ?$

$$\frac{25}{K_2} = \left(\frac{v_1}{2v_1}\right)^2$$

$$\frac{25}{K_2} = \frac{1}{4}$$

$$K_2 = 100 \text{ जूल}$$

(ii) यदि नया वेग तीन गुना कर दिया जाए, तो गतिज ऊर्जा होगी

$$V_3 = 3V_1$$

$$K_1 = 25 \text{ जूल}$$

$$K_3 = ?$$

$$\frac{K_1}{K_3} = \left(\frac{V_1}{V_3}\right)^2 \Rightarrow \frac{25}{K_3} = \left(\frac{V_1}{3V_1}\right)^2$$

$$\frac{25}{K_3} = \frac{1}{9}$$

$$K_3 = 225 \text{ जूल}$$

पृष्ठ 174

प्रश्न 1. शक्ति क्या है?

उत्तर कार्य करने की दर या ऊर्जा रूपांतरण की दर को शक्ति कहते हैं। यदि कोई अभिकर्ता (एजेंट) t समय में W कार्य करता है, तो शक्ति का मान होगा

$$\text{शक्ति} = \frac{\text{कार्य}}{\text{समय}}$$

$$P = \frac{W}{t}$$

शक्ति का मात्रक वाट या जूल/सेकंड है।

प्रश्न 2. **1 वाट शक्ति को परिभाषित कीजिए।**

उत्तर 1 वाट उस अभिकर्ता (एजेंट) की शक्ति है, जो 1 सेकंड में 1 जूल कार्य करता है।

1 वाट = 1 जूल/सेकंड

या 1 वाट = 1 जूल/से

प्रश्न 3. एक लैंप 1000 जूल विद्युत ऊर्जा 10 सेकंड में व्यय करता है। इसकी शक्ति कितनी है?

उत्तर ऊर्जा = 1000 जूल अर्थात् कार्य = 1000 जूल

समय t = 10 सेकंड

लैंप की शक्ति $P = \frac{W}{t} = \frac{1000}{10}$

P = 100 वाट

प्रश्न 4. औसत शक्ति को परिभाषित कीजिए।

उत्तर औसत शक्ति, अभिकर्ता (एजेंट) द्वारा कुल उपयोग की गई ऊर्जा तथा कुल लिए गए समय का अनुपात है।

$$\therefore \text{औसत शक्ति} = \frac{\text{कुल उपयोग की गई ऊर्जा}}{\text{कुल समय}}$$

अभ्यास

प्रश्न 1. निम्न सूचीबद्ध क्रिया कलापों को ध्यान से देखिए। अपनी कार्य शब्द की व्याख्या के आधार पर तर्क दीजिए कि इनमें कार्य हो रहा है अथवा नहीं।

(a) सीमा एक तालाब में तैर रही है।

(b) एक गधे ने अपनी पीठ पर बोझा उठा रखा है।

(c) एक पवन चक्की (विंड मिल) कुएँ से पानी उठा रही है।

(d) एक हरे पौधे में प्रकाश संश्लेषण की प्रक्रिया हो रही है।

(e) एक इंजन ट्रेन को खींच रहा है।

(f) अनाज के दाने सूर्य की धूप में सूख रहे हैं।

(g) एक पाल-नाव पवन ऊर्जा के कारण गतिशील है।

उत्तर (a) तैरने की स्थिति में कार्य हो रहा है, क्योंकि सीमा द्वारा बल लगाकर पानी को विस्थापित किया जा रहा है।

(b) गधे द्वारा बोझा उठाने में कार्य नहीं किया जा रहा है। क्योंकि इस दशा में गधे पर कोई बल कार्य नहीं कर रहा है और विस्थापन शून्य है।

(c) पवन चक्की द्वारा कुएँ से पानी उठाने पर कार्य हो रहा है, क्योंकि चक्की द्वारा पानी की स्थिति बदल रही है।

(d) प्रकाश संश्लेषण की क्रिया में कार्य नहीं हो रहा है, क्योंकि यहाँ न तो बल का प्रयोग हो रहा है और न ही विस्थापन किया जा रहा है।

(e) इंजन द्वारा ट्रेन को खींचने में कार्य किया जा रहा है, क्योंकि इंजन ट्रेन की स्थिति को बदल रहा है।

(f) सूर्य द्वारा अनाज सुखाने में कार्य नहीं हो रहा हैं, क्योंकि अनाज पर सूर्य की धूप द्वारा कोई बल नहीं लगा रहा है।

(g) पाल नाव कि गतिशीलता में कार्य हो रहा है, क्योंकि बल लगने से ही नाव गतिशील है।

प्रश्न 2. एक पिंड को धरती से किसी कोण पर फेंका जाता है। यह एक वक्र पथ पर चलता है और वापस धरती पर आ गिरता है। पिंड के पथ के प्रारंभिक तथा अंतिम बिंदु एक ही क्षैतिज रेखा पर स्थित हैं। पिंड पर गुरुत्व बल द्वारा कितना कार्य किया गया?

उत्तर गुरुत्व बल द्वारा किया गया कार्य $W = mgh$

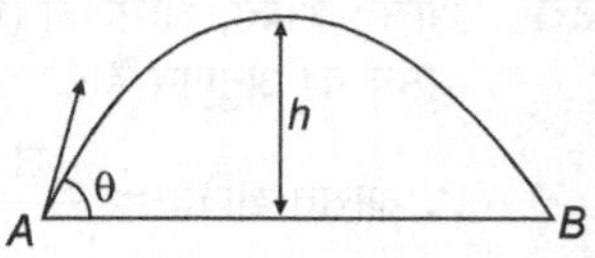

जहाँ, h = पिंड के प्रारंभिक और अंतिम बिंदु की ऊँचाई में अंतर

प्रश्न के अनुसार, पिंड के पथ के प्रारंभिक तथा अंतिम बिंदु एक ही क्षैतिज रेखा पर स्थित हैं, इसलिए $h = 0$

$$\text{कार्य } W = mg \times 0 = 0$$

प्रश्न 3. एक बैटरी बल्ब जलाती है। इस प्रक्रम में होने वाले ऊर्जा परिवर्तनों का वर्णन कीजिए।

उत्तर प्रश्न के अनुसार, बैटरी में रासायनिक ऊर्जा होती है, जो सर्वप्रथम रासायनिक ऊर्जा को विद्युत ऊर्जा में और फिर विद्युत ऊर्जा ऊष्मीय ऊर्जा में परिवर्तित करती है जिसके कारण बैटरी बल्ब जलाती है।

प्रश्न 4. 20 किग्रा द्रव्यमान पर लगने वाला कोई बल इसके वेग को 5 मी/से से 2 मी/से में परिवर्तित कर देता है। बल द्वारा किए गए कार्य का परिकलन कीजिए।

उत्तर दिया है, द्रव्यमान $m = 20$ किग्रा

प्रारंभिक वेग $u = 5$ मी/से

अंतिम वेग $v = 2$ मी/से

बल द्वारा किया गया कार्य = गतिज ऊर्जा में परिवर्तन

= अंतिम गतिज ऊर्जा – प्रारंभिक गतिज ऊर्जा

$$= \frac{1}{2}mv^2 - \frac{1}{2}mu^2$$

$$= \frac{1}{2}m(v^2 - u^2) = \frac{1}{2} \times 20[(2)^2 - (5)^2]$$

$$= \frac{1}{2} \times 20(4-25) = 10 \times -21$$

= −210 जूल

प्रश्न 5. 10 किग्रा द्रव्यमान का एक पिंड मेज पर A बिंदु पर रखा है। इसे B बिंदु तक लाया जाता है। यदि A तथा B को मिलाने वाली रेखा क्षैतिज है, तो पिंड पर गुरुत्व बल द्वारा किया गया कार्य कितना होगा? अपने उत्तर की व्याख्या कीजिए।

उत्तर गुरुत्व बल के द्वारा पिंड पर किया गया कार्य शून्य होगा क्योंकि पिंड क्षैतिज दिशा में कार्य करता है जबकि गुरुत्व बल पिंड की गति की दिशा के लंबवत् कार्य करता है

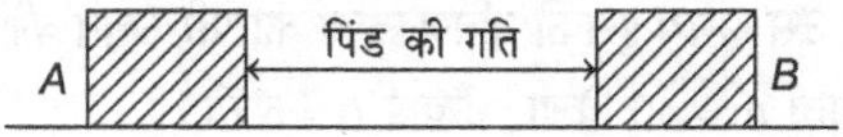

$$\therefore \quad W = Fs\cos\theta$$

$$W = Fs\cos 90$$

$$\Rightarrow \quad Fs \times 0 W = 0$$

प्रश्न 6. **मुक्त रूप से गिरते एक पिंड की स्थितिज ऊर्जा लगातार कम होती जाती है। क्या यह ऊर्जा संरक्षण नियम का उल्लंघन करती है? कारण बताइए।**

उत्तर मुक्त रूप से गिरते पिंड की स्थितिज ऊर्जा लगातार कम होती जाती है, लेकिन जब पिंड नीचे गिरता है, तो उसका वेग बढ़ता जाता है, अर्थात् गतिज ऊर्जा बढ़ती रहती है (क्योंकि गतिज ऊर्जा चाल के साथ बढ़ती है) अतः यह क्रिया ऊर्जा संरक्षण नियम का उल्लंघन नहीं करती क्योंकि यदि स्थितिज ऊर्जा घट रही है तो गतिज ऊर्जा भी बढ़ रही है।

प्रश्न 7. **जब आप साइकिल चलाते हैं, तो कौन-कौन से ऊर्जा रूपांतरण होते हैं?**

उत्तर साइकिल चलाने में, पेशीय ऊर्जा लगती है, जो साइकिल की गति के बाद गतिज ऊर्जा में परिवर्तित होती है।

प्रश्न 8. जब आप अपनी सारी शक्ति लगा कर एक बड़ी चट्टान को धकेलना चाहते हैं और इसे हिलाने में असफल हो जाते हैं, तो क्या इस अवस्था में ऊर्जा का स्थानांतरण होता है? आपके द्वारा व्यय की गई ऊर्जा कहाँ चली जाती है?

उत्तर जब चट्टान को धकेला जाता है, तो चट्टान भी उतना ही प्रतिक्रिया बल विपरीत दिशा में लगाती है (न्यूटन के तृतीय नियम के अनुसार)। अतः इस क्रिया में लगाई गई पेशीय ऊर्जा चट्टान द्वारा लगाये गये प्रतिक्रिया बल का विरोध करने में व्यय हो जाती है।

प्रश्न 9. किसी घर में एक महीने में ऊर्जा की 250 'यूनिटें' व्यय हुईं। यह ऊर्जा जूल में कितनी होगी?

उत्तर व्यय ऊर्जा = 250 यूनिट = 250 किलोवाट-घंटा

$$= 250 \times 1000 \text{ वाट } \times 3600 \text{ सेकंड}$$
$$= 250 \times 1000 \text{ जूल / सेकंड } \times 3600 \text{ सेकंड}$$
$$= 9 \times 10^8 \text{ जूल}$$

प्रश्न 10. 40 किग्रा द्रव्यमान का एक पिंड धरती से 5 मी की ऊँचाई तक उठाया जाता है। इसकी स्थितिज ऊर्जा कितनी है? यदि पिंड को मुक्त रूप से गिरने दिया जाए, तो जब पिंड ठीक आधे रास्ते पर है उस समय इसकी गतिज ऊर्जा का परिकलन कीजिए ($g = 10$ मी/से^{2})

उत्तर दिया है, द्रव्यमान $m = 40$ किग्रा, ऊँचाई $h = 5$ मी

$$\text{स्थितिज ऊर्जा} = mgh = 40 \times 10 \times 5 = 2000 \text{ जूल}$$

आधे रास्ते पर गतिज ऊर्जा = आधे रास्ते पर स्थितिज ऊर्जा

$$= \frac{mgh}{2} = 40 \times 10 \times \frac{5}{2}$$

$$= 1000 \text{ जूल}$$

प्रश्न 11. पृथ्वी के चारों ओर घूमते हुए किसी उपग्रह पर गुरुत्व बल द्वारा कितना कार्य किया जायेगा? अपने उत्तर को तर्कसंगत बनाइए।

उत्तर उपग्रह पृथ्वी के चारों ओर एक वृत्ताकार पथ में घूमता है यहाँ गुरुत्वीय बल पृथ्वी के केंद्र की ओर तथा उपग्रह का विस्थापन वृत्तीय पथ पर स्पर्श रेखा की ओर होगा, अर्थात् बल और विस्थापन एक दूसरे के लंबवत् होंगे।

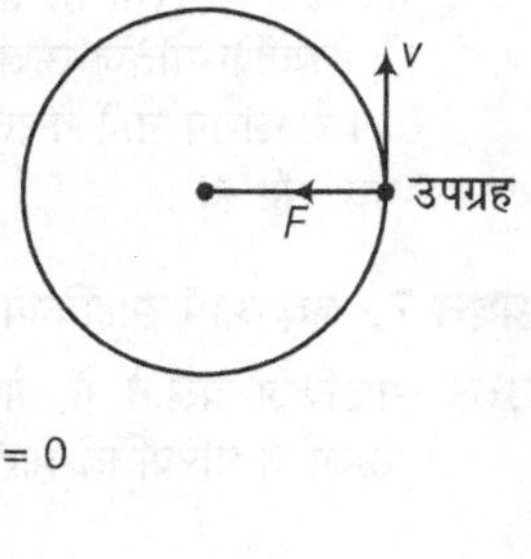

इसलिए, किया गया कार्य $W = F.s\cos\theta$

$$= F.s\cos 90° = F \cdot s \times 0 = 0$$

अतः गुरुत्व बल द्वारा कोई कार्य नहीं किया जायेगा।

प्रश्न 12. क्या किसी पिंड पर लगने वाले किसी भी बल की अनुपस्थिति में, इसका विस्थापन हो सकता है? सोचिए। इस प्रश्न के बारे में अपने मित्रों तथा अध्यापकों से विचार-विमर्श कीजिए।

उत्तर जब कोई वस्तु एकसमान वेग से चलती है (अर्थात् त्वरण शून्य है) तब इस पर कोई बल कार्य नहीं करता। चूँकि वस्तु गतिमान है अतः इसका विस्थापन हो रहा है।

प्रश्न 13. कोई मनुष्य भूसे के एक गट्ठर को अपने सिर पर 30 मिनट तक रखे रहता है और थक जाता है। क्या उसने कुछ कार्य किया या नहीं? अपने उत्तर को तर्कसंगत बनाइए।

उत्तर मनुष्य ने कोई गति नहीं की अर्थात् इसका विस्थापन शून्य है, इसलिए मनुष्य द्वारा किया गया कार्य भी शून्य होगा।

प्रश्न 14. एक विद्युत हीटर (ऊष्मक) की घोषित शक्ति 1500 वाट है। 10 घंटे में यह कितनी ऊर्जा उपयोग करेगा?

उत्तर

$$\text{शक्ति} = 1500 \text{ वाट}$$

$$\text{समय} = 10 \text{ घंटा} = 10 \times 60 \text{ मिनट}$$

$$= 10 \times 60 \times 60 \text{ सेकंड}$$

$$\text{कार्य} = \text{शक्ति} \times \text{समय}$$

$$= 1500 \times 10 \times 60 \times 60 = 5.4 \times 10^7 \text{ जूल}$$

प्रश्न 15. जब हम किसी सरल लोलक के गोलक को एक ओर ले जाकर छोड़ते हैं, तो यह दोलन करने लगता है। इसमें होने वाले ऊर्जा परिवर्तनों की चर्चा करते हुए ऊर्जा संरक्षण के नियम को स्पष्ट कीजिए। गोलक कुछ समय पश्चात् विराम अवस्था में क्यों आ जाता है? अंततः इसकी ऊर्जा का क्या होता है? क्या यह ऊर्जा संरक्षण नियम का उल्लंघन है?

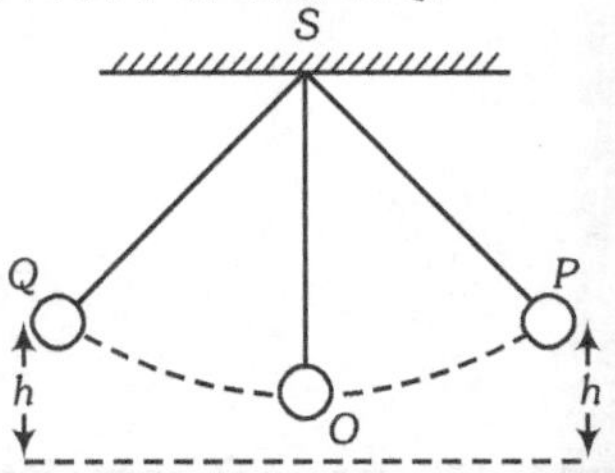

उत्तर माना एक सरल लोलक को आधार S से लटकाया गया है। लोलक को बिंदु P से छोड़ा जाता है (जहाँ यह विरामावस्था में है)। बिंदु P पर लोलक की स्थितिज ऊर्जा (mgh) है जब गोलक को बिंदु P से छोड़ा जाता है, तो यह बिंदु O की ओर गति करता है यहाँ लोलक की गति बढ़ती जाती है और ऊँचाई कम होती जाती है, अर्थात् स्थितिज ऊर्जा गतिज ऊर्जा में परिवर्तित होती जाती है।

बिंदु O पर सारी स्थितिज ऊर्जा गतिज ऊर्जा में बदल जाती है, तब लोलक जड़त्व के कारण दूसरी ओर गति करता है। जैसे-जैसे यह बिंदु Q की ओर गति करता है इसका वेग कम होता जाता है तथा ऊँचाई बढ़ती जाती है, अर्थात् गतिज ऊर्जा, स्थितिज ऊर्जा में बदलती है। बिंदु Q पर सारी गतिज ऊर्जा स्थितिज ऊर्जा में परिवर्तित हो जाती है।

अतः सरल लोलक की गति के दौरान कुल ऊर्जा स्थिर (अचर) रहती है। जब सरल लोलक दोलन करता है तो वायु में उपस्थित घर्षण इसकी गति का विरोध करता है।

इसलिए गतिज ऊर्जा का कुछ भाग इस घर्षण को कम करने में प्रयोग होता है और कुछ समय बाद इसकी गतिज ऊर्जा शून्य हो जाती है। सरल लोलक की गतिज ऊर्जा वायुमंडल में चली जाती है, अर्थात् एक रूप से दूसरे रूप में परिवर्तित हो जाती है। अतः यहाँ ऊर्जा संरक्षण के नियम का उल्लंघन नहीं होता।

प्रश्न 16. **m द्रव्यमान का एक पिंड एक नियत वेग से गतिशील है। पिंड पर कितना कार्य करना चाहिए कि यह विराम अवस्था में आ जाए?**

उत्तर वस्तु को विरामावस्था में लाने के लिए किया गया कार्य

= गतिज ऊर्जा में परिवर्तन

= अंतिम गतिज ऊर्जा – प्रारंभिक गतिज ऊर्जा

यहाँ अंतिम गतिज ऊर्जा शून्य होगी क्योंकि वस्तु को विरामावस्था में लाना है।

$$= 0 - \frac{1}{2}mv^2 = -\frac{1}{2}mv^2$$

प्रश्न 17. **1500 किग्रा द्रव्यमान की कार को जो 60 किमी/घंटा के वेग से चल रही है; रोकने के लिए किए गए कार्य का परिकलन कीजिए।**

उत्तर दिया है, $m = 1500$ किग्रा, प्रारंभिक वेग $u = 60$ किमी/घंटा

$$= 60 \times \frac{5}{18} = 16.67 \text{ मी/से}$$

अंतिम वेग $v = 0$ ($\because$ कार को रोकना है)

$\therefore$ कार को रोकने में किया गया कार्य = गतिज ऊर्जा में परिवर्तन

= अंतिम गतिज ऊर्जा – प्रारंभिक गतिज ऊर्जा

$$= \frac{1}{2}mv^2 - \frac{1}{2}mu^2$$

$$= \frac{1}{2} \times 1500(0)^2 - \frac{1}{2} \times 1500 \times (16.67)^2$$

$$= -\frac{1}{2} \times 1500 \times (16.67)^2$$

$$= -208416.7 \text{ जूल}$$

प्रश्न 18. **निम्न में से प्रत्येक स्थिति में m द्रव्यमान के एक पिंड पर एक बल F लग रहा है। विस्थापन की दिशा पश्चिम से पूर्व की ओर है, जो एक लंबे तीर से प्रदर्शित की गई है। चित्रों को ध्यानपूर्वक देखिए और बताइए कि किया गया कार्य ऋणात्मक है, धनात्मक है या शून्य है।**

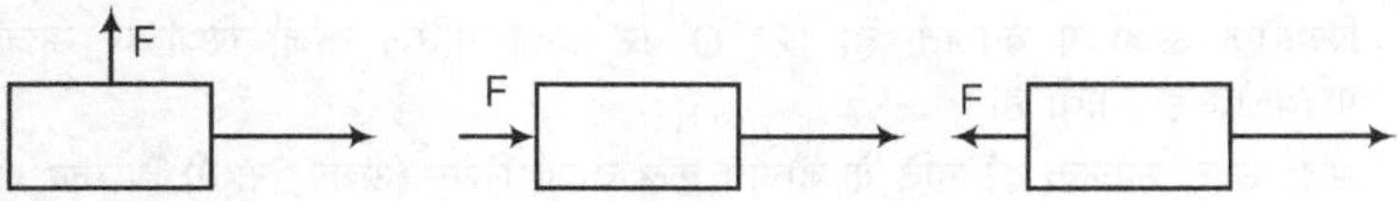

उत्तर पहली स्थिति में, बल और विस्थापन एक दूसरे के लंबवत् हैं अतः $\theta = 90°$

$$\text{किया गया कार्य} = F \cdot s\cos\theta$$
$$= F \cdot s\cos 90° \qquad (\because \cos 90° = 0)$$
$$= F \cdot s \times 0 = 0$$

अतः किया गया कार्य शून्य है।

दूसरी स्थिति में, बल और विस्थापन एक ही दिशा में हैं अतः $\theta = 0°$

$$\text{किया गया कार्य } W = Fs\cos\theta$$
$$= Fs\cos 0° \qquad (\because \cos 0° = 1)$$
$$= F \cdot s \times 1 = F \cdot s$$

अतः किया गया कार्य धनात्मक होगा।

तीसरी स्थिति में, बल और विस्थापन एक दूसरे की विपरीत दिशा में हैं, अतः

$$\theta = 180°$$

$$\text{किया गया कार्य } W = F \cdot s\cos\theta = F \cdot s\cos 180°$$
$$= F \cdot s \times -1 \qquad (\because \cos 180° = -1)$$
$$= -F \cdot s$$

अतः किया गया कार्य ऋणात्मक होगा।

प्रश्न 19. सोनी कहती है कि किसी वस्तु पर त्वरण शून्य हो सकता है चाहे उस पर कईं बल कार्य कर रहे हों। क्या आप उससे सहमत हैं? बताइए क्यों?

उत्तर हाँ, सोनी का तर्क सही है; किसी वस्तु पर त्वरण शून्य हो सकता है, चाहे उस पर कईं बल कार्य कर रहे हों। यदि इन सभी बलों का कुल परिमाण शून्य हो।

प्रश्न 20. चार युक्तियाँ, जिनमें प्रत्येक की शक्ति 500 वाट है। 10 घंटे तक उपयोग में लाई जाती हैं। इनके द्वारा व्यय की गई ऊर्जा किलोवाट-घंटा में परिकलित कीजिए।

उत्तर कुल शक्ति $P = 500$ वाट $\times 4 = 2000$ वाट

समय $t = 10$ घंटा

व्यय ऊर्जा = शक्ति × समय

= 2000 वाट × 10 घंटा = 2 किलोवाट-घंटा × 10 घंटा

= 20 किलोवाट-घंटा

प्रश्न 21. मुक्त रूप से गिरता एक पिंड अंततः धरती तक पहुँचने पर रुक जाता है। इसकी गतिज ऊर्जा का क्या होता है?

उत्तर जब एक पिंड मुक्त रूप से धरती पर गिरता है, तो कुछ आवाज तथा ऊष्मा उत्पन्न होती है। इसलिए पिंड की गतिज ऊर्जा ध्वनि ऊर्जा तथा ऊष्मीय ऊर्जा में परिवर्तित हो जाती है।

NCERT Exemplar

पुस्तक के चुने गए प्रश्न

बहुविकल्पीय प्रश्न

प्रश्न 1. ऋणात्मक कार्य की स्थिति में, बल तथा विस्थापन के बीच कितना कोण होता है?

(a) 0°　(b) 45°　(c) 90°　(d) 180°

उत्तर *(d)*

प्रश्न 2. जब एक वस्तु पृथ्वी की ओर मुक्त रूप से गिरती है, तब इसकी कुल ऊर्जा

(a) घटती है　(b) बढ़ती है

(c) स्थिर रहती है　(d) पहले बढ़ती है फिर घटती है

उत्तर *(c)*

प्रश्न 3. किया गया कार्य = बल × ....

(a) दूरी　(b) त्वरण　(c) वेग　(d) चाल

उत्तर *(a)*

प्रश्न 4. 1 जूल = 1........

(a) न्यूटन-मी^{2}　(b) किग्रा-मी/से^{2}　(c) न्यूटन-मी　(d) न्यूटन^2-मी^{2}

उत्तर *(c)*

प्रश्न 5. एक 2 किग्रा द्रव्यमान की वस्तु को 1 मी की ऊँचाई से गिराया जाता है। पृथ्वी को छूने से पहले इसकी गतिज ऊर्जा होगी

(a) 19.6 न्यूटन　(b) 19.6 जूल　(c) 19.6 किग्रा　(d) 19.6 मी

उत्तर *(b)*

प्रश्न 6. एक कार त्वरित होती है और इसका वेग प्रारंभिक वेग का 4 गुना हो जाता है। इस प्रक्रिया में कार की स्थितिज ऊर्जा में क्या प्रभाव होता है?

(a) बदलती नहीं है

(b) प्रारंभिक ऊर्जा की दोगुनी हो जाती है

(c) प्रारंभिक ऊर्जा की चार गुना हो जाती है

(d) प्रारंभिक ऊर्जा की 16 गुना हो जाती है

उत्तर *(d)*

प्रश्न 7. एक लड़की 3 किग्रा द्रव्यमान का स्कूल बैग अपनी पीठ पर ले जाती है और सड़क पर 200 मी की दूरी चलती है। गुरुत्वीय बल के विरुद्ध किया गया कार्य कितना होगा? (g = 20 मी/से^{2})

(a) 6×10^{-3} जूल (b) 6 जूल (c) 0.6 जूल (d) शून्य

उत्तर *(d)*

प्रश्न 8. निम्नलिखित में से कौन-सा मात्रक ऊर्जा का नहीं है?

(a) जूल (b) न्यूटन-मी (c) किलोवाट (d) किलोवाट-घंटा

उत्तर *(c)*

प्रश्न 9. किसी वस्तु पर किया गया कार्य किस पर निर्भर नहीं करता है?

(a) विस्थापन
(b) आरोपित बल
(c) विस्थापन और आरोपित बल के बीच का कोण
(d) वस्तु का प्रारंभिक वेग

उत्तर *(d)*

प्रश्न 10. एक वस्तु को ऊँचाई h से गिराया जाता है। जब वस्तु की ऊँचाई $h/2$ होती है, तब इसमें कौन-सी ऊर्जा निहित होती है?

(a) केवल स्थितिज ऊर्जा
(b) केवल गतिज ऊर्जा
(c) आधी स्थितिज और आधी गतिज ऊर्जा
(d) अधिक गतिज ऊर्जा और कम स्थितिज ऊर्जा

उत्तर *(a)*

प्रश्न 11. ऊर्जा रूपांतरण की दर को क्या कहते हैं?

(a) कार्य (b) बल (c) शक्ति (d) दाब

उत्तर *(c)*

प्रश्न 12. एकसमान संवेग वाली दो वस्तुएँ जिनके द्रव्यमान 1×10^{-3} किग्रा और 4×10^{-3} किग्रा हैं। इनकी गतिज ऊर्जा का क्या अनुपात होगा?

(a) 4 : 1 (b) 2 : 1 (c) 16 : 1 (d) $\sqrt{2}$: 1

उत्तर *(a)*

प्रश्न 13. यदि किसी वस्तु का वेग दोगुना कर दिया जाये, तो इसकी गतिज ऊर्जा कितनी हो जायेगी?

(a) दोगुनी (b) चार गुनी (c) आधी (d) तीन गुनी

उत्तर *(b)*

प्रश्न 14. 1.5 किलोवाट = ... वाट।

(a) 1500 (b) 150 (c) 15000 (d) 4.15

उत्तर *(a)*

प्रश्न 15. 1 किग्रा द्रव्यमान वाली वस्तु की गतिज ऊर्जा 1 जूल है, इसका वेग क्या होगा?

(a) 0.45 मी/से (b) 1 मी/से (c) 1.4 मी/से (d) 4.4 मी/से

उत्तर (c)

लघुउत्तरीय प्रश्न

प्रश्न 16. एक रॉकेट को वेग v से ऊपर की ओर छोड़ा जाता है। यदि रॉकेट का वेग अचानक तीन गुना कर दिया जाये, तब इनकी गतिज ऊर्जा का क्या अनुपात होगा?

उत्तर दिया है, $v_1 = v, v_2 = 3v$

$$\text{गतिज ऊर्जाओं का अनुपात } \frac{K_1}{K_2} = \frac{\frac{1}{2}mv_1^2}{\frac{1}{2}mv_2^2}$$

$$\frac{K_1}{K_2} = \frac{v_1^2}{v_2^2} = \frac{v^2}{(3v)^2}$$

$$\frac{K_1}{K_2} = \frac{1}{9}$$

प्रश्न 17. अविनाश 10 न्यूटन के घर्षण बल के विरुद्ध 8 मी/से के वेग से दौड़ सकता है, जबकि कपिल 25 न्यूटन के घर्षण बल के विरुद्ध 3 मी/से के वेग से दौड़ सकता है। कौन ज्यादा शक्तिशाली है और क्यों?

उत्तर अविनाश द्वारा आरोपित बल = 10 न्यूटन, वेग = 8 मी/से

शक्ति = $F.v = 10 \times 8 = 80$ वाट

कपिल द्वारा आरोपित बल = 25 न्यूटन

वेग = 3 मी/से

शक्ति = $F.v = 25 \times 3 = 75$ वाट

चूँकि अविनाश की शक्ति (80 – 75) = 5 वाट कपिल से ज्यादा है। इसलिए अविनाश ज्यादा शक्तिशाली है।

प्रश्न 18. यदि किसी वस्तु का संवेग शून्य हो तो क्या वस्तु में यांत्रिक ऊर्जा होगी?

उत्तर वस्तु द्वारा उसकी स्थिति अथवा आकृति में परिवर्तन के कारण प्राप्त ऊर्जा को स्थितिज ऊर्जा कहते हैं।

$$\text{संवेग } p = mv$$

यदि वेग शून्य है तब संवेग शून्य होगा। चूँकि स्थितिज ऊर्जा (यांत्रिक ऊर्जा) वेग पर निर्भर नहीं करती है, इसलिए संवेग के शून्य होने पर भी वस्तु में यांत्रिक ऊर्जा होगी।

प्रश्न 19. यदि किसी वस्तु की यांत्रिक ऊर्जा शून्य हो तो क्या वस्तु में संवेग होगा? व्याख्या कीजिए।

उत्तर स्थितिज ऊर्जा $= mgh$

यदि $h = 0$, तब स्थितिज ऊर्जा शून्य होगी।

$\because$ संवेग ऊँचाई पर निर्भर नहीं करता इसलिए संवेग शून्य नहीं होगा।

अतः यांत्रिक ऊर्जा के शून्य होने पर भी वस्तु में संवेग होगा।

प्रश्न 20. एक मोटर पम्प की शक्ति 2 किलोवाट है। यह पम्प कितना पानी 1 मिनट में 10 मी की ऊँचाई तक उठा सकता है? (दिया है $g = 10$ मी/से^{2})

उत्तर दिया है, पम्प की शक्ति 2 किलोवाट $= 2 \times 1000$ वाट $= 2000$ वाट

$$\text{शक्ति} = \frac{\text{ऊर्जा}}{\text{समय}}$$

$$P = \frac{mgh}{t}$$

$$2000 = \frac{m \times 10 \times 10}{60} \quad \text{या} \quad m = \frac{2000 \times 60}{100}$$

$$m = 1200 \text{ किग्रा}$$

प्रश्न 21. एक व्यक्ति का भार ग्रह A पर पृथ्वी पर भार का आधा है। वह व्यक्ति पृथ्वी की सतह पर 0.4 मी की ऊँचाई तक उछल सकता है। ग्रह A पर वह कितनी ऊँचाई तक उछलेगा?

उत्तर व्यक्ति का पृथ्वी पर भार $= W$

$$\text{ग्रह पर भार} = \frac{W}{2}$$

इसलिए व्यक्ति ग्रह पर दोगुना ज्यादा उछल सकता है, अतः

$$= 2 \times 0.4 = 0.8 \text{ मी}$$

प्रश्न 22. एक सरल रेखा में गति करती हुई वस्तु का वेग नियत बल F लगाकर बढ़ा दिया जाता है सिद्ध कीजिए वस्तु की बढ़ी हुई गतिज ऊर्जा वस्तु पर बल लगाकर किये गये कार्य के बराबर है।

उत्तर माना वस्तु का द्रव्यमान m और प्रारम्भिक वेग u है बल F लगाने से इसका विस्थापन बल की दिशा में s है।

गति की समीकरण से,

$$v^2 - u^2 = 2as$$

$$s = \frac{v^2 - u^2}{2a}$$

बल F द्वारा किया गया कार्य $W = F \cdot s$

$$= ma \cdot s$$

$$= ma \cdot \left(\frac{v^2 - u^2}{2a}\right)$$

$$W = \frac{1}{2}m(v^2 - u^2)$$

यदि वस्तु विरामावस्था से चलना प्रारम्भ करती है ($u = 0$)

$$W = \frac{1}{2}mv^2$$

सिद्ध होता है कि किया गया कार्य वस्तु की गतिज ऊर्जा में परिवर्तन के बराबर है।

प्रश्न 23. क्या यह सम्भव है कि बाह्य बल लगाकर किसी वस्तु को त्वरित किया जाता है लेकिन बल द्वारा कोई कार्य नहीं किया जाता? उदाहरण की सहायता से समझाइए।

उत्तर हाँ, जब बल गति की दिशा के लम्बवत् दिशा में कार्य करता है, तब बल द्वारा कोई कार्य नहीं किया जाता।

उदाहरण पृथ्वी सूर्य के चारों ओर गुरुत्वाकर्षण बल के कारण परिक्रमा करती है लेकिन सूर्य द्वारा कोई कार्य नहीं किया जाता, जबकि पृथ्वी पर अभिकेंद्र त्वरण कार्य करता है।

प्रश्न 24. एक गेंद को 10 मी की ऊँचाई से छोड़ा जाता है। पृथ्वी से टकराने के बाद इसकी ऊर्जा 40% कम हो जाती है। कितनी ऊँचाई तक यह गेंद वापस जायेगी? ($g = 10$ मी/से^{2})

उत्तर टकराने के बाद गेंद की 40% ऊर्जा कम हो जाती है, अर्थात् 60% ऊर्जा गेंद में शेष बचती है।

$$mgh' = 60\% \text{ का } mgh$$

$$h' = \frac{60}{100}h = \frac{60}{100} \times 10$$

$$h' = 6 \text{ मी}$$

प्रश्न 25. यदि 1200 वाट वाले विद्युतीय प्रेस को प्रत्येक दिन 30 मिनट के लिए प्रयोग किया जाता है, तो अप्रैल के महीने में व्यय ऊर्जा का परिकलन कीजिए।

उत्तर दिया है, प्रेस की शक्ति = 1200 वाट

$$\text{शक्ति} = \frac{\text{ऊर्जा}}{\text{समय}}$$

$$1200 = \frac{E}{30 \times 60}$$

$$E = 1200 \times 1800 = 21.6 \times 10^5 \text{ जूल}$$

एक दिन में व्यय ऊर्जा $= 21.6 \times 10^5$ जूल

30 दिन में व्यय ऊर्जा $= 21.6 \times 10^5 \times 30 = 6.4 \times 10^7$ जूल

दीर्घ उत्तरीय प्रश्न

प्रश्न 26. समान संवेग वाली हल्की और भारी वस्तुओं की गतिज ऊर्जाओं का अनुपात ज्ञात कीजिए। कौन-सी वस्तु की गतिज ऊर्जा अधिक होगी?

उत्तर माना हल्की और भारी वस्तुओं के द्रव्यमान क्रमशः m_1 और m_2 हैं और इनकी गतिज ऊजाएँ भी क्रमशः K_1 और K_2 हैं।

किसी वस्तु की गतिज ऊर्जा, $K = \frac{p^2}{2m}$

$\because$ संवेग समान हैं,

$$K \propto \frac{1}{m}$$

अतः

$$\frac{K_1}{K_2} = \frac{m_2}{m_1}$$

$\because$ गतिज ऊर्जा द्रव्यमान के व्युत्क्रमानुपाती होती है।

$\therefore$ हल्की वस्तु की गतिज ऊर्जा अधिक होगी।

प्रश्न 27. एक लड़की जिसका द्रव्यमान 35 किग्रा है, 5 किग्रा द्रव्यमान वाली ट्रॉली पर बैठी है, बल लगाकर ट्रॉली को प्रारंभिक वेग 4 मी/से दिया जाता है। 16 मी दूरी चलने के बाद ट्रॉली विरामावस्था में आ जाती है। ज्ञात कीजिए

(a) ट्रॉली पर किया गया कार्य तथा

(b) लड़की द्वारा किया गया कार्य

उत्तर दिया है, $u = 4$ मी/से, $v = 0$, $s = 16$ मी

गति की समीकरण से,

$$v^2 = u^2 - 2as$$

$$(0) = (4)^2 - 2a \times 16$$

$$a = \frac{16}{32} = 0.5 \text{ मी/से}^2$$

(a) कुल द्रव्यमान = 35 + 5 = 40 किग्रा

ट्रॉली पर किया गया कार्य $W = F.d = m.a.d$

$= 40 \times 0.5 \times 16 = 320$ न्यूटन

(b) लड़की का द्रव्यमान = 35 किग्रा

लड़की द्वारा किया गया कार्य $W = Fd = mad$

$= 35 \times 0.5 \times 16 = 280$ न्यूटन

प्रश्न 28. चार व्यक्ति 250 किग्रा द्रव्यमान वाले बक्से को 1 मी की ऊँचाई तक उठाते हैं और इसे बिना ऊपर उठाये और बिना नीचे गिराये पकड़े रखते हैं।

(a) ऊपर उठाने में व्यक्तियों द्वारा किया गया कार्य कितना होगा?

(b) बक्से को पकड़े रखने में किया गया कार्य कितना होगा?

(c) बक्से को पकड़े रखने में इन्हें थकान का अनुभव क्यों होता है?

उत्तर दिया है, $m = 250$ किग्रा, $h = 1$ मी

(a) बक्सा ऊपर उठाने में किया गया कार्य = बक्से की स्थितिज ऊर्जा

$W = 250 \times 10 \times 1 = 2500$ जूल

(b) बक्से को पकड़े रखने में किया गया कार्य शून्य होगा, क्योंकि इस स्थिति में विस्थापन शून्य है।

(c) बक्से को पकड़े रखने में व्यक्ति की ऊर्जा खर्च होती है, जिसके कारण उन्हें थकान होती है।

प्रश्न 29. शक्ति क्या है? किलोवाट तथा किलोवाट घंटा में क्या अंतर है? एक झरने से जिसकी ऊँचाई 20 मी है एक मिनट में 2000 टन पानी गिरता है। यदि इसकी सारी ऊर्जा व्यय हो जाती है, तो शक्ति का परिकलन कीजिए।

उत्तर (a) कार्य करने की दर या ऊर्जा रूपांतरण की दर को शक्ति कहते हैं। इसका मात्रक वाट या किलोवाट है।

(b) किलोवाट शक्ति का मात्रक है और किलोवाट-घंटा (kWh) ऊर्जा का बड़ा मात्रक है।

1 किलोवाट $= 3.6 \times 10^6$ जूल

(c) पानी का द्रव्यमान = 2000 टन (∵1 टन = 1000 किग्रा)

पानी का द्रव्यमान $= 2000 \times 1000 = 2 \times 10^6$ किग्रा

$$\text{शक्ति} = \frac{\text{ऊर्जा}}{\text{समय}} = \frac{mgh}{t}$$

$$P = \frac{2 \times 10^6 \times 10 \times 20}{60}$$

$$P = 6.67 \times 10^6 \text{ वाट}$$

प्रश्न 30. वाट को परिभाषित कीजिए। किलोवाट को जूल/सेकंड में व्यक्त कीजिए एक 150 किग्रा द्रव्यमान की कार का इंजन प्रत्येक किग्रा के लिये 500 वाट की शक्ति व्यय करता है। कार को 20 मी/से के वेग से चलाने के लिए इसे कितना बल लगाना होगा?

उत्तर (a) 1 वाट उस अभिकर्ता (एजेंट) की शक्ति है, जो 1 सेकंड में 1 जूल कार्य करता है।

$$1 \text{ वाट} = 1 \text{ जूल/से}$$

(b) 1 किलोवाट = 1000 वाट = 1000 जूल/से

(c) कार का इंजन प्रत्येक किग्रा के लिए 500 वाट व्यय करता है इसलिए

$$\text{कुल शक्ति} = 150 \times 500 = 75000 \text{ वाट}$$

$$\text{शक्ति} = \text{बल} \times \text{वेग}$$

$$75000 = \text{बल} \times 20$$

$$\text{बल} = \frac{75000}{20} = 3750 \text{ न्यूटन}$$

प्रश्न 31. 60 वाट का एक विद्युत बल्ब प्रतिदिन 6 घंटे उपयोग किया जाता है। बल्ब द्वारा एक दिन में खर्च की गई ऊर्जा की 'यूनिट' का परिकलन कीजिए।

उत्तर विद्युत बल्ब की शक्ति = 60 वाट = 0.06 किलोवाट

उपयोग किया गया समय t = 6 घंटा

$$\text{ऊर्जा} = \text{शक्ति} \times \text{लिया गया समय}$$

$$= 0.06 \times 6$$

$$= 0.36 \text{ किलोवाट घंटा}$$

$$= 0.36 \text{ यूनिट}$$

अतः बल्ब द्वारा 0.36 यूनिट खर्च होगी।

12

ध्वनि

ध्वनि ऊर्जा का एक रूप है, जो हमारे कानों में श्रवण का संवेदन उत्पन्न करती है। ऊर्जा के अन्य रूप हैं; ***जैसे***—*यांत्रिक ऊर्जा, ऊष्मीय ऊर्जा, प्रकाश ऊर्जा, आदि। ऊर्जा संरक्षण के अनुसार ऊर्जा को न तो उत्पन्न कर सकते हैं और न ही उसका विनाश कर सकते हैं। इसे केवल एक रूप से दूसरे रूप में रूपातंरित कर सकते हैं; जब ताली बजाते हैं, तो ध्वनि उत्पन्न होती है।*

ध्वनि (Sound)

जिन तरंगों की आवृत्ति लगभग 20 प्रति सेकंड से 20,000 प्रति सेकंड के बीच होती है और जिनकी अनुभूति हमें अपने कानों द्वारा होती है उन्हें हम ध्वनि कहते हैं।

ध्वनि सामान्यत: दो प्रकार की होती है

1. **संगीतिक ध्वनि** हमारे कानों को सुखद अथवा प्रिय प्रतीत होने वाली ध्वनि संगीतिक ध्वनि कहलाती है। किसी स्रोत के नियमित तथा आवर्ती कम्पनों से उत्पन्न ध्वनियाँ संगीतिक ध्वनि होती है; ***जैसे***-स्वरमापी, वायलिन, तबला, बाँसुरी, वाद्य यन्त्रों की ध्वनियाँ, आदि।
2. **शोर** हमारे कानों को अप्रिय तथा कर्कश प्रतीत होने वाली ध्वनि शोर अथवा कोलाहल कहलाती है। किसी स्रोत के अनियमित तथा अनावर्ती कम्पनों से उत्पन्न ध्वनियाँ शोर होती हैं; ***जैसे***-बर्तनों के टकराने की ध्वनियाँ, मशीनों के चलने से उत्पन्न ध्वनियाँ, आदि।

ध्वनि का उत्पादन (Origin of Sound)

विभिन्न वस्तुओं में घर्षण द्वारा, खुरच कर, रगड़ कर, वायु फूँक कर या उनको हिलाकर ध्वनि उत्पन्न की जा सकती है। वस्तु को कंपमान करके भी ध्वनि उत्पन्न करते हैं, कंपमान का अर्थ होता है किसी वस्तु का तेजी से बार-बार इधर ऊधर गति करना। मनुष्यों में वाक ध्वनि उनके वाक-तंतुओं के कंपित होने के कारण उत्पन्न होती है।

ध्वनि का संचरण (Propagation of Sound)

स्रोत से उत्पन्न होकर ध्वनि सुनने वाले तक किसी माध्यम से होकर पहुँचती है। यह माध्यम ठोस, द्रव या गैस हो सकता है।

जब कोई वस्तु कंपन करती है, तो यह अपने चारों ओर विद्यमान माध्यम के कणों को कंपमान कर देती है। ये कण कंपमान वस्तु से हमारे कानों तक स्वयं गति करके नहीं पहुँचते। सबसे पहले कंपमान वस्तु के संपर्क में रहने वाले माध्यम के कण अपनी संतुलित अवस्था से विस्थापित होते हैं।

ये अपने समीप के कणों पर एक बल लगाते हैं, जिसके फलस्वरूप निकटवर्ती कण अपनी विरामावस्था से विस्थापित हो जाते हैं। निकटवर्ती कणों को विस्थापित करने के पश्चात् प्रारम्भिक कण अपनी मूल अवस्थाओं में वापस लौट आते हैं। माध्यम में यह प्रक्रिया तब तक चलती रहती है, जब तक कि ध्वनि आपके कानों तक नहीं पहुँच जाती है।

माध्यम में ध्वनि द्वारा उत्पन्न विक्षोभ (माध्यम के कण नहीं) माध्यम से होता हुआ संचरित होता है।

ध्वनि तरंगों के संचरण के लिए माध्यम की आवश्यकता (Sound Needs a Medium to Travel)

ध्वनि एक यांत्रिक तरंग है और इसके संचरण के लिए किसी माध्यम; ***जैसे***– वायु, जल, स्टील आदि की आवश्यकता होती है। यह निर्वात् में होकर नहीं चल सकती। भिन्न-भिन्न माध्यमों में ध्वनि का वेग भिन्न-भिन्न होता है।

किसी माध्यम में ध्वनि का वेग माध्यम की प्रकृति और उसके तापमान पर निर्भर करता है।

तरंगों के प्रकार (Type of Waves)

तरंगें निम्नलिखित दो प्रकार की होती हैं

1. अनुदैर्ध्य तरंगें (Longitudinal Waves)

अनुदैर्ध्य तरंगों में माध्यम के कणों का विस्थापन विक्षोभ के संचरण की दिशा के समांतर होता है। कण एक स्थान से दूसरे स्थान तक गति नहीं करते लेकिन अपनी विराम अवस्था से आगे-पीछे दोलन करते हैं। अनुदैर्ध्य तरंगें संपीडन तथा विरलन की सहायता से माध्यम में चलती हैं। जिन स्थानों पर माध्यम के कण पास-पास होते हैं, वे स्थान संपीडन कहे जाते हैं तथा जिन स्थानों पर माध्यम के कण दूर-दूर होते हैं,

वे विरलन कहे जाते हैं। ये तरंगें ठोस, द्रव तथा गैस तीनों माध्यमों में उत्पन्न की जा सकती हैं। गैस तथा वायु में केवल अनुदैर्ध्य तरंगें ही उत्पन्न की जा सकती हैं। द्रवों के अंदर केवल अनुदैर्ध्य तरंगें ही संचारित होती हैं।

ध्वनि तरंगें भी इसी प्रकार संचरित होती हैं, अतएव ध्वनि तरंगें अनुदैर्ध्य तरंगें हैं।

2. अनुप्रस्थ तरंगें (Transverse Waves)

अनुप्रस्थ तरंग वह तरंग है, जिसमें माध्यम के कण अपनी माध्य स्थितियों पर तरंग के संचरण की दिशा के लंबवत् गति करते हैं। प्रकाश भी अनुप्रस्थ तरंग है, किंतु प्रकाश के संचरण में दोलन माध्यम के कणों या उनके दाब या घनत्व के नहीं होते। प्रकाश तरंगें यांत्रिक तरंगें नहीं हैं, *ये अनुप्रस्थ तरंगें हैं।*

अनुप्रस्थ तरंग के अभिलक्षण
(Characteristics of Transverse Waves)

किसी ध्वनि तरंग के निम्नलिखित अभिलक्षण निम्न हैं

(i) अनुप्रस्थ तरंग में ऊपर की ओर अधिकतम विस्थापन की स्थिति को श्रृंग तथा नीचे की ओर अधिकतम विस्थापन की स्थिति को गर्त कहते है

(ii) अनुप्रस्थ तरंगें केवल उन ठोसों में उत्पन्न की जा सकती हैं जिनमें दृढ़ता होती हैं। ये गैसों में उत्पन्न नहीं होती है।

ध्वनि तरंग के अभिलक्षण (Characteristics of Sound Waves)

किसी ध्वनि तरंग के निम्नलिखित अभिलक्षण निम्न हैं

(i) आवृत्ति (ii) आयाम (iii) वेग

ध्वनि तरंग को ग्राफीय रूप में दिखाया जा सकता है, जो प्रदर्शित करता है कि जब ध्वनि तरंग किसी माध्यम में गति करती है, तो घनत्व तथा दाब में कैसे परिवर्तन होता है।

किसी निश्चित समय पर माध्यम का घनत्व तथा दाब दोनों ही उनके औसत मान से ऊपर और नीचे दूरी के साथ परिवर्तित होते हैं।

(i) **संपीडन** (C) संपीडन वह क्षेत्र है, जहाँ कण पास-पास आ जाते हैं, इन्हें वक्र के ऊपरी भाग में दिखाया गया है। वक्र का शिखर अधिकतम संपीडन के क्षेत्र को प्रदर्शित करता है। इस प्रकार संपीडन वह क्षेत्र है, जहाँ घनत्व तथा दाब दोनों ही अधिक होते हैं।

(ii) **विरलन** (R) विरलन निम्न दाब के क्षेत्र हैं, जहाँ कण दूर-दूर हो जाते हैं और उन्हें घाटी से प्रदर्शित करते हैं। इन्हें वक्र के निम्न भाग में दिखाया गया है।

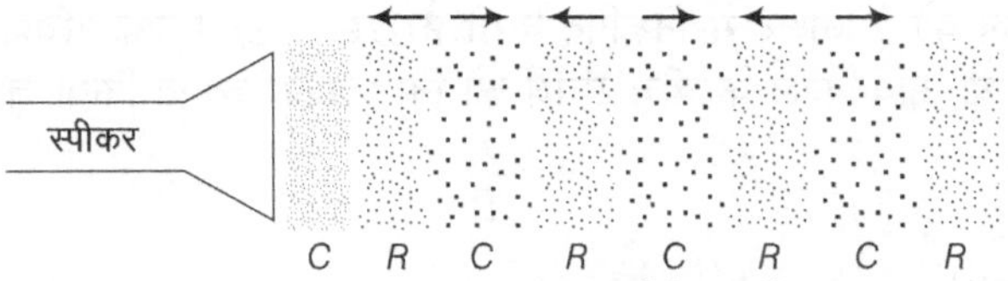

(a) घनत्व विभिन्नताएँ

(b) दाब विभिन्नताएँ

शिखर को तरंग का शृंग तथा घाटी को गर्त कहते हैं। यह नीचे दिए गए चित्र में दर्शाया गया हैं—

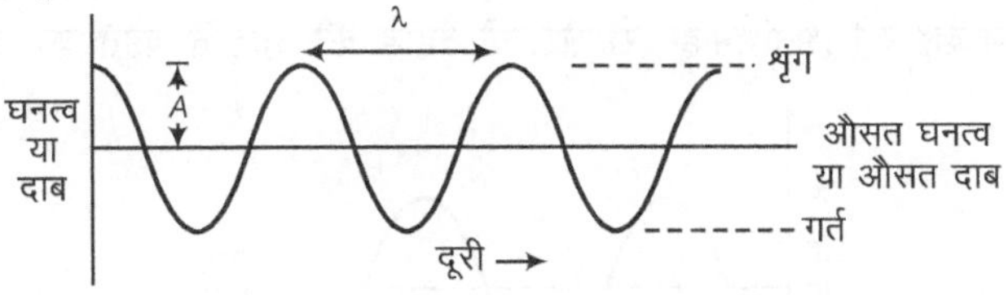

(c)

चित्र (a) और (b) में दिखाया गया है कि ध्वनि घनत्व या दाब के उतार-चढ़ाव के रूप में संचरित होती है। चित्र (c) में घनत्व तथा दाब के उतार-चढ़ाव को ग्राफीय रूप में प्रदर्शित किया गया है।

तरंगदैर्ध्य (Wavelength)

दो क्रमागत संपीडनों (*C*) अथवा दो क्रमागत विरलनों (*R*) के बीच की दूरी **तंरगदैर्ध्य** कहलाती है।

तरंगदैर्ध्य को ग्रीक अक्षर लैम्डा (λ) से निरूपित किया जाता है। इसका SI मात्रक **मीटर** (m) है।

आवृत्ति (Frequency)

एकांक समय में दोलनों की कुल संख्या ध्वनि तरंग की आवृत्ति कहलाती है।

इसे ग्रीक अक्षर ν (न्यू) से निरूपित करते हैं। इसका SI मात्रक **हर्ट्ज** (Hz) है।

आवर्तकाल (Time Period)

दो क्रमागत संपीडनों या दो क्रमागत विरलनों को किसी निश्चित बिंदु से गुजरने में लगे समय को तरंग का आवर्तकाल कहते हैं।

आवर्तकाल को T अक्षर से निरूपित करते हैं। इसका SI मात्रक **सेंकड** (s) है।

आवृत्ति तथा आवर्तकाल के बीच संबंध को निम्न प्रकार व्यक्त किया जा सकता है

$$\nu = \frac{1}{T}$$

तारत्व (Pitch)

किसी उत्सर्जित ध्वनि की आवृत्ति को मस्तिष्क जिस प्रकार अनुभव करता है, उसे तारत्व (pitch) कहते हैं।

किसी स्रोत का कंपन जितनी शीघ्रता से होता है, आवृत्ति उतनी ही अधिक होती है, उसका तारत्व भी अधिक होता है। इसी प्रकार जिस ध्वनि का तारत्व कम होता है उसकी आवृत्ति भी कम होती है। जैसे तारत्व बढ़ता जाता है ध्वनि पतली अथवा तीक्ष्ण होती जाती है तथा जैसे-जैसे तारत्व घटता जाता है, ध्वनि मोटी सपाट होती जाती है।

मच्छर की भिनभिनाहट का तारत्व ऊँचा तथा शेर की दहाड़ का तारत्व नीचा होता है, क्योंकि मच्छर की भिनभिनाहट से शेर की दहाड़ की आवृत्ति बहुत कम होती है।

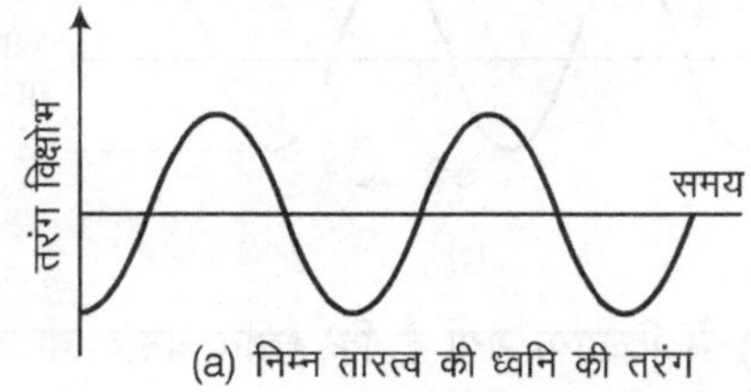

(a) निम्न तारत्व की ध्वनि की तरंग

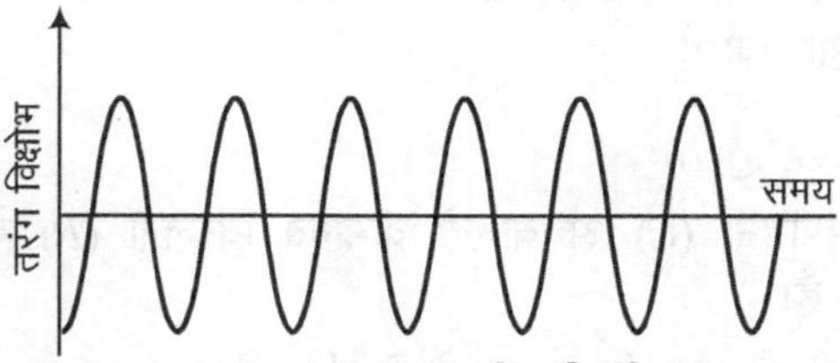

(b) उच्च तारत्व की ध्वनि की तरंग

निम्न तारत्व की ध्वनि की आवृत्ति कम चित्र (a) तथा उच्च तारत्व की ध्वनि की आवृत्ति अधिक होती है चित्र (b)।

आयाम (Amplitude)

किसी माध्यम में मूल स्थिति के दोनों ओर अधिकतम विक्षोभ को तरंग का आयाम कहते हैं।

इसे अक्षर A से निरूपित किया जाता है। इसका SI मात्रक मीटर (m) होता है।

प्रबलता (Loudness)

प्रबलता ध्वनि का वह लक्षण है, जिसके आधार पर कोई ध्वनि कान को धीमी या तेज सुनाई पड़ती है।

जब कोई ध्वनि हमें धीमी सुनाई पड़ती है, तो उसकी प्रबलता कम होती है, जबकि तेज सुनाई पड़ने वाली ध्वनि की प्रबलता अधिक होती है।

यद्यपि किसी ध्वनि की प्रबलता उस ध्वनि के साथ जुड़ी ऊर्जा अर्थात् ध्वनि की तीव्रता पर भी निर्भर करती है परन्तु इसके अतिरिक्त यह मनुष्य के कान की सुग्राहिता पर भी निर्भर करती है। उदाहरण के लिए एक ही तीव्रता की ध्वनि एक सामान्य व्यक्ति के लिए काफी प्रबल होगी, किन्तु एक बहरे व्यक्ति के लिए उसकी प्रबल शून्य होगी। कम ऊर्जा की ध्वनि हमें मृदु तथा अधिक ऊर्जा की ध्वनि हमें प्रबल सुनाई देती है।

मृदु ध्वनि का आयाम कम होता है तथा प्रबल ध्वनि का आयाम अधिक होता है।

ध्वनि की गुणता (Quality or Timbre)

ध्वनि की गुणता (timbre) वह अभिलक्षण है, जो समान तारत्व तथा प्रबलता की दो ध्वनियों में अंतर करने में सहायता करता है।

एकल आवृत्ति की ध्वनि को टोन कहते हैं। अनेक आवृत्तियों के मिश्रण से उत्पन्न ध्वनि को स्वर कहते है, और यह सुनने में सुखद होती हैं।

जब किसी वाद्य-यन्त्र द्वारा किसी आवृत्ति की ध्वनि उत्पन्न की जाती है, तो उसके साथ-साथ कुछ अन्य आवृत्तियों के स्वर भी उत्पन्न हो जाते हैं, जिन्हें अधिस्वरक कहा जाता है।

किसी ध्वनि की गुणता उस ध्वनि में मूल स्वरक के साथ उत्पन्न होने वाले अधिस्वरक की संख्या तथा उनकी आपेक्षिक तीव्रता पर निर्भर करती है।

भिन्न-भिन्न वाद्य यन्त्रों द्वारा एक ही मूल-स्वर उत्पन्न करने पर उनके साथ उत्पन्न होने वाले अधिस्वरकों की स्वर संख्या भिन्न-भिन्न होती है, यही कारण है कि भिन्न-भिन्न वाद्य यन्त्रों द्वारा उत्पन्न ध्वनियों की गुणता भिन्न-भिन्न होती है, जिसके आधार पर ध्वनि के स्रोत को पहचान लिया जाता है। शोर कर्णप्रिय नहीं होता, जबकि संगीत सुनने में सुखद होता है।

तरंग वेग (Speed of Sound)

तरंग के किसी बिंदु जैसे एक संपीडन या एक विरलन द्वारा एकांक समय में तय की दूरी तरंग वेग कहलाती है।

$$\text{वेग} = \frac{\text{दूरी}}{\text{समय}}$$

$$v = \frac{\lambda}{T} = \lambda \times \frac{1}{T} \qquad \left(\because \frac{1}{T} = \nu\right)$$

या

$$v = \lambda\nu$$

वेग = तरंगदैर्ध्य × आवृत्ति

किसी माध्यम के लिए समान भौतिक परिस्थितियों में ध्वनि का वेग सभी आवृत्तियों के लिए लगभग स्थिर रहता है।

ध्वनि की तीव्रता (Intensity of Sound)

ऊर्जा की वह मात्रा, जो ध्वनि तरंगों के साथ उस स्थान पर ध्वनि की संचरण दिशा के लम्बवत माध्यम के एकांक क्षेत्रफल में से प्रति सेकंड गुजरती है, ध्वनि की तीव्रता कहलाती है।

चूँकि यह एक निश्चित राशि है, अतः इसे मापा जा सकता है इसे I प्रदर्शित करते हैं। इसका मात्रक जूल/(मी$^{-2}$सेकण्ड) अथवा वाट/मीटर^2 है।

ध्वनि का परावर्तन (Reflection of Sound)

किसी ठोस या द्रव से टकराकर अपनी गति की विपरीत दिशा में वापस लौटना ध्वनि का परावर्तन कहलाता है। ध्वनि परावर्तन के नियमों का पालन करती है।

प्रतिध्वनि (Echo)

किसी उचित परावर्तक वस्तु जैसे किसी इमारत अथवा पहाड़ के निकट जोर से चिल्लाने से तथा ताली बजाने से यदि कुछ समय पश्चात् वही ध्वनि फिर से सुनाई देती है, तो इस सुनाई देने वाली ध्वनि को प्रतिध्वनि कहते हैं।

प्रतिध्वनि के लिए विभिन्न स्थितियों का होना आवश्यक है

(a) स्पष्ट प्रतिध्वनि सुनने के लिए मूल ध्वनि तथा परावर्तित ध्वनि के बीच कम से कम 0.15 सेकंड का समय अंतराल अवश्य होना चाहिए।

(b) स्पष्ट प्रतिध्वनि के लिए अवरोधक की ध्वनि स्रोत से न्यूनतम दूरी 17.2 मी अवश्य होनी चाहिए।

(c) प्रतिध्वनि के लिए अवरोधक का आकार बड़ा होना चाहिए।

अनुरणन (Reverberation)

किसी बड़े हॉल में उत्पन्न होने वाली ध्वनि दीवारों से बारंबार परावर्तन के कारण काफी समय तक बनी रहती है, जब तक कि यह इतनी कम न हो जाए कि यह सुनाई ही न पड़े। यह बारंबार परावर्तन जिसके कारण ध्वनि का स्थयित्व होता है, **अनुरणन** कहलाता है।

ध्वनि के बहुल परावर्तन के उपयोग
(Uses of Multiple Reflection of Sound)

मेगाफोन या लाउडस्पीकर, हॉर्न, तूर्य तथा शहनाई जैसे वाद्य यंत्र, सभी इस प्रकार बनाए जाते हैं कि ध्वनि सभी दिशाओं में फैले बिना केवल एक विशेष दिशा में ही जाती है।

स्टेथोस्कोप एक चिकित्सा यंत्र है, जो शरीर के अंदर मुख्यत: हृदय तथा फेफड़ों में, उत्पन्न होने वाली ध्वनि को सुनने में काम आता है।

कंसर्ट हॉल, सम्मेलन कक्षों तथा सिनेमा हॉल की छतें वक्राकार बनाई जाती हैं, जिससे कि परावर्तन के पश्चात् ध्वनि हॉल के सभी भागों में पहुँच जाएँ।

श्रव्यता का परिसर (Range of Hearing)

मनुष्यों में ध्वनि की श्रव्यता का परिसर लगभग 20 से 20000 हर्ट्ज तक होता है।

20 हर्ट्ज से कम आवृत्ति की ध्वनियों को अवश्रव्य ध्वनि कहते हैं।

20000 हर्ट्ज से अधिक आवृत्ति की ध्वनियों को पराश्रव्य या पराध्वनि (ultrasound) कहते हैं।

कुछ जानवर 20 हर्ट्ज से कम तथा 20000 हर्ट्ज से अधिक आवृत्ति की ध्वनियों को आसानी से सुन सकते हैं।

पराध्वनि के अनुप्रयोग (Applications of Ultrasound)

पराध्वनि उच्च आवृत्ति की तरंगें हैं। पराध्वनियाँ अवरोधों की उपस्थिति में भी एक निश्चित पथ पर गमन कर सकती हैं। उद्योगों तथा चिकित्सा के क्षेत्र में पराध्वनियों का विस्तृत रूप से उपयोग किया जाता है।

(i) पराध्वनि प्राय: उन भागों को साफ करने में उपयोग की जाती हैं जिन तक पहुँचना कठिन होता है, जैसे सर्पिलाकार नली, विषम आकार के पुर्जे, इलेक्ट्रॉनिक अवयव आदि।

(ii) पराध्वनि का उपयोग धातु के ब्लॉकों (पिंडों) में दरारों तथा अन्य दोषों का पता लगाने के लिए किया जा सकता है।

(iii) पराध्वनि तरंगों को हृदय के विभिन्न भागों से परावर्तित कर हृदय का प्रतिबिंब बनाया जाता है। इस तकनीक को इलैक्ट्रोकार्डियोग्राफी (ECG) कहा जाता है।

(iv) पराध्वनि संसूचक (scanner) एक ऐसा यंत्र है, जो पराध्वनि तरंगों का उपयोग करके मानव शरीर के आंतरिक अंगों का प्रतिबिंब प्राप्त करने के लिए काम में लाया जाता है।

(v) पराध्वनि का उपयोग गुर्दे की छोटी पथरी को बारीक कणों में तोड़ने के लिए किया जाता है। ये कण बाद में मूत्र के साथ बाहर निकल जाते हैं।

सोनार (Sonar)

सोनार शब्द Sound Navigation And Ranging से बना है। सोनार एक ऐसी युक्ति है, जिसमें जल में स्थित पिंडों की दूरी, दिशा तथा चाल मापने के लिए पराध्वनि तरंगों का उपयोग किया जाता है।

चमगादड़ गहन अंधकार में अपने भोजन को खोजने के लिए उड़ते समय पराध्वनि तरंगें उत्सर्जित करता है तथा परावर्तन के पश्चात् इनका संसूचन करता है।

मानव कर्ण की संरचना (Structure of Human Ear)

कान (कर्ण) एक अतिसंवेदी युक्ति है, जो सुनने में मदद करते हैं। यह श्रवणीय आवृत्तियों द्वारा वायु में होने वाले दाब परिवर्तनों को विद्युत संकेतों में बदलता है, जो श्रवण तंत्रिका से होते हुए मस्तिष्क तक पहुँचते हैं।

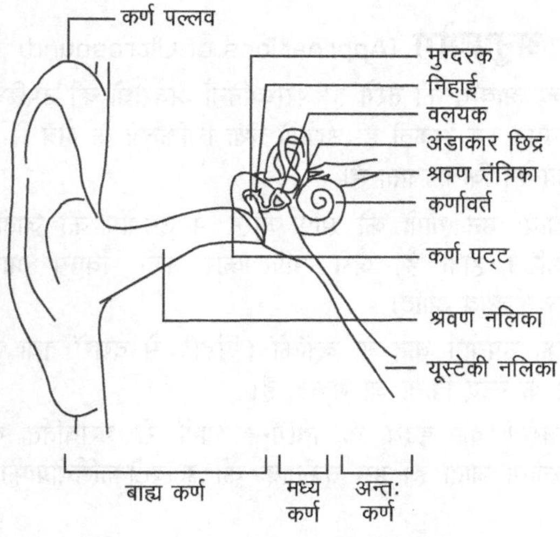

मानव कर्ण की संरचना

प्रश्नावली 12.1

पृष्ठ 182

प्रश्न 1. किसी माध्यम में ध्वनि द्वारा उत्पन्न विक्षोभ आपके कानों तक कैसे पहुँचता है?

उत्तर कंपन करती हुई वस्तुओं द्वारा ध्वनि उत्पन्न होती है। यह ध्वनि सुनने वाले तक किसी माध्यम से होकर पहुँचती है। जब कोई वस्तु कंपन करती है, तो यह अपने चारों ओर विद्यमान माध्यम के कणों को कंपमान कर देती है। ये कण कंपमान वस्तु से कानों तक स्वयं गति कर नहीं पहुँचते।

सबसे पहले कंपमान वस्तु के संपर्क में रहने वाले माध्यम के कण अपनी संतुलित अवस्था से विस्थापित होते हैं। ये अपने समीप के कणों पर एक बल लगाते हैं। जिसके फलस्वरूप निकटवर्ती कण अपनी विरामावस्था से विस्थापित हो जाते हैं। निकटवर्ती कणों को विस्थापित करने के पश्चात् प्रांरभिक कण अपनी मूल अवस्थाओं में वापस लौट आते हैं। माध्यम में यह प्रक्रिया तब तक चलती रहती है, जब तक कि ध्वनि कानों तक नहीं पहुँच जाती है।

प्रश्न 2. आपके विद्यालय की घंटी, ध्वनि कैसे उत्पन्न करती है?

उत्तर जब घंटी पर हथौड़ा मारा जाता है, तो यह कंपन करने लगती है। चूँकि कंपन करती हुई वस्तुओं द्वारा ध्वनि उत्पन्न होती है, इसलिए घंटी हथौड़ा मारने पर ध्वनि उत्पन्न करती है।

प्रश्न 3. ध्वनि तरंगों को यांत्रिक तरंगें क्यों कहते हैं?

उत्तर ध्वनि तरंगों को यांत्रिक तरंगें कहते हैं, क्योंकि ध्वनि तरंगें माध्यम के कणों की गति द्वारा अभिलक्षित की जाती हैं और यांत्रिक तरंगें कहलाती हैं।

प्रश्न 4. मान लीजिए आप अपने मित्र के साथ चंद्रमा पर गए हुए हैं। क्या आप अपने मित्र द्वारा उत्पन्न ध्वनि को सुन पाएँगे?

उत्तर चंद्रमा पर मित्र द्वारा उत्पन्न ध्वनि को मैं नहीं सुन पाऊँगा/पाऊँगी, क्योंकि ध्वनि संचरण के लिए माध्यम की आवश्यकता होती है; ***जैसे***–वायु। चूँकि चन्द्रमा पर न हवा है न वायुमण्डल। इसलिए मित्र द्वारा उत्पन्न ध्वनि हम तक नहीं पहुँच पाएगी और हम उसकी आवाज नहीं सुन सकेंगे।

पृष्ठ 186

प्रश्न 1. तरंग का कौन-सा गुण निम्नलिखित को निर्धारित करता है?

(a) प्रबलता (b) तारत्व

उत्तर (a) तरंग की प्रबलता इसके आयाम से निर्धारित की जाती है।
(b) तरंग का तारत्व इसकी आवृत्ति से निर्धारित किया जाता है।

प्रश्न 2. अनुमान लगाइए कि निम्न में से किस ध्वनि का तारत्व अधिक है?

(a) गिटार (b) कार का हॉर्न

उत्तर गिटार का तारत्व अधिक है, क्योंकि गिटार द्वारा उत्पन्न ध्वनि की आवृत्ति कार के हॉर्न की अपेक्षा अधिक होती है।

प्रश्न 3. किसी ध्वनि तरंग की तरंगदैर्ध्य, आवृत्ति, आवर्तकाल तथा आयाम से क्या अभिप्राय है?

उत्तर **तरंगदैर्ध्य** दो क्रमागत संपीडनों (*C*) अथवा दो क्रमागत विरलनों (*R*) के बीच की दूरी तरंगदैर्ध्य कहलाती है। तरंगदैर्ध्य को λ से निरूपित करते हैं तथा इसका SI मात्रक मीटर (m) है।

आवृत्ति एकांक समय में दोलनों की कुल संख्या ध्वनि तरंग की आवृत्ति कहलाती है। इसे ν से प्रदर्शित करते हैं और इसका SI मात्रक Hz (हर्ट्ज) है।

आवर्तकाल दो क्रमागत संपीडनों या दो क्रमागत विरलनों को किसी निश्चित बिंदु से गुजरने में लगे समय को तंरग का आवर्तकाल कहते हैं। इसे T से निरूपित करते हैं तथा इसका मात्रक सेकंड (s) है।

आयाम किसी माध्यम में मूल स्थिति के दोनों ओर अधिकतम विक्षोभ को तरंग का आयाम कहते हैं। इसे A से प्रदर्शित करते हैं तथा इसका SI मात्रक मीटर (m) होता है।

प्रश्न 4. किसी ध्वनि तंरग की तरंगदैर्ध्य तथा आवृत्ति उसके वेग से किस प्रकार संबधित है?

उत्तर ध्वनि तरंग की तरंगदैर्ध्य (λ), आवृत्ति (ν) तथा वेग (v) में संबंध निम्न है

$$v = \lambda\nu$$

प्रश्न 5. किसी दिए हुए माध्यम में एक ध्वनिक तरंग की आवृत्ति 220 हर्ट्ज तथा वेग 440 मी/से है। इस तरंग की तरंगदैर्ध्य की गणना कीजिए।

उत्तर आवृत्ति = 220 हर्ट्ज, वेग v = 440 मी/से, तरंगदैर्ध्य λ = ?

$$v = \nu\lambda$$

$$440 = 220\,\lambda$$

$$\lambda = \frac{440}{220} = 2 \text{ मी}$$

प्रश्न 6. किसी ध्वनि स्रोत से 450 मी दूरी पर बैठा हुआ कोई मनुष्य 500 हर्ट्ज की ध्वनि सुनता है। स्रोत से मनुष्य के पास तक पहुँचने वाले दो क्रमागत संपीडनों में कितना समय अंतराल होगा?

उत्तर दो क्रमागत संपीडनों में समय अंतराल तरंग के आवर्तकाल के बराबर होगा।

आवृत्ति n = 500 हर्ट्ज

$$\therefore \quad \text{लगा समय अंतराल} = \text{आवर्तकाल} = \frac{1}{\text{आवृत्ति}}$$

$$= \frac{1}{500} = 0.002 \text{ s} = 2 \times 10^{-3} \text{ सेकंड} = 2 \text{ मिली सेकंड}$$

[$\because 10^{-3}$ सेकंड = 1 मिली सेकंड]

पृष्ठ 187

प्रश्न 1. ध्वनि की प्रबलता तथा तीव्रता में अंतर बताइए।

उत्तर ***प्रबलता तथा तीव्रता में अंतर निम्न है***

क्र.स.	प्रबलता	तीव्रता
(i)	एक ध्वनि किसी एक व्यक्ति के लिए प्रबल हो सकती है और दूसरे के लिए मृदु।	जबकि ध्वनि की तीव्रता हर एक व्यक्ति के लिए समान होती है।
(ii)	इसे मापा नहीं जा सकता यह एक संवेदना है, जिसे केवल अनुभव किया जा सकता है।	इसे एक भौतिक राशि के रूप में मापते हैं।
(iii)	ध्वनि की प्रबलता डैसीगल (dB) में मापी जाती है	ध्वनि की तीव्रता वाट/मीटर^2 में मापी जाती है।

पृष्ठ 188

प्रश्न 1. वायु, जल या लोहे में से किस माध्यम में ध्वनि सबसे तेज चलती है?

उत्तर ध्वनि, ठोस माध्यम में सबसे तेज चलती है, अतः लोहे में ध्वनि सबसे तेज होगी।

पृष्ठ 189

प्रश्न 1. कोई प्रतिध्वनि 3 सेकंड पश्चात् सुनाई देती है। यदि ध्वनि की चाल 342 मी/से हो तो स्रोत तथा परावर्तक पृष्ठ के बीच कितनी दूरी होगी?

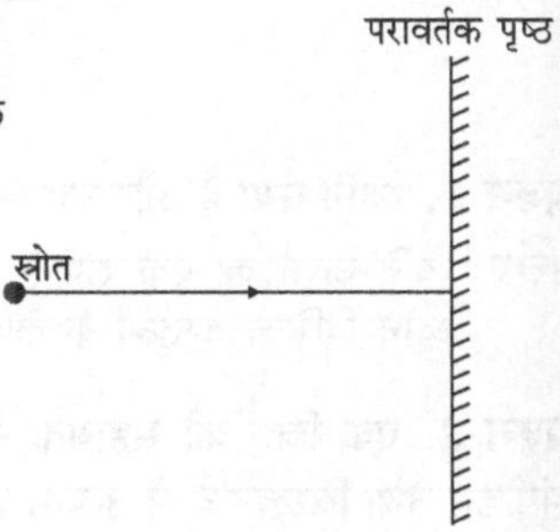

उत्तर चूँकि प्रतिध्वनि 3 सेकंड पश्चात् सुनाई देती है, इसलिए ध्वनि को स्रोत से परावर्तक पृष्ठ तक पहुँचने में लगा समय $t = \frac{3}{2} = 1.5$ सेकंड

वेग $v = 342$ मी/से

∴ स्रोत तथा परावर्तक पृष्ठ के बीच की दूरी

= वेग × समय

= 342 × 1.5 = 513 मी

पृष्ठ 190

प्रश्न 1. कंसर्ट हॉल की छतें वक्राकार क्यों होती हैं?

उत्तर कंसर्ट हॉल की छतें वक्राकार बनाई जाती हैं, जिससे कि परावर्तन के पश्चात् ध्वनि हॉल के सभी भागों में पहुँच जाए।

पृष्ठ 191

प्रश्न 1. सामान्य मनुष्य के कानों के लिए श्रव्यता परिसर क्या है?

उत्तर मनुष्यों में ध्वनि का श्रव्यता का परिसर लगभग 20 से 20000 हर्ट्ज तक होता है।

प्रश्न 2. निम्न से संबंधित आवृत्तियों का परिसर क्या है?

(a) अवश्रव्य ध्वनि (b) पराध्वनि

उत्तर (a) 20 हर्ट्ज से कम आवृत्ति की ध्वनियों को अवश्रव्य ध्वनि कहते हैं।

(b) 20 किलो हर्ट्ज से अधिक आवृत्ति की ध्वनियों को पराश्रव्य ध्वनि या पराध्वनि कहते हैं।

पृष्ठ 193

प्रश्न 1. एक पनडुब्बी सोनार स्पंद उत्सर्जित करती है, जो पानी के अंदर एक खड़ी चट्टान से टकराकर 1.02 सेकंड के पश्चात् वापस लौटता है। यदि खारे पानी में ध्वनि की चाल 1531 मी/से हो चट्टान की दूरी ज्ञात कीजिए।

उत्तर कुल लिया गया समय = 1.02 सेकंड

स्पंद द्वारा पनडुब्बी से चट्टान तक पहुँचने में लगा समय

$$t = \frac{1.02}{2} = 0.51 \text{ सेकंड}$$

ध्वनि की चाल v = 1531 मी/से

∴ चट्टान की दूरी = वेग × समय

= 1531 × 0.51

= 780.81 मी

अभ्यास

प्रश्न 1. ध्वनि क्या है और यह कैसे उत्पन्न होती है?

उत्तर ध्वनि ऊर्जा का एक रूप है, जो हमारे कानों में श्रवण का संवेदन उत्पन्न करती है। ध्वनि विभिन्न वस्तुओं के कंपन करने के कारण उत्पन्न होती है।

प्रश्न 2. एक चित्र की सहायता से वर्णन कीजिए कि ध्वनि के स्रोत के निकट वायु में संपीडन तथा विरलन कैसे उत्पन्न होते हैं?

उत्तर ध्वनि के संचरण के लिए वायु सबसे अधिक सामान्य माध्यम है, जब कोई कंपमान वस्तु आगे की ओर कंपन करती है, तो अपने सामने की वायु को धक्का देकर संपीडित करती है और इस प्रकार एक उच्च दाब का क्षेत्र उत्पन्न होता है। इस क्षेत्र को संपीडन *(C)* कहते हैं। यह संपीडन कंपमान वस्तु से दूर आगे की ओर गति करता है। जब कंपमान वस्तु पीछे की ओर कंपन करती है, तो एक निम्न दाब का क्षेत्र उत्पन्न होता है, जिसे विरलन *(R)* कहते हैं। जब वस्तु कंपन करती है, अर्थात् आगे और पीछे तेजी से गति करती है, तो वायु में संपीडन और विरलन की एक श्रेणी बन जाती है। यही संपीडन और विरलन ध्वनि तरंग बनाते हैं जो माध्यम से होकर संचरित होती है।

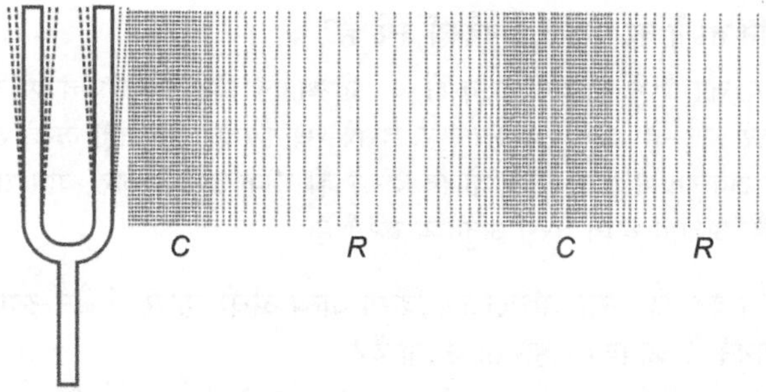

कंपमान वस्तु किसी माध्यम में संपीडन (*C*) तथा विरलन (*R*) की श्रेणी उत्पन्न करते हुए

प्रश्न 3. किस प्रयोग से यह दर्शाया जा सकता है कि ध्वनि संचरण के लिए एक द्रव्यात्मक माध्यम की आवश्यकता होती है।

उत्तर ध्वनि संचरण के लिए माध्यम की आवश्यकता होती है, इसे *निम्न प्रयोग द्वारा प्रदर्शित किया जा सकता है*

प्रयोग एक विद्युत घंटी और एक काँच का बेलजार लीजिए। विद्युत घंटी को बेलजार में लटकाइए। बेलजार को चित्र की भाँति एक निर्वात् पम्प से जोड़िए। घंटी के स्विच को दबाने पर आप उसकी ध्वनि को सुन सकते है, अब निर्वात् पम्प को चलाइए। जब बेलजार की वायु धीरे-धीरे बाहर निकलती है, घंटी की ध्वनि धीमी हो जाती है, यद्यपि उसमें पहले जैसे ही विद्युत धारा प्रवाहित हो रही है। कुछ समय पश्चात् जब बेलजार में बहुत कम वायु रह जाती है, तब बहुत धीमी ध्वनि सुनाई पड़ती है। यदि बेलजार से समस्त वायु निकाल दी जाए, तो ध्वनि सुनाई नहीं देगी।

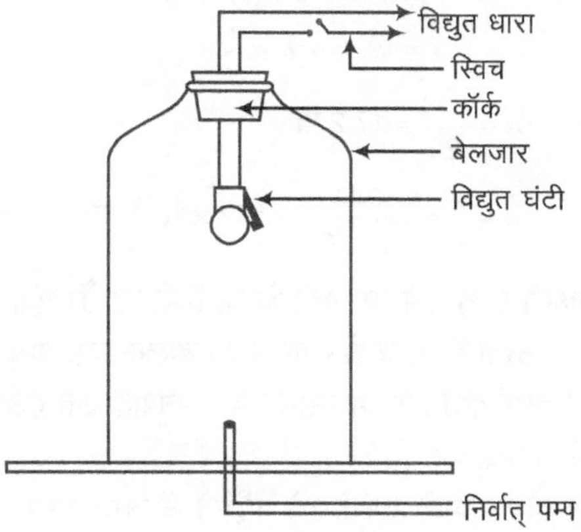

निर्वात् में ध्वनि का संचरण नहीं हो सकता, यह दर्शाने के लिए बेलजार का प्रयोग

प्रश्न 4. ध्वनि तरंगों की प्रकृति अनुदैर्ध्य क्यों है?

उत्तर अनुदैर्ध्य तरंगों में माध्यम के कणों का विस्थापन विक्षोभ के संचरण की दिशा के समान्तर होता है। कण एक स्थान से दूसरे स्थान तक गति नहीं करते लेकिन अपनी विराम अवस्था में आगे पीछे दोलन करते हैं। ठीक इसी प्रकार ध्वनि तरंगें संचरित होती हैं, अतएव ध्वनि तरंगें अनुदैर्ध्य तरंगें हैं।

प्रश्न 5. ध्वनि का कौन-सा अभिलक्षण किसी अन्य अंधेरे कमरे में बैठे आपके मित्र की आवाज पहचानने में आपकी सहायता करता है?

उत्तर ध्वनि की गुणता (timbre) वह अभिलक्षण है, जो किसी व्यक्ति की आवाज पहचानने में सहायता करता है।

प्रश्न 6. तड़ित की चमक तथा गर्जन साथ-साथ उत्पन्न होते हैं। लेकिन चमक दिखाई देने के कुछ सेकंड पश्चात् गर्जन सुनाई देती है। ऐसा क्यों होता है?

उत्तर चमक दिखाई देने के कुछ सेकंड पश्चात् गर्जन सुनाई देती है, ऐसा इसलिए होता है, क्योंकि प्रकाश का वेग (3×10^8 मी/से) वायु में ध्वनि के वेग से (330 मी/से) बहुत अधिक है, इसलिए, गर्जन हमें बाद में सुनाई देती है और चमक पहले दिखाई देती है।

प्रश्न 7. किसी व्यक्ति का औसत श्रव्य परास 20 हर्ट्ज से 20 किलोहर्ट्ज है। इन दो आवृत्तियों के लिए ध्वनि तरंगों की तरंगदैर्ध्य ज्ञात कीजिए। वायु में ध्वनि का वेग 344 मी/से लीजिए।

उत्तर तरंग की आवृत्ति, तरंगदैर्ध्य (λ) और वेग (v) में संबंध

$$v = \nu\lambda \Rightarrow \lambda = \frac{v}{\nu}$$

स्थिति I $\lambda = \dfrac{344}{20} = 17.2$ मी

स्थिति II $\lambda = \dfrac{v}{\nu} = \dfrac{344}{20 \times 10^3} = 1.72 \times 10^{-2}$ मी

प्रश्न 8. दो बालक किसी एल्युमीनियम पाइप के दो सिरो पर हैं। एक बालक पाइप के एक सिरे पर पत्थर से आघात करता है। दूसरे सिरे पर स्थित बालक तक वायु तथा एल्युमीनियम से होकर जाने वाली ध्वनि तरंगों द्वारा लिए गए समय का अनुपात ज्ञात कीजिए।

उत्तर माना, पाइप की लम्बाई $= l$

एल्युमीनियम से होकर ध्वनि तरंगों को पहुँचने में लगा समय

$$t_1 = \frac{\text{दूरी}}{\text{चाल}} = \frac{l}{v_{Al}}$$

वायु से होकर ध्वनि तरंगों को पहुँचने में लगा समय

$$t_2 = \frac{\text{दूरी}}{\text{चाल}} = \frac{l}{v_{\text{वायु}}}$$

समय में अनुपात, $$\frac{t_1}{t_2} = \frac{v_{\text{वायु}}}{v_{\text{Al}}}$$

प्रश्न 9. किसी ध्वनि स्रोत की आवृत्ति 100 हर्ट्ज है। एक मिनट में यह कितनी बार कंपन करेगा?

उत्तर आवृत्ति (ν) = 100 हर्ट्ज

परिभाषा के अनुसार, 1 सेकंड में कंपन = 100

$\therefore$ 1 मिनट या 60 सेकंड में कंपन $= 100 \times 10 = 6 \times 10^3$

प्रश्न 10. क्या ध्वनि, परावर्तन के उन्हीं नियमों का पालन करती है, जिनका प्रकाश की तरंगें करती है? इन नियमों को बताइए।

उत्तर हाँ, ध्वनि परावर्तन के उन्हीं नियमों का पालन करती है, जिनका प्रकाश की तरंगें करती हैं। परावर्तक पृष्ठ के आपतन बिंदु पर खींचे गए अभिलंब तथा ध्वनि के आपतन होने की दिशा तथा परावर्तन होने की दिशा के बीच बने कोण आपस में बराबर होते हैं और ये तीनों एक ही तल में होते हैं।

प्रश्न 11. ध्वनि का एक स्रोत किसी परावर्तक पृष्ठ के सामने रखने पर उसके द्वारा प्रदत्त ध्वनि तरंग की प्रतिध्वनि सुनाई देती है। यदि स्रोत तथा परावर्तक पृष्ठ की दूरी स्थिर रहे तो किस दिन प्रतिध्वनि अधिक शीघ्र सुनाई देगी?

(i) जिस दिन तापमान अधिक हो। (ii) जिस दिन तापमान कम हो?

उत्तर प्रतिध्वनि को सुनने में लिया गया समय, $t = \frac{2d}{v}$

जहाँ, d = परावर्तक पृष्ठ और स्रोत के बीच की दूरी

v = वायु में ध्वनि का वेग

चूँकि वेग के साथ ताप में भी परिवर्तन होता है, इसलिए गर्म दिनों में प्रतिध्वनि शीघ्र सुनाई देगी, क्योंकि ध्वनि का वेग अधिक होता है।

प्रश्न 12. ध्वनि तरंगों के परावर्तन के दो व्यावहारिक उपयोग लिखिए।

उत्तर ध्वनि तरंगों के परावर्तन के दो व्यावहारिक उपयोग

(i) मेगाफोन (ii) स्टेथोस्कोप

प्रश्न 13. 500 मी ऊँची किसी मीनार की चोटी से एक पत्थर मीनार के आधार पर स्थित एक पानी के तालाब में गिराया जाता है। पानी में इसके गिरने की ध्वनि चोटी पर कब सुनाई देगी? ($g = 10$ मी/से^{2} तथा ध्वनि की चाल = 340 मी/से)

उत्तर पानी में गिरने पर ध्वनि को चोटी पर पहुँचने में लिया गया समय

= पत्थर को तालाब तक पहुँचने में लगा समय

+ ध्वनि को मीनार तक पहुँचने में लगा समय

(i) यहाँ $u = 0$ ($\because$ पत्थर को गिराया जाता है)

गति की समीकरण से, $h = ut + \frac{1}{2}gt^2$

$$500 = 0 + \frac{1}{2} \times 10t^2$$

$$500 = 5t^2 \Rightarrow t^2 = 100$$

$$t = \sqrt{100} = 10 \text{ सेकंड}$$

(ii) ध्वनि को मीनार तक पहुँचने में लगा समय

$$t' = \frac{\text{दूरी}}{\text{चाल}} = \frac{500}{340} = 1.47 \text{ सेकंड}$$

अतः ध्वनि को चोटी पर पहुँचने में लगा समय = 10 + 1.47 = 11.47 सेकंड

$$t = 11.47 \text{ सेकंड}$$

प्रश्न 14. एक ध्वनि तरंग 339 मी/से की चाल से चलती है। यदि इसकी तरंगदैर्ध्य 1.5 सेमी हो, तो तरंग की आवृत्ति क्या होगी? क्या यह श्रव्य होगी?

उत्तर दिया है, चाल v = 339 मी/से

तरंगदैर्ध्य = 1.5 सेमी = 1.5×10^{-2} मी

$$\therefore \text{ आवृत्ति } \nu = \frac{v}{\lambda} = \frac{339}{1.5 \times 10^{-2}} = 26600 \text{ हर्ट्ज}$$

यह आवृत्ति 20000 हर्ट्ज से अधिक है, इसलिए यह श्रव्य नहीं है। मानव के कानों की श्रव्य सीमा 20 हर्ट्ज से 20000 हर्ट्ज है।

प्रश्न 15. अनुरणन क्या है? इसे कैसे कम किया जा सकता है?

उत्तर किसी बड़े हॉल में उत्पन्न होने वाली ध्वनि दीवारों से बारंबार परावर्तन के कारण काफी समय तक बनी रहती है, जब तक कि यह इतनी कम न हो जाए कि यह सुनाई ही न पड़े। यह बारंबार परावर्तन, जिसके कारण ध्वनि का स्थायित्व होता है, अनुरणन कहलाता है। अनुरणन को कम करने के लिए सभा भवन की छतों तथा दीवारों पर ध्वनि अवशोषक पदार्थों जैसे; संपीडित फाइबर बोर्ड, खुरदरे प्लास्टर अथवा पर्दे लगे होते हैं।

प्रश्न 16. ध्वनि की प्रबलता से क्या अभिप्राय है? यह किन कारकों पर निर्भर करती है?

उत्तर ध्वनि की प्रबलता इसके आयाम से ज्ञात की जाती है, इसे मापा नहीं जाता यह एक संवेदना है, जिसे अनुभव किया जा सकता है। यह (i) कम्पन वस्तु के आयाम पर तथा (ii) कानों की संवेदनशीलता पर निर्भर करती है।

प्रश्न 17. चमगादड़ अपना शिकार पकड़ने के लिए पराध्वनि का उपयोग किस प्रकार करता है? वर्णन कीजिए।

उत्तर चमगादड़ गहन अंधकार में अपने भोजन को खोजने के लिए उड़ते समय पराध्वनि तरंगें करता है तथा परावर्तन के पश्चात् इनका संसूचन करता है। चमगादड़ द्वारा

उत्पन्न तारत्व के पराध्वनि स्पंद अवरोधों या कीटों से परावर्तित होकर चमगादड़ के कानों तक पहुँचते हैं। इन परावर्तित स्पंदों की प्रकृति से चमगादड़ को पता चलता है कि अवरोध या कीट कहाँ पर है और किस प्रकार का है।

प्रश्न 18. वस्तुओं को साफ करने के लिए पराध्वनि का उपयोग कैसे करते हैं?

उत्तर पराध्वनि प्रायः उन भागों को साफ करने में उपयोग की जाती है, जिन तक पहुँचना कठिन होता है; ***जैसे***– सर्पिलाकार नली, विषम आकार के पुर्जे, इलेक्ट्रॉनिक अवयव आदि। जिन वस्तुओं को साफ करना होता है, उन्हें साफ करने वाले मार्जन विलयन में रखते हैं और इस विलयन में पराध्वनि तरंगें भेजी जाती हैं। उच्च आवृत्ति के कारण, धूल, चिकनाई तथा गंदगी के कण अलग होकर नीचे गिर जाते हैं। इस प्रकार वस्तु पूर्णतया साफ हो जाती है।

प्रश्न 19. सोनार की कार्यविधि तथा उपयोगों का वर्णन कीजिए।

उत्तर सोनार एक ऐसी युक्ति है जिसमें जल में स्थित पिंडों की दूरी दिशा तथा चाल मापने के लिए पराध्वनि तरंगों का उपयोग किया जाता है सोनार में एक प्रेषित तथा एक संसूचक होता है।

प्रेषण द्वारा प्रेषित की गई तथा संसूचक द्वारा ग्रहण की गई पराध्वनि का रेखाचित्र नीचे दिया गया है।

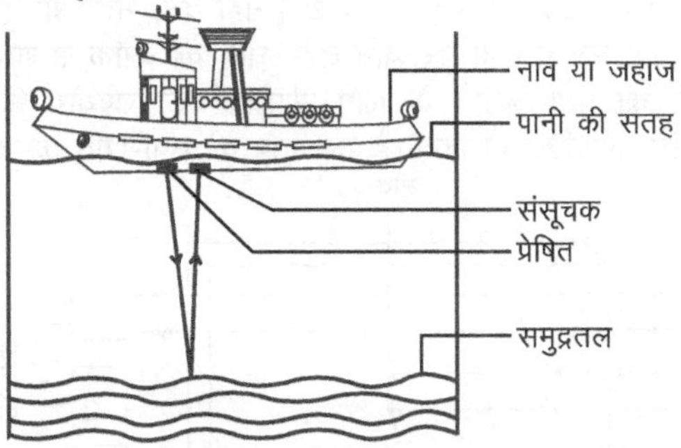

प्रेषित पराध्वनि तरंगें उत्पन्न तथा प्रेषित करता है। ये तरंगें जल में चलती हैं तथा समुद्र तल में पिंड से टकराने के बाद परावर्तित होकर संसूचक द्वारा ग्रहण कर ली जाती हैं। संसूचक पराध्वनि तरंगों को विद्युत संकेतों में बदल देता है, जिनकी उचित रूप से व्याख्या कर ली जाती है। जल में ध्वनि की चाल तथा पराध्वनि के प्रेषण तथा अभिग्रहण के समय अंतराल को ज्ञात करके उस पिंड की दूरी की गणना की जा सकती है, जिससे ध्वनि तरंग परावर्तित हुई हैं। माना पराध्वनिक संकेत के प्रेषण तथा अभिग्रहण का समय अंतराल t है तथा समुद्री जल में ध्वनि की चाल v है, तब सतह से पिंड की दूरी $2d$ होगी

$$2d = v \times t$$

उपरोक्त विधि को प्रतिध्वनि परास कहते हैं। सोनार की तकनीक का उपयोग समुद्र की गहराई ज्ञात करने तथा जल के अंदर स्थित चट्टानों, घाटियों, पनडुब्बियों, हिमशैल (प्लावी बर्फ), डूबे हुए जहाज आदि की जानकारी प्राप्त करने के लिए किया जाता है।

प्रश्न 20. एक पनडुब्बी पर लगी एक सोनार युक्ति संकेत भेजती है और उनकी प्रतिध्वनि 5 सेकंड पश्चात् ग्रहण करती है। यदि पनडुब्बी से वस्तु की दूरी 3625 मी हो तो ध्वनि की चाल की गणना कीजिए।

उत्तर पनडुब्बी से वस्तु तक संकेत पहुँचने में लगा समय $t = \frac{5}{2} = 2.5$ सेकंड

पनडुब्बी और वस्तु के बीच की दूरी $s = 3625$ मी

$\therefore$ ध्वनि की चाल $v = \frac{\text{दूरी}}{\text{समय}} = \frac{3625}{2.5} = 1450$ मी/से

प्रश्न 21. किसी धातु के ब्लॉक में दोषों को पता लगाने के लिए पराध्वनि का उपयोग कैसे किया जाता है? वर्णन कीजिए।

उत्तर पराध्वनि का उपयोग धातु के ब्लॉकों (पिंडों) में दरारों तथा अन्य दोषों का पता लगाने में किया जाता है। धात्विक घटकों को प्रायः बड़े-बड़े भवनों, पुलों, मशीनों तथा वैज्ञानिक उपकरणों को बनाने के लिए उपयोग में लाया जाता है। धातु के ब्लॉकों में विद्यमान दरार या छिद्र जो बाहर से दिखाई नहीं देते, भवन या पुल की संरचना की मजबूती को कम कर देते हैं। पराध्वनि तरंगें धातु की ब्लॉक से गुजारी जाती हैं और प्रेषित तरंगों का पता लगाने के लिए संसूचकों का उपयोग किया जाता है, तो पराध्वनि तरंगें परावर्तित हो जाती है, जो दोष की उपस्थिति को दर्शाती है।

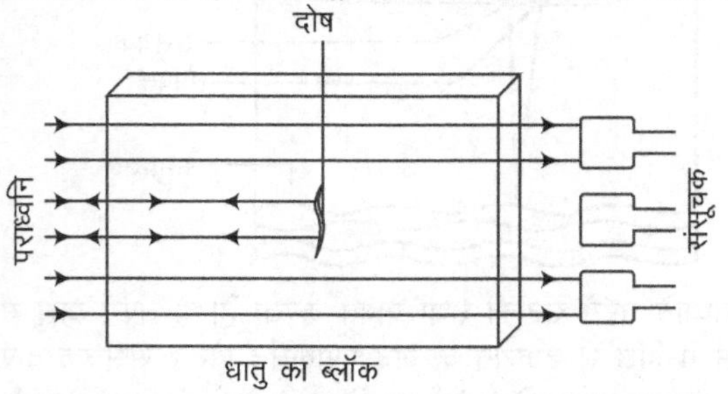

धातु के ब्लॉक में दोष युक्त स्थान से पराध्वनि को परावर्तित करते हुए दर्शाता चित्र

प्रश्न 22. मनुष्य का कान किस प्रकार कार्य करता है? विवेचना कीजिए।

उत्तर कान एक अतिसंवेदी युक्ति है, जिसकी सहायता से हम सुन पाते हैं। यह श्रवणीय आवृत्तियों द्वारा वायु में होने वाले दाब परिवर्तनों को विद्युत संकेतों में बदलता है, जो श्रवण तंत्रिका में होते हुए मस्तिष्क तक पहुँचते हैं। बाहरी कान कर्णपल्लव कहलाता है। यह परिवेश से ध्वनि एकत्रित करता है। एकत्रित ध्वनि श्रवण नलिका से गुजरती है। श्रवण नलिका के सिरे पर एक पतली झिल्ली होती है, जिसे कर्ण पटट् या कर्ण

पटट् झिल्ली कहते हैं। जब माध्यम के संपीडन कर्ण पटट् तक पहुँचते हैं, तो झिल्ली के बाहर की ओर लगने वाला दाब बढ़ जाता है और यह कर्ण पटट् को अंदर की ओर दबाता है। इसी प्रकार विरलन के पहुँचने पर कर्ण पटट् बाहर की ओर गति करता है।

इस प्रकार कर्ण पट्ट कंपन करता है। मध्य कर्ण में तीन हड्डियाँ (मुग्दरक, निहाई तथा वलयक) इन कंपनों को कई गुना बढ़ा देती है। मध्य कर्ण ध्वनि तरंगों से मिलने वाले इन दाब परिवर्तनों को आंतरिक कर्ण तक संचरित कर देता है।

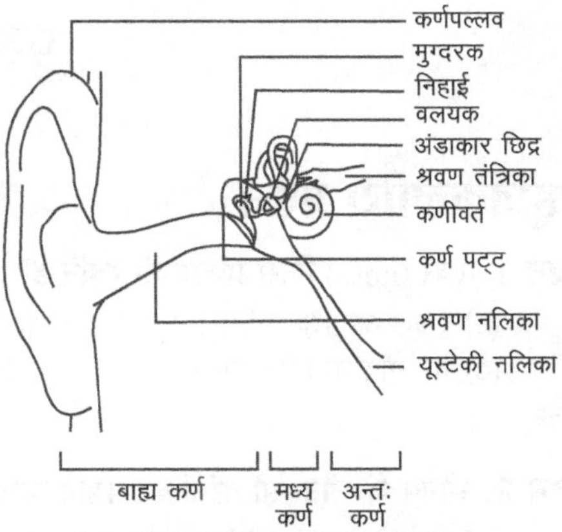

मानव कान का श्रवण भाग

आंतरिक कर्ण में कर्णावर्त (cochlea) द्वारा दाब परिवर्तनों को विद्युत संकेतों में परिवर्तित कर दिया जाता है। इन विद्युत संकेतों को श्रवण तंत्रिका द्वारा मस्तिष्क तक भेज दिया जाता है और मस्तिष्क इनकी ध्वनि के रूप में व्याख्या करता है।

प्रश्न 23. ध्वनि की तीव्रता किन बातों पर निर्भर करती है?

उत्तर *ध्वनि की तीव्रता निम्नलिखित बातों पर निर्भर करती है*

(i) यह ध्वनि स्रोत के कम्पन के आयाम a के वर्ग के अनुक्रमानुपाती होती है, अर्थात् $I \propto a^2$

(ii) यह बिन्दु ध्वनि स्रोत से दूरी r के वर्ग के व्युत्क्रमानुपाती होती है, अर्थात् $I \propto \frac{1}{r^2}$

(iii) यह माध्यम के घनत्व (ρ) के अनुक्रमानुपाती होती है, अर्थात् $I \propto \rho$

प्रश्न 24. ध्वनि का तीव्रता स्तर डेसीबल के पदों में व्यक्त कीजिए।

उत्तर ध्वनि की निरपेक्ष तीव्रता का मात्रक वाट/मीटर^2 है, परन्तु आपेक्षिक तीव्रता का अधिक महत्व है। इसे बेल अथवा डेसीबल में व्यक्त किया जाता है। यदि दो ध्वनि, जिनकी तीव्रताएँ क्रमशः I_1 व I_2 हों, जहाँ पर $I_1 > I_2$ तो I_1 की तीव्रता का स्तर, I_2 की तीव्रता के स्तर की अपेक्षा $\log \frac{I_1}{I_2}$ डेसीबेल ऊँचा कहा जाता है।

हमारा कान 10^{-12} वाट/मी^{2} से कम ध्वनि की तीव्रता को नहीं सुन सकता है। इसे देहली श्रवणता कहते हैं। इसे I_0 से प्रदर्शित करते हैं। अतः ध्वनि के तीव्रता स्तर को प्रायः देहली श्रवणता I_0 के सापेक्ष व्यक्त किया जाता है।

अतः ध्वनि का तीव्रता स्तर $= \log_{10}\left(\frac{I}{I_0}\right)$ डेसीबल

NCERT Exemplar

पुस्तक के चुने गए प्रश्न

बहुविकल्पीय प्रश्न

प्रश्न 1. स्वर (note) किस प्रकार की ध्वनि है?

(a) एकल आवृत्ति (b) अनेक आवृत्तियों का मिश्रण
(c) दो आवृत्तियों का मिश्रण (d) इनमें से कोई नहीं

उत्तर (b)

प्रश्न 2. सोनार में कौन-सी तरंगों का प्रयोग करते हैं?

(a) पराश्रव्य तरंगें (b) अवश्रव्य तरंगें (c) रेडियो तरंगें (d) केवल श्रव्य तरंगें

उत्तर (a)

प्रश्न 3. यदि हम मृदु ध्वनि को प्रबल ध्वनि में बदलते हैं, तो इसका क्या बढ़ता है?

(a) आवृत्ति (b) तरंगदैर्ध्य (c) आयाम (d) वेग

उत्तर (c)

प्रश्न 4. दिये गये चित्र में, आधी तरंगदैर्ध्य होगी

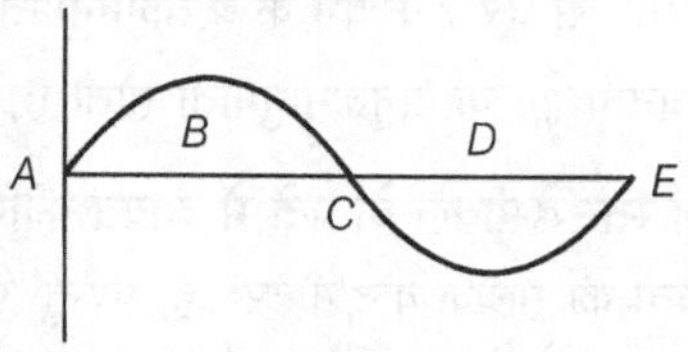

(a) AB (b) BD (c) DE (d) AE

उत्तर (b)

प्रश्न 5. स्पष्ट प्रतिध्वनि सुनने के लिए अवरोधक की ध्वनि स्रोत से न्यूनतम दूरी कितनी होनी चाहिए?

(a) 10 मी (b) 17 मी (c) 34 मी (d) 50 मी

उत्तर (b)

प्रश्न 6. निम्नलिखित में से कौन अवश्रव्य ध्वनि सुन सकता है?
(a) कुत्ता (b) चमगादड़ (c) राइनोसिरस (d) मनुष्य

उत्तर (c)

प्रश्न 7. जब ध्वनि वायु में संचरण करती है, तब वायु के कण किस दिशा में कंपन करते हैं?
(a) तरंगों के संचरण की दिशा में (b) तरंगों के संचरण की लंबवत् दिशा में
(c) किसी निश्चित दिशा में नहीं (d) कंपन नहीं करते

उत्तर (a)

प्रश्न 8. किसी तरंग के वेग (v), आवृत्ति (ν) और तरंगदैर्ध्य (λ) में क्या संबंध होता है?
(a) $v = \frac{\nu}{\lambda}$ (b) $v = \nu\lambda$ (c) $v = \frac{\lambda}{\nu}$ (d) $v = \frac{1}{\nu\lambda}$

उत्तर (b)

प्रश्न 9. 25 हर्ट्ज आवृत्ति वाली किसी तरंग का वेग 500 मी/से है। इसका आवर्तकाल होगा
(a) 20 सेकंड (b) 0.05 सेकंड (c) 25 सेकंड (d) 0.04 सेकंड

उत्तर (d)

प्रश्न 10. ध्वनि तरंगें किस माध्यम में संचरण नहीं करती हैं?
(a) ठोस (b) द्रव (c) गैस (d) निर्वात्

उत्तर (d)

प्रश्न 11. वह कौन-सी भौतिक राशि है, जो अधिकतर तरंगों में दोलन करती है?
(a) द्रव्यमान (b) ऊर्जा (c) आयाम (d) तरंगदैर्ध्य

उत्तर (c)

प्रश्न 12. ध्वनि तरंगों की क्या प्रकृति होती है?
(a) अनुदैर्ध्य (b) अनुप्रस्थ
(c) आंशिक अनुदैर्ध्य आंशिक अनुप्रस्थ (d) कभी अनुदैर्ध्य कभी अनुप्रस्थ

उत्तर (a)

प्रश्न 13. किस आवृत्ति की तरंगों को मनुष्य के कर्ण नहीं सुन सकते?
(a) 50 हर्ट्ज (b) 500 हर्ट्ज (c) 5000 हर्ट्ज (d) 50000 हर्ट्ज

उत्तर (d)

प्रश्न 14. किसी माध्यम में ध्वनि का वेग निर्भर करता है
(a) आयाम पर (b) आवृत्ति पर (c) तरंगदैर्ध्य पर (d) माध्यम के गुणों पर

उत्तर (d)

प्रश्न 15. जब ध्वनि तरंगें वायु या जल में संचरण करती हैं, तो निम्न में से क्या स्थिर रहता है?

(a) आयाम (b) तरंगदैर्ध्य (c) आवृत्ति (d) वेग

उत्तर (c)

प्रश्न 16. एक ध्वनि स्रोत से 400 हर्ट्ज की आवृत्ति वाली तरंगें भेजी जाती हैं। यदि तरंगों की तरंगदैर्ध्य 2.5 मी है, तो इनका वेग कितना होगा?

(a) 100 मी/से (b) 1000 मी/से (c) 10000 मी/से (d) 3000 किमी/से

उत्तर (b)

प्रश्न 17. ध्वनि और प्रकाश तरंगें दोनों

(a) अनुदैर्ध्य तरंगें हैं (b) निर्वात् में संचरण करती हैं

(c) परावर्तन के नियमों का पालन करती हैं

(d) तरंगदैर्ध्य समान होती हैं

उत्तर (c)

प्रश्न 18. निम्नलिखित में से कौन-सी तरंगें यांत्रिक तरंगें है?

(a) रेडियो तरंगें (b) प्रकाश तरंगें (c) ध्वनि तरंगें (d) इनमें से कोई नहीं

उत्तर (c)

प्रश्न 19. निम्न से कौन-सी भौतिक राशि ध्वनि संचरण के दौरान स्थानांतरित होती है?

(a) वेग (b) द्रव्यमान (c) ऊर्जा (d) पदार्थ

उत्तर (c)

प्रश्न 20. मध्य कर्ण में विद्यमान तीन हड्डियाँ कंपन को कई गुना बढ़ा देती हैं, ये हड्डियाँ हैं

(a) मुग्दरक, निहाई तथा वलयक (b) मुग्दरक, कर्ण पल्लव तथा कर्ण पटट्

(c) मुग्दरक, कर्णावर्त तथा वलयक (d) मुग्दरक, निहाई तथा कर्ण पटह झिल्ली

उत्तर (a)

लघुउत्तरीय प्रश्न

प्रश्न 21. एक तरंग विक्षोभ वेग 1500 मी/से है, समय-विस्थापन ग्राफ दर्शाया गया है। विक्षोभ की तरंगदैर्ध्य की गणना कीजिए।

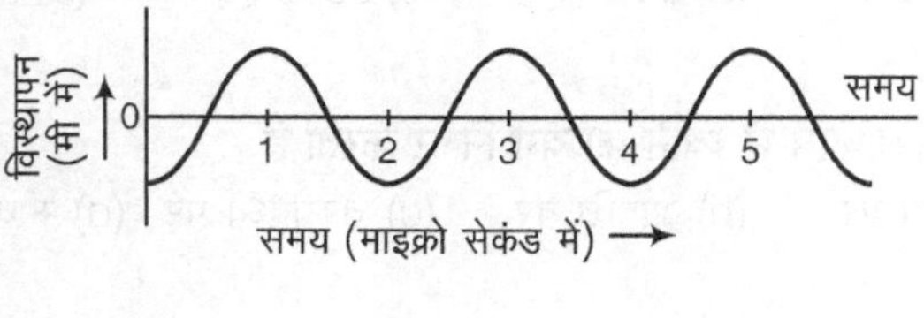

उत्तर दिया है, वेग $v = 1500$ मी/से

समय $t = 2$ माइक्रोसेकंड $= 2 \times 10^{-6}$

तरंगदैर्ध्य $\lambda = vt$

$$\lambda = 1500 \times 2 \times 10^{-6} = 3 \times 10^{-3} \text{ मी}$$

प्रश्न 22. निम्नलिखित में से कौन-सा ग्राफ (a) और (b) नर ध्वनि को प्रदर्शित करेगा? ग्राफ उत्तर की व्याख्या कीजिए।

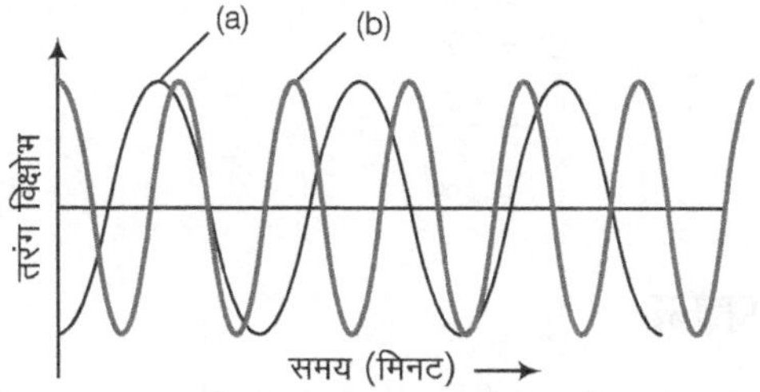

उत्तर ग्राफ (a) नर ध्वनि को प्रदर्शित करेगा, क्योंकि नर ध्वनि की आवृत्ति तथा तारत्व (pitch) मादा ध्वनि की आवृत्ति तथा तारत्व से कम होती है।

प्रश्न 23. मधुमक्खी द्वारा उत्पन्न ध्वनि को हम सुन सकते हैं, जबकि सरल लोलक में होने वाले कंपनों को हम नहीं सुन पातें, क्यों?

उत्तर लोलक के कंपनों की आवृत्ति 20 हर्ट्ज से कम होती है (अवश्रव्य), जो हम नहीं सुन सकते, जबकि मधुमक्खी द्वारा उत्पन्न ध्वनि की आवृत्ति 20 हर्ट्ज से अधिक होती हैं जोकि श्रव्य है।

प्रश्न 24. कंसर्ट हॉल, सम्मेलन कक्ष तथा सिनेमा हॉल की छत वक्राकार क्यों बनाई जाती हैं?

उत्तर कंसर्ट हॉल, सम्मेलन कक्ष तथा सिनेमा हॉल की छतें वक्राकार बनाई जाती हैं, जिससे कि परावर्तन के पश्चात् ध्वनि हॉल के सभी भागों में पहुँच जाए। कभी-कभी वक्राकार ध्वनि पट्टों को मंच के पीछे रख दिया जाता है, जिससे कि ध्वनि, ध्वनि पट्ट से परावर्तन के पश्चात् समान रूप से हॉल में फैल जाए।

प्रश्न 25. ध्वनि के परावर्तन के लिए दिखाये गये चित्र में x का मान क्या होना चाहिये?

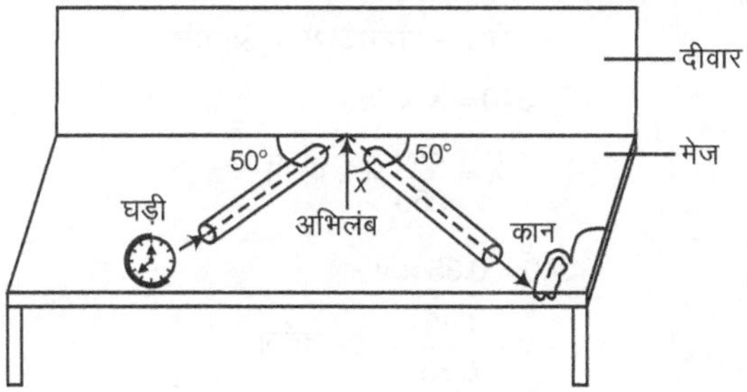

उत्तर ध्वनि परावर्तन के लिए आपतन कोण तथा परावर्तन कोण बराबर होने चाहिये।

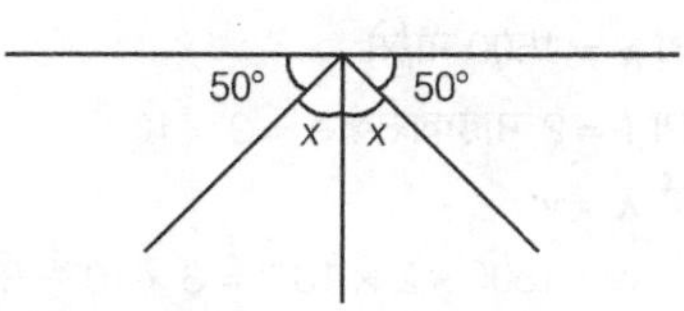

$$\therefore \quad 50° + x + x + 50° = 180°$$
$$2x + 100° = 180°$$
$$2x = 180° - 100°$$
$$2x = 80°$$
$$x = \frac{80°}{2}$$
$$x = 40°$$

दीर्घ उत्तरीय प्रश्न

प्रश्न 26. ध्वनि के वेग, इसकी तरंगदैर्ध्य तथा आवृत्ति में सम्बन्ध स्थापित कीजिए। यदि वायु में ध्वनि का वेग 340 मी/से है तो गणना कीजिए

(i) तरंगदैर्ध्य यदि आवृत्ति 256 हर्ट्ज है।

(ii) आवृत्ति यदि तरंगदैर्ध्य 0.85 मी है।

उत्तर तरंग के किसी बिंदु जैसे एक संपीडन या एक विरलन द्वारा एकांक समय में तय की गई दूरी तरंग वेग कहलाती है।

$$\text{वेग} = \frac{\text{दूरी}}{\text{समय}} = \frac{\lambda}{T} = \lambda \times \frac{1}{T}$$

जहाँ λ ध्वनि की तरंगदैर्ध्य है। यह तरंग द्वारा एक आवर्तकाल (*T*) में चली गई दूरी है, अतः

$$v = \lambda v \qquad \left(\because \frac{1}{T} = v\right)$$

अथवा [वेग = तरंगदैर्ध्य × आवृत्ति]

(i) वेग = तरंगदैर्ध्य × आवृत्ति

$$340 = \lambda \times 256$$

$$\lambda = \frac{340}{256} = 1.32 \text{ मी}$$

(ii) $$340 = 0.85 \times v$$

या $$v = \frac{340}{0.85} = 400 \text{ हर्ट्ज}$$

प्रश्न 27. प्रत्येक स्थिति को दो अलग-अलग ग्राफीय रूप में प्रदर्शित कीजिए

(i) दो ध्वनि तरंगें, जिनका आयाम समान, परन्तु आवृत्ति भिन्न है।

(ii) दो ध्वनि तरंगें, जिनकी आवृत्ति समान, परन्तु आयाम भिन्न है।

(iii) दो ध्वनि तरंगें, जिनका आयाम भिन्न तथा तरंगदैर्ध्य भी अलग-अलग है।

उत्तर

(i) ध्वनि तरंगे जिनका आयाम (A या A') समान परंतु आवृत्ति (ν या ν') भिन्न भिन्न है, नीचे दिए गए चित्र में दर्शायी गई है

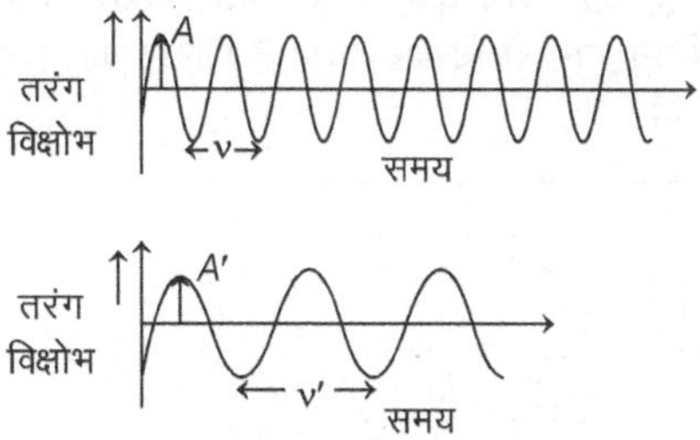

$A = A'$

$2\nu = \nu'$

(ii) ध्वनि तरंगे जिनकी आवृत्ती (ν या ν') समान परंतु आयाम (A या A) भिन्न-भिन्न है, नीचे दिए गए चित्र में दर्शायी गई है

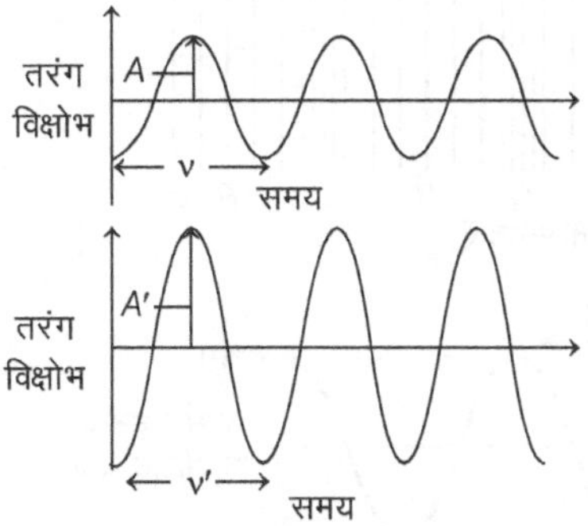

$2A = A'$

$\nu = \nu'$

(iii) ध्वनि तरंगे जिनकी तरंगदैर्ध्य (λ या λ') समान परंतु आयाम (A या A') भिन्न-भिन्न है, नीचे दिए गए चित्र में दर्शायी गई है

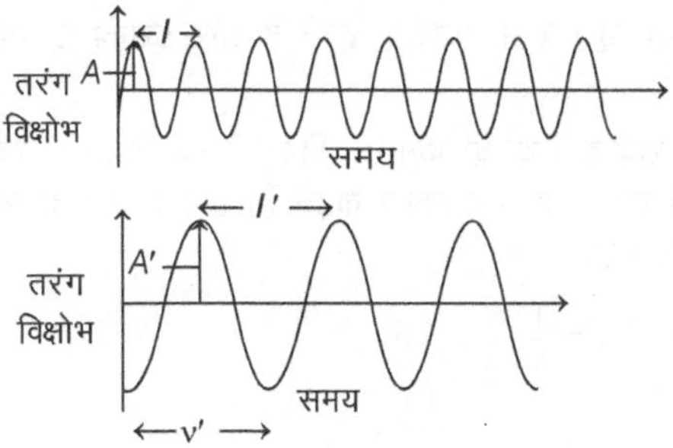

$2A = A'$

$2l = l'$

प्रश्न 28. ध्वनि द्वारा उत्पन्न किसी विक्षोभ की दूरी के लिए घनत्व तथा दाब का परिवर्तन ग्राफीय रूप में प्रदर्शित कीजिए। इस ग्राफ में संपीडन और विरलन को दर्शाइए। इस ग्राफ की सहायता से तरंगदैर्ध्य और आवर्तकाल को परिभाषित कीजिए।

उत्तर संपीडन (*C*) वह क्षेत्र है, जहाँ कण पास-पास आ जाते हैं, इन्हें वक्र के ऊपरी भाग में दिखाया गया है। शिखर अधिकतम संपीडन के क्षेत्र को प्रदर्शित करता है। इस प्रकार संपीडन वह क्षेत्र है जहाँ घनत्व तथा दाब दोनों ही अधिक होते हैं।

विरलन (*R*) निम्न दाब के क्षेत्र हैं, जहाँ कण दूर-दूर हो जाते हैं और उन्हें घाटी से प्रदर्शित करते हैं। इन्हें वक्र के निम्न भाग से दिखाया गया है शिखर को तरंग का श्रृंग तथा घाटी को गर्त कहा जाता है।

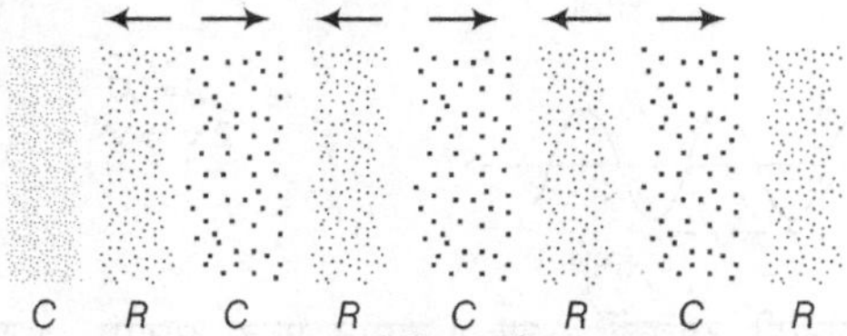

घनत्व-विभिन्नताएँ

दाब-विभिन्नताएँ

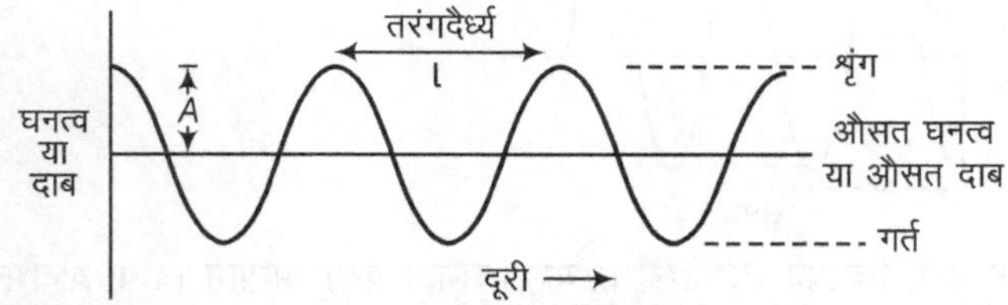

तरंगदैर्ध्य दो क्रमागत संपीडनों (*C*) अथवा दो क्रमागत विरलनों (*R*) के बीच की दूरी तरंगदैर्ध्य कहलाती है। इसे λ से प्रदर्शित करते हैं और इसका SI मात्रक मीटर (m) होता है।

आवर्तकाल दो क्रमागत संपीडनों या दो क्रमागत विरलनों को किसी निश्चित बिंदु से गुजरने में लगे समय को तरंग का आवर्तकाल कहते हैं। इसे *T* से प्रदर्शित करते हैं। इसका SI मात्रक सेकंड (s) है।

$$\nu = \frac{1}{T}$$

13
हम बीमार क्यों होते हैं

*कोशिकाएँ, सजीवों की मौलिक इकाई हैं। ये कोशिकाएँ विभिन्न प्रकार के रासायनिक पदार्थों; **जैसे**—कार्बोहाइड्रेट, प्रोटीन, वसा या लिपिड, आदि से बनी होती हैं। इनके अंदर कुछ-न-कुछ क्रियाएँ सदैव होती रहती हैं तथा नई-नई कोशिकाएँ भी बनती रहती हैं। ऐसा कोई भी कारक, जो कोशिकाओं या ऊतकों को उचित प्रकार से कार्य करने से रोकता है, वह हमारे स्वास्थ्य पर प्रभाव डालेगा।*

स्वास्थ्य एवं इसका बिगड़ना (Health and Its Failure)

'स्वास्थ्य' वह अवस्था है, जिसके अंतर्गत शारीरिक, मानसिक तथा सामाजिक कार्य समुचित क्षमता द्वारा उचित प्रकार से किया जा सके।

व्यक्तिगत तथा सामुदायिक समस्याएँ दोनों ही स्वास्थ्य को प्रभावित करती हैं। *स्वास्थ्य को प्रभावित करने वाले कारक निम्नलिखित हैं*

1. सामाजिक पर्यावरण
2. सामुदायिक स्वच्छता
3. अच्छी आर्थिक परिस्थितियाँ तथा कार्य
4. सामाजिक समानता
5. भौतिक पर्यावरण

केवल कोई रोग न होने का अर्थ यह नहीं कि हम स्वस्थ हैं, अर्थात् किसी रोग के लक्षणों की अभिव्यक्ति के बिना भी अस्वस्थ हो सकते हैं

रोग एवं उसके कारण (Disease and Its Causes)

रोग वह दशा है, जब शरीर या इसके किसी भाग के सामान्य कार्यों में कोई गतिरोध उत्पन्न हो जाता है। कुपोषण, आनुवंशिक, अव्यवस्था, रोगाणुओं द्वारा संक्रमण या अन्य किसी कारणवश शरीर के दैहिक, शरीर-क्रियात्मक या मानसिक दशा में विकार उत्पन्न होने को **रोग** कहते हैं।

जब कोई रोग होता है, तब शरीर के एक अथवा अनेक अंगों या अंगतंत्रों की क्रिया विधि अथवा संरचना में खराबी आती है। ये बदलाव रोग के लक्षण दर्शाते हैं; ***जैसे***—सिरदर्द का कारण परीक्षा का भय अथवा मस्तिष्क आवरण शोध होना हो सकता है। रोगों की अभिव्यक्ति भिन्न-भिन्न हो सकती है और कई कारकों पर निर्भर करती है। रोगों के लक्षण किसी विशेष रोग के बारे में एक निश्चित संकेतक होते हैं।

रोगों की अवधि के आधार पर इन्हें दो भागों में विभाजित किया जा सकता है—

1. लघुकालिक रोग (Acute Diseases)

जिन रोगों की अवधि कम होती है, उन्हें तीव्र रोग कहते हैं; ***जैसे***—खाँसी-जुकाम।

2. दीर्घकालिक रोग (Chronic Diseases)

जो रोग लंबी अवधि तक अथवा जीवनपर्यंत रहते हैं, दीर्घकालिक रोग कहलाते हैं; ***जैसे***—एलिफ़ेनटाइसिस अथवा फीलपाँव रोग।

अस्वस्थता (Unhealthiness)

तीव्र तथा दीर्घकालिक रोगों के हमारे स्वास्थ्य पर भिन्न-भिन्न प्रभाव होते हैं। कोई भी रोग, जो हमारे शरीर के किसी भी भाग के कार्य को प्रभावित करता है, वह हमारे सामान्य स्वास्थ्य को भी प्रभावित करेगा, क्योंकि सामान्य स्वास्थ्य के लिए शरीर के सभी अंगों का समुचित कार्य करना आवश्यक है। लेकिन तीव्र रोग, जो बहुत कम समय तक रहता है, उसे सामान्य स्वास्थ्य को प्रभावित करने का समय ही नहीं मिलता। इसलिए दीर्घकालिक रोग तीव्र रोग की अपेक्षा लोगों के स्वास्थ्य पर लंबे समय तक विपरीत प्रभाव बनाए रखता है।

रोग के कारक (Causes of Diseases)

रोग की उत्पत्ति के कई कारण होते हैं

(i) **तात्कालिक कारण** किसी बीमारी के तात्कालिक कारण वाइरस, बैक्टीरिया, फंजाई (कवक) कुछ एककोशिकीय जंतु अथवा प्रोटोजोआ हैं।

ये रोगजनक संक्रामक रोगों के कारक हैं, उपरोक्त संक्रामक कारकों से होने वाले रोग निम्नलिखित हैं—

(a) **विषाणु या वायरस** द्वारा वायरस में होने वाले सामन्य रोग है—खाँसी, जुकाम, इंफ्लुएंजा, डेंगू बुखर तथा एड्स (AIDS) इत्यादि रोग।

(b) **जीवाणु या बैक्टीरिया** द्वारा कुछ रोग, जैसे—टायफॉइड बुखार, हैजा, क्षयरोग तथा एंथ्रेक्स बैक्टीरिया द्वारा होते हैं।

(c) **फंजाई (कवक)** द्वारा बहुत से सामान्य त्वचा रोग विभिन्न प्रकार की फंजाई द्वारा होते हैं।

(d) **प्रोटोजोआ** द्वारा मलेरिया तथा कालाजार नामक रोग हो जाते हैं।

(e) **कृमि या निमेटोडस** द्वारा आँत्र कृमि संक्रमण तथा फीलपाँव नामक रोग भी कृमि की विभिन्न स्पीशीज़ द्वारा होता है।

(b) **सहायक कारण**

बीमारी के सहायक कारण निम्न हैं

- पर्याप्त पोषण का न होना
- आनुवंशिक भिन्नता
- गरीबी एवं खराब लोक जनसेवाएँ।

रोगों के प्रकार (Types of Diseases)

मनुष्य में होने वाले समस्त रोगों को दो श्रेणियों में रखा गया है

1. जन्मजात रोग (Congenital Disease)

ये रोग आनुवंशिक अव्यवस्था के कारण होते हैं, तथा एक पीढ़ी से दूसरी पीढ़ी में वंशागत होते हैं। ये रोग जन्म से ही होते हैं, जो उपापचय अनियामितता के कारण होते है; ***जैसे***—हीमोफीलिया, मधुमेह तथा फिनाइल कीटोन्यूरिया।

2. उपार्जित रोग (Acquired Disease)

ये रोग जन्म के बाद किसी कारणवश उत्पन्न होते हैं, *ये दो प्रकार के होते हैं*

(i) संक्रामक रोग (Infectious Disease)

वह रोग, जिनके तात्कालिक कारण सूक्ष्मजीव होते हैं, उन्हें संक्रामक रोग कहते हैं। इसका कारण यह है कि सूक्ष्मजीव समुदाय में फैल सकते हैं और जनसमुदाय में रोगों का कारक बन जाते हैं तथा रोग का संचरण रोगी व्यक्ति से स्वस्थ व्यक्ति को हो जाता है।

संक्रामक कारकों के वर्गों के विषय में जानकारी से इनके उपचार की विधि निर्धारित करने में सहायता मिलती है।

उदाहरण एंटीबायोटिक बैक्टीरिया के महत्त्वपूर्ण जैव-रासायनिक मार्ग को बंद कर देते हैं। लेकिन वाइरस में ऐसा मार्ग नहीं होता और यही कारण है कि कोई भी एंटीबायोटिक वाइरस संक्रमण पर प्रभावकारी नहीं है।

खाँसी-जुकाम में एंटीबायोटिक लेने से रोग की तीव्रता अथवा उसकी समय अवधि कम नहीं होती। यद्यपि यदि वाइरस संक्रमित खाँसी-जुकाम के साथ बैक्टीरिया संक्रमण होता है, तब एंटीबायोटिक का उपयोग लाभदायक होगा लेकिन फिर भी एंटीबायोटिक बैक्टीरिया संक्रमण पर ही उपयोगी होगा न कि वाइरस संक्रमण पर।

(ii) **असंक्रामक रोग** (Non-infectious Diseases)

वह रोग, जो संक्रामक कारकों द्वारा नहीं होते। उनके कारक भिन्न होते हैं; ये बहुधा आंतरिक एवं असंक्रामक हैं तथा एक व्यक्ति से दूसरे व्यक्ति को संचारित नहीं होते। *ये निम्न प्रकार के होते हैं*

(a) कैंसर, मुख का कैंसर, यकृत का कैंसर

(b) मानसिक रोग, तनाव, उच्च रक्तचाप

(c) कुपोषण से होने वाले रोग, मेरेस्मस, क्वाशियोरकोर

रोग उत्पन्न करने वाले जीव इनमें से अनेक वर्गों के अंतर्गत आते हैं *इनमें से कुछ हैं* —बैक्टीरिया, वाइरस, कवक, प्रोटोजोआ तथा कृमि आदि।

रोग फैलने के साधन (Means of Spread)

एक स्वस्थ व्यक्ति में रोगों की उत्पत्ति, संचरण या प्रेषण अर्थात् रोगी व्यक्ति से स्वस्थ व्यक्ति में रोगजनक को पहुँचाने या फैलाव के अनेक तरीके होते हैं अर्थात् रोग (संक्रामक) संचारित होते हैं अतः संचारी रोग भी कहलाते हैं।

यह निम्न प्रकार के होते हैं

(a) जैविक कारक - जीवाणु, वायरस, प्रोटोजोआ, इत्यादि

(b) रासायनिक कारक - प्रदूषक

(c) भौतिक कारक - सौर विकिरण, गर्मी, सर्दी, आर्द्रता

(d) यांत्रिक कारक - चोट, दुर्घटना

(e) पोषक कारक - खनिज, प्रोटीन, वसा, कार्बोहाइड्रेट, विटामिन

बीमारी के कारक कई प्रकार से फैलते हैं

वायु द्वारा खाँसी-जुकाम, निमोनिया तथा क्षयरोग।

जल द्वारा संक्रमणीय रोग यथा हैजा और पीलिया।

लैंगिक क्रियाओं द्वारा सिफलिस और एड्स (AIDS)।

रोग संक्रमण के सामान्य तरीके

कुछ रोग अन्य जंतुओं द्वारा भी संचारित होते हैं। ये जंतु रोगाणुओं (संक्रमण करने वाले कारक) को रोगी से लेकर अन्य नए पोषी तक पहुँचा देते हैं। अतः ये मध्यस्थ का काम करते हैं, जिन्हें रोगवाहक कहते हैं। मच्छर एवं मक्खी रोगवाहक के अच्छे उदाहरण हैं।

अंग-विशिष्ट तथा ऊतक-विशिष्ट अभिव्यक्ति
(Organ-Specific and Tissue-Specific Manifestations)

विभिन्न साधनों द्वारा रोग उत्पन्न करने वाले सूक्ष्मजीव शरीर में प्रवेश करते हैं। क्या सभी सूक्ष्मजीव एक ही अंग अथवा ऊतक में जाते हैं अथवा वे भिन्न-भिन्न स्थानों पर जाते हैं। ऐसा चुनाव उनके प्रवेश के स्थान पर निर्भर करता है। यदि ये हवा से नाक द्वारा प्रवेश करें, तो ये फेफड़ों में जाएँगे। ऐसा बैक्टीरिया से होने वाले क्षय रोग में होता है। यदि ये मुँह के द्वारा प्रवेश करें, तो ये आहारनाल में रहेंगे; ***जैसे***-टायफॉइड रोग उत्पन्न करने वाले बैक्टीरिया अथवा ये यकृत में जाएँगे; ***जैसे***-हेपेटाइटिस बैक्टीरिया, जो पीलिया के कारक हैं।

HIV वाइरस, जो लैंगिक अंगों द्वारा शरीर में प्रवेश करता है, लसीका ग्रंथियों में फैलता है। मलेरिया उत्पन्न करने वाले सूक्ष्मजीव, जो मच्छर के काटने से शरीर में प्रवेश करते हैं वे यकृत में जाते हैं; उसके बाद लाल रुधिर कोशिकाओं में आते हैं। इसी प्रकार, जापानी मस्तिष्क ज्वर उत्पन्न करने वाला वाइरस भी मच्छर के काटने से शरीर में पहुँचता है लेकिन यह मस्तिष्क को संक्रमित करता है।

रोग के लक्षण तथा चिह्न (Symptoms and Signs of Diseases)

जिस ऊतक अथवा अंग पर सूक्ष्मजीव आक्रमण करता है, रोग के लक्षण तथा चिह्न उसी पर निर्भर करते हैं।

उदाहरण

(a) यदि फेफड़े पर आक्रमण होता है, तब लक्षण खाँसी तथा कम साँस आना होंगे।

(b) यदि यकृत पर आक्रमण होता है, तब पीलिया होता है।

(c) यदि मस्तिष्क पर आक्रमण होता है, तब सिरदर्द, उल्टी आना, चक्कर अथवा बेहोशी आना होगा।

प्रतिरक्षा तंत्र (Immunity System)

संक्रामक रोगों के ऊतक-विशिष्ट प्रभाव के अतिरिक्त उनके अन्य सामान्य प्रभाव भी होते हैं। अधिकांश सामान्य प्रभाव इस पर निर्भर करते हैं कि संक्रमण से शरीर का प्रतिरक्षा तंत्र क्रियाशील हो जाए। एक सक्रिय प्रतिरक्षा तंत्र प्रभावित ऊतक के चारों ओर रोग उत्पन्न करने वाले सूक्ष्मजीवों को मारने के लिए अनेक कोशिकाएँ बना देते हैं नई कोशिकाओं के बनने के प्रक्रम को शोथ कहते हैं। इस प्रक्रम के अंतर्गत स्थानीय प्रभाव; ***जैसे***-सांस फूलना तथा दर्द होना और सामान्य प्रभाव; ***जैसे***-बुखार होना आदि है।

रोग की तीव्रता की अभिव्यक्ति शरीर में स्थित सूक्ष्मजीवों की संख्या पर निर्भर करती है। यदि सूक्ष्मजीव की संख्या बहुत कम है, तो रोग की अभिव्यक्ति भी कम होगी। यदि उसी सूक्ष्मजीव की संख्या अधिक होगी तो रोग की अभिव्यक्ति इतनी तीव्र होगी कि जीवन को भी खतरा हो सकता है। प्रतिरक्षा तंत्र एक प्रमुख कारक है, जो शरीर में जीवित सूक्ष्मजीवों की संख्या को निर्धारित करता है।

रोगों के उपचार के नियम (Principles of Treatment)

संक्रामक रोगों के उपचार के दो उपाय हैं

(a) रोग के प्रभाव को कम करना (b) रोग के कारण को समाप्त करना

रोगजनक को समाप्त करने हेतु ऐसी औषधि का प्रयोग किया जाता है, जो रोगजनक के संश्लेषी मार्ग को रोक सके अर्थात् रोग के कारक को समाप्त कर दे तथा यह प्रतिजैविक औषधि से संभव है।

एंटीबायोटिक प्रतिजैविक हमारे शरीर को प्रभावित किए बिना ही बैक्टीरिया के संश्लेषी मार्ग को रोकती है। इसी प्रकार कुछ ऐसी औषधियाँ हैं, जो मलेरिया के परजीवी प्रोटोजोआ को मारती हैं।

एंटीवायरल औषधि का बनाना एंटीबैक्टीरियल औषधि के बनाने की अपेक्षा कठिन है। इसका कारण है, बैक्टीरिया में अपनी जैव-रासायनिक प्रणाली होती है, जबकि **विषाणु** में अपनी जैव-रासायनिक प्रणाली बहुत कम होती है। **विषाणु** हमारे शरीर में प्रवेश करते हैं और अपनी जीवन प्रक्रिया के लिए हमारी मशीनरी का उपयोग करते हैं। इसका अर्थ यह है कि आक्रमण करने के लिए अपेक्षाकृत कम वाइरस विशिष्ट लक्ष्य होते हैं। इन सीमाओं के बावजूद अब प्रभावशाली एंटीवाइरल औषधियाँ उपलब्ध हैं।

उदाहरण HIV संक्रमण को नियंत्रित करने की औषधि।

निवारण के सिद्धांत (Principles of Prevention)

रोगों का निवारण निम्न प्रकार से कर सकते हैं

(i) वायु द्वारा फैलने वाले सूक्ष्मजीवों से बचाव के लिए खुले स्थानों में रहें और भीड़ भरे स्थानों पर न जाएँ।

(ii) जल द्वारा फैलने वाले सूक्ष्मजीवों से बचने के लिए साफ जल पीना चाहिए।

(iii) रोगवाहक सूक्ष्मजीवों से बचने के लिए साफ पर्यावरण में रहना चाहिए।

(iv) साफ तथा संतुलित भोजन करना चाहिए।

(v) रोगाणुओं से लड़ने के लिए मजबूत प्रतिरक्षा तंत्र होना चाहिए जिसकी प्राप्ति हेतु पर्याप्त भोजन तथा सुपोषण अति आवश्यक है।

शरीर में स्थित प्रतिरक्षा तंत्र रोगाणुओं से लड़ता रहता है। हमारे शरीर में विशिष्ट कोशिकाएँ होती हैं, जो रोगाणुओं को मार देती हैं। शरीर में जैसे ही कोई संक्रामक रोगाणु आता है ये कोशिकाएँ सक्रिय हो जाती हैं। यदि ये उन्हें मार देती हैं, तो हमें रोग नहीं होता। प्रतिरक्षी कोशिकाएँ संक्रमण को फैलने से पहले ही समाप्त कर देती हैं।

टीकाकरण (Vaccination)

ऐसे बहुत से टीके उपलब्ध हैं, जो संक्रामक रोगों का निवारण करते हैं और रोग निवारण का विशिष्ट साधन प्रदान करते हैं। टिटेनस, डिफ्थीरिया, कुकर खाँसी, चेचक, पोलियो आदि के टीके उपलब्ध हैं। **हेपेटाइटिस** के कुछ वायरस, जिससे पीलिया होता है, पानी द्वारा संचारित होते हैं। हेपेटाइटिस-A के लिए टीका उपलब्ध है।

प्रश्नावली 13.1

पृष्ठ 200

प्रश्न 1. अच्छे स्वास्थ्य की कुछ आवश्यक स्थितियाँ बताइए।

उत्तर *अच्छा स्वास्थ्य होना निम्नलिखित पर निर्भर करता है*

(i) सामाजिक पर्यावरण (ii) सामुदायिक स्वच्छता

(iii) अच्छी आर्थिक परिस्थितियाँ तथा कार्य

(iv) सामाजिक समानता (v) भौतिक पर्यावरण।

प्रश्न 2. रोगमुक्त रहने की दो आवश्यक परिस्थितियाँ बताइए।

उत्तर *रोगमुक्त रहने के लिए आवश्यक परिस्थितियाँ निम्न हैं*

(i) संतुलित भोजन लेना (ii) व्यक्तिगत तथा सामुदायिक स्वच्छता।

प्रश्न 3. क्या उपरोक्त प्रश्नों के उत्तर एक जैसे हैं अथवा भिन्न क्यों?

उत्तर उपरोक्त प्रश्नों के उत्तर एक जैसे नहीं होंगे, क्योंकि स्वास्थ्य का अर्थ रोगमुक्त से अलग होता है; ***जैसे***—नर्तक के लिए अच्छे स्वास्थ्य का अर्थ है कि वह शिष्टतापूर्वक अपने शरीर द्वारा विषम परिस्थितियों की मुद्रा अभिव्यक्ति कर सकें। संगीतकार के लिए इसका अर्थ है कि लंबा श्वास ले सके, जिससे कि वह अपनी बाँसुरी में स्वर का नियंत्रित कर सके।

पृष्ठ 203

प्रश्न 1. ऐसे तीन कारण लिखिए, जिससे आप सोचते हैं कि आप बीमार हैं तथा चिकित्सक के पास जाना चाहते हैं। यदि इनमें से एक भी लक्षण हो, तो क्या आप फिर भी चिकित्सक के पास जाना चाहेंगे? क्यों अथवा क्यों नहीं?

उत्तर जब कोई बीमारी होती है, तो इसके लक्षण तथा चिह्न दिखाई देने लगते हैं ये लक्षण सिरदर्द, उल्टी आना, चक्कर आना तथा बेहोशी आदि होते हैं। ये लक्षण बीमारी को प्रदर्शित करते हैं। इनसे यह पता नहीं चलता कि कौन-सी बीमारी है। इसके लिए हम चिकित्सक के पास जाते हैं, जो बीमारी के लक्षणों के आधार पर तथा प्रयोगशाला में परीक्षण कराकर बीमारी का पता लगाते हैं।

प्रश्न 2. निम्नलिखित में से किसके लंबे समय तक रहने के कारण आप समझते हैं कि आपके स्वास्थ्य पर बुरा प्रभाव पड़ेगा और क्यों?

यदि आप पीलिया रोग से ग्रस्त हैं।

यदि आपके शरीर पर जूँ (lice) हैं।

यदि आप मुहाँसों से ग्रस्त हैं।

उत्तर शरीर पर जूँ तथा मुहाँसों से ग्रस्त होने पर स्वास्थ्य पर बुरा प्रभाव नहीं पड़ता लेकिन यदि आप पीलिया रोग से लंबे समय से ग्रस्त हैं, तो स्वास्थ्य पर बुरा प्रभाव पड़ता है; ***जैसे***–

(i) तेज बुखार आना, सिरदर्द और जोड़ों में दर्द

(ii) चक्कर तथा उल्टी का अनुभव होना

रोगी कमजोर हो जाता है, लेकिन कुछ समय के उपचार के बाद वह ठीक हो जाता है।

पृष्ठ 210

प्रश्न 1. जब आप बीमार होते हैं, तो आपको सुपाच्य तथा पोषणयुक्त भोजन करने का परामर्श क्यों दिया जाता है?

उत्तर बीमारी के कारण, शरीर के सामान्य अंग तथा कार्य प्रभावित हो जाते हैं, इसलिए बीमारी के दौरान सुपाच्य तथा पोषणयुक्त भोजन करने का परामर्श दिया जाता है, जिसमें सभी आवश्यक पोषक तत्व हों और जो आसानी से पाचित हो सकें।

प्रश्न 2. संक्रामक रोग फैलने की विभिन्न विधियाँ कौन-कौन सी हैं?

उत्तर *संक्रामक रोग फैलने की विभिन्न विधियाँ निम्न हैं*

(i) **हवा द्वारा** ऐसा तब होता है जब रोगी मनुष्य छींकता है अथवा खाँसता है। उस समय छोटे-छोटे बूंदक छिटे बाहर निकलते हैं। जब उसके समीप कोई अन्य व्यक्ति हो तो श्वास द्वारा ये बूंदक छिटे उसके शरीर में प्रवेश कर जाते हैं। इनसे सूक्ष्मजीवों को नए संक्रमण करने का अवसर मिल जाता है।

उदाहरण खाँसी-जुकाम, निमोनिया तथा क्षयरोग।

(ii) **जल द्वारा** जल द्वारा भी रोग फैल सकते हैं। जब संक्रमणीय रोग यथा हैजा से ग्रसित रोगी के अपशिष्ट पेयजल में मिल जाते हैं और यदि कोई स्वस्थ व्यक्ति इस जल को पीता है, तो रोगाणुओं को एक नया पोषी मिल जाता है, जिससे वह भी इस रोग से ग्रसित हो जाता है।

उदाहरण हैजा, पीलिया, आदि

(iii) **लैंगिक संपर्क द्वारा** कुछ सूक्ष्मजीवीय रोग लैंगिक संपर्क द्वारा होते हैं। AIDS लैंगिक संपर्क के अतिरिक्त रुधिर स्थानांतरण द्वारा भी संक्रमित होता है; ***जैसे***–AIDS से ग्रसित व्यक्ति का रुधिर स्वस्थ्य व्यक्ति को स्थानांतरित किया जाए अथवा गर्भावस्था में रोगी माता से शिशु को। ***उदाहरण***–सिफलिस तथा एड्स (AIDS)

(iv) **रोगवाहक** (वेक्टर) **द्वारा** कुछ रोग जंतुओं द्वारा भी संचारित होते हैं। ये जंतु रोगाणुओं को रोगी से लेकर अन्य नए पोषी तक पहुँचा देती है। मच्छर एक सामान्य रोगवाहक है।

प्रश्न 3. संक्रामक रोगों को फैलने से रोकने के लिए आपके विद्यालय में कौन-कौन सी सावधानियाँ आवश्यक हैं?

उत्तर *संक्रामक रोगों को फैलने से रोकने के लिए विद्यालय में निम्नलिखित सावधानियाँ होना आवश्यक हैं*

(i) ऐसे विद्यार्थियों को जिन्हें खाँसी-जुकाम होता है के संपर्क में आने से बचना चाहिए, क्योंकि इन रोगों के सूक्ष्मजीव हवा द्वारा फैलते हैं।

(ii) स्कूल में पीने के पानी का निरीक्षण करना।

(iii) स्कूल के चारों ओर रोगवाहक जंतुओं की वृद्धि को रोकना।

(iv) स्कूल में खाना खाने से पहले विद्यार्थियों को हाथ धोने के लिए कहना।

प्रश्न 4. प्रतिरक्षीकरण क्या है?

उत्तर प्रतिरक्षीकरण वह क्रिया है, जिसमें किसी बीमारी से लड़ने के लिए स्वस्थ व्यक्ति में प्रतिरोधक क्षमता उत्पन्न करने के लिए टीके लगाए जाते हैं।

प्रतिरोधक क्षमता का अर्थ है कि शरीर में कुछ विशिष्ट कोशिकाएँ होती हैं, जो रोगाणुओं को मार देती हैं। शरीर में जैसे ही कोई संक्रामक रोगाणु आता है, ये कोशिकाएँ सक्रिय हो जाती हैं और उन्हें मार देती हैं, जिसमें रोग नहीं होता, अर्थात् प्रतिरक्षी कोशिकाएँ संक्रमण को फैलने से पहले ही समाप्त कर देती हैं।

प्रश्न 5. आपके पास में स्थित स्वास्थ्य केंद्र में टीकाकरण के कौन-से कार्यक्रम उपलब्ध हैं? आपके क्षेत्र में कौन-कौन सी स्वास्थ्य संबंधी मुख्य समस्याएँ हैं?

उत्तर *हमारे पास में स्थित स्वास्थ्य केंद्र में टीकाकरण के निम्न कार्यक्रम उपलब्ध हैं*

(i) **जन्मजात शिशुओं के लिए** डी.पी.टी., बी.सी.जी., पोलियो, खसरा और एम.एम.आर.।

(ii) **बच्चों के लिए** टायफॉइड, टी.टी., डी.टी., चेचक और टेब (TAB)।

(iii) **गर्भवती महिलाओं के लिए** टी.टी. और हैपेटाइटिस-B।

टायफॉइड, पोलियो, खसरा, टिटेनस जैसी बीमारियाँ हमारे क्षेत्र में मुख्य समस्याएँ हैं। बीमारियों से बचने के लिए सरकार ने कई प्रतिरक्षीकरण कार्यक्रम शुरू किए हैं।

अभ्यास

प्रश्न 1. पिछले एक वर्ष में आप कितनी बार बीमार हुए तथा बीमारी क्या थी?

(i) इन बीमारियों को हटाने के लिए आप अपनी दिनचर्या में क्या परिवर्तन करेंगे?

(ii) इन बीमारियों से बचने के लिए आप अपने पास-पड़ोस में क्या परिवर्तन करना चाहेंगे?

उत्तर पिछले एक वर्ष में, मैं दो बार बीमार हुई/हुआ। ये बीमारी थी पहली डायरिया और दूसरी डेंगू बुखार।

(i) *इन बीमारियों से बचने के लिए मैंने निम्नलिखित परिवर्तन किए*

(a) हमेशा साफ और शुद्ध पानी पीना तथा खाने से पहले हाथ धोना।

(b) अपने आस-पास वस्तुओं को साफ रखना, जिससे रोगवाहक जंतु वृद्धि न कर सके।

(ii) पास-पड़ोस में फैली हुई गंदगी का उचित निवारण तथा शुद्ध पानी की व्यवस्था करना।

प्रश्न 2. डॉक्टर/नर्स/स्वास्थ्य कर्मचारी अन्य व्यक्तियों की अपेक्षा रोगियों के संपर्क में अधिक रहते हैं। पता करो कि वे अपने-आपको बीमार होने से कैसे बचाते हैं?

उत्तर *डॉक्टर/नर्स/स्वास्थ्य कर्मचारी बीमार होने से बचने के लिए अग्रलिखित सावधानियाँ प्रयोग में लाते हैं*

(i) परीक्षण करने से पहले मुँह पर मास्क पहनते हैं।

(ii) जब सर्जरी करते हैं, तो हाथों में दस्ताने पहनते हैं और बाद में हाथ धोते हैं।

(iii) संतुलित भोजन करते हैं।

(iv) संक्रामक रोगों से बचाव हेतु टीकाकरण करवाते हैं और किसी भी बीमारी का एक भी लक्षण दिखाई देने पर तुरंत उपचार करते हैं।

(v) साफ और शुद्ध पानी पीते हैं।

प्रश्न 3. अपने आस-पड़ोस में एक सर्वेक्षण कीजिए तथा पता लगाइए कि सामान्यतः कौन-सी तीन बीमारियाँ होती हैं? इन बीमारियों को फैलने से रोकने के लिए अपने स्थानीय प्रशासन को तीन सुझाव दीजिए।

उत्तर *मैंने आस-पड़ोस में सर्वेक्षण किया और पाया कि निम्न तीन बीमारियाँ हैं, जो बहुत सामान्य हैं*

क्र.सं.	बीमारी	लक्षण	रोकने के लिए सुझाव
1.	टायफॉइड	सिरदर्द, पहले दो हफ्तों तक बुखार का तेज रहना और फिर कम हो जाना।	• रहने वाले क्षेत्रों के चारों ओर उचित स्वच्छता। • मल तथा दूसरे अपशिष्ट पदार्थों का उचित निवारण। • टायफॉइड और TAB के टीके उपलब्ध कराना।
2.	हैजा	पानी जैसे दस्त और उल्टी आना।	• साफ और शुद्ध जल उपलब्ध कराना रोगवाहक जंतु की वृद्धि को रोकना • हैजा के लिए टीकाकरण कार्यक्रम चलाना।
3.	डेंगू बुखार	सिरदर्द के साथ तेज बुखार, कमजोरी और जोड़ों में दर्द।	• सामुदायिक और व्यक्तिगत स्वच्छता। • मच्छरों की वृद्धि को रोकना। • पानी को इकट्ठा न होने देना।

प्रश्न 4. एक बच्चा अपनी बीमारी के विषय में नहीं बता पा रहा है। हम कैसे पता करेगें कि

(i) बच्चा बीमार है? (ii) उसे कौन-सी बीमारी है?

उत्तर (i) *बच्चा बीमार है, इसका पता लगाने के लिए निम्नलिखित लक्षण सहायता करते हैं*

(a) लगातार रोना (b) आँखों का लाल होना

(c) आँखें मलना (d) शरीर का गर्म होना

(ii) *निम्नलिखित चिन्हों से पता चलता है कि उसे कौन-सी बीमारी है*

(a) दस्त, पेट में दर्द डायरिया के लक्षण हैं।

(b) तेज बुखार, सिरदर्द, शरीर में दर्द, काँपना और जुकाम मलेरिया के लक्षण हैं।

(c) आँखों का लाल होना और लगातार रगड़ते रहना आई फ्लू के लक्षण हैं।

(d) आँखों का पीलापन और मूत्र का पीलापन पीलिया के लक्षण हैं।

प्रश्न 5. निम्नलिखित किन परिस्थितियों में कोई व्यक्ति पुनः बीमार हो सकता है? क्यों?

(i) जब मलेरिया से ठीक हो रहा है।

(ii) जब मलेरिया से ठीक हो चुका है और वह चेचक के रोगी की सेवा कर रहा है।

(iii) मलेरिया से ठीक होने के बाद चार दिन उपवास करता है और चेचक के रोगी की सेवा कर रहा है।

उत्तर परिस्थिति (iii) में व्यक्ति पुनः बीमार हो सकता है, क्योंकि

(a) मलेरिया होने से व्यक्ति बहुत कमजोर हो जाता है और चार दिन उपवास रखने से उसकी यह कमजोरी ठीक नहीं होती और वह पुनः बीमार हो जाता है।

(b) मलेरिया के कारण उसका प्रतिरक्षा तंत्र बहुत कमजोर हो जाता है और ऐसे में चेचक के रोगी की सेवा करने से वह व्यक्ति पुनः बीमार हो सकता है।

प्रश्न 6. **निम्नलिखित में से किन परिस्थितियों में आप बीमार हो सकते हैं? क्यों?**

(i) जब आपकी परीक्षा का समय है?

(ii) जब आप बस तथा रेलगाड़ी में दो दिन यात्रा कर चुके हैं?

(iii) जब आपका मित्र खसरा से पीड़ित है।

उत्तर परिस्थिति (iii) में बीमार होने के कारण अधिक है, क्योंकि खसरा एक संक्रामक वायरल रोग है, जिसके सूक्ष्मजीव हवा से नाक द्वारा प्रवेश करते हैं और खसरे से ग्रस्त व्यक्ति के संपर्क में आने से इस रोग के होने की संभावना अधिक होती है।

प्रश्न 7. यदि आप किसी एक संक्रामक रोग के टीके की खोज कर सकते हो तो आप किसको चुनते है?

(a) स्वयं को?

(b) अपने क्षेत्र में फैले एक रोग को/क्यों?

उत्तर यदि हम किसी एक संक्रामक रोग के टीके की खोज कर सकते हैं तो हम अपने क्षेत्र से फैले एक सामान्य रोग को चुनेगें, ताकि टीकाकरण द्वारा सम्पूर्ण समुदाय को उस रोग के प्रति प्रतिरक्षित कर इस रोग का संक्रमण रोका जा सके। जैसे भारत में पोलियो का टीकाकरण द्वारा उन्मूलन किया जा चुका है।

टीकाकरण से शरीर में विशिष्ट संक्रमण प्रविष्ट कराकर प्रतिरक्षा तन्त्र को मूर्ख बनाया जाता है। यह उन रोगाणुओं की नकल करता है, जो सामान्यतया संक्रमण द्वारा शरीर में पहुँचे हैं। यह वास्तव में रोग नहीं उत्पन्न करते हैं, बल्कि रोग उत्पन्न करने वाले रोगाणुओं को तथा उसके बाद रोग उत्पन्न करने से रोकता है। टीका मृत या दुर्बल संक्रामक कारकों या उनके उत्पाद से तैयार किया जाता है। ये प्रतिरक्षी तन्त्र को एक विशिष्ट रोग के विरुद्ध प्रतिरक्षी बनाने हेतु प्रेरित करता है।

NCERT Exemplar

पुस्तक के चुने गए प्रश्न

प्रश्न 1. निम्नलिखित में से कौन एक वाइरल रोग नहीं है?

(a) डेंगू (b) एड्स (c) टायफॉइड (d) सिफलिस

उत्तर *(c)*

प्रश्न 2. निम्नलिखित में से कौन-सी बीमारी बैक्टीरिया द्वारा नहीं होती?

(a) हैजा (b) इंफ्लुएंजा (c) क्षयरोग (d) एंथ्रेक्स

उत्तर *(b)*

प्रश्न 3. निम्नलिखित में कौन-सा रोग मच्छर द्वारा स्थानांतरित नहीं होता?

(a) मस्तिष्क ज्वर (b) मलेरिया (c) टायफॉइड (d) डेंगू

उत्तर *(c)*

प्रश्न 4. 'ईसबगोल की भूसी' पानी के साथ लेने से किस रोग से आराम मिलता है?

(a) मलेरिया (b) पीलिया (c) फ्लू (d) डायरिया

उत्तर *(d)*

प्रश्न 5. निम्नलिखित में से कौन-सी बीमारी प्रोटोजोआ द्वारा फैलती है?

(a) मलेरिया (b) इंफ्लुएंजा (c) एड्स (d) हैजा

उत्तर *(a)*

प्रश्न 6. निम्नलिखित में कौन-सा रोग दीर्घकालिक है?

(a) खाँसी (b) जुकाम (c) बुखार (d) फीलपाँव रोग

उत्तर *(d)*

प्रश्न 7. कालाजार नामक रोग किसके द्वारा होता है?

(a) वाइरस (b) बैक्टीरिया (c) कृमि (d) प्रोटोजोआ

उत्तर *(d)*

प्रश्न 8. निम्नलिखित में से किससे आप बीमार हो सकते हैं यदि आप संक्रमित व्यक्ति के संपर्क में आते हैं?

(a) तेज रुधिर चाप (b) रुधिर कैंसर (c) छींकना (d) पेप्टिक व्रण

उत्तर *(c)*

प्रश्न 9. एड्स निम्नलिखित में से किसके द्वारा नहीं फैलता?

(a) लैंगिक संपर्क (b) गले मिलना (c) स्तनपान (d) रुधिर स्थानांतरण

उत्तर *(b)*

प्रश्न 10. एंटीवाइरल औषधि का बनाना एंटीबैक्टीरियल औषधि के बनाने की अपेक्षा अधिक कठिन क्यों होता है?

(a) वाइरस में प्रोटीन का कवच होता है

(b) वाइरस में अपनी जैव-रासायनिक प्रणाली बहुत कम होती है

(c) वाइरस सजीव और निर्जीव के बीच की कड़ी है

(d) उपरोक्त में से कोई नहीं

उत्तर *(b)*

प्रश्न 11. कालाजार रोग किसके द्वारा फैलता है?

(a) *ऐस्कैरिस* (b) *ट्रिपेनोसोमा* (c) *लीशमानिया* (d) बैक्टीरिया

उत्तर *(c)*

प्रश्न 12. अच्छे स्वास्थ्य के लिए निम्नलिखित में क्या आवश्यक स्थिति नहीं है?

(a) सामुदायिक स्वच्छता (b) सामाजिक समानता
(c) सामाजिक पर्यावरण (d) अच्छे और बड़े सुसज्जित घर में रहना

उत्तर *(d)*

प्रश्न 13. निम्न में से कौन–सा विटामिन वसा में घुलनशील नहीं है?

(a) विटामिन-A (b) विटामिन-B-कॉम्पलैक्स (c) विटामिन-E (d) विटामिन-D

उत्तर *(b)*

प्रश्न 14. निम्न में से कौन एक संचारी रोग है?

(a) मलेरिया (b) डायबिटीज (c) उच्च रुधिर चाप (d) हैल्मिंथीज

उत्तर *(a)*

प्रश्न 15. हैपेटाइटिस के वायरस किसके द्वारा स्थानांतरित होते हैं?

(a) वायु (b) जल (c) भोजन (d) लैंगिक संपर्क

उत्तर *(b)*

प्रश्न 16. किस विटामिन की अनुपस्थिति में कैल्शियम की कमी हो जाती है?

(a) विटामिन-D (b) विटामिन-A (c) विटामिन-C (d) विटामिन-B

उत्तर *(a)*

प्रश्न 17. हम अपने चारों ओर मच्छरों की वृद्धि को रोकते हैं, क्योंकि ये

(a) प्रदूषण का कारण होते हैं (b) त्वचा रोग उत्पन्न करते हैं
(c) महत्त्वपूर्ण कीट नहीं हैं (d) कई रोगों के वाहक हैं

उत्तर *(d)*

प्रश्न 18. निम्नलिखित में से कौन-सा एक तीव्र रोग है?

(a) एलिफेनटाइसिस (b) खाँसी (c) फीलपाँव (d) इनमें से कोई नहीं

उत्तर *(b)*

प्रश्न 19. मार्शल तथा वॉरेन को संयुक्त रूप से नोबेल पुरस्कार कब दिया गया?

(a) 2006 (b) 2007 (c) 2005 (d) 2008

उत्तर *(c)*

प्रश्न 20. मार्शल तथा वॉरेन किस देश के वैज्ञानिक थे?

(a) भारत (b) कीनिया (c) ऑस्ट्रेलिया (d) अमेरिका

उत्तर *(c)*

लघु उत्तरीय प्रश्न

प्रश्न 21. एक रोगी को ईसबगोल की भूसी पानी या दही के साथ खाने का परामर्श दिया जाता है। वह किस बीमारी से ग्रसित है?

उत्तर रोगी डायरिया से ग्रसित है।

प्रश्न 22. किस बैक्टीरिया के द्वारा पेप्टिक व्रण होता है। इस बैक्टीरिया की खोज सबसे पहले किसने की?

उत्तर बैक्टीरिया—*हैलीकोबैक्टर पायलोरी* पेप्टिक व्रण का कारण होता है। इस बैक्टीरिया की खोज सबसे पहले दो आस्ट्रेलियाई वैज्ञानिक रॉबिन वॉरेन और बैरी मार्शल ने की।

प्रश्न 23. एंटीबायोटिक क्या है? कोई दो उदाहरण दीजिए।

उत्तर एंटीबायोटिक वे पदार्थ हैं, जो बैक्टीरिया को मारते हैं और सूक्ष्मजीवों द्वारा स्रावित होते हैं। पेनिसिलिन और स्ट्रेप्टोमाइसिन एंटीबायोटिक के उदाहरण हैं।

प्रश्न 24. निम्नलिखित बीमारी के आक्रमणकारी अंगों के नाम लिखिए।

(i) हैपेटाइटिस आक्रमण करता है।
(ii) मलेरिया आक्रमण करता है।
(iii) टायफॉइड रोग आक्रमण करता है।
(iv) जापानी ज्वर आक्रमण करता है।

हल (i) यकृत (ii) यकृत (iii) आहारनाल (iv) मस्तिष्क

प्रश्न 25. कारण सहित व्याख्या कीजिए

(i) संतुलित भोजन स्वस्थ शरीर के लिए आवश्यक है।
(ii) किसी जीव का स्वास्थ्य चारों ओर की पर्यावरण स्थितियों पर निर्भर करता है।
(iii) हमारे रहने के क्षेत्र में पानी इकट्ठा नहीं होना चाहिए।
(iv) सामाजिक समानता और अच्छी आर्थिक स्थिति एक अच्छे स्वास्थ्य के लिए आवश्यक है।

उत्तर (i) संतुलित भोजन में आवश्यक पोषक तत्व; ***जैसे***–प्रोटीन, वसा, कार्बोहाइड्रेट, खनिज आदि सही अनुपात में होते हैं, जो एक स्वस्थ शरीर की वृद्धि और सुचारू रूप से कार्य करने के लिए आवश्यक है।

(ii) जीव का स्वास्थ्य चारों ओर की पर्यावरण स्थितियों पर निर्भर करता है यदि आस-पास का क्षेत्र रोगमुक्त नहीं है, तो बीमार होने की संभावना अधिक होती है।

(iii) पानी इकट्ठा होने से इसमें रोगवाहक जीव; ***जैसे***–मच्छर आदि पनपते हैं और कई प्रकार की बीमारियाँ फैलती हैं, जो एक व्यक्ति से दूसरे व्यक्ति तक पहुँचती हैं।

(iv) स्वास्थ्य के लिए हमें भोजन की आवश्यकता होती है। इस भोजन को प्राप्त करने के लिए हमें काम करना पड़ता है। इसके लिए, हमें काम करने के अवसर खोजने पड़ते हैं। अच्छी आर्थिक परिस्थितियाँ तथा कार्य भी व्यक्तिगत स्वास्थ्य के लिए आवश्यक है।

दीर्घ उत्तरीय प्रश्न

प्रश्न 26. 'देखभाल की अपेक्षाकृत बचाव सही है', इस कथन की व्याख्या करने के लिए आप क्या सावधानियाँ प्रयोग में लाएँगे?

उत्तर *बीमारी से बचने के लिए निम्न सावधानियाँ प्रयोग में लाते हैं*

(i) साफ और शुद्ध जल पीना।

(ii) संतुलित व शुद्ध भोजन लेना।

(iii) बीमारी के कारण के बारे में सचेत रहना।

(iv) नियमित मेडिकल जाँच कराना।

प्रश्न 27. एंटीबायोटिक वाइरस संक्रमण पर प्रभावकारी क्यों नहीं होती?

उत्तर एंटीबायोटिक वाइरस संक्रमण पर प्रभावकारी नहीं है, क्योंकि वायरस में जैव रासायनिक मार्ग कम होता है। यदि हम खाँसी-जुकाम से ग्रस्त हैं, तो एंटीबायोटिक लेने से रोग की तीव्रता अथवा समय अवधि कम नहीं होती यद्यपि, यदि वाइरस संक्रमित खाँसी-जुकाम के साथ बैक्टीरिया संक्रमण होता है, तब एंटीबायोटिक का उपयोग लाभदायक होता है लेकिन फिर भी एंटीबायोटिक बैक्टीरिया संक्रमण पर ही उपयोगी होगा न कि वायरस संक्रमण पर।

प्रश्न 28. संक्रामक रोगाणुओं से संक्रमित होने पर भी हमें कोई विशेष बीमारी नहीं होती क्यों? व्याख्या कीजिए।

उत्तर स्वस्थ शरीर में स्थित मजबूत प्रतिरक्षा तंत्र रोगाणुओं से लड़ता रहता है। हमारे शरीर में विशिष्ट कोशिकाएँ होती हैं, जो रोगाणुओं को मार देती हैं। हमारे शरीर में जैसे ही कोई संक्रामक रोगाणु आता है, ये कोशिकाएँ सक्रिय हो जाती हैं। यदि ये उन्हें मार देती हैं, तो हमें रोग नहीं होता, अर्थात् प्रतिरक्षी कोशिकाएँ संक्रमण को फैलने से पहले ही समाप्त कर देती हैं। यदि रोगाणुओं की संख्या नियंत्रित हो जाती हैं, तो रोग की अभिव्यक्ति बहुत कम हो जाती है, अर्थात् संक्रामक रोगाणुओं से संक्रमित होने का अर्थ यह नहीं है कि हमें कोई विशेष बीमारी होगी।

14

प्राकृतिक संपदा

*पृथ्वी एकमात्र ऐसा ग्रह है, जहाँ **जीवन विद्यमान** है। जीवन के लिए परिवेश ताप, जल तथा भोजन की आवश्यकता होती है। पृथ्वी पर उपलब्ध सभी प्रकार के जीवों की मूल आवश्यकताओं की पूर्ति के लिए सूर्य से ऊर्जा तथा पृथ्वी पर उपलब्ध संपदा की आवश्यकता होती है। ये संपदा स्थल, जल तथा वायु है। जीवन को आश्रय देने वाला पृथ्वी का यह घेरा, जहाँ वायुमंडल, स्थलमंडल तथा जलमंडल एक-दूसरे से मिलकर जीवन को संभव बनाते हैं, उसे **जीवमंडल** कहते हैं। सजीव, जीवमंडल के जैविक घटक को बनाते हैं। वायु, जल और मृदा जीवमंडल के निर्जीव घटक हैं।*

जीवन की श्वास : वायु (Breath of Life : Air)

वायु बहुत सी गैसों का मिश्रण है; ***जैसे***—नाइट्रोजन, ऑक्सीजन, कार्बन डाइऑक्साइड, जलवाष्प, आदि। पृथ्वी पर जीवन वायु के घटकों का परिणाम हैं।

यूकैरियोटिक कोशिकाओं और बहुत सी प्रोकैरियोटिक कोशिकाओं को ग्लूकोज अणुओं को तोड़ने तथा उससे ऊर्जा प्राप्त करने के लिए ऑक्सीजन की आवश्यकता होती है। इसके परिणामस्वरूप कार्बन डाइऑक्साइड की उत्पत्ति होती है।

इसके अतिरिक्त वायुमंडल में कार्बन डाइऑक्साइड की मात्रा 1% से भी कम है, क्योंकि कार्बन डाइऑक्साइड, दो *विधियों से 'स्थिर' होती है*

(i) हरे पेड़ पौधे सूर्य की किरणों की उपस्थिति में कार्बन डाइऑक्साइड को **ग्लूकोज** में बदल देते हैं।

(ii) बहुत से समुद्री जंतु समुद्री जल में घुले **कार्बोनेट** से अपने कवच को बनाते हैं।

1. जलवायु के नियंत्रण में वायुमंडल की भूमिका (The role of the Atmosphere in climate Control)

वायुमंडल पृथ्वी को कंबल के समान ढके हुए है। वायु ऊष्मा का कुचालक है। वायुमंडल पृथ्वी के औसत तापमान को दिन के समय और यहाँ तक कि पूरे वर्षभर लगभग नियत रखता है।

वायुमंडल दिन में तापमान को अचानक बढ़ने से रोकता है और रात के समय ऊष्मा को बाहरी अंतरिक्ष में जाने की दर को कम करता है। सूर्य से पृथ्वी के समान दूरी पर उपस्थित होने के बावजूद चंद्रमा की सतह का तापमान –190°C से 110°C के मध्य रहता है। क्योंकि चंद्रमा पर वायुमंडल अनुपस्थित हैं।

2. वायु की गति : पवनें (The Movement of Air: Winds)

वायु का कभी समीर, कभी तेज हवा या कभी तूफान के रूप में आदि सभी प्रक्रियाएँ हमारे वायुमंडल में हवा के गर्म होने और जलवाष्प के बनने का परिणाम हैं। जलवाष्प जीवित प्राणियों के क्रियाकलापों और जल के गर्म होने के कारण बनती है। स्थलीय भाग या जलीय भाग से होने वाले विकिरण के परावर्तन तथा पुनर्विकिरण के कारण वायुमंडल गर्म होता है। गर्म होने पर, वायु में संवहन धाराएँ उत्पन्न होती हैं।

तटीय क्षेत्रों में दिन में स्थल के ऊपर की वायु तेजी से गर्म होकर ऊपर उठना शुरू करती है। जैसे ही यह वायु ऊपर की ओर उठती है, वहाँ कम दाब का क्षेत्र बन जाता है और समुद्र के ऊपर की वायु कम दाब वाले क्षेत्र की ओर प्रवाहित हो जाती है। एक क्षेत्र से दूसरे क्षेत्र में वायु की गति पवनों का निर्माण करती है।

दिन के समय हवा की दिशा समुद्र से स्थल की ओर होगी तथा रात के समय स्थल और समुद्र दोनों ठंडे होने लगते हैं। चूँकि स्थल की अपेक्षा जल धीरे-धीरे ठंडा होता है इसलिए जल के ऊपर की वायु स्थल के ऊपर की वायु से गर्म होगी।

3. वर्षा (Rain)

वर्षा वायुमंडल से विभिन्न चरणों में होती है

(i) दिन के समय जब जलीय भाग गर्म हो जाते हैं, तब बहुत बड़ी मात्रा में जलवाष्प बन जाती है और यह वाष्प वायु में प्रवाहित हो जाती है।

(ii) जलवाष्प की कुछ मात्रा विभिन्न जैविक क्रियाओं के कारण वायुमंडल में चली जाती है। जब वायु भी गर्म हो जाती है। गर्म वायु अपने साथ जलवाष्प को लेकर ऊपर की ओर उठ जाती है। जैसे ही वायु ऊपर की ओर जाती है यह फैलती है तथा ठंडी हो जाती है।

(iii) ठंडा होने के कारण हवा में उपस्थित जलवाष्प छोटी-छोटी जल की बूँदों के रूप में संघनित हो जाती है।

(iv) जल का यह संघनन सहज होता है यदि कुछ कण नाभिक की तरह कार्य करके अपने चारों ओर बूँदों को जमा होने देते हैं।

(v) एक बार जब जल की बूँदे निर्मित हो जाती हैं, तो वे संघनित होने के कारण बड़ी हो जाती हैं, जब ये बूँदे बड़ी और भारी हो जाती हैं, तब ये वर्षा के रूप में नीचे की ओर गिरती हैं।

(vi) कभी-कभी जब वायु का तापमान काफी कम हो जाता है, तब ये हिमवृष्टि अथवा ओले के रूप में अवक्षेपित हो जाती हैं।

वर्षा का पैटर्न, पवनों के पैटर्न पर निर्भर करता है। भारत के बहुत बड़े भू-भाग में अधिकतर वर्षा दक्षिण-पश्चिम या उत्तर पूर्वी मानसून के कारण होती है।

4. **वायु प्रदूषण** (Air Pollution)

वायु में स्थित हानिकारक पदार्थों की वृद्धि को **वायु प्रदूषण** कहते हैं। *वायु प्रदूषण के निम्न कारण होते हैं*

(i) जब जीवाश्म ईंधन जलते हैं, तब नाइट्रोजन और सल्फर के विभिन्न ऑक्साइड उत्पन्न करते हैं। इन गैसों का साँस के रूप में लेना ही खतरनाक ही नहीं है, बल्कि ये वर्षा के जल में मिलकर अम्लीय वर्षा भी करते हैं।

(ii) जीवाश्म ईंधनों का दहन वायु में निलंबित कणों की मात्रा को बढ़ा देता है। ये निलंबित कण बिना जले कार्बन कण या पदार्थ देते हैं, जिन्हें हाइड्रोकार्बन कहा जाता है।

प्रदूषित वायु में साँस लेने से कैंसर, हृदय रोग या एलर्जी जैसी बीमारियाँ होने की संभावनाएँ अधिक हो जाती हैं।

जल : एक अद्‌भूत द्रव (Water : A Unique Liquid)

जल एक प्राकृतिक़ संपदा है। *जल विभिन्न स्रोतों से प्राप्त होता है;* ***जैसे***—

(i) वर्षा

(ii) सतह जल (झील, तालाब, नदियाँ, आदि)

(iii) भूमिगत जल

जल पृथ्वी की सतह के सबसे बड़े भाग पर उपस्थित है और यह भूमिगत भी होता है। जल की कुछ मात्रा जलवाष्प के रूप में वायुमंडल में भी पाई जाती है। पृथ्वी की सतह पर पाया जाने वाला अधिकतर जल समुद्र और महासागरों में है तथा

यह खारा है। शुद्ध जल बर्फ के रूप में दोनों ध्रुवों पर और बर्फ से ढके पहाड़ों पर पाया जाता है। भूमिगत जल और नदियों, झीलों का तालाब का जल भी शुद्ध होता है।

जल का महत्त्व (Importance of Water)

जल सभी जीवों के लिए आवश्यक है, *क्योंकि*

(i) सभी कोशिकीय प्रक्रियाएँ जलीय माध्यम में होती हैं। सभी प्रतिक्रियाएँ, जो हमारे शरीर में या कोशिकाओं के अंदर होती हैं, वह जल में घुले हुए पदार्थों में होती है।

(ii) शरीर के एक भाग से दूसरे भाग में पदार्थों का संवहन घुली हुई अवस्था में होता है।

(iii) स्थलीय जीवों को जीवित रहने के लिए शुद्ध जल की आवश्यकता होती है, क्योंकि खारे जल में नमक की अधिक मात्रा होने के कारण जीवों का शरीर उसे सहन नहीं कर पाता।

इसलिए प्राणियों और पौधों को पृथ्वी पर जीवित रहने के लिए आसानी से जल उपलब्धि के स्रोत की आवश्यकता है।

जल की उपलब्धता प्रत्येक स्पीशीज के वर्ग, जोकि एक विशेष क्षेत्र में जीवित रहने में सक्षम है, की संख्या को ही निर्धारित नहीं करती है अपितु यह वहाँ के जीवन में विविधता को भी निर्धारित करती है। यद्यपि जल की उपलब्धता ही केवल एक कारक नहीं है, जो उस क्षेत्र में जीवन के लिए आवश्यक है। दूसरे कारक; ***जैसे***—तापमान और मिट्टी की प्रकृति आदि भी महत्त्वपूर्ण है।

जल प्रदूषण (Water Pollution)

जल में प्रदूषक पदार्थों जैसे, घरेलू अपशिष्ट, पीड़कनाशी, औद्योगिक अपशिष्टों इत्यादि का मिलना जल प्रदूषण कहलाता है।

जल प्रदूषण निम्न कारणों से होता है

(i) जलाशयों में अनैच्छिक पदार्थों का मिलना। ये पदार्थ पीड़कनाशी या उर्वरक हो सकते हैं, जो खेतों में उपयोग होते हैं।

(ii) उद्योगों में प्रयुक्त होने वाले विषैले पदार्थ जलाशय में छोड़ दिए जाते हैं, जिससे जलीय जीवों पर विपरीत प्रभाव पड़ता है।

(iii) जब बाँध से जल को छोड़ा जाता है, तब नदियों के जल के तापमान पर भी प्रभाव पड़ता है। जलीय जीव जिस जलाशय में रहते हैं, वे वहाँ के एक विशिष्ट तापमान के अनुकूल होते हैं और तापमान में अचानक परिवर्तन से उनकी जैव प्रक्रिया प्रभावित होती है।

मृदा में खनिज की प्रचुरता
(Abundance of Minerals in the Soil)

मृदा पृथ्वी पर पाई जाने वाली सबसे बाहरी परत है, जिसे भू-पृष्ठ भी कहा जाता है और इस परत में पाए जाने वाले खनिज जीवों को विभिन्न प्रकार के पालन-पोषण करने वाले तत्व प्रदान करते हैं।

निम्नलिखित कारक; ***जैसे***—सूर्य की रोशनी, पानी, हवा तथा भौतिक, रासायनिक और कुछ जैव प्रक्रियाओं के कारण मृदा बनती है।

(i) **सूर्य** यह दिन के समय पत्थर को गर्म कर देता है, जिससे वे प्रसारित हो जाते हैं। रात के समय ये पत्थर ठंडे होते हैं और संकुचित हो जाते हैं, क्योंकि पत्थर का प्रत्येक भाग असमान रूप से प्रसारित तथा संकुचित होता है। ऐसा बार-बार होने से पत्थर में दरार आ जाती है और अंत में ये बड़े पत्थर टूटकर छोटे-छोटे टुकड़ों में विभाजित हो जाते हैं।

(ii) **जल** यह मृदा के निर्माण में दो प्रकार से सहायता करता है। पहला सूर्य के ताप से बने पत्थरों की दरार से जल आ सकता है। यदि जल बाद में जम जाता है, तो यह दरार को और अधिक चौड़ा करेगा।

दूसरा बहता हुआ जल कठोर पत्थरों को भी तोड़-फोड़ देता है। तेज गति के साथ बहता हुआ जल प्रायः अपने साथ बड़े और छोटे पत्थरों को बहाकर ले जाता है। ये पत्थर दूसरे पत्थरों के साथ टकराकर छोटे-छोटे कणों में बदल जाते हैं।

(iii) **वायु** जिस प्रकार जल में पत्थर एक-दूसरे से टकराने के कारण टूटते हैं उसी प्रकार तेज हवाएँ भी पत्थरों को तोड़ देती हैं। वायु जल की ही तरह बालू को एक स्थान से दूसरे स्थान तक ले जाती हैं।

(iv) **जीव** ये भी मृदा के बनने की प्रक्रिया को प्रभावित करते हैं ***जैसे*** लाइकेन, पत्थरों की सतह पर उगते हैं, इस क्रम में वे एक पदार्थ छोड़ते हैं, जो पत्थर की सतह को चूर्ण के समान देता है और मृदा की एक पतली परत का निर्माण करता है। इस सतह पर मॉस जैसे छोटे पौधे उगने में सक्षम होते हैं, और ये पत्थर को और अधिक तोड़ते हैं। बड़े पेड़ों की मूलें कभी-कभी पत्थरों में बनी दरारों में चली जाती हैं और वे दरार को चौड़ा कर देती हैं।

ह्यूमस (Humus)

मृदा एक मिश्रण है मृदा के ऊपरी सतह पर मृत जीव जंतुओं के विघटन से बनी सतह को ह्यूमस कहते है। इसके अतिरिक्त मिट्टी में विभिन्न प्रकार के सूक्ष्मजीव भी मिले होते हैं।

ह्यूमस का महत्त्व (Importance of Humus)

(i) मृदा के प्रकार का निर्णय उसमें पाए जाने वाले कणों के औसत आकार द्वारा निर्धारित किया जाता है। मृदा के गुण उसमें स्थित ह्यूमस की मात्रा और पाए जाने वाले सूक्ष्मजीवों के आधार पर किया जाता है।

(ii) मृदा की संरचना का मुख्य कारक ह्यूमस हैं, क्योंकि यह मृदा को सरंध्र बनाता है और वायु तथा जल को भूमि के अंदर जाने में सहायक होता है।

(iii) किस मृदा पर कौन-सा पौधा उगेगा यह इस पर निर्भर करता है कि उस मृदा में पोषक तत्व कितने हैं, ह्यूमस की मात्रा कितनी है और उसकी गहराई क्या है? मृदा की ऊपरी परत, जिसमें मृदा के कणों के अतिरिक्त ह्यूमस और सजीव स्थित होते हैं, उसे अपरिमृदा कहा जाता है। अपरिमृदा की गुणवत्ता, जो उस क्षेत्र की जैविक विविधता को निर्धारित करती है, एक महत्त्वपूर्ण कारक है।

(iv) खेतों में पीड़कनाशकों और उर्वरकों का लंबे समय तक उपयोग करने से मृदा के सूक्ष्मजीव मृत हो जाते हैं और मृदा की संरचना को नष्ट कर देते हैं। ह्यूमस बनाने में सहायक भूमि में स्थित केंचुओं को भी ये नष्ट कर करते हैं। अगर संपूषणीय खेती नहीं की जाए, तो उपजाऊ मृदा जल्द बंजर भूमि में परिवर्तित हो सकती है।

भूमि प्रदूषण (Land Pollution)

उपयोगी घटकों का मृदा से हटना और दूसरे हानिकारक पदार्थों का मृदा में मिलना, जोकि मृदा की उर्वरता को प्रभावित करते हैं, उसमें स्थित जैविक विविधता नष्ट हैं, इसे **भूमि प्रदूषण** कहते हैं।

जैव-रासायनिक चक्रण (Biogeochemical Cycle)

जीवमंडल के जैविक और अजैविक घटकों के बीच का सामजस्य जीवमंडल को गतिशील और स्थिर बनाता है। इस सामंजस्य के द्वारा जीवमंडल के विभिन्न घटकों के बीच पदार्थ और ऊर्जा का स्थानांतरण होता है।

1. **जलीय चक्र** (Water Cycle)

जलाशयों से जल के वाष्पीकरण और फिर वाष्पीकृत जल के संघनन से वर्षा होती है। लेकिन समुद्र और महासागर कभी सूखते नहीं हैं,

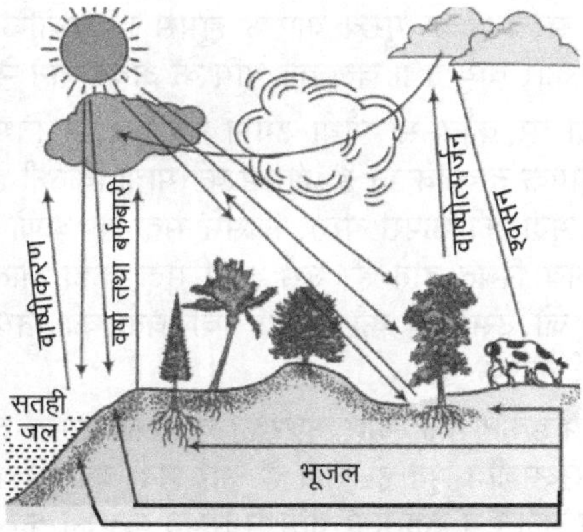

प्रकृति में जलीय चक्र

इन जलाशयों में जल वापस किस प्रकार आता है, अतः पूरी प्रक्रिया, जिसके द्वारा जल जलवाष्प बनाता है और वर्षा के रूप में सतह पर गिरता है और फिर नदियों के द्वारा समुद्र में पहुँच जाता है, **जलीय चक्र** कहते हैं।

2. **नाइट्रोजन चक्र** (Nitrogen Cycle)

हमारे वायुमंडल का 78% भाग नाइट्रोजन गैस है। यह गैस जीवन के लिए आवश्यक बहुत सारे अणुओं का भाग है। वह चक्रीय प्रक्रम, जिसमें नाइट्रोजन वायुमंडल में अपने मूल रूप से गुजरता हुआ मृदा और जल में साधारण परमाणु के रूप में बदलता है तथा जीवित प्राणियों में और अधिक जटिल यौगिक के रूप में बदल जाता है। फिर ये साधारण परमाणु के रूप में वायुमंडल में वापस आ जाता है, **नाइट्रोजन चक्र** कहलाता है।

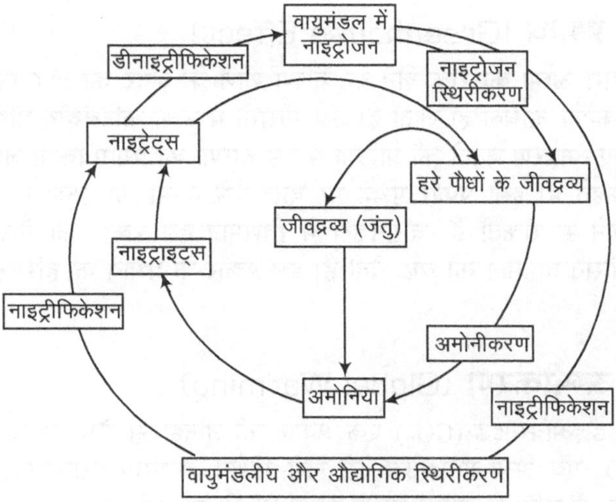

प्रकृति में नाइट्रोजन चक्र

3. **कार्बन चक्र** (Carbon Cycle)

कार्बन पृथ्वी पर बहुत सारी अवस्थाओं में पाया जाता है। यह अपने मूल रूप में हीरा और ग्रेफाइट में पाया जाता है। यौगिक के रूप में कार्बन वायुमंडल में कार्बन डाइऑक्साइड के रूप में, विभिन्न प्रकार के खनिजों में कार्बोनेट के रूप में पाया जाता है। प्रोटीन, कार्बोहाइड्रेट, वसा, न्यूक्लिक अम्ल और विटामिन आदि में भर्जन उपस्थित होता है। कार्बन का विभिन्न भौतिक एवं जैविक क्रियाओं के द्वारा पुनर्चक्रण होता है। यह पुनर्चक्रण **कार्बन चक्र** कहलाता है। श्वसन क्रिया में ऑक्सीजन का उपयोग तथा कार्बन डाइऑक्साइड का निष्कासन होता है तथा जीवाश्म ईंधनों के जलने से भी कार्बन डाइऑक्साइड निकलती है।

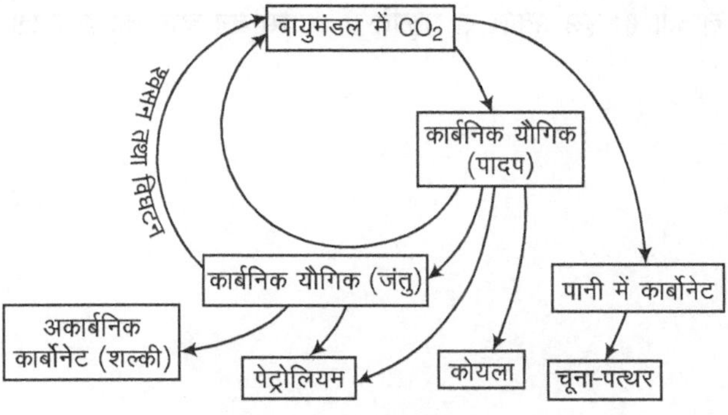

प्रकृति में कार्बन चक्र

हरितगृह प्रभाव (Greenhouse Effect)

शीशे द्वारा ऊष्मा को रोक लेने के कारण शीशे के अंदर का तापमान बाहर के तापमान से काफी अधिक हो जाता है। ठंडे मौसमों में उष्ण कटिबंधीय पौधों को गर्म रखने के लिए आवरण बनाने की प्रक्रिया में इस धारणा का प्रयोग किया जाता है, इसे ग्रीनहाउस कहते हैं। इसी प्रकार पृथ्वी पर कुछ गैसें ऊष्मा को पृथ्वी के वायुमंडल के बाहर जाने से रोकती हैं। वायुमंडल में विद्यमान इस प्रकार की गैसों में वृद्धि संसार के औसत तापमान को बढ़ा देती है। इस प्रकार के प्रभाव को **हरितगृह प्रभाव** कहते हैं।

वैश्विक ऊष्मीकरण (Global Warming)

कार्बन डाइऑक्साइड (CO_2) एक प्रकार की ग्रीनहाउस गैस है। वायुमंडल में विद्यमान CO_2 एवं अन्य ग्रीनहाउस गैसें जैसे–मीथेन, क्लोरोफ्लोरोकार्बन, नाइट्रोजन के ऑक्साइड में वृद्धि से वायुमंडल में ऊष्मा की निरंतर वृद्धि होती रहती है क्योंकि ग्रीनहाउस गैसें सौर से वायुमंडल में ग्रीनहाउस प्रभाव में वृद्धि हो जाती है तथा इस प्रकार के कारणों से वैश्विक ऊष्मीकरण की स्थिति उत्पन्न होती है एवं सम्पूर्ण विश्व के तापमान में वृद्धि होती है।

4. ऑक्सीजन चक्र (Oxygen Cycle)

(i) वह प्रक्रिया, जिसके द्वारा ऑक्सीजन की मात्रा वायुमंडल में संतुलित रहती है, **ऑक्सीजन चक्र** कहलाती है।

(ii) वायुमंडल से ऑक्सीजन का उपयोग तीन प्रक्रियाओं में होता है, जो इस प्रकार हैं श्वसन, दहन तथा नाइट्रोजन के ऑक्साइड के निर्माण में किया जाता है। वायुमंडल में ऑक्सीजन केवल एक ही मुख्य प्रक्रिया (प्रकाश-संश्लेषण) के द्वारा लौटती है। इस प्रकार से प्रकृति में ऑक्सीजन चक्र की रूपरेखा बनती है।

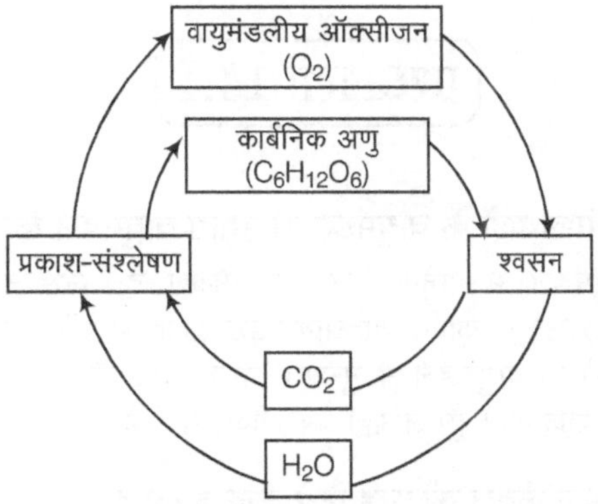

प्रकृति में ऑक्सीजन चक्र

ओजोन परत (Ozone Layer)

ऑक्सीजन मूल रूप से सामान्यत: द्विपरमाण्विक अणु के रूप में पाई जाती है। वायुमंडल के ऊपरी भाग में ऑक्सीजन के तीन परमाणु वाले अणुओं की एक सतह (परत) पायी जाती है। इसका सूत्र O_3 होता है, इसे **ओजोन** परत कहते हैं।

ओजोन एक विषैली होती है। ओजोन पृथ्वी की सतह के पास स्थिर नहीं रह पाती है। यह सूर्य से आने वाली हानिकारक विकिरणों (पराबैंगनी किरणों) को अवशोषित करती है और पृथ्वी की सतह पर पहुँचने से रोकती है। ये पराबैंगनी किरणें पृथ्वी पर उपस्थित समस्त जीवों को हानि पहुँचा सकती है।

ओजोन परत का ह्रास (Threat of Ozone Layer)

मनुष्य के द्वारा बनाए गए विभिन्न प्रकार के यौगिक; ***जैसे***—क्लोरोफ्लोरोकार्बन (CFC) वायुमंडल में स्थिर अवस्था में उपस्थित हो जाते हैं। CFC क्लोरीन तथा फ्लोरीन युक्त कार्बन यौगिक है। ये बहुत स्थाई होते हैं तथा किसी जैव-प्रक्रिया द्वारा विघटित नहीं होते हैं, जब ये ओजोन परत के समीप पहुँचते हैं; ओजोन अणुओं के साथ प्रतिक्रिया कर जाते हैं। जिसके परिणामस्वरूप ओजोन की परत में कमी हो जाती है। इसी कारण अंटार्कटिका के ऊपर ओजोन परत में छिद्र पाया गया है।

ओजोन परत के ह्रास होने के प्रभाव (Effects of Ozone Layer Depletion)

ओजोन परत के क्षीण होने के कारण सूर्य से आने वाली हानिकारक विकिरणें पराबैंगनी विकिरण पृथ्वी की सतह पर पहुँचती हैं और कई प्रकार से जीवों को हानि पहुँचाती हैं। कैंसर और आँखों की बीमारी इन्हीं हानिकारक विकिरणों का परिणाम है।

प्रश्नावली 14.1

पृष्ठ 217

प्रश्न 1. शुक्र और मंगल ग्रहों के वायुमंडल से हमारा वायुमंडल कैसे भिन्न है?

उत्तर पृथ्वी के वायुमंडल में अनेक गैसों का मिश्रण है; ***जैसे***–नाइट्रोजन (78.08%), ऑक्सीजन (20.95%), कार्बन डाइऑक्साइड (0.03%) और जलवाष्प, जबकि शुक्र और मंगल ग्रहों के वायुमंडल में मुख्यतः कार्बन डाइऑक्साइड (95-97%) होती है। यही कारण है शुक्र और मंगल ग्रहों पर जीवन नहीं है।

प्रश्न 2. वायुमंडल एक कंबल की तरह कैसे कार्य करता है?

उत्तर वायुमंडल में उपस्थित वायु मुख्यतः ऊष्मा की कुचालक होती है। वायुमंडल पृथ्वी के औसत तापमान को दिन के समय और यहाँ तक कि पूरे वर्षभर लगभग नियत रखता है। वायुमंडल दिन में तापमान को अचानक बढ़ने से रोकता है और रात के समय ऊष्मा के बाहरी अंतरिक्ष में जाने की दर को कम करता है इस प्रकार वायुमंडल कंबल की तरह कार्य करता है।

प्रश्न 3. वायु प्रवाह (पवन) के क्या कारण हैं?

उत्तर पवनें वायुमंडल में हवा के गर्म होने और जलवाष्प के बनने का परिणाम है। जलवाष्प जीवित प्राणियों के क्रियाकलापों और जल के गर्म होने के कारण बनती है। स्थलीय भाग या जलीय भाग से होने वाले विकिरण के परावर्तन तथा पुनर्विकिरण के कारण वायुमंडल गर्म होता है। गर्म होने पर, वायु में संवहन धाराएँ उत्पन्न हो जाती हैं। जैसे ही वायु ऊपर की ओर उठती है, वहाँ कम दाब का क्षेत्र बन जाता है और समुद्र के ऊपर की वायु कम दाब वाले क्षेत्र की ओर प्रवाहित हो जाती है। एक क्षेत्र से दूसरे क्षेत्र में वायु की गति पवनों का निर्माण करती है।

प्रश्न 4. बादलों का निर्माण कैसे होता है?

उत्तर दिन के समय जब जलीय भाग गर्म हो जाते हैं, तब बड़ी मात्रा में जलवाष्प बन जाती है। यह वाष्प वायु में प्रवाहित हो जाती है। जब वायु भी गर्म हो जाती है। गर्म वायु अपने साथ जलवाष्प को लेकर ऊपर की ओर उठती है। जैसे ही वायु ऊपर की ओर उठती है, यह फैलती है तथा ठंडी हो जाती है। ठंडा होने के कारण हवा में उपस्थित जलवाष्प छोटी-छोटी जल की बूँदों के रूप में संघनित हो जाती है। जल का यह संघनन सहज होता है यदि कुछ कण नाभिक की तरह कार्य करके अपने चारों ओर बूँदों को जमा होने देते हैं।

एक बार जब जल की बूँदें निर्मित की जाती हैं, तो वे संघनित होने के कारण बड़ी हो जाती हैं। इस प्रकार बादलों का निर्माण होता है।

प्रश्न 5. मनुष्य के तीन क्रियाकलापों का उल्लेख करें, जो वायु प्रदूषण में सहायक हैं?

उत्तर *निम्नलिखित क्रियाकलापों से वायु प्रदूषण होता है*

(i) अधिक मात्रा में जीवाश्म ईंधन; ***जैसे***–कोयला और पेट्रोलियम पदार्थों को जलाना, जिसके जलने पर नाइट्रोजन और सल्फर के ऑक्साइड उत्पन्न होते हैं, जो वायु में मिल जाते हैं और वर्षा के जल में मिलकर अम्लीय वर्षा भी करते हैं।

(ii) उद्योगों से निकलने वाली विभिन्न प्रकार की गैसें वायु प्रदूषण का कारण होती हैं।

(iii) जंगलों में आग, अधिक मात्रा में क्लोरोफ्लोरोकार्बन्स (CFCs) का प्रयोग, यातायात के साधनों से निकलने वाले धुएँ से भी वायु प्रदूषण होता है।

पृष्ठ 219

प्रश्न 1. जीवों को जल की आवश्यकता क्यों होती है?

उत्तर जीवों को जल की आवश्यकता होती है, *क्योंकि*

(i) सभी कोशिकीय प्रक्रियाएँ जलीय माध्यम में होती हैं।

(ii) सभी प्रतिक्रियाएँ, जो हमारे शरीर में या कोशिकाओं के अंदर होती हैं, वे जल में घुले हुए पदार्थों में होती हैं।

(iii) शरीर के एक भाग से दूसरे भाग में पदार्थों का संवहन घुली हुई अवस्था में होता है।

(iv) यह शरीर के तापमान को संतुलित रखने में सहायक है।

(v) यह भोजन को पचाने के लिए आवश्यक है।

प्रश्न 2. जिस गाँव/शहर/नगर में आप रहते हैं। वहाँ पर उपलब्ध शुद्ध जल का मुख्य स्रोत क्या है?

उत्तर जिस गाँव/ शहर/नगर में हम रहते हैं, जल का मुख्य स्रोत भूमिगत जल होता है, जिसे हैंडपम्प और ट्यूबवैल की सहायता से खींचा जाता है। इसके अलावा नदियाँ, झील और तालाब भी जल के स्रोत हैं।

प्रश्न 3. क्या आप किसी क्रियाकलाप के बारे में जानते हैं, जो इस जल के स्रोत को प्रदूषित कर रहा है?

उत्तर *जल निम्न प्रकार से प्रदूषित होता है*

(i) जलाशयों में अनैच्छिक पदार्थों का मिलना। ये पदार्थ उद्योगों में प्रयुक्त होने वाले विषैले पदार्थ या खेतों में प्रयुक्त होने वाले कीटनाशक और उर्वरक आदि होते हैं।

(ii) बाँध या उद्योगों से छोड़े जाने वाले जल से नदियों के जल के तापमान में परिवर्तन आ जाता है, जिससे जलीय जीवों की जीवन प्रक्रिया प्रभावित होती है।

पृष्ठ 222

प्रश्न 1. मृदा (मिट्टी) का निर्माण किस प्रकार होता है?

उत्तर मृदा का निर्माण कई प्रकार के कारकों; ***जैसे***–सूर्य, जल, वायु तथा जीवों की सहायता से होता है।

(i) हजारों और लाखों वर्षों के लंबे समयांतराल में पृथ्वी की सतह या उसके समीप पाए जाने वाले पत्थर विभिन्न प्रकार के भौतिक, रासायनिक और कुछ जैव-प्रक्रमों के द्वारा टूट जाते हैं। टूटने के बाद अंत में बचे अवशेष महीन कण मृदा होते हैं।

(ii) सूर्य की रोशनी से पत्थर गर्म हो जाता है, जिससे वह प्रसारित होता है। कई बार के प्रसार तथा संकुचन से पत्थर में दरार आ जाती है और वह छोटे-छोटे टुकड़ों में टूट जाता है।

(iii) तेज गति से बहता हुआ जल प्रायः अपने साथ पत्थरों को बहाकर ले जाता है। ये पत्थर दूसरे पत्थरों के साथ टकराकर छोटे-छोटे कणों में बदल जाते हैं।

(iv) तेज हवाएँ भी पत्थरों को तोड़ देती हैं।

(v) लाइकेन और मॉस जिन पत्थरों की सतह पर उगते हैं, वहाँ एक पदार्थ छोड़ देते है, जो पत्थरों की सतह को चूर्ण के समान कर देता है।

(vi) बड़े पेड़ों की मूलें पत्थरों में बनी दरारों में चली जाती हैं और वे दरार को चौड़ा कर देती हैं।

प्रश्न 2. मृदा-अपरदन क्या है?

उत्तर मृदा की ऊपरी परत का हटना मृदा अपरदन कहलाता है। इसमें प्रचुर मात्रा में खनिज, पोषक तत्व और ह्यूमस पाए जाते हैं। बहता हुआ जल तथा तेज हवा इसके प्रमुख कारण हैं। यदि मृदा अपरदन अधिक समय तक होता रहता है, तो खनिज तथा पोषक तत्वों की कमी के कारण भूमि बंजर हो जाती है।

प्रश्न 3. अपरदन को रोकने और कम करने के कौन-कौन से तरीके हैं?

उत्तर *अपरदन को निम्न प्रकार से रोका या कम किया जा सकता है*

(i) अधिक मात्रा में पेड़-पौधे लगाकर क्योंकि पौधों की जड़े मृदा के अपरदन को रोकने में महत्त्वपूर्ण भूमिका निभाती हैं।

(ii) कटाई होने के बाद खेतों को सूखी वनस्पति से ढककर।

(iii) ढलावदार (सीढ़ीनुमा) खेती विधि अपनाकर।

पृष्ठ 226

प्रश्न 1. जल चक्र के क्रम में जल की कौन-कौन सी अवस्थाएँ पाई जाती हैं?

उत्तर *जल चक्र के क्रम में जल की तीन अवस्थाएँ पाई जाती हैं*

(i) **गैस अवस्था** यह जलवाष्प के रूप में होती है। जलीय भागों से जलवाष्प बनती है और वायु में प्रवाहित हो जाती है।

(ii) **द्रव अवस्था** जलवाष्प, वायुमंडल के गर्म होने से संघनित होती है और पृथ्वी पर वर्षा के रूप में गिरती है।

(iii) **ठोस अवस्था** जल की बूँदें संघनित होने के कारण बड़ी हो जाती हैं। कभी-कभी जब वायु का तापमान काफी कम हो जाता है, तब ये हिमवृष्टि अथवा ओले के रूप में अवक्षेपित हो जाती है।

प्रश्न 2. जैविक रूप से महत्त्वपूर्ण दो यौगिकों के नाम दीजिए, जिनमें ऑक्सीजन और नाइट्रोजन दोनों पाए जाते हों।

उत्तर नाइट्रेट्स (NO_3^-) तथा नाइट्राइट्स (NO_2^-) में ऑक्सीजन तथा नाइट्रोजन दोनों पाए जाते हैं। सामान्यतः पौधे नाइट्रेट्स और नाइट्राइट्स को ग्रहण करते हैं तथा उन्हें अमीनो अम्ल में बदल देते हैं।

प्रश्न 3. मनुष्य की किन्हीं तीन गतिविधियों को पहचानें, जिनसे वायु में कार्बन डाइऑक्साइड की मात्रा बढ़ती है।

उत्तर *निम्नलिखित गतिविधियों से वायु में कार्बन डाइऑक्साड* (CO_2) *की मात्रा बढ़ती है*

(i) श्वसन एक प्राकृतिक प्रक्रिया है, जिसमें CO_2 निकलती है, लेकिन यह प्रकाश-संश्लेषण के दौरान पौधों द्वारा छोड़ी गई ऑक्सीजन से संतुलित कर ली जाती है।

(ii) पेड़-पौधों को काटने से पर्यावरण में CO_2 की मात्रा बढ़ती है। पेड़-पौधे प्रकाश-संश्लेषण की क्रिया करते हैं और CO_2 को कई कार्बनिक पदार्थ; ***जैसे***–ग्लूकोज, स्टार्च आदि में बदल देते हैं।

(iii) ईंधनों को जलाने से वायुमंडल में CO_2 की मात्रा बढ़ती है।

प्रश्न 4. ग्रीनहाउस प्रभाव क्या है?

उत्तर कुछ ग्रीनहाउस गैसें; ***जैसे***–कार्बन डाइऑक्साइड, क्लोरोफ्लोरोकार्बन, CH_4 (मीथेन), एवं नाइट्रोजन के ऑक्साइड पृथ्वी से ऊष्मा को वायुमंडल के बाहर जाने से रोकती है। वायुमंडल में विद्यमान इस प्रकार की गैसों में वृद्धि संसार के औसत तापमान को बढ़ा देती है। इस प्रकार के प्रभाव को ग्रीनहाउस प्रभाव (हरित गृह प्रभाव) कहते हैं।

प्रश्न 5. वायुमंडल में पाए जाने वाले ऑक्सीजन के दो रूप कौन-कौन से हैं?

उत्तर वायुमंडल में पाए जाने वाले ऑक्सीजन के दो रूप निम्न हैं–

(i) ऑक्सीजन मूल रूप से द्विपरमाण्विक अणु के रूप में पाई जाती हैं। इसकी मात्रा वायुमंडल में लगभग 21% है। यह विषैली नहीं होती।

(ii) वायुमंडल के ऊपरी भाग में ऑक्सीजन के तीन परमाणु वाले अणु भी पाए जाते हैं। इसका सूत्र O_3 होता है तथा इसे ओजोन कहते हैं। यह एक विषैली गैस है।

अभ्यास

प्रश्न 1. जीवन के लिए वायुमंडल क्यों आवश्यक है?

उत्तर जीवन के लिए वायुमंडल आवश्यक है, *क्योंकि*

(i) वायुमंडल पृथ्वी के औसत तापमान को दिन के समय और यहाँ तक कि पूरे वर्षभर लगभग नियत रखता है।

(ii) वायुमंडल दिन में तापमान को अचानक बढ़ने से रोकता है और रात के समय ऊष्मा को बाहरी अंतरिक्ष में जाने की दर को कम करता है।

(iii) वायुमंडल कई गैसों का मिश्रण है, जो पृथ्वी पर जीवन के लिए आवश्यक है। *ये गैसे हैं*

(a) **ऑक्सीजन** जो जीवों के श्वसन के लिए आवश्यक होती है।

(b) **कार्बन डाइऑक्साइड** जो प्रकाश-संश्लेषण की क्रिया में पौधों द्वारा उपयोग में लाई जाती है।

(c) **नाइट्रोजन** सभी प्रकार के जीवों के लिए एक आवश्यक पोषक है।

(iv) वायुमंडल में ऊपरी स्तर पर उपस्थित ओजोन परत सूर्य से आने वाली हानिकारक विकिरणों को अवशोषित करके पृथ्वी की सतह पर आने से रोकती है, जो कई जीवरूपों को हानि पहुँचा सकती है।

प्रश्न 2. जीवन के लिए जल क्यों अनिवार्य है?

उत्तर जीवन के लिए जल अनिवार्य है, *क्योंकि*

(i) सभी कोशिकीय प्रक्रियाएँ जलीय माध्यम में होती हैं।

(ii) सभी प्रतिक्रियाएँ, जो शरीर में या कोशिकाओं के अंदर होती हैं वह जल में घुले पदार्थों में होती हैं।

(iii) शरीर के एक भाग से दूसरे भाग में पदार्थों का संवहन घुली हुई अवस्था में होता है।

(iv) यह शरीर के तापमान को संतुलित रखने में सहायक है।

(v) यह भोजन को पचाने में सहायता करता है।

प्रश्न 3. जीवित प्राणी मृदा पर कैसे निर्भर हैं? क्या जल में रहने वाले जीव संपदा के रूप में मृदा से पूरी तरह स्वतंत्र हैं?

उत्तर *जीवित प्राणी निम्न प्रकार से मृदा पर निर्भर होते हैं*

(i) यह बैक्टीरिया, कवक, केंचुएँ आदि जीवों के लिए प्राकृतिक वातावरण उपलब्ध करती है, जो मृदा की उर्वरता को बढ़ाते हैं।

(ii) कौन-सा पौधा उत्पन्न होगा यह मृदा में उपस्थित पोषक तत्व, ह्यूमस की मात्रा पर निर्भर है।

(iii) मृदा की गुणवत्ता उस क्षेत्र की जैविक विविधता को भी निर्धारित करती है।

जल में रहने वाले जीव मृदा से संबंधित होते हैं, क्योंकि जो खनिज पोषक तत्व जल में घुली अवस्था में होते हैं, उनका पुनर्चक्रण मृदा में उपस्थित अपघटकों के द्वारा होता है।

प्रश्न 4. आपने टेलीविजन पर और समाचार-पत्र में मौसम संबंधी रिपोर्ट को देखा होगा। आप क्या सोचते हैं कि हम मौसम के पूर्वानुमान में सक्षम हैं?

उत्तर मौसम वैज्ञानिक तापमान, वायु की गति, दाब, वर्षा आदि की सूचना सैटेलाइट से मिलने वाली तंरगों के आधार पर देते हैं। इन सभी सूचनाओं का प्रयोगशाला में संकलन करके रिपोर्ट के आधार पर नक्शा तैयार करते हैं। यह सूचना फिर रेडियो, टीवी और अखबार के माध्यम से प्रसारित की जाती है।

प्रश्न 5. हम जानते हैं कि बहुत सी मानवीय गतिविधियाँ वायु, जल एवं मृदा के प्रदूषण स्तर को बढ़ा रही हैं। क्या आप सोचते हैं कि इन गतिविधियों को कुछ विशेष क्षेत्रों में सीमित कर देने से प्रदूषण के स्तर को घटाने में सहायता मिलेगी?

उत्तर यदि हम मानव गतिविधियों को कुछ विशेष क्षेत्रों में सीमित कर दें, तो प्रदूषण के स्तर को घटाने में सहायता मिल सकती है; ***जैसे–***

(i) यदि घरों और उद्योगों से निकलने वाले कूड़ा-करकट का पानी में मिलने से पहले उचित निवारण कर दें, तो जल को प्रदूषित होने से बचाया जा सकता है।

(ii) यदि उद्योगों द्वारा निकलने वाले गर्म पानी को किसी स्थान पर ठंडा करके फिर जलाशयों में छोड़ा जाए, तो तापमान में परिवर्तन नहीं आएगा और जलीय जीवों की प्रजनन प्रक्रिया पर प्रभाव नहीं पड़ेगा।

(iii) यदि उद्योगों तथा फैक्ट्री को आवासीय स्थानों से दूर बनाया जाए, तो लोगों पर वायु प्रदूषण का प्रभाव नहीं पड़ेगा।

प्रश्न 6. जंगल वायु, मृदा तथा जलीय स्रोत की गुणवत्ता को कैसे प्रभावित करते हैं?

उत्तर *जंगल वायु, मृदा तथा जलीय स्रोतों की गुणवत्ता को निम्न प्रकार से प्रभावित करते हैं*

(i) **वायु**

(a) पेड़ पादप जैसे हरे पौधे जंगल वायु में ऑक्सीजन तथा CO_2 की मात्रा को संतुलित रखते हैं। ये हवा में CO_2 की मात्रा को कम करके ग्रीनहाउस प्रभाव को रोकते हैं।

(b) ये तापमान को संतुलित रखने में सहायक हैं।

(c) जंगल प्रकाश-संश्लेषण की क्रिया को बढ़ाने में सहायक होते हैं।

(ii) **मृदा**

(a) पेड़ों की जड़ें पृथ्वी में अंदर तक फैलकर मृदा अपरदन को रोकती हैं।

(b) जंगल वायुमंडल में जैव-रासायनिक चक्रण को संतुलित रखने में सहायक है।

(iii) **जल**

(a) पेड़ जलीय चक्र को संतुलित रखते हैं।

(b) जंगल द्वारा पानी का संरक्षण किया जाता है, यह जल भविष्य में काम आता है।

NCERT Exemplar

पुस्तक के चुने गए प्रश्न

बहुविकल्पीय प्रश्न

प्रश्न 1. यदि पृथ्वी पर वायुमंडल नहीं हो, तब तापमान में क्या परिवर्तन होगा?

(a) बढ़ेगा

(b) कम हो जाएगा

(c) दिन में बढ़ जाएगा और रात को कम हो जाएगा

(d) कोई प्रभाव नहीं पड़ेगा

उत्तर (c)

प्रश्न 2. क्या होगा यदि वायुमंडल में उपस्थित सारी ऑक्सीजन, ओजोन गैस में परिवर्तित हो जाए?

(a) हम ज्यादा सुरक्षित रहेंगे

(b) यह एक विषैली गैस है, जो जीवन के लिए हानिकारक है

(c) ओजोन स्थिर नहीं होती, इसलिए यह हानिकारक है

(d) यह सूर्य से आने वाली हानिकारक विकिरणों को ज्यादा मात्रा में अवशोषित करेगी

उत्तर *(b)*

प्रश्न 3. बाढ़ को कैसे रोका जा सकता है?

(a) पेड़ लगाकर (b) पेड़ों को काटकर

(c) ऊपरी मृदा को हटाकर (d) इनमें से कोई नहीं

उत्तर *(a)*

प्रश्न 4. निम्नलिखित में से क्या एक मृदा बनने का कारण नहीं है?

(a) सूर्य (b) पानी (c) वायु (d) पॉलीथीन बैग

उत्तर *(d)*

प्रश्न 5. ऑक्सीजन वायुमंडल में किन दो रूपों में विद्यमान है?

(a) जल और ओजोन (b) जल और ऑक्सीजन

(c) ओजोन और ऑक्सीजन (d) जल और कार्बन डाइऑक्साइड

उत्तर *(c)*

प्रश्न 6. निम्नलिखित में से क्या एक जीवाश्म ईंधन नहीं है?

(a) प्राकृतिक गैस (b) पेट्रोल
(c) कोयला (d) यूरेनियम

उत्तर *(d)*

प्रश्न 7. नाइट्रोजन का स्थिरीकरण बैक्टीरिया द्वारा किसकी उपस्थिति में नहीं होता?

(a) हाइड्रोजन की परमाणु अवस्था में
(b) जल में
(c) ऑक्सीजन की उपस्थिति में
(d) नाइट्रोजन की उपस्थिति में

उत्तर *(c)*

प्रश्न 8. निम्नलिखित में से कौन-सी गैस ग्रीनहाउस गैस नहीं है?

(a) मीथेन (b) कार्बन डाइऑक्साइड
(c) कार्बन मोनॉक्साइड (d) अमोनिया

उत्तर *(d)*

प्रश्न 9. वायुमंडल के ऊपरी भाग में कौन-सी गैस है, जो सूर्य की हानिकारक विकिरणों से रक्षा करती है?

(a) नाइट्रोजन (b) हाइड्रोजन (c) ओजोन (d) आर्गन

उत्तर *(c)*

प्रश्न 10. ओजोन का रासायनिक सूत्र है

(a) O (b) O_2 (c) O_3 (d) O_4

उत्तर *(c)*

प्रश्न 11. निम्न में से कौन-सा पद कार्बन चक्र के अंतर्गत नहीं होता?

(a) प्रकाश-संश्लेषण (b) वाष्पीकरण
(c) श्वसन (d) जीवाश्म ईंधनों का जलना

उत्तर *(b)*

प्रश्न 12. निम्नलिखित में से क्या सही नहीं है, जब अधिक मात्रा में कीटनाशक और उर्वरकों का प्रयोग खेतों में किया जाता है?

(a) भूमि और उपजाऊ हो जाती है
(b) मृदा के सूक्ष्मजीव मृत हो जाते हैं
(c) भूमि बंजर हो जाती है
(d) मृदा की उर्वरता कम हो जाती है

उत्तर *(c)*

प्रश्न 13. नाइट्रोजन के परमाणु किसके द्वारा नाइट्राइट्स और नाइट्रेट्स में बदलते हैं?

(a) पौधों के द्वारा

(b) नाइट्रोजन को स्थिर करने वाले बैक्टीरिया द्वारा

(c) कार्बन को स्थिर करने वाले बैक्टीरिया द्वारा

(d) उद्योगों में बनने वाले किसी भी नाइट्रोजन के यौगिक द्वारा

उत्तर (*b*)

प्रश्न 14. निम्नलिखित में से कौन-सा पद जलीय चक्र में नहीं होता?

(a) वाष्पीकरण (b) वाष्पोत्सर्जन (c) प्रकाश-संश्लेषण (d) श्वसन

उत्तर (*c*)

प्रश्न 15. जलीय प्रदूषण निम्न कथनों में से किसके द्वारा परिभाषित नहीं होता?

(a) जलाशयों से वांछनीय पदार्थों को हटाना

(b) जलाशयों में अवांछनीय पदार्थों को डालना

(c) जलाशयों के दाब में परिवर्तन

(d) जलाशयों के ताप में परिवर्तन

उत्तर (*c*)

प्रश्न 16. ओजोन की परत क्षीण होती जा रही है, क्योंकि

(a) वाहनों के अधिक उपयोग से

(b) उद्योगों के अधिक निर्माण से

(c) पेड़ों के काटने से

(d) मनुष्य के द्वारा बनाए गए यौगिक, जिसमें क्लोरोफ्लोरोकार्बन होता है, के अधिक प्रयोग से

उत्तर (*d*)

प्रश्न 17. निम्नलिखित में से कौन-सी पर्यावरण से संबंधित समस्या है?

(a) ओजोन परत का क्षीण होना (b) ग्रीनहाउस प्रभाव

(c) वैश्विक ऊष्मीकरण (d) ये सभी

उत्तर (*d*)

प्रश्न 18. जब हम साँस लेते हैं, तो ऑक्सीजन के साथ नाइट्रोजन भी अंदर जाती है। इस नाइट्रोजन गैस का क्या होता है?

(a) यह ऑक्सीजन के साथ कोशिकाओं में चली जाती है

(b) यह साँस छोड़ने के दौरान CO_2 के साथ बाहर आ जाती है

(c) यह नाक की कोशिकाओं द्वारा अवशोषित कर ली जाती है

(d) नाइट्रोजन की सांद्रता कोशिकाओं में पहले ही बहुत अधिक होती है, इसलिए ये कोशिकाओं में अवशोषित नहीं होती

उत्तर (*b*)

प्रश्न 19. **निम्नलिखित में से ऊपरीमृदा में क्या होता है?**

(a) केवल सूक्ष्मजीव और ह्यूमस (b) केवल मृदा के कण और ह्यूमस

(c) पौधे, सूक्ष्मजीव और ह्यूमस (d) मृदा के कण, सूक्ष्मजीव और ह्यूमस

उत्तर *(d)*

प्रश्न 20. **मृदा में खनिजों का मुख्य स्रोत क्या है?**

(a) वे पत्थर, जिसके द्वारा मृदा बनती है

(b) पौधे

(c) जंतु

(d) बैक्टीरिया

उत्तर *(a)*

प्रश्न 21. **जल पृथ्वी के कितने भाग में उपस्थित है?**

(a) 75% (b) 60% (c) 85% (d) 50%

उत्तर *(a)*

प्रश्न 22. **निम्नलिखित में से कौन जीवमंडल का जैविक घटक नहीं है?**

(a) उत्पादक (b) उपभोक्ता (c) अपघटक (d) वायु

उत्तर *(d)*

प्रश्न 23. **वायुमंडल में ऑक्सीजन मुख्यतः किसके द्वारा लौटती है?**

(a) जीवाश्म ईंधनों के जलने से (b) श्वसन

(c) प्रकाश-संश्लेषण (d) कवक

उत्तर *(c)*

प्रश्न 24. **वायुमंडल में CO_2 की मात्रा बढ़ने से क्या नहीं होगा?**

(a) वायुमंडल में ऊष्मा की वृद्धि

(b) वैश्विक ऊष्मीकरण

(c) पौधों में प्रकाश-संश्लेषण की दर बढ़ना

(d) पौधों में वृद्धि

उत्तर *(d)*

प्रश्न 25. **सर्दी के मौसम में दृश्यता क्यों कम हो जाती है?**

(a) जीवाश्म ईंधन के निर्माण से

(b) बिना जले कार्बन कणों का वायु में घुलना

(c) कम रोशनी के कारण

(d) उपरोक्त से कोई नहीं

उत्तर *(b)*

प्रश्न 26. लाइकेन के पत्थरों पर उगने के बाद निम्न में से कौन-से पौधे उगते हैं?

(a) मॉस (b) फर्न (c) जिम्नोस्पर्म (d) कवक

उत्तर *(a)*

प्रश्न 27. जलाशयों के तापमान में परिवर्तन से कौन-सी प्रक्रिया प्रभावित होती है?

(a) प्रजनन की प्रक्रिया (b) जलीय पौधों की वृद्धि
(c) जंतुओं में पाचन क्रिया (d) पोषक तत्वों की उपलब्धता

उत्तर *(a)*

प्रश्न 28. मृदा अपरदन कैसे रोका जा सकता है?

(a) पेड़ों को अधिक संख्या में लगाने से (b) पेड़ काटकर
(c) अधिक उर्वरक के प्रयोग से (d) तेज वायु के चलने से

उत्तर *(a)*

प्रश्न 29. ऑक्सीजन किसके लिए खतरनाक होती है?

(a) फर्न
(b) *कारा*
(c) नाइट्रोजन को स्थिर करने वाले बैक्टीरिया
(d) आम के पेड़ के लिए

उत्तर *(c)*

प्रश्न 30. वायुमंडल में कितने प्रतिशत भाग नाइट्रोजन गैस है?

(a) 73% (b) 71% (c) 77% (d) 78%

उत्तर *(d)*

लघु उत्तरीय प्रश्न

प्रश्न 31. नदियों से कई प्रकार के खनिज लवण समुद्र के पानी में मिलते हैं। कारण बताइए।

उत्तर जल बहुत से पदार्थों को घुलाने में सक्षम है, जब यह जल घुलने वाले खनिजों से होकर गुजरता है, तब इनमें से कुछ खनिज जल में घुल जाते हैं। इस प्रकार नदी बहुत से पोषक तत्वों को सतह से समुद्र में ले जाती है और इनका उपयोग समुद्री जीव-जंतुओं द्वारा किया जाता है।

प्रश्न 32. तटीय क्षेत्रों में हवा की दिशा दिन के समय समुद्र से स्थल की ओर, जबकि रात में स्थल से समुद्र की ओर होती है। कारण बताइए।

उत्तर तटीय क्षेत्रों में दिन में स्थल के ऊपर की वायु तेजी से गर्म होकर ऊपर उठना शुरू करती है। जैसे ही यह वायु ऊपर की ओर उठती है, वहाँ कम दाब का क्षेत्र बन जाता

है और समुद्र के ऊपर की वायु कम दाब वाले क्षेत्र की ओर प्रवाहित हो जाती है। एक क्षेत्र से दूसरे क्षेत्र में वायु की गति पवनों का निर्माण करती है। रात के समय स्थल और समुद्र दोनों ठंडे होने लगते हैं। चूँकि स्थल की अपेक्षा जल धीरे-धीरे ठंडा होता है इसलिए जल के ऊपर की वायु स्थल के ऊपर की वायु से गर्म होगी। इसी कारण हवा की दिशा स्थल से समुद्र की ओर होती है।

प्रश्न 33. वायुमंडल में ऑक्सीजन, नाइट्रोजन और कार्बन डाइऑक्साइड की प्रतिशत मात्रा स्थिर बनी रहती है, क्यों?

उत्तर पर्यावरण में इन गैसों के चक्रीय प्रक्रम के कारण प्रतिशत मात्रा संतुलित रहती है। ऑक्सीजन चक्र, नाइट्रोजन चक्र तथा कार्बन चक्र प्रकृति में जीवमंडल के सजीव और निर्जीव घटकों के बीच लगातार चलते रहते हैं। इस सामंजस्य के द्वारा जीवमंडल के विभिन्न घटकों के बीच पदार्थ और ऊर्जा का स्थानांतरण होता है।

प्रश्न 34. चंद्रमा की सतह पर तापमान $-190°C$ से $110°C$ से मध्य रहता है, जबकि चंद्रमा भी सूर्य से लगभग उतनी ही दूरी पर है, जितना की पृथ्वी। कारण बताइए।

उत्तर चंद्रमा भी सूर्य से लगभग उतनी ही दूरी पर है, जितना कि पृथ्वी, लेकिन चंद्रमा पर वायुमंडल के न होने से तापमान $-190°C$ से $110°C$ के मध्य रहता है। तापमान नियत रखने में वायुमंडल महत्त्वपूर्ण भूमिका निभाता है।

प्रश्न 35. लाइकेन दिल्ली में नहीं पाए जाते, जबकि ये मनाली और दार्जिलिंग में बहुत अधिक मात्रा में पाए जाते हैं। क्यों?

उत्तर लाइकेन वायु प्रदूषण के संकेतक होते हैं। ये वाहनों से निकलने वाली SO_2 गैसों के प्रति संवेदनशील है। चूँकि दिल्ली में बहुत अधिक मात्रा में वाहनों के होने से वायु प्रदूषण होता है, इसलिए ये दिल्ली में लाइकेन नहीं पास परंतु मनाली और दार्जिलिंग में प्रदूषण न होने के कारण लाइकेन प्रचुर मात्रा में मिलते हैं।

प्रश्न 36. समुद्र के किनारे पतंग को उड़ाना ज्यादा आसान होता है, क्यों?

उत्तर तटीय क्षेत्रों में दिन में स्थल के ऊपर की वायु तेजी से गर्म होकर ऊपर उठना शुरू करती है। जैसे ही यह वायु ऊपर की ओर उठती है वहाँ कम दाब का क्षेत्र बन जाता है और समुद्र के ऊपर की वायु कम दाब वाले क्षेत्र की ओर प्रवाहित हो जाती है। एक क्षेत्र से दूसरे क्षेत्र में वायु की गति पवनों का निर्माण करती है। दिन के समय हवा की दिशा समुद्र से स्थल की ओर होती है, इसीलिए समुद्र के किनारे पतंग उड़ाना ज्यादा आसान होता है।

प्रश्न 37. 'जल से मृदा का निर्माण होता है'। क्या आप इस कथन से सहमत हैं, यदि हाँ, तो कारण बताइए।

उत्तर 'जल से मृदा का निर्माण होता है' हाँ इस कथन से सहमत हैं। जल मृदा के निर्माण में दो प्रकार से सहायता करता है

(i) पहला सूर्य के ताप से बने पत्थरों की दरार में जल जा सकता है। यदि यह जल बाद में जम जाता है, तो यह दरार को और अधिक चौड़ा कर देता है।

(ii) दूसरा बहता हुआ जल कठोर पत्थरों को भी तोड़-फोड़ देता है। तेज गति के साथ बहता हुआ जल प्रायः अपने साथ बड़े और छोटे पत्थरों को बहा कर ले जाता है। ये पत्थर दूसरे पत्थरों के साथ टकराकर छोटे-छोटे कणों में बदल जाते हैं।

दीर्घ उत्तरीय प्रश्न

प्रश्न 38. 'धूल एक प्रदूषक है' व्याख्या कीजिए।

उत्तर हवा में उपस्थित धूल के कणों में साँस लेने से कैंसर, हृदय रोग तथा एलर्जी जैसी बीमारियाँ होने की संभावनाएँ बढ़ जाती हैं। यह पौधों की वृद्धि को भी प्रभावित करता है, अतः हम कह सकते हैं कि धूल एक प्रदूषक है।

प्रश्न 39. मृदा की उर्वरता को ह्यूमस कैसे प्रभावित करता है?

उत्तर मृदा एक मिश्रण है। इसमें विभिन्न आकार के छोटे-छोटे टुकड़े मिले होते हैं। इसमें सड़े-गले जीवों के टुकड़े भी मिले होते हैं, जिसे ह्यूमस कहते हैं। मृदा की संरचना का मुख्य कारक ह्यूमस है, क्योंकि यह मृदा को सरंध्र बनाता है और वायु तथा जल को भूमि के अंदर जाने में सहायक होता है। किस मृदा पर कौन-सा पौधा होगा, यह मृदा में मिलने वाले पोषक तत्व, ह्यूमस की मात्रा और उसकी गहराई पर निर्भर करती है।

15

खाद्य संसाधनों में सुधार

सभी जीवधारियों को ऊर्जा की प्राप्ति हेतु भोजन की आवश्यकता होती है। यह ऊर्जा हमें भोजन में उपस्थित प्रोटीन, वसा, कार्बोहाइड्रेट, विटामिन तथा खनिज लवण से प्राप्त होते हैं। इन सभी तत्वों की आवश्यकता हमारे विकास, वृद्धि एवं स्वास्थ्य के लिए होती है।

पौधे तथा जंतु दोनों ही हमारे भोजन के मुख्य स्रोत हैं। अधिकांश भोज्य पदार्थ हमें कृषि तथा पशुपालन से प्राप्त होते हैं।

फसल उत्पादन में उन्नति (Progress in Crop Production)

ऊर्जा की आवश्यकता के लिए अनाज; जैसे—गेहूँ, चावल, मक्का, बाजरा तथा ज्वार से कार्बोहाइड्रेट प्राप्त होता है। दालें; जैसे—चना, मटर, उड़द, मूँग, अरहर, मसूर से प्रोटीन प्राप्त होती है। तेल वाले बीजों; जैसे—सोयाबीन, मूँगफली, तिल, अरंड, सरसों, अलसी तथा सूरजमुखी से आवश्यक वसा प्राप्त होता है।

सब्जियाँ, मसाले तथा फलों से हमें विटामिन तथा खनिज लवण एवं कुछ मात्रा में प्रोटीन, वसा तथा कार्बोहाइड्रेट भी प्राप्त होते हैं। चारा फसलें; **जैसे**—बरसीम, जई अथवा सूडान घास का उत्पादन पशुधन के चारे के रूप में किया जाता है।

विभिन्न फसलों के लिए विभिन्न जलवायु संबंधी, परिस्थितियों, तापमान तथा दीप्तिकाल की आवश्यकता होती है, जिससे कि उनकी समुचित वृद्धि हो सके और वे अपना जीवन चक्र पूरा कर सके। दीप्तिकाल सूर्य-प्रकाश के काल से संबंधित होता है। पौधों में पुष्पन तथा वृद्धि सूर्य के प्रकाश पर निर्भर करती है।

ऋतुओं के आधार पर फसलों को तीन वर्गों में बाँटा गया है

(i) खरीफ फसलें (ii) रबी फसलें (iii) जायद फसलें

खरीफ फसलें (Kharif Crops)

ये फसलें जून से आरंभ होकर अक्टूबर महीने तक होती हैं; ***जैसे***—धान, सोयाबीन, अरहर, मक्का, मूँग तथा उड़द आदि **खरीफ** फसलें हैं।

रबी फसलें (Rabi Crops)

जो नवम्बर से अप्रैल महीने तक होती हैं, **रबी फसल** कहलाती हैं; ***जैसे***—गेहूँ, चना, मटर, सरसों तथा अलसी, रबी फसलें हैं। भारतवर्ष की बढ़ती हुई जनसंख्या के लिए पर्याप्त अन्न उत्पादन तथा अनाज खरीदने के लिए धन उपलब्धता अर्थात् खाद्य सुरक्षा एक महत्त्वपूर्ण विषय है।

जायद फसलें (Zaid Crops)

इस वर्ग की फसलों में गर्म शुष्क मौसम को सहन करने की क्षमता होती है, इस वर्ग में मुख्यत: खरबूजा, तरबूज, ककड़ी, खीरे की फसलें आती हैं।

फसल उत्पादन में सुधार की प्रक्रिया में प्रयुक्त गतिविधियों को निम्न प्रमुख वर्गों में बाँटा जाता है

1. फसल की किस्मों में सुधार (Crop Variety Improvement)

फसलों का उत्पादन अच्छा हो यह प्रयास फसलों की किस्मों के चयन पर निर्भर करता है।

यह हम दो विधियों द्वारा कर सकते हैं

(i) संकरण विधि में विभिन्न आनुवंशिक गुणों वाले पौधों में संकरण करवाते हैं। यह संकरण अंतराकिस्मीय, अंतरास्पीशीज अथवा अंतरावंशीय हो सकता है।

(ii) फसल सुधार की दूसरी विधि है ऐच्छिक गुणों वाले जीन का डालना। इसके परिणामस्वरूप आनुवंशिकीय रूपांतरित फसल प्राप्त होती है।

कृषि प्रणालियाँ तथा फसल उत्पादन मौसम, मिट्टी की गुणवत्ता तथा पानी की उपलब्धता पर निर्भर करते हैं। चूँकि मौसम परिस्थितियाँ; जैसे—सूखा तथा बाढ़ का पूर्वानुमान कठिन होता है। इसलिए ऐसी किस्में अधिक उपयोगी हैं, जो विविध जलवायु परिस्थितियों में भी उग सके।

किस्मों में सुधार के लिए कुछ कारक हैं

(i) **उच्च उत्पादन** प्रति एकड़ फसल की उत्पादकता बढ़ाना।

(ii) **उन्नत किस्में** फसल उत्पाद की गुणवत्ता, प्रत्येक फसल में भिन्न होती है। दाल में प्रोटीन की गुणवत्ता, तिलहन में तेल की गुणवत्ता और फल तथा सब्जियों का संरक्षण महत्त्वपूर्ण है।

(iii) **जैविक तथा अजैविक प्रतिरोधकता** जैविक (रोग, कीट तथा निमेटोड) तथा अजैविक (सूखा, क्षारता, जलाक्रांति, गरमी, ठंड तथा पाला) परिस्थितियों के कारण फसल उत्पादन कम हो सकता है। इन परिस्थितियों को सहन कर सकने वाली किस्में फसल उत्पादन में सुधार कर सकती हैं।

(iv) **परिपक्वन काल में परिवर्तन** फसल को उगाने से लेकर कटाई तक कम से कम समय लगना आर्थिक दृष्टि से अच्छा है। कम समय होने के कारण फसल उत्पादन में धन भी कम खर्च होता है। समान परिपक्वन कटाई की प्रक्रिया को सरल बनाता है और कटाई के दौरान होने वाली फसल की हानि कम हो जाती है।

(v) **व्यापक अनुकूलता** व्यापक अनुकूलता वाली किस्मों का विकास करना विभिन्न पर्यावरणीय परिस्थितियों में फसल उत्पादन को स्थाई करने में सहायक होता है।

(vi) **ऐच्छिक शस्य विज्ञान गुण** चारे वाली फसलों के लिए लंबी तथा सघन शाखाएँ ऐच्छिक गुण हैं। अनाज के लिए बौने पौधे उपयुक्त हैं ताकि इन फसलों को उगाने के लिए कम पोषकों की आवश्यकता हो। इस प्रकार शस्य विज्ञान वाली किस्में अधिक उत्पादन प्राप्त करने में सहायक होती हैं।

2. फसल उत्पादन प्रबंधन (Crop Production Management)

किसान की लागत क्षमता फसल तंत्र तथा उत्पादन प्रणालियों का निर्धारण करती हैं। इसलिए उत्पादन प्रणालियाँ भी विभिन्न स्तर की हो सकती हैं। 'बिना लागत' उत्पादन 'अल्प लागत' उत्पादन तथा 'अधिक लागत' उत्पादन प्रणालियाँ इनमें सम्मिलित हैं।

पोषक प्रबंधन (Nutrient Management)

जिस प्रकार हमें विकास, वृद्धि तथा स्वस्थ रहने के लिए भोजन की आवश्यकता होती है, वैसे ही पौधों को भी वृद्धि के लिए पोषक पदार्थों की आवश्यकता होती है। पौधों को पोषक पदार्थ हवा, पानी तथा मिट्टी से प्राप्त होते हैं। पौधों के लिए **16** पोषक पदार्थ आवश्यक हैं। हवा से कार्बन तथा ऑक्सीजन, पानी से हाइड्रोजन तथा ऑक्सीजन एवं शेष **13** पोषक पदार्थ मिट्टी से प्राप्त होते हैं। इन 13 पोषकों में से 6 की अधिक मात्रा चाहिए इसलिए इन्हें वृहत् पोषक कहते हैं। शेष 7 पोषकों की आवश्यकता कम मात्रा में होती है, इसलिए इन्हें सूक्ष्म पोषक कहते हैं।

अधिक उत्पादन प्राप्त करने के लिए मिट्टी में खाद तथा उर्वरक के रूप में इन पोषकों को मिलाना आवश्यक है।

हवा, पानी तथा मृदा से प्राप्त होने वाले पोषक

स्रोत	पोषक
हवा	कार्बन और ऑक्सीजन।
पानी	हाइड्रोजन और ऑक्सीजन।
मृदा	(i) **वृहत् पोषक** तत्व नाइट्रोजन, फॉस्फोरस, पोटैशियम, कैल्शियम, मैग्नीशियम और सल्फर। (ii) **सूक्ष्म पोषक** तत्व आयरन, मैंगनीज, बोरॉन, जिंक, कॉपर, मॉलिब्डेनम और क्लोरीन।

खाद (Manure)

इसमें कार्बनिक पदार्थों की मात्रा अधिक होती है। खाद मिट्टी को पोषकों तथा कार्बनिक पदार्थों से परिपूर्ण करती है और मिट्टी की उर्वरता बढ़ाती है। खाद में कार्बनिक पदार्थों की अधिक मात्रा मिट्टी की संरचना में सुधार करती है। इसके कारण रेतीली मिट्टी में पानी को रखने की क्षमता बढ़ जाती है। चिकनी मिट्टी में कार्बनिक पदार्थों की अधिक मात्रा पानी को निकालने में सहायता करती है, जिससे पानी एकत्रित नहीं होता।

खाद बनाने की प्रक्रिया में विभिन्न जैव पदार्थ के उपयोगों के आधार पर खाद को निम्न वर्गों में विभाजित किया गया है

(a) **कंपोस्ट** कंपोस्टीकरण प्रक्रिया में कृषि अपशिष्ट पदार्थ; ***जैसे***—पशुओं का मलमूत्र (गोबर आदि), सब्जी के छिलके एवं कचरा, जानवरों द्वारा परित्यक्त चारे, घरेलू कचरे, सीवेज कचरे आदि को गड्ढों में विगलित कर देते हैं। कंपोस्ट में कार्बनिक पदार्थ तथा पोषक बहुत अधिक मात्रा में होते हैं।

(b) **वर्मी कंपोस्ट** केंचुओं द्वारा पौधे तथा जानवरों के अपशिष्ट पदार्थों के शीघ्र निरस्तीकरण की प्रक्रिया द्वारा बनाई गई खाद वर्मी कंपोस्ट कहलाती है।

(c) **हरी खाद** फसल उगाने से पहले खेतों में कुछ पौधे; ***जैसे***—पटसन, मूँग अथवा ज्वार आदि उगा देते हैं और तत्पश्चात् उन पर हल चलाकर खेत की मिट्टी में मिला दिया जाता है। ये पौधे हरी खाद में परिवर्तित हो जाते हैं, जो मिट्टी को नाइट्रोजन तथा फॉस्फोरस से परिपूर्ण करने में सहायक होते हैं।

उर्वरक (Fertilizers)

यह व्यवसायिक रूप में तैयार पादप पोषक हैं। उर्वरक नाइट्रोजन, फॉस्फोरस तथा पोटैशियम प्रदान करते हैं। इनके उपयोग से अच्छी कायिक वृद्धि होती है और स्वस्थ पौधों की प्राप्ति होती है।

उर्वरक का उपयोग बड़े ध्यान से करना चाहिए और उसके सदुपयोग के लिए इसकी खुराक की उचित मात्रा, उचित समय तथा उर्वरक देने से पहले तथा उसके बाद की सावधानियों को अपनाना चाहिए।

कभी-कभी उर्वरक अधिक सिंचाई के कारण पानी में बह जाते हैं और पौधे उसका पूरा अवशोषण नहीं कर पाते। उर्वरक की यह अधिक मात्रा जल प्रदूषण का कारण होती है।

उर्वरक का सतत् प्रयोग मिट्टी की उर्वरता को घटाता है, क्योंकि कार्बनिक पदार्थ की पुनः पूर्ति नहीं हो पाती तथा इससे सूक्ष्मजीवों एवं भूमिगत जीवों का जीवन चक्र अवरूद्ध हो जाता है। उर्वरक का अधिक उपयोग मृदा की उर्वरता को कुछ समय हानि पहुँचाते हैं, जबकि खाद के उपयोग के लाभ दीर्घावधि है।

कार्बनिक खेती (Organic Farming)

यह खेती करने की वह पद्धति है, जिसमें रासायनिक उर्वरक, पीड़कनाशी, शाकनाशी आदि का उपयोग बहुत कम या बिल्कुल नहीं होता।

इस पद्धति में अधिकाधिक कार्बनिक खाद, कृषि अपशिष्ट (पुआल तथा पशुधन) का पुनर्चक्रण, जैविक कारक; ***जैसे***—नील-हरित शैवाल का संवर्धन, जैविक उर्वरक बनाने में उपयोग किया जाता है।

नीम की पत्तियों तथा हल्दी का विशेष रूप से जैव कीटनाशकों के रूप में खाद्य संग्रहण में प्रयोग किया जाता है। कुशल फसलीकरण पद्धति के लिए मिश्रित खेती, अंतरफसलीकरण तथा फसल चक्र आवश्यक है। ये फसल तंत्र कीट, पीड़क तथा खरपतवार को नियंत्रित करते हैं और पोषक तत्व भी प्रदान करते हैं।

सिंचाई (Irrigation)

भारत में अधिकांश खेती वर्षा पर आधारित है। इसलिए कम वर्षा होने पर फसल उत्पादन कम हो जाता है। उचित समय पर सिंचाई करने से संभावित फसल उत्पादन में वृद्धि हो सकती है। सिंचाई करने के अनेक स्रोत हैं।

सिंचाई के उदाहरण निम्न प्रकार से हैं

(a) **कुएँ** *यह दो प्रकार के होते हैं;* ***जैसे***—खुदे हुए कुएँ तथा नलकूप। खुदे हुए कुएँ द्वारा भूमिगत जल स्तरों में स्थित पानी को एकत्रित किया जाता है। नलकूप में पानी गहरे जल स्तरों से निकाला जाता है। इन कुओं से सिंचाई के लिए पानी को पंप द्वारा निकाला जाता है।

(b) **नहरें** यह सिंचाई का एक बहुत विस्तृत तथा व्यापक तंत्र है। इनमें पानी एक या अधिक जलाशयों अथवा नदियों से आता है। मुख्य नहर से शाखाएँ निकलती हैं, जो विभाजित होकर खेतों में सिंचाई करती हैं।

(c) **नदी जल उठाव प्रणाली** जिन क्षेत्रों में जलाशयों से कम पानी मिलने के कारण नहरों का बहाव अनियमित अथवा अपर्याप्त होता है, वहाँ जल उठाव प्रणाली अधिक उपयोगी रहती है। नदियों के किनारे स्थित खेतों में सिंचाई करने के लिए नदियों से सीधे ही पानी निकाला जाता है।

(d) **तालाब** छोटे जलाशय, जो छोटे क्षेत्रों में बहे हुए पानी का संग्रह करते हैं, तालाब का रूप ले लेते हैं।

फसल पैटर्न (Cropping Patterns)

अधिक लाभ प्राप्त करने के लिए फसल उगाने की विभिन्न विधियों का उपयोग किया जा सकता है

(a) **मिश्रित फसल** इसमें दो अथवा दो से अधिक फसलों को एक साथ ही एक खेत में उगाते हैं। ***उदाहरण*** गेहूँ + चना अथवा गेहूँ + सरसों अथवा मूँगफली + सूरजमुखी। इससे हानि होने की संभावना कम हो जाती है, क्योंकि एक फसल के नष्ट हो जाने पर भी दूसरे फसल उत्पादन की आशा बनी रहती है।

(b) **अंतराफसलीकरण** इसमें दो अथवा दो से अधिक फसलों को एक साथ एक ही खेत में निश्चित पैटर्न पर उगाते हैं। कुछ पंक्तियों में एक प्रकार की फसल तथा उनके एकांतर में स्थित दूसरी पंक्तियों में दूसरी प्रकार की फसल उगाते हैं। ***उदाहरण*** सोयाबीन + मक्का अथवा बाजरा + लोबिया। फसल का चुनाव इस प्रकार करते हैं कि उनकी पोषक तत्वों की आवश्यकताएँ भिन्न-भिन्न हों, जिससे पोषकों का अधिकतम उपयोग हो सके। इस विधि द्वारा पीड़क व रोगों को एक प्रकार की फसल के साथ पौधों में फैलने से रोका जा सकता है। इस प्रकार दोनों फसलों से अच्छा उत्पादन प्राप्त होता है।

(c) **फसल चक्र** (Crop cycle) किसी खेत में क्रमवार पूर्व नियोजित कार्यक्रम के अनुसार, विभिन्न फसलों के उगाने को **फसल चक्र** कहते हैं। परिपक्वन काल के आधार पर विभिन्न फसल सम्मिश्रण के लिए फसल चक्र अपनाया जाता है। एक कटाई के बाद कौन-सी फसल उगानी चाहिए यह नमी तथा सिंचाई की उपलब्धता पर निर्भर करता है।

उदाहरण मक्का जौ—परती—गेहूँ

यदि फसल चक्र उचित ढंग से अपनाया जाए, तो एक वर्ष में दो अथवा तीन फसलों से अच्छा उत्पादन किया जा सकता है।

3. फसल सुरक्षा प्रबंधन (Crop Protection Management)

खेतों में फसल खरपतवार, कीट-पीड़क तथा रोगों से प्रभावित होती है। ये फसलों को बहुत हानि पहुँचाते हैं। खरपतवार अनावश्यक पौधे होते हैं। *उदाहरण* गोखरू (*जैंथियम*), गाजर घास (*पारथेनियम*) व मोथा (*साइपेरस रोटेडस*)।

खरपतवार पोषक तत्व भी लेते हैं, जिससे फसलों की वृद्धि प्रभावित हो जाती है। इसलिए अच्छी पैदावार कि लिए प्रारंभिक अवस्था में ही खरपतवार को खेतों से निकाल देना चाहिए।

प्राय: कीट-पीड़क तीन प्रकार से पौधों पर आक्रमण करते हैं

(i) ये मूल, तने तथा पत्तियों को काट देते हैं।

(ii) ये पौधे के विभिन्न भागों से कोशिकीय रस चूस लेते हैं।

(iii) ये तने तथा फलों में छिद्र कर देते हैं।

खरपतवार, कीट तथा रोगों पर नियंत्रण कई विधियों द्वारा किया जा सकता है

(a) **प्रचलित विधि** पीड़कनाशी रसायनों को फसल के पौधों पर छिड़कना सर्वाधिक प्रचलित विधि है। अंतराफसलीकरण तथा फसल चक्र खरपतवार को नियंत्रित करने में सहायक होती हैं।

(b) पीड़कों पर नियंत्रण पाने के लिए प्रतिरोध क्षमता वाली किस्मों का उपयोग तथा ग्रीष्मकाल में हल से जुताई कुछ निरोधक विधियाँ हैं। इस विधि में खरपतवार तथा पीड़कों को नष्ट करने के लिए गर्मी के मौसम में गहराई तक हल चलाया जाता है।

अनाज का भंडारण (Storage of Grains)

कृषि उत्पाद के अनुपयुक्त असंगत भंडारण से बहुत हानि हो सकती है इस हानि के जैविक कारक कीट, कृतंक, कवक, चिचड़ी तथा जीवाणु हैं तथा अजैविक कारक भंडारण के स्थान पर उपयुक्त नमी व ताप का अभाव है।

ये कारक उत्पाद की गुणवत्ता को खराब कर देते हैं, वजन कम कर देते हैं तथा अंकुरण करने की क्षमता कम कर देते हैं। उत्पाद को बदरंग कर देते हैं। ये सब लक्षण बाजार में उत्पाद की कीमत को कम कर देते हैं।

इन कारकों पर नियंत्रण पाने के लिए उचित उपचार और भंडारण का प्रबंधन निम्न प्रकार से होना चाहिए

(i) सबसे पहले उत्पाद की नियंत्रित सफाई होनी चाहिए।

(ii) फिर उत्पाद को पहले सूर्य के प्रकाश में और फिर छाया में सुखाना चाहिए।

(iii) धूमक का उपयोग, जिससे कि पीड़क मर जाए।

पशुपालन (Animal Husbandry)

पशुधन के प्रबंधन को पशुपालन कहते हैं। इसके अंतर्गत बहुत से कार्य; ***जैसे***—भोजन देना, प्रजनन तथा रोगों पर नियंत्रण करना आता है। पशुपालन के अंतर्गत पशु कृषि, मुर्गीपालन, मधुमक्खी पालन तथा मत्स्य उत्पादन आदि आते हैं।

1. पशु कृषि (Cattle Farming)

पशुपालन के दो उद्देश्य हैं

(i) दूध देने वाले तथा कृषि कार्य (हल चलाना, सिंचाई तथा बोझा ढोने) के लिए पशुओं को पालना।

(ii) भारतीय पालतू पशुओं की दो मुख्य स्पीशीज हैं; गाय (*बॉस इंडिकस*), भैंस (*बुबेलस बुबेलिस*) दूध देने वाली मादाओं को **दुधारू पशु** कहते हैं। दूध उत्पादन, पशु के दुग्धस्त्रवण के काल पर कुछ सीमा तक निर्भर करता है, जिसका अर्थ है बच्चे के जन्म के पश्चात् दूध उत्पादन का समय काल। इस प्रकार दूध उत्पादन दुग्धस्त्रवण काल के लिए विदेशी नस्लों; ***जैसे***—जर्सी, ब्राउन स्विस का चुनाव करते हैं। देसी नस्लों; ***जैसे***—रेडसिंधी, साहीवाल में रोग प्रतिरोधक क्षमता बहुत अधिक होती है। यदि इन दोनों नस्लों का संकरण कराया जाए, तो एक ऐसी संतति प्राप्त होती है, जिसमें दोनों ऐच्छिक गुण होते हैं (रोग प्रतिरोधक क्षमता व लंबा दुग्धस्त्रवण काल)।

दूध देने वाले पशु (डेयरी पशु) *इनके आहार की आवश्यकता दो प्रकार की होती है*

(i) एक प्रकार का आहार, जो उसके स्वास्थ्य को अच्छा बनाए रखे।

(ii) दूसरा वह जो दूध उत्पादन को बढ़ाए। इसकी आवश्यकता दुग्धस्त्रवण काल के समय होती है।

पशु आहार के अंतर्गत निम्नलिखित पदार्थ आते हैं

(i) मोटा चारा (रूक्षांश) जो प्राय: रेशे होते हैं।

(ii) सांद्र जिनमें रेशे कम होते हैं और प्रोटीन तथा अन्य पोषक तत्व अधिक होते हैं।

पशु अनेक प्रकार के रोगों से ग्रसित हो सकते हैं। पशु के बाह्य परजीवी तथा अन्त:परजीवी दोनों ही होते हैं। बाह्य परजीवी त्वचा पर रहते हैं, जिनसे पशुओं को त्वचा रोग हो सकते हैं। अन्त:परजीवी; ***जैसे***—कीड़े आमाशय तथा आँत को तथा पर्ण कृमि (लीवर फ्लूक) यकृत को प्रभावित करते हैं।

संक्रामक रोग बैक्टीरिया तथा वाइरस के कारण होते हैं। अनेक विषाणु तथा जीवाणुजनित रोगों से पशुओं को बचाने के लिए टीका लगाया जाता है।

2. कुक्कुट (मुर्गीपालन) (Poultry Farming)

अंडे व कुक्कुट माँस के उत्पादन को बढ़ाने के लिए मुर्गीपालन किया जाता है। इसलिए कुक्कुट पालन में उन्नत मुर्गी की नस्लें विकसित की जाती हैं। अंडों के लिए अंडे देने वाली (लेअर) मुर्गी तथा माँस के लिए ब्रौलर को पाला जाता है।

नई किस्में बनाने के लिए देशी; ***जैसे***—एरिल तथा विदेशी; ***जैसे***—लेगहॉर्न नस्लों का सकंरण किया जाता है। इसकी निम्न विशेषताएँ हैं—

(i) चूजों की संख्या तथा गुणवत्ता

(ii) छोटे कद के ब्रौलर माता-पिता द्वारा चूजों के व्यवसायिक उत्पादन हेतु

(iii) गर्मी अनुकूलन क्षमता/उच्च तापमान को सहने की क्षमता

(iv) देखभाल में कम खर्च की आवश्यकता।

(v) अंडे देने वाले तथा ऐसी क्षमता वाले पक्षी, जो कृषि के उपोत्पाद से प्राप्त सस्ते रेशेदार आहार का उपभोग कर सके।

अंडों तथा ब्रौलर का उत्पादन (Egg and Broiler Production)

ब्रौलर चूजों को अच्छी वृद्धि दर तथा अच्छी आहार दक्षता के लिए विटामिन से प्रचुर आहार मिलते हैं। उन्हें ब्रौलर के रूप में उत्पादित किया जाता है तथा माँस के प्रयोजन के लिए विपणन किया जाता है।

ब्रौलर की आवास, पोषण तथा पर्यावरणीय आवश्यकताएँ अंडे देने वाले कुक्कुटों से कुछ भिन्न होती है। ब्रौलर के आहार में प्रोटीन तथा वसा प्रचुर मात्रा में होता है। कुक्कुट आहार में विटामिन-A तथा K की मात्रा भी अधिक रखी जाती है।

मुर्गीपालन में अच्छा उत्पादन प्राप्त करने के लिए अच्छी प्रबंधन प्रणालियाँ बहुत आवश्यक हैं। इसके अंतर्गत इनके आवास में उचित ताप तथा स्वच्छता का निर्धारण करके कुक्कुट आहार की गुणवत्ता को बनाए रखा जाता है। इनके साथ-साथ रोगों तथा पीड़कों पर नियंत्रण तथा उनसे बचाव करना भी शामिल है। विषाणु, जीवाणु, कवक, प्रोटोजोआ, अन्य परजीवी तथा पोषणहीनता के कारण मुर्गियों में अनेक रोग हो जाते हैं।

3. मत्स्य उत्पादन (मछली उत्पादन) (Fish Production)

हमारे भोजन में मछली प्रोटीन का एक समृद्ध स्रोत है। मछली उत्पादन में पखयुक्त मछलियाँ, कवचीय मछलियाँ; ***जैसे***—प्रॉन तथा मोलस्क सम्मिलित हैं।

मछली पकड़ना तथा मछली संवर्धन समुद्र तथा ताजे जल के पारिस्थितिक तंत्रों में किया जाता है।

इस आधार पर मत्स्य उत्पादन के दो प्रकार है

(i) समुद्री मत्स्यकी (Marine Fisheries)

भारत का समुद्री मछली संसाधन क्षेत्र 7500 किलोमीटर समुद्री तट तथा इसके अतिरिक्त समुद्र की गहराई तक है। सर्वाधिक प्रचलित समुद्री मछलियाँ पॉमफ्रेट, मैकर्ल, टुना, सारडाइन तथा बाँबे डक हैं। कुछ आर्थिक महत्त्व वाली समुद्री मछलियों का समुद्री जल में संवर्धन भी किया जाता है। इनमें प्रमुख हैं मुलेट, भेटकी तथा पर्लस्पॉट (पखयुक्त मछलियाँ) कवचीय मछलियाँ; ***जैसे***—झींगा, मस्सल तथा ऑएस्टर एवं साथ ही समुद्री खरपतवार। ऑएस्टर का संवर्धन मोतियों को प्राप्त करने के लिए किया जाता है।

समुद्री मछलियों का भंडार कम होने की अवस्था में इन की पूर्ति संवर्धन के द्वारा हो सकती है। इस प्रणाली को समुद्री संवर्धन (मेरीकल्चर) कहते हैं।

(ii) अंतःस्थली मत्स्यकी (Island Fisheries)

ताजे जल के स्रोत नाले, तालाब, पोखर तथा नदियाँ हैं। खारे जल के संसाधन, जहाँ समुद्री जल तथा ताजा जल मिश्रित होते हैं; ***जैसे***—नदी मुख तथा लैंगून महत्त्वपूर्ण मत्स्य भंडारण हैं।

मछली संवर्धन कभी-कभी धान की फसल के साथ भी किया जाता है। अधिक मछली संवर्धन मिश्रित मछली संवर्धन तंत्र से किया जाता है। इस प्रक्रिया में देशी तथा आयतित प्रकार की मछलियों का प्रयोग किया जाता है।

ऐसे तंत्र में एक ही तालाब में 5 अथवा 6 मछलियों की स्पीशीज का प्रयोग किया जाता है इनमें ऐसी मछलियों को चुना जाता है, जिनमें आहार की प्रतिस्पर्धा न हो अथवा उनके आहार भिन्न-भिन्न हों। इसके परिणामस्वरूप तालाब के प्रत्येक भाग में उपलब्ध आहार का प्रयोग हो जाता है।

जैसे कटला मछली जल की सतह से अपना भोजन लेती है। रोहू मछली तालाब के मध्य क्षेत्र से, मृगल तथा कॉमन कार्प तालाब की तली से भोजन लेती है। ग्रास कार्प खरपतवार खाती है। इस प्रकार ये सभी मछलियाँ साथ-साथ रहते हुए भी बिना स्पर्धा के अपना अपना आहार लेती हैं। इससे तालाब से मछली के उत्पादन में वृद्धि होती है।

मछली संवर्धन के लिए अच्छी गुणवत्ता वाले डिंभों का उपलब्ध न होना एक गंभीर समस्या है। इस समस्या के समाधान के लिए ऐसी विधियाँ खोजी जा रही हैं कि तालाब में इन मछलियों का संवर्धन हॉर्मोन के उपयोग द्वारा किया जा सके। इससे ऐच्छिक मात्रा में शुद्ध मछली के डिंभ प्राप्त होते रहेंगे।

4. मधुमक्खी पालन (Bee Keeping)

मधुमक्खी पालन मधु तथा मोम को प्राप्त करने के लिए किया जाता है। चूँकि मधुमक्खी पालन में पूँजी निवेश कम होता है, इसलिए किसान इसे धनार्जन का अतिरिक्त साधन मानते हैं। मोम का उपयोग औषधि तैयार करने में किया जाता है।

व्यवसायिक स्तर पर मधु उत्पादन के लिए देशी किस्म की मक्खी *एपिस सेरना इंडिका* (सामान्य भारतीय मधुमक्खी), *एपिस डोरसेटा* (एक शैल मधुमक्खी) तथा *एपिस फ्लोरी* (लिटिल मधुमक्खी) का प्रयोग करते हैं।

एक इटली की मधुमक्खी (*एपिस मेलीफेरा*) का प्रयोग मधु के उत्पादन को बढ़ाने के लिए किया जाता है। अत: व्यवसायिक मधु उत्पादन में इस मक्खी का प्राय: उपयोग किया जाता है।

इटली की मधुमक्खी में मधु एकत्र करने की क्षमता बहुत अधिक होती है। वह डंक भी कम मारती है; निर्धारित छत्ते में काफी समय तक रहती है और प्रजनन तीव्रता से करती है। व्यवसायिक मधु उत्पादन के लिए मधुवाटिका अथवा मधुमक्खी फार्म बनाए गए हैं।

मधु की कीमत अथवा गुणवत्ता मधुमक्खियों के चरागाह अर्थात् उनको मधु एकत्र करने के लिए उपलब्ध फूलों पर निर्भर करती है। मधुमक्खियाँ फूलों से मकरंद तथा पराग एकत्र करती हैं। चरागाह की पर्याप्त उपलब्धता के अतिरिक्त फूलों की किस्में मधु के खाद को निर्धारित करती हैं।

प्रश्नावली 15.1

पृष्ठ 229

प्रश्न 1. अनाज, दाल, फल तथा सब्जियों से हमें क्या प्राप्त होता है?

उत्तर ऊर्जा के लिए आवश्यक कार्बोहाइड्रेट अनाज; ***जैसे***—गेहूँ, चावल, मक्का, बाजरा तथा ज्वार से प्राप्त होता है। दालें; ***जैसे***—चना, मटर, उड़द, मूँग, अरहर, मसूर से प्रोटीन प्राप्त होती है। तेल वाले बीजों; ***जैसे***—सोयाबीन, मूँगफली, तिल, अरंड, सरसों, अलसी तथा सूरजमुखी से आवश्यक वसा प्राप्त होती है और सब्जियों तथा फलों से हमें विटामिन तथा खनिज लवण, कुछ मात्रा में प्रोटीन, वसा तथा कार्बोहाइड्रेट भी प्राप्त होते हैं।

पृष्ठ 230

प्रश्न 1. जैविक तथा अजैविक कारक किस प्रकार फसल उत्पादन को प्रभावित करते हैं?

उत्तर जैविक कारक; ***जैसे***–रोग, कीट तथा निमेटोड तथा अजैविक कारक; ***जैसे***–सूखा, क्षारता, जलाक्रांति, गरमी, ठंड तथा पाला) के कारण फसल उत्पादन कम हो जाता है, रोग की संभावना बढ़ जाती है, विभिन्न परिस्थितियों को सहन करने की क्षमता बहुत कम हो जाती है।

प्रश्न 2. फसल सुधार के लिए ऐच्छिक सस्य विज्ञान गुण क्या है?

उत्तर चारे वाली फसलों के लिए लंबी तथा सघन शाखाएँ ऐच्छिक गुण है। अनाज के लिए बौने पौधे उपयुक्त हैं ताकि इन फसलों को उगाने के लिए कम पोषकों की आवश्यकता हो। इस प्रकार सस्य विज्ञान वाली किस्में अधिक उत्पादन प्राप्त करने में सहायक होती हैं।

पृष्ठ 231

प्रश्न 1. वृहत् पोषक क्या हैं और इन्हें वृहत् पोषक तत्व क्यों कहते हैं?

उत्तर पौधों की वृद्धि के लिए 16 पोषक पदार्थ आवश्यक हैं, इनमें से 6 की अधिक मात्रा उपलब्ध होनी चाहिए इसलिए इन्हें वृहत् पोषक कहते हैं।

(i) नाइट्रोजन, फॉस्फोरस, पोटैशियम, सल्फर प्रोटीन में पाए जाते हैं।

(ii) कैल्शियम कोशिका भित्ति में उपस्थित होता है।

(iii) मैग्नीशियम क्लोरोफिल से मिलता है।

प्रश्न 2. पौधे अपना पोषण कैसे प्राप्त करते हैं?

उत्तर पौधे अपना पोषण हवा, पानी तथा मिट्टी से प्राप्त करते हैं। मिट्टी में पोषक पदार्थ घुली अवस्था में होते हैं, जिन्हें जड़ द्वारा अवशोषित कर लिया जाता है और जाइलम तथा फ्लोएम ऊतकों के द्वारा पौधे के एक भाग से दूसरे भागों तक पहुँचाया जाता है।

पृष्ठ 232

प्रश्न 1. मिट्टी की उर्वरता को बनाए रखने के लिए खाद तथा उर्वरक के उपयोग की तुलना कीजिए।

उत्तर **मिट्टी की उर्वरता पर खाद का प्रभाव** खाद मिट्टी को पोषकों तथा कार्बनिक पदार्थों से परिपूर्ण करती है, जिससे मिट्टी की संरचना में सुधार होता है तथा उर्वरता बढ़ती है। इसके कारण रेतीली मिट्टी में पानी को रखने की क्षमता बढ़ जाती है। चिकनी मिट्टी में कार्बनिक पदार्थों की अधिक मात्रा पानी को निकालने में सहायता करती है, जिससे पानी एकत्रित नहीं होता है।

उर्वरक का प्रभाव उर्वरक व्यवसायिक रूप में तैयार पादप पोषक है। उर्वरक नाइट्रोजन, फॉस्फोरस तथा पोटैशियम प्रदान करते हैं। इनके उपयोग से अच्छी कायिक वृद्धि होती है और स्वस्थ पौधों की प्राप्ति होती है। उर्वरक का सतत् प्रयोग मिट्टी की उर्वरता को घटाता है, क्योंकि कार्बनिक पदार्थों की पुनः पूर्ति नहीं हो पाती तथा इससे सूक्ष्मजीवों एवं भूमिगत जीवों का जीवन चक्र अवरूद्ध होता है।

पृष्ठ 235

प्रश्न 1. निम्नलिखित में से कौन-सी परिस्थिति में सबसे अधिक लाभ होगा? क्यों?

(i) किसान उच्च कोटि के बीज का उपयोग करें, सिंचाई न करें अथवा उर्वरक का उपयोग न करें।

(ii) किसान सामान्य बीजों का उपयोग करें, सिंचाई करें तथा उर्वरक का उपयोग करें।

(iii) किसान अच्छी किस्म के बीज का प्रयोग करें, सिंचाई करें, उर्वरक का उपयोग करें तथा फसल सुरक्षा की विधियाँ अपनाएँ।

उत्तर (iii) किसान को अच्छी किस्म का बीज प्रयोग करने से, सिंचाई करने से तथा उर्वरक का प्रयोग करने से परिस्थिति का अधिक लाभ होगा, क्योंकि अच्छी किस्म के बीज तब तक लाभदायक नहीं है, जब तक उन्हें पर्याप्त सिंचाई, उचित उर्वरक तथा फसल सुरक्षा न मिले।

प्रश्न 2. फसल की सुरक्षा के लिए निरोधक विधियाँ तथा जैव नियंत्रण अच्छा क्यों समझा जाता है?

उत्तर पौधों में रोग बैक्टीरिया, कवक तथा वाइरस जैसे रोग कारकों द्वारा होता है, इनके नियंत्रण के लिए पीड़कनाशी रसायनों का उपयोग किया जाता है, लेकिन इनके अधिक उपयोग से बहुत सी समस्याएँ उत्पन्न हो जाती हैं अतः निरोधक विधियाँ; ***जैसे***—समय पर फसल उगाना, उचित क्यारियाँ तैयार करना, अंतराफसलीकरण तथा फसल चक्र खरपतवार को नियंत्रित करने में अधिक सहायक सिद्ध होती है।

प्रश्न 3. भंडारण की प्रक्रिया में कौन-से कारक अनाज की हानि के लिए उत्तरदायी हैं?

उत्तर कृषि उत्पाद के भंडारण में हानि पहुँचाने वाले जैविक कारक कीट, कृंतक, कवक, चिचड़ी तथा जीवाणु हैं और अजैविक कारक भंडारण के स्थान पर उपयुक्त नमी व ताप हैं। ये कारक उत्पाद की गुणवत्ता को खराब कर देते हैं।

पृष्ठ 236

प्रश्न 1. पशुओं की नस्ल सुधार के लिए प्रायः कौन-सी विधि का उपयोग किया जाता है और क्यों?

उत्तर दूध उत्पादन, पशु के दुग्धस्त्रवण के काल पर निर्भर करता है अतः दुग्धस्त्रवण काल को बढ़ाने से दूध उत्पादन बढ़ सकता है। लंबे समय तक दुग्धस्त्रवण काल के लिए विदेशी नस्लों; ***जैसे***—जर्सी, ब्राउन स्विस का चुनाव करते हैं। देशी नस्लों; ***जैसे***—रेंडसिंधि, साहीवाल में रोग प्रतिरोधक क्षमता बहुत अधिक होती है। यदि इन दोनों नस्लों में संकरण कराया जाए, तो एक ऐसी संतति प्राप्त होगी, जिसमें दोनों ऐच्छिक गुण (रोग प्रतिरोधक क्षमता व लंबा दुग्धस्त्रवण काल) होंगे।

पृष्ठ 237

प्रश्न 1. निम्नलिखित कथन की विवेचना कीजिए।

'यह रूचिकर है कि भारत में कुक्कुट, अल्प रेशे के खाद्य पदार्थों को उच्च पोषकता वाले पशु प्रोटीन आहार में परिवर्तन करने के लिए सबसे अधिक सक्षम है। अल्प रेशे के खाद्य पदार्थ मनुष्यों के लिए उपयुक्त नहीं होते हैं।'

उत्तर कुक्कुट, अल्प रेशे के खाद्य पदार्थों (कृषि के उपोत्पाद से प्राप्त) को उच्च पोषकता वाले पशु प्रोटीन आहार में परिवर्तन करने के लिए सबसे अधिक सक्षम है। इनसे हमें उचित गुणवत्ता के पंख, माँस तथा अंडे प्राप्त होते हैं।

पृष्ठ 238

प्रश्न 1. पशुपालन तथा कुक्कुट पालन के प्रबंधन प्रणाली में क्या समानता है?

उत्तर पशुओं तथा कुक्कुटों दोनों में ही जीवाणु, विषाणु, कवक, परजीवी तथा पोषणहीनता के कारण कई प्रकार के रोग हो सकते हैं, अतः सफाई तथा स्वच्छता का विशेष ध्यान रखा जाना चाहिए। उचित गुणवत्ता के माँस तथा अंडे के लिए पर्याप्त मात्रा में भोजन तथा नियमित रूप से रोगाणुनाशी पदार्थों का छिड़काव आवश्यक है। संक्रामक रोगों से बचाने के लिए पशुओं तथा कुक्कुटों को टीका लगवाना चाहिए, जिससे ये महामारी से ग्रसित न हों।

प्रश्न 2. ब्रौलर तथा अंडे देने वाली लेअर में क्या अंतर है? इनके प्रबंधन के अंतर को भी स्पष्ट करो।

उत्तर मुर्गी जिससे माँस प्राप्त किया जाता है, उन्हें ब्रौलर तथा अंडे देने वाली मुगियों को लेअर कहा जाता है।

ब्रौलर की आवास, पोषण तथा पर्यावरणीय आवश्यकताएँ अंडे देने वाली लेअर से कुछ भिन्न होती हैं। ब्रौलर के आहार में प्रोटीन वसा प्रचुर मात्रा में होता है। कुक्कुट आहार में विटामिन-A तथा K की मात्रा भी अधिक रखी जाती है।

पृष्ठ 239

प्रश्न 1. मछलियाँ कैसे प्राप्त करते हैं?

उत्तर *मछलियाँ प्राप्त करने की दो विधियाँ हैं* एक प्राकृतिक स्रोत (जिसे मछली पकड़ना कहते हैं तथा दूसरा स्रोत मछली पालन (या मछली संवर्धन)।

प्रश्न 2. मिश्रित मछली संवर्धन के क्या लाभ है?

उत्तर मिश्रित मछली संवर्धन तंत्र में एक ही तालाब में 5 अथवा 6 मछलियों की स्पीशीज का प्रयोग किया जाता है। इनमें ऐसी मछलियों को चुना जाता है, जिनमें आहार के लिए प्रतिस्पर्धा न हो अथवा उनके आहार भिन्न-भिन्न हों। इसके परिणामस्वरूप तालाब के प्रत्येक भाग में उपलब्ध आहार का प्रयोग हो जाता है; ***जैसे***–कटला मछली जल की

सतह से अपना भोजन लेती है। मृगल तथा कॉमन कार्प तालाब की तली से तथा ग्रास कार्प खरपतवार खाती हैं। इस प्रकार ये सभी मछलियाँ साथ-साथ रहते हुए भी बिना स्पर्धा के अपना-अपना आहार लेती हैं। इससे तालाब में मछली के उत्पादन में वृद्धि होती है।

पृष्ठ 240

प्रश्न 1. मधु उत्पादन के लिए प्रयुक्त मधुमक्खी में कौन से ऐच्छिक गुण होने चाहिए?

उत्तर *मधु उत्पादन के लिए प्रयुक्त मधुमक्खी में निम्न गुण होने चाहिए*

(i) मधु एकत्र करने की क्षमता अधिक होनी चाहिए।

(ii) निर्धारित छत्ते में काफी समय तक रहना चाहिए।

(iii) प्रजनन तीव्रता से करने की क्षमता होनी चाहिए।

प्रश्न 2. चरागाह क्या है? और ये मधु उत्पादन से कैसे संबंधित है?

उत्तर चरागाह, मधु एकत्र करने के लिए उपलब्ध फूल होते हैं। मधु की कीमत अथवा गुणवत्ता मधुमक्खियों के चरागाह पर निर्भर करती है। मधुमक्खियाँ फूलों से मकरंद तथा पराग एकत्र करती हैं। चरागाह की पर्याप्त उपलब्धता के अतिरिक्त फूलों की किस्में मधु के खाद को निर्धारित करती हैं।

अभ्यास

प्रश्न 1. फसल उत्पादन की एक विधि का वर्णन करो, जिससे अधिक पैदावार प्राप्त हो सके।

उत्तर उत्पादन की अधिक पैदावार के लिए अंतराफसलीकरण उपयुक्त विधि है। अंतराफसलीकरण में दो अथवा दो से अधिक फसलों को एक साथ एक ही खेत में उगाते हैं। कुछ पंक्तियों में एक प्रकार की फसल तथा उनके एकांतर में स्थित दूसरी पंक्तियों में दूसरी प्रकार की फसल उगाते हैं। ***उदाहरण*** सोयाबीन + मक्का अथवा बाजरा + लोबिया। फसल का चुनाव इस प्रकार करते हैं कि उनकी पोषक तत्वों की आवश्यकताएँ भिन्न-भिन्न हो, जिससे पोषकों का अधिकतम उपयोग हो सके। इस विधि द्वारा पीड़क व रोगों को एक प्रकार की फसल के सभी पौधों में फैलने से रोका जा सकता है। इस प्रकार दोनों फसलों से अच्छा उत्पादन प्राप्त किया जा सकता है।

प्रश्न 2. खेतों में खाद तथा उर्वरक का उपयोग क्यों करते हैं?

उत्तर खाद तथा उर्वरक मृदा को आवश्यक पोषक पदार्थ प्रदान करते हैं। इनके उपयोग से अच्छी कायिक वृद्धि तथा स्वस्थ पौधों की प्राप्ति होती है और फसल उत्पादन में वृद्धि होती है।

प्रश्न 3. अंतराफसलीकरण तथा फसल चक्र के क्या लाभ हैं?

उत्तर अंतराफसलीकरण के लाभ निम्न हैं

(i) मृदा की उर्वरता बढ़ती है।
(ii) फसल उत्पादन में वृद्धि होती है।
(iii) पीड़क व रोगों को एक प्रकार की फसल के सभी पौधों में फैलने से रोका जा सकता है।
(iv) समय और लागत की बचत होती है।

फसल चक्र के लाभ निम्न हैं

(i) फसलों की हानि की संभावना कम हो जाती है।
(ii) मृदा की उर्वरता संतुलित रहती है।
(iii) एक वर्ष में दो अथवा तीन फसलों से अच्छा उत्पादन प्राप्त होता है।

प्रश्न 4. आनुवंशिक फेरबदल क्या है? कृषि प्रणालियों में ये कैसे उपयोगी है?

उत्तर ऐच्छिक गुणों वाले जीन का एक पौधे से दूसरे पौधे में स्थानांतरण करके अच्छी फसल प्राप्त करना आनुवंशिक फेरबदल कहलाता है।

कृषि प्रणालियों में निम्न प्रकार से उपयोगी है

(i) इससे फसल की गुणवत्ता में सुधार होता है।
(ii) परिपक्वन काल कम हो जाता है, जिससे फसल उत्पादन में धन भी कम खर्च होता है।
(iii) एक ही किस्म को विभिन्न क्षेत्रों में विभिन्न जलवायु में उगाया जा सकता है।
(iv) जैविक तथा अजैविक प्रतिरोधक क्षमता बढ़ जाती है।

प्रश्न 5. भंडार गृहों (गोदामों) में अनाज की हानि कैसे होती है?

उत्तर कृषि उत्पाद के भंडारण में हानि जैविक कारक (कीट, कृंतक, कवक, चिचड़ी तथा जीवाणु) और अजैविक कारक (भंडारण के स्थान पर उपयुक्त नमी व ताप का अभाव) आदि से होती है। ये कारक उत्पाद की गुणवत्ता को खराब कर देते हैं; वजन कम कर देते हैं तथा अंकुरण करने की क्षमता कम कर देते हैं तथा उत्पाद को बदरंग कर देते हैं।

प्रश्न 6. किसानों के लिए पशुपालन प्रणालियाँ कैसे लाभदायक हैं?

उत्तर *पशुपालन प्रणालियाँ निम्न प्रकार से लाभदायक होती हैं*

(i) पालतू पशुओं की अच्छी नस्लों में वृद्धि।
(ii) अंडे, माँस तथा दूध से बने उत्पादों की उत्पादकता में वृद्धि।
(iii) इनके आवास, आहार, प्रजनन तथा रोगों पर नियंत्रण आदि पशुपालन प्रणालियों के अंतर्गत आता है।

प्रश्न 7. पशुपालन के क्या लाभ हैं?

उत्तर (i) दूध उत्पादन में वृद्धि।

(ii) अच्छी गुणवत्ता वाले माँस, रेशे तथा त्वचा प्राप्त होती है।

(iii) कृषि कार्य (हल चलाना, सिंचाई तथा बोझा ढोने) के लिए अच्छी नस्लों के पशुओं में वृद्धि।

प्रश्न 8. उत्पादन बढ़ाने के लिए कुक्कुट पालन, मत्स्य पालन तथा मधुमक्खी पालन में क्या समानताएँ हैं?

उत्तर उत्पादन बढ़ाने के लिए कुक्कुट पालन, मत्स्य पालन तथा मधुमक्खी पालन में नवीन किस्में, नस्लें बनाने के लिए दो नस्लों के मध्य संकरण विधि समान है।

प्रश्न 9. प्रगृहण मत्स्यन, मेरीकल्चर तथा जल संवर्धन में क्या अंतर है?

उत्तर **प्रगृहण मत्स्यन, मेरीकल्चर तथा जल संवर्धन में अंतर**

क्रं.सं.	प्रगृहण मत्स्यन	मेरीकल्चर	जल संवर्धन
(i)	मछलियाँ प्राकृतिक स्रोत; ***जैसे***—तालाब, नदियों आदि से प्राप्त करते हैं।	मछलियाँ समुद्री जल से प्राप्त करते हैं।	मछलियों का संवर्धन ताजे जल में किया जाता है।
(ii)	मछलियों का पता लगाना आसान होता है और इन्हें जालों से पकड़ लिया जाता है।	समुद्री मछलियों का पता सैटेलाइट द्वारा लगाया जाता है और मछलियों को पकड़ने के लिए विभिन्न प्रकार के जालों तथा नावों का प्रयोग किया जाता है।	मछलियों का आसानी से पता लगाकर जाल की सहायता से पकड़ लेते हैं।

NCERT Exemplar

पुस्तक के चुने गए प्रश्न

बहुविकल्पीय प्रश्न

प्रश्न 1. निम्नलिखित में से किस पौधे से तेल प्राप्त होता है?

(a) मसूर से (b) सूरजमुखी से (c) गोभी से (d) गुड़हल से

उत्तर *(b)*

प्रश्न 2. निम्न में से कौन-सा एक कार्बोहाइड्रेट का स्रोत नहीं है?

(a) चावल (b) मक्का (c) बाजरा (d) चना

उत्तर *(d)*

प्रश्न 3. हरित क्रांति निम्न में से किससे संबंधित है?

(a) फसल उत्पादन में वृद्धि (b) दूध उत्पादन में वृद्धि
(c) जनसंख्या में वृद्धि (d) पौधों में वृद्धि

उत्तर *(a)*

प्रश्न 4. निम्नलिखित में से कौन-सी एक मुर्गी की विदेशी नस्ल है?

(a) पीला (b) लेगहॉर्न (c) काजल (d) न्यूरी

उत्तर *(b)*

प्रश्न 5. निम्न में से तेज वृद्धि करने वाली मछली है

(a) कटला (b) रोहू (c) मृगल (d) सिल्वर कार्प

उत्तर *(a)*

प्रश्न 6. श्वेत क्रांति किससे संबंधित होती है?

(a) फसल उत्पादन में वृद्धि (b) दूध उत्पादन में वृद्धि
(c) जनसंख्या में वृद्धि (d) पौधों में वृद्धि

उत्तर *(b)*

प्रश्न 7. निम्न में से बकरी की एक विदेशी नस्ल है?

(a) सेनन (b) डेक्कनी (c) बंगाल (d) जमुनापुरी

उत्तर *(a)*

प्रश्न 8. मुर्राह, सूरती तथा महसाना किसकी नस्लें हैं?

(a) गाय की (b) भैंस की (c) बकरी की (d) भेड़ की

उत्तर *(b)*

प्रश्न 9. अंतः स्थली मत्स्यकी किससे संबंधित है?

(a) ताजे पानी में मछलियों का संवर्धन

(b) समुद्री जल से मछलियों का पकड़ना

(c) मछलियों से तेल निकालना

(d) उपरोक्त में से कोई नहीं

उत्तर *(a)*

प्रश्न 10. मुर्गियों में रिडंरपेस्ट नामक बीमारी किसके कारण होती है?

(a) कीट (b) बैक्टीरिया (c) वाइरस (d) प्रोटोजोआ

उत्तर (c)

प्रश्न 11. निम्नलिखित में से कौन-सी एक मधुमक्खी इटली की स्पीशीज है?

(a) *एपिस डोरसेटा* (b) *एपिस फ्लोरिआ*

(c) *एपिस मेलीफेरा* (d) *एपिस सेरना इंडिका*

उत्तर (c)

प्रश्न 12. पशु कृषि किन उद्देश्यों के लिए की जाती है?

I. दूध उत्पादन II. कृषि कार्य

III. माँस उत्पादन IV. अंडे उत्पादन

(a) I, II और III (b) I, III और IV (c) III और IV (d) I और IV

उत्तर *(a)*

प्रश्न 13. भारतीय पालतू पशुओं की दो मुख्य स्पीशीज हैं

I. *बॉस इंडिकस* II. *बुबेलस बुबेलिस*

III. *बॉस डोमेस्टिका* IV. *बॉस वुल्गेरिस*

(a) I और II (b) II और III (c) III और IV (d) I और IV

उत्तर *(a)*

प्रश्न 14. निम्नलिखित में से मछली जल की सतह से अपना भोजन लेती है?

(a) रोहू (b) मृगल (c) कॉमन कार्प (d) कटला

उत्तर *(d)*

प्रश्न 15. निम्न में से वृहत् पोषक छाँटिए।

(a) कॉपर (b) क्लोरीन (c) आयरन (d) मैग्नीशियम

उत्तर *(d)*

प्रश्न 16. निम्न में से अजैविक कारक छाँटिए।

(a) नमी (b) कीट (c) चिड़िया (d) कवक

उत्तर (a)

प्रश्न 17. किस तत्व की पौधों को बहुत अधिक मात्रा में आवश्यकता होती है?

(a) सल्फर (b) कैल्शियम (c) नाइट्रोजन (d) फॉस्फोरस

उत्तर (c)

प्रश्न 18. फसलों का चक्र आवश्यक है, क्योंकि

(a) विभिन्न प्रकार की फसलों को प्राप्त करने के लिए
(b) खनिजों की गुणवत्ता बढ़ाने के लिए
(c) मृदा की उर्वरता बढ़ाने के लिए
(d) प्रोटीन्स की गुणवत्ता बढ़ाने के लिए

उत्तर (c)

प्रश्न 19. अनावश्यक पौधों को क्या कहते हैं?

(a) खरपतवार (b) घास
(c) झाड़ी (d) इनमें से कोई नहीं

उत्तर (a)

प्रश्न 20. निम्नलिखित में से पशुओं की विदेशी नस्ल कौन-सी है?

I. ब्राउन II. जर्सी
III. ब्राउन स्विस IV. जर्सी स्विस

(a) I और II (b) II और III (c) I और IV (d) III और IV

उत्तर (b)

प्रश्न 21. निम्न में से चावल की एक प्रचलित किस्म कौन-सी है?

(a) पूसा 240 (b) पूसा बासमती (c) पूसा गोल्ड (d) पूसा एजेटी

उत्तर (c)

लघुउत्तरीय प्रश्न

प्रश्न 22. GM फसल क्या है? किसी एक GM फसल का नाम बताइए, जो भारत में उगाई जाती है।

उत्तर ऐच्छिक गुण वाले जीन एक पौधे से दूसरे पौधे में स्थानांतरित करके फसल प्राप्त करना GM (आनुवंशिकीय रूपांतरित–Genetically Modified) फसल कहलाती है। *बीटी (Bt)* कॉटन एक GM फसल है, जिसे बैक्टीरिया से जीन डालकर कीट प्रतिरोधक बनाया जाता है।

प्रश्न 23. कार्बनिक पदार्थ फसल उत्पादन के लिए क्यों आवश्यक होते हैं?

उत्तर कार्बनिक पदार्थ फसलों के उत्पादन के लिए इसलिए आवश्यक होते हैं, *क्योंकि*

(i) कार्बनिक पदार्थ की मात्रा मिट्टी की संरचना में सुधार करती है।

(ii) इसके कारण रेतीली मिट्टी में पानी को सोखने की क्षमता बढ़ जाती है।

(iii) चिकनी मिट्टी में कार्बनिक पदार्थ की मात्रा पानी को निकालने में सहायता करती है, जिससे पानी एकत्रित नहीं होता।

प्रश्न 24. सूक्ष्म पोषक क्या हैं? इनके नाम बताइए।

उत्तर पौधों को वृद्धि के लिए पोषक पदार्थों की आवश्यकता होती है। पौधों को पोषक पदार्थ हवा, पानी तथा मिट्टी से प्राप्त होते हैं। पौधों के लिए 16 पोषक पदार्थ आवश्यक हैं। इनमें से 7 पोषकों की आवश्यकता कम मात्रा में होती है, जिन्हें सूक्ष्म पोषक कहते हैं; ***जैसे*—**आयरन, मैंगनीज, बोरॉन, जिंक, कॉपर, मॉलिब्डेनम तथा क्लोरीन।

प्रश्न 25. यदि पूरे साल वर्षा निर्धारित मात्रा से कम होती है, तो अच्छी फसल उत्पादन के लिए आप किसानों को क्या सुझाव देंगे?

उत्तर **अच्छी फसल उत्पादन के सुझाव**

(i) मृदा से ह्यूमस की मात्रा बढ़ाने से पानी को एकत्रित करने की क्षमता बढ़ जाती हैं, जो पानी को अधिक समय तक मृदा में रोके रखती है। इसलिए हरी खाद एवं कंपोस्ट का प्रयोग करें।

(ii) फसल की वृद्धि काल में ही उचित मात्रा में सिंचाई फसल उत्पादन के लिए आवश्यक है।

प्रश्न 26. व्यवसायिक मधु उत्पादन में इटली की मधुमक्खी (*एपिस मेलीफेरा*) का उपयोग किया जाता है। इस मधुमक्खी की विशेषता बताइए।

उत्तर इटली की मधुमक्खी में मधु एकत्र करने की क्षमता बहुत अधिक होती है। वह डंक भी कम मारती है। वह निर्धारित छत्ते में काफी समय तक रहती है और प्रजनन तीव्रता से करती है।

दीर्घ उत्तरीय प्रश्न

प्रश्न 27. निम्न को परिभाषित कीजिए

(i) वर्मी-कंपोस्ट (ii) हरी खाद (iii) जैविक उर्वरक (iv) कंपोस्ट।

उत्तर (i) **वर्मी-कंपोस्ट** कंपोस्ट को केंचुओं द्वारा पौधों तथा जानवरों के अपशिष्ट पदार्थों के शीघ्र निरस्तीकरण की प्रक्रिया द्वारा बनाया जाता है। इसे वर्मी-कंपोस्ट कहते हैं।

(ii) **हरी खाद** फसल उगाने से पहले खेतों में कुछ पौधे; ***जैसे*—**पटसन, मूँग अथवा ज्वार आदि उगा देते हैं और तत्पश्चात् उन पर हल चलाकर खेत की मिट्टी में मिला दिया जाता है। ये पौधे हरी खाद में परिवर्तित हो जाती है, जो मिट्टी को नाइट्रोजन तथा फॉस्फोरस से परिपूर्ण करने में सहायक होते हैं।

(iii) **जैविक उर्वरक** सूक्ष्मजीव, जिन्हें उर्वरकों के रूप में पौधों को आवश्यक पोषक पदार्थ प्राप्त करने के लिए मृदा में मिलाया जाता है। जैविक उर्वरक कहलाते हैं। ***उदाहरण*** नीले-हरे शैवाल चावलों के खेतों में मृदा की नाइट्रोजन को स्थिर करते हैं।

(iv) **कंपोस्ट** कंपोस्टीकरण प्रक्रिया में कृषि अपशिष्ट पदार्थ; ***जैसे***—पशुधन का मलमूत्र (गोबर आदि), सब्जी के छिलके एवं कचरा, जानवरों द्वारा परित्यक्त चारे, घरेलू कचरे, सीवेज कचरे, फेके हुए खरपतवार को गड्ढों में विगलित करते हैं। कंपोस्ट में कार्बनिक पदार्थ तथा पोषक बहुत अधिक मात्रा में होते हैं।

प्रश्न 28. नीचे चित्र में दो खेत A तथा B को ग्राफ द्वारा दर्शाया गया है। सभी पारिस्थितिक स्थितियाँ समान रखते हुए खेत A में खाद तथा खेत B में उर्वरक डाले गए। ग्राफ की सहायता से निम्नलिखित प्रश्नों के हल दीजिए।

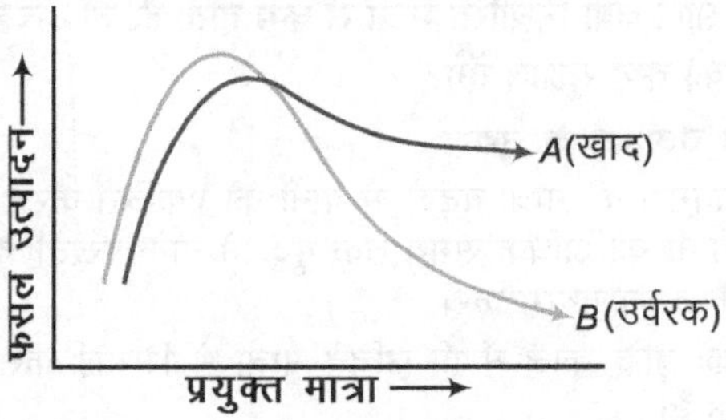

(i) खेत B में उत्पादन में अचानक बढ़ोत्तरी और फिर अचानक कमी क्यों होती है?

(ii) खेत A में उत्पादन वृद्धि लंबे समय तक क्यों रहती है?

(iii) दोनों खेतों के फसल पैटर्न अलग होने के क्या कारण हैं?

उत्तर (i) खेत B में उर्वरक का प्रयोग होने से अच्छी कायिक वृद्धि होती है स्वस्थ फसल की प्राप्ति होती है। लेकिन उर्वरक का सतत् प्रयोग मिट्टी की उर्वरता को घटाता है, इसलिए कुछ समय बाद उत्पादन कम हो जाता है।

(ii) खाद में कार्बनिक पदार्थों की मात्रा अधिक होती है तथा यह मिट्टी को अल्प मात्रा में पोषक प्रदान करते हैं। खाद मिट्टी को पोषकों तथा कार्बनिक पदार्थों से परिपूर्ण करती है और मिट्टी की उर्वरता को बढ़ाती है। खाद में कार्बनिक पदार्थों की अधिक मात्रा मिट्टी की संरचना में सुधार करती है।

उर्वरक मृदा की उर्वरता को कुछ समय पश्चात् हानि पहुँचाते हैं, जबकि खाद के उपयोग के लाभ दीर्घावधि है।

(iii) खाद में कार्बनिक पदार्थों की मात्रा अधिक होती है यह प्राकृतिक तरीके से बनाई जाती है, जबकि उर्वरक व्यवसायिक रूप में तैयार पादप पोषक है इसमें ह्यूमस की मात्रा नहीं होती। इसलिए खाद के उपयोग के लाभ दीर्घावधि है। उर्वरक के उपयोग से भी फसल उत्पादन अच्छा होता है, लेकिन कुछ समय पश्चात् उर्वरक मृदा की उर्वरता को हानि पहुँचाते हैं।